金融法学文库

刘志云 主编

国家社科基金重大专项（项目编号：20VHJ007）
阶段性成果

FINANCIAL LAW

国家治理现代化视域下健全宏观调控制度体系研究

刘志云 等 著

法律出版社 | 北京

图书在版编目(CIP)数据

国家治理现代化视域下健全宏观调控制度体系研究 / 刘志云等著. -- 北京 : 法律出版社, 2023
(金融法学文库)
ISBN 978 - 7 - 5197 - 7982 - 5

Ⅰ. ①国… Ⅱ. ①刘… Ⅲ. ①国家 - 行政管理 - 现代化管理 - 研究 - 中国②宏观调控体系 - 研究 - 中国 Ⅳ. ①D630.1②F123.16

中国国家版本馆 CIP 数据核字(2023)第 104018 号

国家治理现代化视域下健全宏观调控制度体系研究
GUOJIA ZHILI XIANDAIHUA SHIYUXIA JIANQUAN HONGGUAN TIAOKONG ZHIDU TIXI YANJIU

刘志云 等著

责任编辑 屈 瑶 刘梦瑀
装帧设计 臧晓飞

出版发行 法律出版社
编辑统筹 学术·对外出版分社
责任校对 王 丰
责任印制 陶 松
经 销 新华书店

开本 710 毫米×1000 毫米 1/16
印张 20 字数 297 千
版本 2023 年 8 月第 1 版
印次 2023 年 8 月第 1 次印刷
印刷 北京新生代彩印制版有限公司

地址:北京市丰台区莲花池西里 7 号(100073)
网址:www.lawpress.com.cn
投稿邮箱:info@lawpress.com.cn
举报盗版邮箱:jbwq@lawpress.com.cn
销售电话:010 - 83938349
客服电话:010 - 83938350
咨询电话:010 - 63939796

书号:ISBN 978 - 7 - 5197 - 7982 - 5
定价:79.00 元
凡购买本社图书,如有印装错误,我社负责退换。电话:010 - 83938349

作者简介与分工

刘志云　法学博士，厦门大学法学院教授、博士生导师，金融法研究中心主任。主持本书所依托课题的项目策划、分工、写作以及申请。对本书的贡献是依据申请书的研究任务，主持本书的写作策划、框架设计、章节整合以及分工协调、校对、排版等工作。同时，撰写了本书的"绪论"部分，提出了各章的观点并作初步论证，合作撰写了第一章。

温长庆　法学博士，中南财经政法大学法学院副教授。对本书的第一章、第二章进行了详细撰写与深入论证。

刘博涵　法学博士，贵州大学法学院副教授。对本书第四章进行了详细撰写与深入论证。

潘　璐　厦门法学法学院博士生，对本书第三章进行了详细撰写与深入论证。

杨彦龙　厦门大学法学院博士生。对本书第五章进行了详细撰写与深入论证。

总　序

金融作为现代经济的核心，具有优化资源配置、调节经济运行之功效，其资本运作的良善甚至关乎社会稳定的实现。基于此，金融业的发展成为各国政府关注的重中之重，而通过制度供给促进金融业的良好发展也成为普遍并可行的路径。在此背景下，金融法研究趁势而起，成为“近世之显学”。其兴起虽晚，却生机勃勃，在深入汲取相关部门法的理论积淀的同时，也广泛容纳各种跨学科知识与方法，并探求自身内省之品格，最终成就了如今这个底蕴深厚、逻辑自洽的新兴学科体系。

我国金融法的产生和发展伴随着改革开放的推进，经济体制的转型，以及中国金融法治变迁之现实。虽然西方先验逻辑提供的立法技术素不匮乏，但我们真正要面对的，是如何让成熟的技术契合本国的现实国情，发挥其应有的功效。内生金融交易秩序的制度根基的缺乏，曾使中国金融法治在本土化复归的路途中一再迷失。同时，全球化的推进，又要求我国必须及时完成经济转型，早日实现我国金融市场与国际金融市场的有效对接，这更加剧了国内金融法制的发展困境。对于从事金融法研究的学者而言，任重而道远。当然，恰逢这一转型之历史路口的吾辈，能直面历史之转折，兢兢业业，矢志科研;鉴前世之兴衰,考当今之得失;博观而约取,厚积而薄发。从另一个视角观之,这也是一种幸运。

“千淘万漉虽辛苦,吹尽狂沙始到金。”厦门大学法学院是全国较早开展金融法教学和科研的单位之一。早在2005年,厦门大学法学院便开始挂靠其他专业博士点招收“金融法”方向的博士研究生;2006年,厦门大学在获得法学一级学科硕士、博士学位授予权的基础上,设立经济法博士点,金融法学研究方向成为主要招生方向之一;2010年12月,厦门大学法学院正式成立金融法研究中心。近年来,厦门大学金融法研究中心的学术团队承担了大量国家级与省部级科研项目,并相继出版与发表了大量学术专著与专业论文,在国内开始产生一定的影响力。而今,厦门大学金融法研究中心日益壮大,已经形成一支“老中青结合”的优秀学术团队,并成为我国金融法高层次专门人才的重要培养基地之一。

“非学无以广才,非志无以成学。”为进一步推动厦门大学金融法研究中心的学科建设以及促进国内金融法研究的繁荣发展,2014年,我们决定编辑出版连续性的“厦门大学金融法学文库”,期以“前沿意识、精品理念”为指导,以系列学术专著、译著的形式,集中展现我国金融法领域的专题研究成果,促进学术繁荣和理论争鸣。“盖文章,经国之大业,不朽之盛事。年寿有时而尽,荣乐止乎其身,二者必至之常期,未若文章之无穷。是以古之作者,寄身于翰墨,见意于篇籍,不假良史之名,不托飞驰之势,而声名自传于后。”诚如斯言,我们期以本文库作为思想传播之媒介,学术交流之平台,博学审问,慎思笃行,自由争辩,自察自省,通过严肃认真的学术讨论和学术批评,推动金融法研究的不断创新。

在法律出版社的支持下,2016年伊始,“厦门大学金融法学文库”正式更名为包容性更强的“金融法学文库”。本文库稿件来源不限于厦门大学金融法研究中心的学者、校友,而以最大的诚意广泛征集海内外金融法专著、译著。当然,我们亦知,就整个金融法学研究而言,本文库仅为沧海一粟。庙廊之才,非一木之枝,希望能与学界同人相濡相闻,砥砺共进。

是为序。

刘志云
2016年7月22日

目录

绪 论

一、研究背景与目标

经济发展是解决各方面问题的基础和关键,国家治理现代化的第一要义就是经济治理的现代化。面对经济新常态中涌现的各种问题与矛盾,需要对我国宏观调控问题作出深度思考。近年来,我国经济发展进入新常态,内部局面与外部环境都不容乐观。内部面临经济的增长速度换挡期、结构调整阵痛期、前期刺激政策消化期"三期叠加",以及系统性金融风险隐患、区域发展不平衡、民生矛盾积聚等新情况和新问题;外部面临中美贸易冲突、单边保护主义兴起、周边环境不稳定等新形势。凡此问题,构成了对政府宏观调控的新挑战,提出了宏观调控体系和宏观调控能力现代化的新任务。

不可否认,我国现行的宏观调控制度,已经构成了进一步推进市场改革和落实经济治理现代化的障碍。换言之,散布在金融、财税、就业、产业、投资、消费、区域协调发展等领域,呈离散状态的宏观调控制度,有待通过国家治理现代化理论进行体系化梳理。当年我国为应对 2008 年国际金融危机实施的高强度逆经济周期的宏观调控政策在效果上可圈可点,但政策所留下的"后遗症”至今也未能完全缓解，尤其是社会债务的高杠杆危机依然突出。“守住不发生系统性金融风险的底线”是最近几年经济治理工作中的头等大事，也写进了党的十九大报告。

2020 年突发新冠疫情严重冲击了世界经济，疫情后如何恢复经济增长动能，是摆在各国政府面前的重大难题。对此，出台综合性和体系化的宏观调控政策并有效落实，对促进经济回归正常发展轨道至关重要。实际上，面对疫情带来的负面影响，各国政府积极行动，一大波刺激投资、纾困企业、拉动消费、稳定就业的宏观调控政策已经出台。即便一直强调“小政府、大社会”的西方国家，尤其是美国，货币政策与财政政策对经济发展的支持力度之大也是前所罕见的。对于我国而言，除疫情冲击外，还要面对上一轮逆经济周期宏观调控政策的后遗症。在此背景下，怎样在吸取以往经验和教训的基础上，在法治轨道下制定系统性的宏观调控政策，是国家治理现代化视域下亟须解决的问题。

此外，离散的宏观调控制度也难以适应我国所面对的日益错综复杂的外部发展环境。近年来，以美国为首的西方国家，对中国的国有企业运作、产业补贴、出口扶持、汇率等宏观调控问题频频发难。究其原因，一方面是西方国家未能适应中国的和平崛起，戴着有色眼镜看待中国的经济发展模式，对中国的宏观调控不理解，或者反应过度；另一方面与我国宏观调控的决策程序、运行效果评估、监督与利益救济等体系化的基本制度设计紧密相关。鉴于此，在经济全球化的关键变革期，为换取经济发展的有利外部环境，减少宏观调控引发的摩擦，促进本国利益最大化与各国的“共赢发展”，我国有必要对现行宏观调控制度进行体系化贯通和科学化设计。相较之下，中国政府的宏观调控能力在全球独树一帜，彰显出了中国模式的“软实力”，让戴着有色眼镜看待中国模式的西方国家不得不反省自身。此时，如果我们能“趁热打铁”，以国家治理现代化的视角和要求，对我国现行的宏观调控制度进行大刀阔斧的革新，建立一个相对科学与完善的宏观调控的基础性制度体系，把宏观调控纳入更完善的法治轨道，无疑对于我国政府的良好的宏观调控能力的稳定发挥，降低试错成本，以及消除西方国家的误解，缓解中西方不同的经济发展模式产生的冲突，都能够起事半功倍的作用。

在当前国内外背景下,运用国家治理现代化的理论与方法,深度思考宏观调控体系和调控能力现代化的要求、目标与任务,在此基础上深入讨论健全我国宏观调控制度体系的理论指引与实践方案,是本书“国家治理现代化视域下健全宏观调控制度体系研究”这一主题的研究目标与任务。

二、国内外相关研究的学术史梳理及其评析

(一)国外相关研究的学术史梳理及其评析

毋庸置疑,包括政治体制、市场经济基础与基本国情等在内的因素对每一个国家或地区的宏观调控制度体系的理念形塑与框架建构都起着决定性作用,这也决定了中国特色宏观调控制度体系与西方存在根本性差异。“强市场、弱政府”是西方政府与市场关系的整体表征,在此场域下的宏观调控力度较为薄弱;在我国,“市场在资源配置中起决定性作用与更好地发挥政府作用”是国民经济发展的核心基调,而对其贯彻的重要途径就是强化宏观调控的统筹功能。因此,宏观调控在中西方经济发展中的角色与功能的差别决定了相应制度体系的互异。尽管如此,西方国家在此领域的实践经验和研究成果在一定程度上仍然有值得我们参考的地方,因此对其文献梳理和简要评析也是开展本研究的必要工作之一。

1. 国外相关研究的学术史梳理

事实上,诸如“国家治理现代化”“宏观调控”等词汇,国外的文献中基本没有完全对应的词语。但是,从政治学、经济学等视角观之,国外研究成果较为丰富,内容涵盖“政府干预”(government intervention)、“宏观经济调控/治理”(macroeconomic regulation/ governance)、“特定领域中的宏观经济调控/治理”(macroeconomic regulation/ governance in specific areas)、“金融危机下的宏观经济调控/治理”(macroeconomic regulation/ governance under the financial crisis)等方面,可以间接作为本研究的理论依据。

(1)国外有关“政府干预”研究的学术史梳理。2022 年 11 月 1 日,我们在 Heinonline 数据库和谷歌学术(Google scholar)选择题目(Title)检索,以“government intervention”结合“in”为篇名检索到 79 篇(本)文献,相关文献大多集中在政府与市场关系的理论讨论上,具体研究情况如下。

第一,关于政府与市场的关系博弈,经济自由主义和国家干预主义进行

了激烈的力量抗衡,并由此构成了300多年西方经济思想史发展的基本脉络。

一方面,部分学者支持经济自由主义,崇尚"市场万能论"。经济自由主义的鼻祖亚当·斯密(Adam Smith,1776)认为,具有自利倾向的"理性经济人"是整个社会经济活动的主体,市场调节机制是实现资源合理有效配置的基本手段。"经济人"不断挖掘对自己有利的全部用途来支配自己的活动,个体利益的追逐会提高社会总利益的占比。因而政府无须插手,国家的管制会起反作用,即抑制市场活动的自由。"万能的市场"可以使社会经济实现局部均衡,进而达到一般均衡,而政府的职能一般仅限于维护社会的安全稳定。① 在此基础上,大卫·里卡多(David Ricardo,1821)进一步指出,涉及个人间具体经济利益的契约关系都应当由市场上公平而自由的竞争决定,强调国家直接对微观经济行为主体的干预是不理智的,国家在财政、货币方面的政策可以促进经济增长。② 大卫·D. 弗里德曼(David D. Friedman,1989)认为,货币体系的稳定最要紧,只有充分发挥市场机制的作用,经济体系才可以自动趋于稳定。③ 迈克尔·E. 德鲍(Michael E. DeBow,1993)从一般均衡理论出发,运用数理模型,将交换、生产、资本和货币连接成一个完整的体系,认为市场的资源配置会达到最优。④ 塞缪尔·马歇尔(Samuel Marshall,1999)通过构建价格体系,指出在完全竞争市场条件下,短缺与过剩的失衡现象只是暂时的,自由的天性促使人们争相利用经济资源,因而在供求规律作用下,市场总会达到最优状态,实现均衡价格。⑤

另一方面,更多学者赞同国家干预主义,认为政府干预市场经济具有正当性基础。亚瑟·瑟西·庇古(Arthur Cecil Pigou,1920)第一次系统地提

---

① Adam Smith, *The Wealth of Nations*, London, Strahan Cadell, 1776.

② David Ricardo, *On the Principles of Political Economy and Taxation*, London, John Murray, 1821.

③ David D. Friedman, *The Machinery of Freedom*, IILinois, Open Court Publishing Company, 1989.

④ Michael E. DeBow & Dwight R. Lee, *Shareholders, Nonshareholders and Corporate Law: Communitarianism and Resource Allocation*, Delaware Journal of Corporate Law, Vol. 18, p. 393 – 424 (1993).

⑤ Steve Williamson, *Notes on Macroeconomic Theory*, Iowa, University of Iowa, 1999.

出了与亚当·斯密的“看不见的手”原理不一致的理论,认为自由竞争的市场经济无法实现资源的最优配置,需要国家发挥对市场经济的干预作用。[①] 约翰·梅纳德·凯恩斯(John Maynard Keynes,1936)反对实施自由放任的经济政策,积极主张政府干预,通过构建一套与传统理论完全不同的宏观干预学说,把国家推到了社会经济活动的第一线。他用有效需求不足原理论证在短期内,市场机制的自发作用不能使资本主义经济达到充分就业均衡,而只能是小范围的存在。因此,在小于充分就业的情况下,政府干预是必要且有效的。[②] 马克·C.舒格(Mark C. Schug)、詹妮弗·丰塔尼尼(Jennifer Fontanini,1994)运用公共选择理论阐释和论证了社会需要政府干预经济的根本动机,并指出社会价值基础、宗教基础、道德基础、心理因素、文化因素、经济利益、教育类型和水平、社会经济地位及社会信任等皆构成政府介入市场的形成诱因。[③] 约瑟夫·尤金·斯蒂格利茨(Joseph Eugene Stiglitz,1993)站在公共管理学的立场,通过对政府干预经济行为的利弊、政府干预的形式以及公共生产等内容进行详细剖析,力证政府在矫正市场失灵上具有优势作用,进而推导出政府介入市场的正当性。[④] 哈里·舒福德(Harry Shuford,1993)将研究视角放置于环境领域,其针对环境污染外部化的问题,指出美国联邦和州两级政府的行动将在很大程度上降低污染的外部效应和社会成本。[⑤] 布雷特·弗里施曼(Brett Frischmann,2001)指出,即使市场表现完美,从长远来看,它仍然会在互联网基础设施方面供不应求,因为市场对互联网的需求只是社会需求的一小部分。市场的不完善可能会加剧市场无法满足社会需求(如不完善导致供应不足)。因此,政府适当监管互

---

① Arthur Cecil Pigou, *The Economics of Welfare*, London, Macmillan and Co., 1920.

② John Maynard Keynes, *The General Theory of Employment, Interest and Money*, London, Macmillan, 1936.

③ Mark C. Schug & Jennifer Fontanini, *Public Choice Theory and the Role of Government in the Past*, Social Education, Vol. 58:1, p. 20 – 22(1994).

④ Joseph Eugene Stiglitz & Carl E. Walsh, *Economics*, London, W. W. Norton & Company, 2005.

⑤ Harry Shuford, *The Role of Government Intervention in the Market for Pollution Insurance*, Environmental Claims Journal, Vol. 6:2, p. 201 – 216(1993).

联网建设是必要的。①

第二,关于"政府与市场的边界"探讨,支持国家干预主义的学者普遍认同政府的干预要有限度,政府和市场应当相互作用、协同发展。罗纳德·科斯(Ronald Coase,1990)认为,政府干预活动的交易费用必须低于市场活动的交易费用,否则就会导致经济运行的无效,因此政府不能过多地干预经济运行。② 詹姆斯·M. 布坎南(James M. Buchanan,1979)提出的公共选择理论主张政府应当干预市场的"长久失败",而暂时的市场失败则不需要政府干预,因为市场对于其暂时的失败可以通过自身的力量进行调整。③ 沃尔特·E. 威廉姆斯(Walter E. Williams,1983)指出,几乎所有形式的国家干预皆具有以下特征:一是它们是以善的名义立法;二是它们倾向于将收入重新分配给更受青睐的人;三是它们涉及国家的胁迫。④

概言之,国家干预使政府成为经济问题的重要决策者,相应决策往往要有利于绝大多数方和政治权力拥有方。正因如此,法律对政府本身也有必要进行规制,内容包括对政府权力的限制和公民权利受损的救济等。约瑟夫·尼莫(Joseph Nimmo,1986)表明,如果认为缺乏管理的美德或能力的政府创造了一个庞大且潜力无限的交通系统,那就太荒谬了。事实上,政府在对铁路的监管过程中,未能解决好其出于"经济人"理性而形成的相应局限,因此对其限制一定的权力是必要的。⑤ 爱德华·J. 巴莱森(Edward J. Balleisen)和大卫·A. 莫斯(David A. Moss,2009)详细论证了政府介入市场乃应对市场失灵的有效途径,但也指出需要明确介入的尺度

---

① Brett Frischmann, *Using the Multi-Layered Nature of International Emissions Trading and of International-Domestic Legal Systems to Escape a Multi-State Compliance Dilemma*, Georgetown International Environmental Law Review, Vol. 13:2, p. 463 – 508(2001).

② Ronald Coase, *Accounting and the Theory of the Firm*, Journal of Accounting and Economics, Vol. 12, p. 3 – 13(1990).

③ James M. Buchanan, *Notes on Hayek-Miami*, 15 *February*, 1979, The Review of Austrian Economics, Vol. 28, p. 257 – 260(2015).

④ Walter E. Williams, *America: A Minority Viewpoint*, California, Hoover Institution Press, 1983.

⑤ Terry M. Moe, *The New Economics of Organization*, American Journal of Political Science, Vol. 28:4, p. 739 – 777(1984).

和边界，削减政府失灵的负面影响。[①] 托马斯·A. 亨菲尔（Thomas A. Hemphil，2018）言道，无论是市场还是政府，没有哪一方更重要，市场和国家的组合模式方为研究的重点内容。其通过列举实践发生的诸多例证，旨在说明在政府有限的干预和监督下，市场如何最大化地实现富有创造性和有效性的运作。[②]

（2）国外有关"宏观经济调控/治理"研究的学术史梳理。2022 年 11 月 1 日，我们在 Heinonline 数据库和谷歌学术（Google scholar）选择题目（Title）检索，以"macroeconomic regulation" or "macroeconomic governance"为关键词检索到 41 篇（本）文献，集中于政府与市场关系的理论讨论。相关文献既有关于"宏观经济调控/治理工具"的理论阐述，又有针对"宏观经济调控/治理运作"的实践探讨，具体研究情况如下。

第一，在"宏观经济调控/治理的工具"的研究领域，部分学者重点强调货币工具在金融危机中发挥的关键作用，但也深刻反思其为美国乃至世界经济发展留下的隐患。法洛克·K. 朗达纳（Farrokh K. Langdana，2016）指出，美国政府运用的货币政策（如量化宽松、逐渐缩小、套利交易等）尽管拯救了金融危机，但也存在潜在风险，产生了一系列负面影响。如宽松的货币政策导致美国央行的资产负债迅速膨胀，这会使得各国分担了美国救援本国市场的成本，迫使世界各国为美元的贬值埋单。[③] 本·S. 伯南克（Ben S. Bernanke，2019）认为，国际金融危机期间传统的货币工具乏力，美联储继而创新货币工具来救助货币市场，包括资产支持商业票据货币市场共同基金融资工具、商业票据融资工具以及货币市场投资者融资工具等，带来了不错的救助效果。[④] 但是，在量化宽松货币政策下，大量

---

① Edward J. Balleisen & David A. Moss, *Government and Markets: Toward a New Theory of Regulation*, Cambridge, Cambridge University Press, 2009.

② Thomas A. Hemphil, *Regulator Vulnerabilities to Political Pressures and Political Tie Intensity: The Moderating Effects of Regulatory and Political Distance*, Management International Review, Vol. 58:12, p. 743 – 769 (2018).

③ Farrokh K. Langdana, *Demand-Side Stabilization: Overheating, Hard Landing and SAP Bubbles*, New York, Springer, 2016.

④ Ben S. Bernanke, *Comment on "the Empirical (Ir) Relevance of the Zero Lower Bound Constraint"*, NBER Macroeconomics Annual, Vol. 34, p. 171 – 181 (2019).

长期国债被收购,降低国债收益率的同时抬高了国内资产价格,随后资金又通过资产组合再平衡的方式流向全球,从而抬高了当地的资产价格,降低了当地的国债收益率。

不过,货币工具和财政工具的相互关系一直存在争议。整体来看,当下的主流观点为货币政策和财政政策应当协同运行。比尔·杰拉德(Bill Gerrard,1996)对不同宏观经济学派进行了比较分析,并得出如下结论:凯恩斯主义强调以财政政策为主导的国家宏观调控,而忽视了货币政策调节经济周期的重大作用;新古典综合学派则在凯恩斯主义经济理论的基础上走得更远,它认为货币政策与财政政策同样重要;古典主义学派、货币主义和理性预期学派则更信奉经济自由,其中货币主义和理性预期学派主要强调货币和货币政策对维持市场经济自我均衡的重要性。①

从发展历程上看,上述各个学派的理论建设大多基于当时经济发展的实际情况,具有明显的阶段性特征,其相应的政策主张也对所处时期的经济增长起了重大推动作用。综合来看,货币政策的优势在于总量调节,而财政政策的优势是结构调节。马丁·曼德尔(Martin Mandel)和弗拉基米尔·汤姆西克(Vladimír Tomšík,2001)针对宏观经济调控工具的运用提出了"有效市场分类原则"。具体是指,如果每一个政策目标都有一个工具对其影响力最大,那么在宏观调控过程中,应将这一工具指派给这一目标。在此基础上,他们区分了财政政策和货币政策影响内外均衡上的不同效果,提出了用货币政策实现外部均衡、用财政政策实现内部均衡的方案。② 卡尔·E. 沃尔什(Carl E. Walsh,2017)通过构建货币理论模型,对货币政策的运行机制进行模拟,论证出货币工具在其他工具配合下方能发挥最大功效。③

第二,在"宏观经济调控/治理的运作"问题领域,相关文献大多将研究视角聚焦在欧盟地区的宏观经济调控/治理的运作模式上,并展开单一模式

---

① Bill Gerrard, *Review Article: Competing Schools of Thought in Macroeconomics-an Ever-Emerging Consensus?*, Journal of Economic Studies, Vol. 23, p. 53 – 69 (1996).

② Martin Mandel & Vladimír Tomšík, *Monetary and Fiscal Policy Mix in the Czech Republic: Empirical Verification of the Principle of Effective Market Classification*, Eastern European Economics, Vol. 39:4, p. 6 – 24 (2001).

③ Carl E. Walsh, *Monetary Theory and Policy*, Massachusetts, MIT Press, 2017.

和合作模式的激烈争辩。尼古拉·亨坤·帕克(Nicola Hyoungkun Park)和金正大(Jong Dae Kim,2020)区分了调控在援助(对金融危机的处置和治理)和监督(对金融行为的普通约束和制裁)两方面的功能,并且展望一个更明智的经济联盟可能产生的结果:一个单一的监管机制和欧洲央行的授权。① 与之相反,雷米·科利亚特(Remi Colliat,2012)认为,欧洲一体化符合国家利益,其回应了将成本较高的国家政权授权至政府间或超政府组织的需求。然而,严苛的经济一体化导致制度上的不连贯和偏见,进而损害国家利益。他指出,构建一个"混合式的协同行动体系结构"是合作的重要理念。合作本身并不是目的,其仅仅是向政治目标靠近的一种手段。因此,欧盟必须有一个共同的设计或共同的目标。② 同样地,布莱希特·德维尔德(Brecht Dewilde)和约翰·乌肯斯(Johan Ooukens,2018)通过梳理1555—1795年哈布斯堡王朝干预荷兰经济的效果,提出了由各级政府、管理者和企业家之间合作共治的国家干预模式。③

(3)国外有关"特定领域中的宏观经济调控/治理"研究的学术史梳理。2022年11月1日,我们以"宏观经济调控"(macroeconomic regulation)或"宏观经济治理"(macroeconomic governance)和"在(in)"作为关键词,在Heinonline期刊论文数据库和谷歌学术(Google scholar)检索题目(Title),共检索到0篇(本)文献。当我们将"宏观经济调控/治理"替换成"政府干预"(government intervention)时,共检索到86篇(本)文献。相关文献对"政府干预"的研究涉及新兴网络技术、农地、教育、就业等各个领域。

第一,对于新兴网络技术、农地等领域的宏观经济调控/治理,多数学者认为市场应当发挥主导力量。埃里克·利尔奎斯特(Erik Lillquist)和萨拉·E. 沃尔德克(Sarah E. Waldeck,2008)指出,新兴网络技术的成功取决

---

① Hyoungkun Park & Jong Dae Kim, *Transition towards Green Banking: Role of Financial Regulators and Financial Institutions*, Asian Journal of Sustainability and Social Responsibility, Vol. 5, p. 1 – 25 (2020).

② Remi Colliat, *A Critical Genealogy of European Macroeconomic Governance*, European Law Journal, Vol. 18:1, p. 6 – 23 (2012).

③ Brecht Dewilde & Johan Poukens, *Entrepreneurs, Institutions & Government Intervention in Europe* [*13th – 20th centuries*]: *Essays in Honour of Erik Aerts*, Academic and Scientific Publishers, 2018.

于其推广者获得广泛用户采用的能力。考虑到大量的风险投资,企业可能会对政府施加巨大压力,要求政府在协助推广特定技术方面发挥作用。然而,在该领域市场比政府具有更好的协调能力。政府应当重点以立法形式为技术企业提供支持,明确已经占主导地位的技术的规则,从而提升效率。但即便是制定规则,政府也必须谨慎,不能过分支持与鼓励即将被淘汰的技术。①

Jr. 帕索等(Jr. Pasour,1982)认为,政府干预可以保护农业用地的理由内含两个假设。一是假设溢出效应在所有土地利用决策中都很重要,二是假设土地使用管制对纠正市场失灵的溢出效应,将小于分散土地市场中自愿决定所产生的溢出效应。政府在许多领域,包括农产品价格支持、运输、通信和教育等领域的监管,结果往往是抑制竞争,抬高消费价格,减少所提供服务的多样性。因此,在农地保护领域应当审慎看待政府干预,更多应依托于市场个人决策者之间的协作。②

第二,对于教育、就业等领域的宏观经济调控/治理,政府应当发挥主导作用为主流观点。肯尼斯 · M. 戴维森(Kenneth M. Davidson,1970)指出,从 1787 年《西北法令》为学校预留的土地到商业研究支出的税收减免,美国始终认识到,鼓励教育和增加知识基金是其根本。如果随着自动化程度的提高,美国不扩大教育计划,并确保其人口能够利用教育机会,则会产生在不更换人力资源的情况下消耗人力资源的乱象。致力于对人民的培训和教育,尽管短期看成本较高,但这是今后维持和提高生活水平的唯一途径。③ 克里斯库奥洛(Criscuolo)等(2012)研究了欧洲支持制造业就业机会的各项政策与失业率之间的关系,发现从整体上来看,政府补贴与融资支持正向显著地影响企业员工就业,而税收优惠则对企业员工就业没有产生

---

① Erik Lillquist & Sarah E. Waldeck, *Government Intervention in Emerging Networked Technologies*, Oregon Law Review, Vol. 87, p. 482 – 580(2008).

② Jr. Pasour, M. Johnson & V. Ruttan, *Bureaucratic Productivity: The Case of Agricultural Research Revisited*, Public Choice, Vol. 39:2, p. 301 – 317(1982).

③ Kenneth M. Davidson, *Government Role in the Economy: Implications for the Relief of Poverty*, Urban Law Journal, Vol. 48, p. 1 – 88(1970).

影响。①

(4)国外有关“金融危机下的宏观经济调控/治理”研究的学术史梳理。2022年11月1日,课题组以“宏观经济调控”(macroeconomic regulation)或“宏观经济治理”(macroeconomic governance)和“金融危机”(financial crisis)作为关键词,在Heinonline期刊论文数据库和谷歌学术(Google scholar)检索题目(Title),共检索到0篇(本)文献。当我们将“宏观经济调控/治理”替换成“政府干预”(government intervention)时,依然检索到0篇(本)文献。继续缩小范围,将“政府干预”替换为“政府”(government)时,共检索到48篇(本)文献。具体研究情况如下。

第一,金融危机爆发的原因众多,但有学者指出,政府监管不力乃关键原因。杰弗里·弗里德曼(Jeffrey Friedman)和瓦迪米尔·克劳斯(Wladimir Kraus,2011)指出,金融危机被归咎于鲁莽的银行家、非理性的繁荣、政府对穷人抵押贷款的支持、金融放松管制和扩张性货币政策。然而,银行业的专家们讲述了一个故事,这个故事的情感共鸣较少,却与证据更为吻合:这场危机是由银行资本水平的国际监管协议《巴塞尔协议》引发的,其揭示了银行资本金要求和其他政府监管政策不力乃是最近几次金融危机爆发的关键原因。② 奥利弗·布兰查德(Oliver Blanchard)、拉古拉姆·拉詹(Raghuram Rajan)、肯尼斯·罗格夫(Kenneth Rogoff)和劳伦斯·萨默斯(Lawrence Summers)(2016)着重探讨了金融危机的起源和未来宏观经济政策的建构路径,认为政府制定的宏观经济政策存在偏颇是金融危机的重要根源。③

第二,对于金融危机中政府救助的效果,多数学者认为,政府介入确实有助于摆脱金融危机,但同时伴有负面效应。乔尔·E.科恩(Joel E. Cohen,1976)指出,市政府财政危机越来越频繁,导致地方控制的传统受到

① Criscuolo C., Martin R. & Overman H. et al., *The Causal Effects of an Industrial Policy*, National Bureau of Economic Research, No. 17842, 2012.

② Jeffrey Friedman & Wladimir Kraus, *Engineering the Financial Crisis*, Pennsylvania, University of Pennsylvania Press, 2011.

③ Oliver Blanchard, Raghuram Rajan & Kenneth Rogoff et al., *Progress and Confusion: The State of Macroeconomic Policy*, Massachusetts, MIT Press, 2016.

质疑。以纽约州举例,为了帮助纽约州各城市克服财政危机,纽约州成立了两个新的机构——市政援助公司和紧急财务控制委员会。其中后者的主要职能是监督城市的支出。这两个组织的重要成就是通过实施严厉的紧缩措施明显改善了城市的财政状况。但是,市政援助公司和紧急财务控制委员会似乎都在侵蚀传统的自治观念,因此容易受到宪法和法院的挑战。①

从长远上看,金融危机的政府管制不会受太多鼓励。莉莎·L. 布鲁姆(Lissa L. Broome,2009)认为,在特殊时期,政府通过大力补贴帮助银行摆脱金融危机,而当经济和金融体系恢复健康时,银行是否以及需要多长时间才能从这些政府补贴中摆脱出来仍有待观察。在可预见的未来,政府干预已经极大地改变了银行与政府之间的关系。② 史蒂文·M. 大卫杜夫(Steven M. Davidoff)和大卫·扎林(David Zaring,2009)通过反思政府多年来回应金融危机的行为模式,指出政府确实避免了系统性风险,但未能实现金融稳定的目标。③ 毫无疑问,政府机构在救助危机期间,他们的法律权威被夸大了。

第三,对于金融危机对未来宏观经济调控制度建构的启示,学者分别从技术层面和部门法视角切入展开分析。乔治·A. 阿克尔洛夫(George A. Akerlof)、奥利维尔·布兰查德(Olivier Blanchard)、大卫·罗默(David Romer)和约瑟夫·E. 斯蒂格利茨(Joseph E. Stiglitz,2014)对美国发生的历次金融危机的根源、宏观经济政策的局限、金融监管与宏观经济政策的关系以及未来应当如何制定和实施宏观经济政策等进行了梳理与剖析,并指出未来政府应重点制定宏观经济政策运行的引导原则,而非制定具体规则,从而确保金融监管的灵活性和减少政府失灵的影响。④ 汤姆·金斯伯格(Tom Ginsburg)、马克·D. 罗森(Mark D. Rosen)和格奥尔格·范伯格

---

① Joel E. Cohen, *The Distribution of the Chi-Squared Statistic under Clustered Sampling from Contingency Tables*, Journal of the American Statistical Association, Theory and Methods Section, Vol. 71:355, p. 665 – 670(1976).

② Lissa L. Broome, *Government Investment in Banks: Creeping Nationalization or Prudent, Temporary Aid?*, Florida International University Law Review, Vol. 4:2, p. 408 – 434(2009).

③ Steven M. Davidoff & David Zaring, *Regulation by Deal: The Government's Response to the Financial Crisis*, Administrative Law Review, Vol. 61:3, p. 463 – 542(2009).

④ George A. Akerlof, Olivier Blanchard & David Romer et al., *What Have We Learned? —— Macroeconomic Policy after the Crisis*, Massachusetts, MIT Press, 2014.

(Georg Vanberg,2019)从宪法的角度出发,指出任何宪法都包括旨在限制政府在经济政策上的自由裁量权的条款。在金融危机时期,由于要求对危机局势做出特殊反应,这类条款常常面临压力。他们通过评估世界各地宪法秩序、宪法本身应对金融危机的能力以及追溯金融危机对宪法秩序的长期影响,提出一系列引导政府应对紧急情况的宪法设计方案。①

(5)国外有关"宏观经济调控/治理与宏观经济调控/治理制度的国际约束"研究的学术史梳理。2022 年 11 月 1 日,课题组以"宏观经济调控"(macroeconomic regulation)或"宏观经济治理"(macroeconomic governance)和"制度"(system)、"国际约束"(international restriction)作为关键词,在 Heinonline 期刊论文数据库和谷歌学术(Google scholar)检索题目(Title),共检索到 0 篇(本)文献。

(6)国外有关"宏观经济调控/治理的制度体系"研究的学术史梳理。2022 年 11 月 1 日,课题组以"宏观经济调控"(macroeconomic regulation)或"宏观经济治理"(macroeconomic governance)和"制度体系"(system)"法律体系"(legal system)"法律"(legal)作为关键词,在 Heinonline 期刊论文数据库和谷歌学术(Google scholar)检索题目(Title),仅检索到 1 篇(本)文献。即 2009 年,阿纳布·巴塔查吉(Arnab Bhattacharjee)、克里斯托弗·希格森(Christopher Higson)、肖恩·霍利(Sean Holly)和保罗·卡图曼(Paul Kattuman)在 *Review of Law & Economics* 杂志第 5 卷发表的《宏观经济不稳定与公司倒闭:法律制度的作用》(*Macroeconomic Instability and Corporate Failure: The Role of the Legal System*)一文。在该文中,作者通过构建风险回归模型,在一个拥有超过 30 年数据的面板上进行模型计算。作者指出,宏观经济环境对破产和收购风险有着显著影响。法律体系的建构可在一定程度上反作用于宏观经济调控。

2. 对国外相关研究的简要评析

以上对国外文献的梳理表明,宏观调控在中西方国民经济发展中的角色与功能的差别决定了相应制度体系的互异,也导致了研究视角上的很大

① Tom Ginsburg, Mark D. Rosen & Georg Vanberg, *Constitutions in Times of Financial Crisis*, Cambridge, Cambridge University Press, 2019.

不同。尽管如此,西方国家在此领域的实践经验以及相应的研究成果的得失仍值得我们总结,为我们课题研究的推进提供参考。

(1)对“政府干预”的研究较为成熟,能够为本课题有关“政府与市场关系”这一基础性问题在一定程度上提供理论参考。

“政府干预”是与自由市场相对应的一个概念,是指政府作为一个经济变量对经济的影响作用。现代宏观经济学中的政府干预概念与宏观调控两者之间存在诸多共性:从理论层面来看,两者都是研究政府与市场经济的关系;从目的来看,两者都旨在应对宏观经济运行中出现的异常波动情况,通过促进总需求和总供给保持基本平衡,使资源得到较为充分的利用,以实现宏观经济的平稳运行。综观国外文献,有关“政府干预”的研究主要是以“政府与市场的关系”的理论为内核,继而展开对政府介入市场的边界、职能等内容的阐释。研究周延且具有深度,无疑将为探讨国家治理现代化视域下宏观调控的新内涵、新使命、新要求等本课题的基础性问题提供理论支撑,为市场经济体制改革进入全面深化阶段中凸显的最根本问题——“政府对市场介入的边界”的深入分析以及相应的制度设计提供理论参考。毋庸置疑,如何对宏观调控在市场经济中的角色与功能进行准确定位,并限制政府的权力滥用与错用是改革开放中所遇到的最大挑战。

改革开放以来,特别是2008年国际金融危机以来,党中央与国务院推出的供给侧结构性改革以及防范系统性金融风险等政策,很大程度上消解了之前宏观调控权以及宏观调控政策失误所造成的困境之对策。当然,我们也必须注意到,国外有关政府与市场关系的理论大多是建立在西方资本主义市场经济体系和私有制的基础之上。是故,我们在构建宏观调控决策制度中处理“政府与市场的关系”,尤其是界定“政府对市场介入的边界”时,一定要立足于我国社会主义市场经济性质和“以公有制为主导,其他所有制为补充”的多元所有制性质,进而探索符合我国国情的政府与市场之间关系的理论体系和宏观调控制度体系。

(2)关于“宏观经济调控/治理的工具和模式”的研究成果比较丰富,而针对“宏观调控制度体系”相关内容的研究尚付阙如。

西方关于“政府干预”衍生出凯恩斯主义、新古典综合学派、古典主义学派、货币主义和理性预期学派等诸多学派,相关成果对各学派下货币政策与财政政策等宏观经济调控工具的角色分工和宏观经济调控模式等做出了深入阐释。尽管中西方国情和市场经济体制存在差异，但对于宏观经济调控工具的运用原理和宏观经济调控模式的生成机理进行观察剖析，能够对我国宏观调控决策制度的建构路径提供一些参考。但较为遗憾的是，鲜见西方学者对本课题所要解决的具体问题，即构建与完善包括“宏观调控决策制度”“宏观调控监督制度”“宏观调控评估制度”“宏观调控救济制度”在内的科学化的宏观调控制度体系提供有效的理论支持。

目前搜索结果显示，有关“宏观经济调控/治理的制度体系”的国外文献仅有一篇。而仔细阅读这篇唯一检索到的文献，即前文已述的《宏观经济不稳定与公司倒闭：法律制度的作用》，其也仅仅提出了法律体系的建构对于宏观经济调控有一定的促进作用，至于如何建构则尚未明确。反过来也证明，作为国家治理现代化视域下宏观调控法治化的落实机制即“健全宏观调控制度体系”，在西方的学术语境里，基本是一个研究空白，这便足见本课题研究的重要意义。

(3)关于“特定领域中的宏观经济调控/治理”的研究广度不够，能提供的借鉴非常有限。

迄今，国外有关“特定领域中的宏观经济调控/治理”的研究主要涉及新兴网络技术、农地、教育和就业等领域，相关学者对上述领域的细致分析对宏观调控制度体系在我国相应领域和行业中的运作研究具有一定的借鉴意义。但是涉及消费、投资、产业政策、房地产、区域发展等领域的研究成果寥寥可数，而这些恰恰是我国宏观调控的重点与难点领域，也是新的经济发展阶段所要解决的热点问题。

(4)关于“金融危机下宏观经济调控/治理之反思”的研究较为匮乏。

目前对国际金融危机的研究多集中于金融危机的形成原因和传导机制等，而对于金融危机发生后政府救助的效果和对策的分析，包括金融危机政府救助的专项研究还相当匮乏。综合而言，目前对金融危机政府救助的研究还仅仅作为一项应急性研究而非日常关注的课题。

只有极少数学者，在反思政府介入金融危机的模式、手段后提出了解决方案和宏观调控的未来走向，如汤姆·金斯伯格（Tom Ginsburg）、马克·D. 罗森（Mark D. Rosen）和格奥尔格·范伯格（Georg Vanberg，2019）推导出一系列引导政府应对紧急情况的法律设计方案。① 尤其是在当前金融风险日益严峻的情势下，面对党的十九大报告里提出的“守住不发生系统性金融风险的底线”之艰巨任务，这方面的研究值得我们重视。

具体地讲，通过对历史上金融危机发生之后各国政府的宏观救助措施及效果的分析，寻找与对比各国政府宏观救助措施的轨迹与演绎路径，有助于探索出社会主义市场经济制度下预防和应对金融危机的宏观调控制度体系的构建与完善方案，保障经济金融的健康稳定运行。

（5）“宏观经济调控/治理与宏观经济调控/治理制度的国际约束”是国外研究的盲点。

国外对于“宏观经济调控/治理与宏观经济调控/治理制度的国际约束”的关注明显不足。实际上，随着经济全球化的不断推进，国家之间的经济发展已经实现高度依存，中美经济发展中密不可分的关系即典型例证。

在国家之间，尤其是大国之间，一国的宏观调控制度或政策引发的冲突愈加频繁，甚至 WTO 争端解决机制中相当比例的案件都是一国某项宏观调控制度或政策，尤其是产业政策所引发的。但就如无论当前中美贸易摩擦的谈判有多么艰难曲折，中美两国皆坚信“中美脱钩”不会发生一样，反过来，这就在我们的“国家治理现代化视域下健全宏观调控制度体系”课题研究中，提出了一个必须协调内部发展需要与外部压力、减少与均衡两者矛盾与冲突的重要任务。

概言之，为降低国际经济交往中的冲突和确保本国利益实现最大化，研究并思考本国宏观调控及其制度建设的国际约束，是促进本国经济在世界经济贸易往来中快速发展的必然途径。这正是本课题重点研究的问题领域。但目前涉及该问题领域的国外文献非常匮乏，难以提供足够的理论支持。

（二）国内相关研究的学术史梳理以及评析

1. 国内相关研究的学术史梳理

（1）国内相关研究的学术史总体概述

我国的经济法学科伴随改革开放的历史进程而萌生和发展，宏观调控

① Tom Ginsburg, Mark D. Rosen & Georg Vanberg, *Constitutions in Times of Financial Crisis*, Cambridge, Cambridge University Press, 2019.

法是经济法学的重要分支。随着我国经济体制改革的不断推进，有关宏观调控法的理论研究也随着经济法基础理论及其构成体系的完善而不断发展丰富。据不完全统计，1979 年至 2022 年，学界发表宏观调控法学术论文 600 多篇，有关宏观调控法的著作、教材 60 多部。

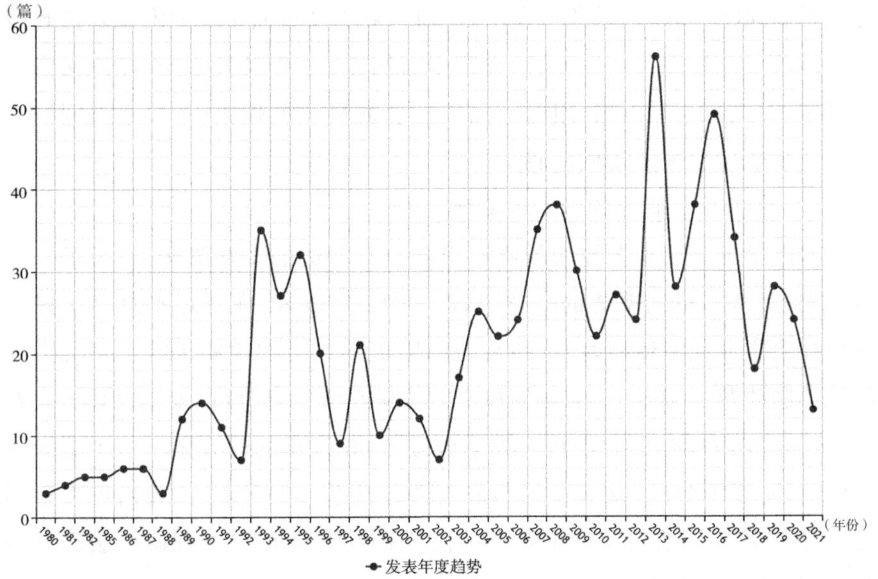

图 0-1　中国知网关于“宏观调控”的法学文献发表年度分布图（1980.1—2022.11）

从图 0-1 可以看出，宏观调控是经济法研究重点关注的领域，尤其是随着改革开放以来市场导向的经济体制改革不断进展而走向深入和繁荣，其主要特点如下。

第一，自 1980 年至 1988 年是“计划经济为主，市场调节为辅”时期，宏观调控开始为学界关注，有零星的学术成果出现。

第二，自 1988 年至 1992 年是“有计划的商品经济”时期，关于宏观调控的研究继续发展，尤其是在 1987 年中央提出“国家调节市场，市场引导企业”后，1989 年、1990 年、1991 年迎来了一个成果涌现的小高潮，年度发表论文分别为 12 篇、14 篇、11 篇。

第三，1992 年至 2003 年是确立和建设“社会主义市场经济体制”时期，宏观调控的研究成果持续攀升，尤其是 1994 年国家加强了财税体制、金融体制、投融资体制等宏观调控具体领域的改革又引发了另一个理论研究的高潮,1993 年、1994 年、1995 年分别发表论文 35 篇、27 篇、32 篇。

第四,以 2003 年召开的党的十六届三中全会为标志,2003 年至 2013 年,中国经济体制改革从初步建立社会主义市场经济体制进入完善社会主义市场经济体制的新时期,关于宏观调控的研究成果保持波动上升姿态。尤其是 2008 年国际金融危机发生后,随着克服其负面影响的宏观调控政策的具体落地与实践推进,相关研究逐步增加,2013 年共发表 56 篇论文为历年最多。自 2015 年以来,跟前面几年发表数量井喷相比,有关宏观调控法发表文献数量呈现波动回落趋势。

(2)国内相关研究的学术史梳理

国内学界对宏观调控法的研究跟着改革开放的实践脚步,经历了一个从无到有、从零星到系统的变化过程。2012 年以来,在习近平总书记提出深化社会主义经济体制改革,站在新的历史起点上加快完善社会主义市场经济体制改革的背景下,宏观调控研究成果在深度、广度以及结合具体问题的精细化方面都有更大进步。为了对过去 40 余年的研究做出一个更为详细的梳理,以下分成"宏观调控与宏观调控法基本理论""宏观调控决策制度""宏观调控评估制度""宏观调控监督和救济制度""宏观调控法研究的其他问题"等 5 个部分展开。

第一,国内学界对"宏观调控与宏观调控法基本理论"研究的学术史梳理。宏观调控与宏观调控法基本理论是经济法学的主流研究领域。20 世纪 80 年代,国家必须运用法律对国民经济进行宏观管理是经济法学界的共识,这也催生了学者对我国宏观调控法基本理论的深入探究。典型观点与文献包括但不限于以下列举。

关于宏观调控法治化的重要性:周之源、杨春堂(1986)指出,运用法律手段控制和调节经济的运行是经济法学所面临的亟待研究解决的重大课题。[①] 李昌麒(1990)指出,对宏观经济实行法律控制是发展有计划的商品经济的客观要求。[②] 孙秀平(1991)认为,法律调整机制是宏观调控机制重

---

① 周之源、杨春堂:《试论经济法在宏观经济控制中的地位》,载《吉林大学社会科学学报》1986 年第 2 期。

② 李昌麒:《论社会主义经济宏观调控的法律问题》,载《现代法学》1990 年第 3 期。

要的组成部分。[①] 张文显(1994)指出,必须尊重市场经济客观规律,立足社会政治背景,实现制度化法律化。[②] 曹建明(1995)认为,采用法律手段调控市场经济,是为了建立平等竞争的市场活动秩序,其价值体现为社会公正。[③] 王健(1996)认为,宏观调控法是未来经济法体系的核心。[④] 漆多俊(1999)指出,中国经济法的核心由国家投资经营法逐渐让位于宏观调控法,而且宏观调控法也正在成为各国经济法的核心。[⑤] 张守文(2001)认为,宏观调控权的法律解析对于宏观调控法理论和制度的完善具有重要价值。[⑥]

关于宏观调控法的立法思路:江平(1991)认为,立法中应当加强程序性规范、监督性规范、责任性规范,减少授权性规范。[⑦] 洪申、何浪(1991)指出,以国民经济运行法律调整的宏观模式理论为先导,建立积极有效的经济法规体系的调整机制。[⑧] 李龙(1994)认为,法在宏观调控中的特殊作用体现在引导、促进、保障和制约等4个方面。[⑨] 周永坤(1995)指出,宏观调控的必要措施包括法观念的合理化、法治环境的改善、司法介入等。[⑩] 杨心明(1995)指出,可以从现行的和待审议的宏观调控立法中,提取最具代表性且彼此联系的规定,经过技术处理后编纂成章。[⑪] 刘剑文、杨君佐(2000)指出,政府宏观调控的范围和方式主要是制定政策法规、经济计划、产业政策,发布决定和命令,反对和控制市场垄断等。[⑫] 邢会强(2003)对宏观调控权的纵向配置、横向配置,宏观调控权的要件和效力、行使的原则进行了深

---

① 孙秀平:《论宏观经济调控法律机制的结构和机能》,载《当代法学》1991年第2期。

② 张文显:《加快建立市场经济法律体系》,载《新长征》1994年第10期。

③ 曹建明:《三种宏观调控手段的社会功能分析》,载《法学》1995年第10期。

④ 王健:《论经济法体系的基本构成与核心》,载《法律科学(西北政法学院学报)》1996年第6期。

⑤ 漆多俊:《宏观调控法研究》,载《法商研究(中南政法学院学报)》1999年第2期。

⑥ 张守文:《宏观调控权的法律解析》,载《北京大学学报(哲学社会科学版)》2001年第3期。

⑦ 江平:《经济决策必须以法治代替人治》,载《群言》1991年第4期。

⑧ 洪申、何浪:《国民经济运行法律调整的宏观模式论》,载《法学》1991年第10期。

⑨ 李龙:《论宏观调控与法的功能》,载《中国法学》1994年第2期。

⑩ 周永坤:《宏观调控法治化论纲》,载《法学》1995年第10期。

⑪ 杨心明:《论宏观调控基本法》,载《政治与法律》1995年第2期。

⑫ 刘剑文、杨君佐:《关于宏观调控的经济法问题》,载《法制与社会发展》2000年第4期。

入研究。[①] 吴越(2008)指出,宜建立具有广泛代表性的专门委员会,使得中央和各地方、各行业都有合法的利益诉求平台、一致行动原则以及违法审查机制。[②]

关于建立宏观调控法体系构成:刘隆亨(1988)从我国社会主义初级阶段与完善的经济法规体系之间的关系和经济法规体系如何体现我国新的经济运行机制出发,提出应建立完备的经济法规体系。[③] 徐孟洲(1996)指出,要健全和完善宏观调控体系,必须有完备的经济法制体系,以保障引导和监控市场活动的各项宏观经济政策。[④] 郭洁(2004)指出,当前对土地法中的宏观调控问题在理论上鲜有涉及,必须加强研究探讨,促进土地宏观调控规范的制定和实施。[⑤] 刘志云、卢炯星(2005)指出,应当从调整对象、法律行为以及法律渊源三个方面入手,对金融监管法与金融调控法的差异做出区分与比较,以求对金融法与宏观调控法的理论研究有所裨益。[⑥] 卢炯星(2006)认为,宏观调控法由国民经济和社会发展计划法、统计法、财政法、税法、金融调控法、投资法、产业调节法、价格调控法、就业调控法、国际收支平衡法、审计法和宏观经济审判法组成。[⑦] 王建敏(2005)认为,计划法、统计法、财政法(包括预算法)、税收法、金融法、价格法、国际收支平衡法、环境法等专项法及相关法共同组成宏观调控法。[⑧]

关于新时期宏观调控法的意义和作用:陈云良(2007)认为,改革已进入攻坚阶段,国家调节权与行政权有明显的区别。[⑨] 王新红(2012)指出,宏观调控法治化可以采取逐步推进的方式,要适时地将弹性立法转化为刚性

---

① 邢会强:《宏观调控权研究》,载《经济法论丛》2003 年第 2 期。

② 吴越:《宏观调控:宜政策化抑或制度化》,载《中国法学》2008 年第 1 期。

③ 刘隆亨:《关于建立完备的经济法规体系的几个问题》,载《北京大学学报(哲学社会科学版)》1988 年第 4 期。

④ 徐孟洲:《论经济法在宏观调控体系中的地位和作用》,载《中国人民大学学报》1996 年第 3 期。

⑤ 郭洁:《土地关系宏观调控规范若干问题探讨》,载《政法论坛》2004 年第 1 期。

⑥ 刘志云、卢炯星:《金融调控法与金融监管法关系论》,载《西南政法大学学报》2005 年第 4 期。

⑦ 卢炯星:《宏观、微观经济法理论及体系完善》,载《现代法学》2006 年第 5 期。

⑧ 王建敏:《市场经济与宏观调控法研究》,经济科学出版社 2005 年版。

⑨ 陈云良:《国家调节权:第四种权力形态》,载《现代法学》2007 年第 6 期。

立法。[1] 杨紫烜(2014)指出,加强宏观调控是完善社会主义市场经济体制的内在要求,加强宏观调控法治建设是完善宏观调控的法律保证。[2] 席月民(2017)指出,从经济新常态到调控新常态,我国宏观调控体制改革与调控立法模式创新需要重构新的“总分结合”式调控立法模式。[3] 徐澜波(2017)指出,宏观调控程序规范是为了确保国家宏观调控职能公平正义的运行、增强宏观调控可预见性、控制宏观调控效果不确定性之目标而调整各类宏观调控手段及其措施行为的法律规范。[4]

第二,国内学界对“宏观调控决策制度”研究的学术史梳理。关于宏观调控决策制度的研究,法学界主要关注宏观调控决策权力的属性界定、权力来源、权力主体和决策程序等方面,典型文献包括但不限于以下列举。

杨三正(2006)指出,宏观调控决策权的配置应由中央国家机关实施,而宏观调控执行权的配置应由中央政府与地方省级政府在各自的职能范围内进行。[5] 张辉(2010)指出,有必要通过法律将宏观调控权力分解为:宏观调控决策权、宏观调控执行权、宏观调控监督权。[6] 徐澜波(2010)指出,仅通过设权、责任追究等实现的宏观调控法律化是不全面的。[7] 王新红(2010)指出,宏观调控法的重要使命就在于通过各种制度安排,保证、约束政府信守承诺。[8] 胡光志、田杨(2011)指出,宏观调控决策集中、宏观调控权力制衡、维护受控者权利、保障宏观调控理性化运行、宏观调控手段法治化应当是宏观调控法治化过程中应坚持的基本原则。[9] 岳彩申(2012)指出,从权力主导型转向法制约束下的民主互动型已成为我国宏观调控制度改革的基

① 王新红:《转型时期宏观调控法治化的障碍及其实现路径》,载《中南大学学报(社会科学版)》2012 年第 1 期。

② 杨紫烜:《论完善社会主义市场经济体制与加强宏观调控法制建设》,载《江汉论坛》2014 年第 4 期。

③ 席月民:《宏观调控新常态中的法治考量》,载《上海财经大学学报》2017 年第 2 期。

④ 徐澜波:《我国宏观调控程序规范的法律属性》,载《法学》2017 年第 11 期。

⑤ 杨三正:《宏观调控权配置原则论》,载《现代法学》2006 年第 6 期。

⑥ 张辉:《宏观调控权法律控制之主要方式探讨》,载《法学》2010 年第 2 期。

⑦ 徐澜波:《宏观调控的政策调整与法律调整之辨》,载《法学》2010 年第 11 期。

⑧ 王新红:《规则约束下的相机抉择——宏观调控法几个基本问题的再思考》,载《法学论坛》2010 年第 5 期。

⑨ 胡光志、田杨:《宏观调控法基本原则新探——从金融危机中“救市”需要法治化谈起》,载《重庆大学学报(社会科学版)》2011 年第 1 期。

本方向。① 徐澜波(2014)指出,应将运用财政手段、税收手段、计划手段进行宏观调控的权力赋予具有代议性的立法机关。②

第三,国内学界对“宏观调控评估制度”研究的学术史梳理。在我们检索的范围内,国内学界直接研究“宏观调控评估制度”的学术论文和著作相对较少,一般是针对一些具体政策领域进行评估的成果,另外也可在一些关于立法评估的研究中汲取学术思想,典型文献包括但不限于以下列举。

李建伟(2003)指出,通过评估实践表明,宏观调控政策措施之间的协调与配合是充分发挥政策效力的关键。③ 丁贤、张明君(2008)指出,有必要对立法后评估的评估主体、评估内容、评估方法、评估原则和评估实效等关键问题进行探索。④ 刘瑞、周人杰、崔俊富(2009)指出,绩效评估应以政策程序为评估内容、以程序成本为评估方法、以地方政府为评估对象,法治建设应从宏观调控法和绩效管理法两个进路出发。⑤ 汪全胜(2010)指出,为实现立法后评估结果的科学化与规范化,我国宜建立多元化的立法后评估主体。⑥ 刘满平、黄文彬、黄应刚(2011)指出,应从系统论的角度出发,并从积极、消极两个方面对 2009 年以来的宏观调控进行绩效评价。⑦ 张永岳、张传勇、谢晖(2010)以上海为例,结合公共政策评估理论和方法,对房地产宏观调控效果进行评估。⑧

第四,国内学界对“宏观调控监督与救济制度”研究的学术史梳理。关于宏观调控监督与救济制度,国内学界主要从宏观调控的法律责任,宏观调控是否具有可诉性,监督与救济机制的构建等方面提出了一些非常具有学

---

① 岳彩申:《经济发展方式转变中的宏观调控制度转型》,载《法商研究》2012 年第 2 期。

② 徐澜波:《我国宏观调控权配置论辨正——兼论宏观调控手段体系的规范化》,载《法学》2014 年第 5 期。

③ 李建伟:《近年来我国宏观调控政策的综合效力评估》,载《经济纵横》2003 年第 5 期。

④ 丁贤、张明君:《立法后评估理论与实践初论》,载《政治与法律》2008 年第 1 期。

⑤ 刘瑞、周人杰、崔俊富:《论宏观调控的绩效评估、法制建设与行政问责》,载《兰州大学学报(社会科学版)》2009 年第 6 期。

⑥ 汪全胜:《论立法后评估主体的建构》,载《政法论坛》2010 年第 5 期。

⑦ 刘满平、黄文彬、黄应刚:《宏观调控政策运行机制、绩效评估和转换策略选择》,载《经济学动态》2011 年第 3 期。

⑧ 张永岳、张传勇、谢晖:《我国房地产宏观调控政策效果评估初探——基于公共政策评估的视角》,载《上海经济研究》2010 年第 12 期。

术价值的理论和观点。典型文献包括但不限于以下列举。

张守文(2003)通过运用矛盾分析、关联性分析、典型性分析等方法,研究了经济法责任理论的独特性。[①] 戴敏(2005)指出,宏观调控行为的法律责任由责任主体、违法行为、行为人主观上有过错、有损害事实和违法行为与损害事实之间的因果关系5个要件构成。[②] 鲁篱(2006)指出,最高人民法院对宏观调控的介入只能是一种被动的消极角色,而且必须注重与其他社会系统充分的信息交流和对话,强调司法权的自我约束。[③] 邢会强(2012)指出,宏观调控行为的不可诉性,要求发展经济法的追责模式,建立宏观调控复议制度、政治责任制度和"经济法上的国家赔偿"制度。[④] 陈承堂(2013)认为,宏观调控主体若违背承诺,导致调控受体建立在合法预期理论基础上的信赖利益受到损害,则满足公益诉讼起诉资格的核心要件。[⑤] 黄硕(2014)指出,如果在行使宏观调控权力时出现了失职或不当所带来的后果,那么宏观调控主体应承担相应的法律责任。[⑥] 吴伟达(2015)建议,设立宏观调控法庭以确保对宏观调控行为的合法性审查,淡化司法机关的宏观调控执行者的角色。[⑦]

第五,国内学界对"宏观调控法研究的其他问题"研究的学术史梳理。"宏观调控法研究的其他问题"的研究还非常薄弱,主要集中在宏观调控与国际规则、宏观调控与金融市场治理,宏观调控与房地产市场等方面,典型文献包括但不限于以下列举。

刘志云、郑鲁英(2005)指出,世界贸易组织(WTO)规则成为约束我国政府宏观调控行为的一种外在力量,无论是WTO的实体性规则,还是程序性规则都对宏观调控方式的行使及其法治化等提出了相关的要求或约束,

---

① 张守文:《经济法责任理论之拓补》,载《中国法学》2003年第4期。

② 戴敏:《宏观调控行为法律责任的认定与归结初探》,载《湘潭大学学报(哲学社会科学版)》2005年第S1期。

③ 鲁篱:《论最高法院在宏观调控中的角色定位》,载《现代法学》2006年第6期。

④ 邢会强:《宏观调控行为的不可诉性再探》,载《法商研究》2012年第5期。

⑤ 陈承堂:《宏观调控公益诉讼起诉资格的构建》,载《法律科学(西北政法大学学报)》2013年第6期。

⑥ 黄硕:《宏观调控主体法律责任之型构》,载《法学论坛》2014年第6期。

⑦ 吴伟达:《我国宏观调控司法监督的困境与出路》,载《宏观经济研究》2015年第4期。

WTO 规则体系构造的特点与蕴含理念也对宏观调控法治化及相关问题具有借鉴意义。① 胡光志、靳文辉(2011)指出,在针对国际金融危机各国政府广泛采用宏观调控手段"救市"的第一次高潮之后,宏观调控法并未被要求去准确预测一个国家的经济形势,也未被要求去界定一个国家经济波动的样式和幅度。② 王天龙(2013)提出,面对复杂的国际形势,应合理把握国内政策导向,把应对短期经济周期性波动与促进长期经济增长结合起来,控制和防范国内经济中的风险点的建议。③ 吴涧生、姚淑梅等(2013)研究了国际金融危机以来发达国家宏观调控的经验及借鉴。④ 卢兴光(2013)分析了战略性新兴产业宏观调控的重要性和紧迫性,探讨了战略性新兴产业宏观调控国际经验。⑤ 黄革、占云生(2019)分析了离岸货币市场与央行宏观调控的国际经验与启示。⑥

2. 国内相关研究简要评析

以上对"宏观调控与宏观调控法基本理论""宏观调控决策制度""宏观调控评估制度""宏观调控监督与救济制度""宏观调控法研究的其他问题"等 5 个方面的研究梳理表明,迄今为止,国内法学研究对这些议题都有所涉及,但研究成熟度差异很大,总结如下。

第一,伴随改革开放和经济社会转型,宏观调控法治化成为我国法学研究重点关注的学术领域,对法律在宏观调控中重要作用的认识逐步走向统一。但立足新的经济发展阶段,就"政府与市场关系"之定位,乃至"政府宏观调控权力的边界"等关键性问题的研究需要进一步深化。随着党的十一届三中全会做出了把工作重点转移到社会主义现代化建设,实行改革开放

---

① 刘志云、郑鲁英:《WTO 规则与国内宏观调控制度的创新》,载《国家行政学院学报》2005 年第 5 期。

② 胡光志、靳文辉:《金融危机背景下对宏观调控法治化的再思考》,载《西南民族大学学报(人文社会科学版)》2011 年第 3 期。

③ 王天龙:《2013 年国际经济形势分析与我国宏观调控建议》,载《宏观经济管理》2013 年第 1 期。

④ 吴涧生、姚淑梅、李大伟、杜琼、季剑军:《金融危机以来发达国家宏观调控的经验及借鉴》,载《宏观经济管理》2013 年第 10 期。

⑤ 卢兴光:《战略性新兴产业宏观调控国际借鉴与启示》,载《商业时代》2013 年第 27 期。

⑥ 黄革、占云生:《离岸货币市场与央行宏观调控:国际经验与启示》,载《银行家》2019 年第 1 期。

的战略决策,我国开启了以市场为导向的经济体制改革。政府宏观调控是市场经济体制的基本内容,加强宏观调控功能必须建立起有效的宏观调控体系或机制,而要健全和完善宏观调控能力与宏观调控体系,必须有完备的制度体系提供法治保障。① 法学界相关研究快速发展,学者对其的研究呈现百花齐放的局面。学者从不同角度对宏观调控法治的理论基础、必要性、实现机制等方面进行了论述。相关学术论文和专著关注了法律手段在国民经济宏观调控中的积极作用及实现宏观调控法治化的必要性,分别在宏观调控法的地位、作用、内容、体系,确立宏观调控总的指导思想和基本原则、基本任务等问题上做出了积极探索,对于宏观调控法在经济法体系中的重要地位以及促进社会发展中的重要作用方面已经形成了一定的学术共识,现有的扎实深入的基础理论研究也为本书的研究开展奠定了良好的理论基础。

但是,自 2008 年以来,中国的经济发展和经济增长模式正在发生翻天覆地的变化。面对国际金融危机带来的经济衰退风险,政府宏观调控上采取了逆经济周期强刺激的传统方法,即采取了严重依赖投资促进增长的货币政策与财政政策。这种依赖高投资、高负债的宏观调控政策虽然短期内带来了经济增长的反弹,却积累了产能过剩、杠杆高企、实体经济成本不断推高,造成整个金融体系承受系统性风险的局面。为此,党中央与国务院在 2015 年年底开始推出“供给侧结构性改革”,实施了去产能、去库存、去杠杆、降成本、补短板等一系列新的宏观调控措施。对于为什么会出现这种巨大的转折,理论界与实务部门必须思考的是在新的经济发展阶段“政府与市场关系”之定位乃至“政府宏观调控权力的边界”等关键性问题。以前的研究也重点关注了这些问题,但针对经济发展的新形势、新阶段以及国内外面对的新问题需要进行系统性的重构。这正是本书的研究任务与研究重点之一。

第二,基础理论研究论著丰富,具体制度的研究相对单薄,亟须进一步的深化。现代市场经济就是宏观调控下市场对资源配置起决定性作用的经

---

① 徐孟洲:《论经济法在宏观调控体系中的地位和作用》,载《中国人民大学学报》1996 年第 3 期。

济,完善宏观调控是实行现代市场经济的内在要求。根据前述宏观调控法的既有成果的梳理,关于宏观调控法的基础理论和重要作用的学术成果已有非常丰厚的积累,但是对宏观调控具体制度的研究与设计相对而言还比较薄弱。

虽然在宏观调控决策制度方面学界已经取得了一定的研究成果,但是在决策权力分配、权力关系和权力格局的法治建构方面的研究还没有达到深入系统层次,只是提出了一些原则性和方向性的指引,尚未在“决策实体制度、决策程序制度、决策失灵法律控制制度”的规则配置互动中给出符合现代法治理念的理论证成,未能形成相互协调与促进的制度体系。相比之下,宏观调控的效果评估制度、宏观调控监督与救济制度在实践中甚至还没有出现制度雏形,已发表的文献匮乏,完全是一个亟待挖掘与探索的学术领域。因此,需要继续结合时代背景,围绕我国宏观调控的决策、运行效果评估、监督与救济的实践发展,深入地进行相关理论范畴的提炼与理论症结的挖掘,并推动具体制度的设计与落地。

总体来讲,当前学界对宏观调控的决策、评估、监督和救济等方面的研究尚处于初步状态,相应地,我国宏观调控实践也只能主要依靠相关政策来启动和运行。而且,当前的经济发展已经进入新常态阶段,跟以前相比已经截然不同,面对的国内外形势远比以前复杂,国家治理的方式也在适应社会发展的需要而转变,尤其是政府的权力行使越来越受到宪法与法律的约束,宏观调控权力的行使也一样。由此,在推进国家治理体系和治理能力现代化视域下,理论界亟待加强宏观调控具体制度的科学化研究,并在学理上形成符合中国特色社会主义制度和建设法治中国的制度体系,这是发挥市场配置资源的决定性作用和更好发挥政府作用必须解决的现实问题。

本书力图回应好这个时代课题,为完善经济法治理论和建设法治中国提供具有可操作性的制度方案,满足促进“宏观调控现代化”之根本要求。

第三,对宏观调控制度的关注和相关研究尚未达到“体系”的高度。从现有成果来看,学界的研究成果更多地集中于宏观调控的某一特定领域,研究视角和方法相对单一,内容上较少涉及建构制度“体系”,往往缺乏跨学科的视野和全局的高度。现有研究成果虽然可以为本课题的研究提供一定的参考,但其一定程度上落后于形势发展的要求。

一方面,由于宏观调控制度的内涵和外延相对广阔,经济法学又是随着改革开放确立和发展的年轻学科,相关研究出现了理解上的泛化,在宏观调控具体制度的研究上相对薄弱,尚未达到"体系化"要求。例如,有个别学者提出了建立宏观调控法制度体系方案,体系方案包括"国民经济和社会发展计划法、统计法、财政法、税法、金融调控法、投资法、产业调节法、价格调控法、就业调控法、国际收支平衡法、审计法和宏观经济审判法";[①]"计划法、统计法、财政法(包括预算法)、税收法、金融法、价格法、国际收支平衡法、环境法等专项法共同组成宏观调控法"。[②] 显然,这是一种泛化的体系理解,或者说无法构成"体系化"。因为这只是将相关法律简单堆砌,没有主线、逻辑性差,并不能形成一个环环相扣、有机统一、具备自身生命力的"宏观调控制度体系"。出现这种现象的原因众多,其中之一是宏观调控具体制度的研究仍然处于薄弱阶段,要达到"体系化"之要求,基本是不可能完成的任务。

另一方面,在实践上,国内的经济体制改革已经进入全面深化的层次,经济发展进入新常态以及国际社会对作为大国的中国宏观调控制度与政策的敏感度越来越高、冲突越来越频繁的复杂格局下,国家治理体系和治理能力现代化也对宏观调控与宏观调控制度体系提出了现代化、科学化的要求。[③] 由此,亟须学界对此做出理论回应并探究现实路径。一项有效的制度,一定要能够形成逻辑自洽、环环相扣的制度体系,才能发挥出最大的体系化效应。

鉴于此,本书试图从整体的法律行为逻辑切入,在新发展理念指导下,面对国内外的复杂形势与背景,对宏观调控制度体系进行系统化、科学化的学术建构,满足宏观调控制度的科学化以及体系化之目标,促进宏观调控的现代化,为推进国家治理体系和治理能力现代化做出自身的贡献。

第四,相关研究对我国制度转型的社会经济背景重视不够,难以适应国家发展在新阶段的新问题及新的战略需求。现有研究欠缺对我国转型经济

---

① 卢炯星:《宏观经济法》,厦门大学出版社 2000 年版。

② 王建敏:《市场经济与宏观调控法研究》,经济科学出版社 2005 年版。

③ 林木西:《健全宏观调控制度体系,推进国民经济治理体系和治理能现代化》,载《政治经济学评论》2020 年第 2 期。

制度背景的深入分析,片面强调我国与发达市场经济国家经济调控的相似性,而忽略了我国经济社会转型不同时期宏观调控的特殊性,缺少深刻结合时代背景和服务国家战略的理论阐释。换句话说,既有研究结合的是过去国家发展阶段的特点以及当时的战略需要,但对于社会经济的转型和国家新的战略需要,就不是那么符合时宜了,此时需要理论研究的"与时俱进"。在新时代背景下,当前的宏观调控制度体系的研究,必须紧扣中国经济发展进入的新常态和把制度优势转化为治理优势的新阶段,做出符合"推进国家治理体系和治理能力现代化"时代背景,结合世情国情,服务国家战略的研究成果,以促进宏观调控制度体系的优化与完善。

第五,对全新国际形势下的新问题与宏观调控制度体系的互动关系缺乏系统研究。从研究成果内容上来看,我国宏观调控制度的具体实践问题主要分布在房地产领域和应对金融危机领域。上述两个领域是宏观调控制度研究最为关注的两个话题,其研究成果自2008年国际金融危机爆发以来数量倍增,这与我国房地产市场的波动和国际金融危机爆发有紧密联系。而在2008年以来研究数量倍增的背景下,2015年以来发表的数量与之前相比又出现更大的回落,这跟2009年后逆经济周期的第一轮强刺激政策在2013年基本结束紧密相关。但现有宏观调控研究的成果主要着眼于国内政策,对国际层面的宏观调控及相关制度、政策重视不足。

比如,宏观调控制度体系与相关国际制度的互动关系尚无系统研究。无论是WTO制度与产业政策、市场准入、监督与救济等问题领域的研究,还是反补贴反倾销、关税与非关税壁垒、幼稚产业保护、与投资有关的服务贸易协议、知识产权保护、定期贸易审查政策和争端解决机制、气候谈判与巴黎公约、节能减排、碳排放、碳交易国际货币基金协定与汇率、外汇管制等问题领域的研究,都没有与国内宏观调控制度尤其是产业调控政策很好地联系在一起,更没有做到"与时俱进"。

再如,2018—2020年中美贸易摩擦与谈判的重点就聚焦于中国的产业调控政策与外汇管制政策等,但至今宏观调控法的研究仍没有关注这些问题,不能为国家的对外谈判及时提供宏观调控方面的理论支持与制度方案。在金融业开放、外资法修改、新能源产业补贴的调整、关税方面举措与宏观调控法治化的关系等重大、热点问题方面,已有研究成果匮乏。毋庸置疑,及时对现实问题做出理论回应是新时代学术研究的历史使命,对新形势下国际投资准入与保护、金融与贸易便利化、税收饶让,中美贸易谈判的争议以及谈判进展等时事热点做出有针对性的深入阐释,是理论与实践必须面对的重大问题。

总体来讲,目前对宏观调控法的"国际约束(国际规则和国际谈判)"的研究基本处于空白状态,对国际新形势新问题与宏观调控制度体系的互动关系缺乏系统研究。新时代宏观调控制度研究不能仅仅局限在国内视角,还需要有国际视野,聚焦来自国际层面的各种紧密相关的要素(包括国际谈判与国际规则),切实回应国际社会重大关切问题,配合我国对外的谈判以及对相关国际义务的遵守,减少外部摩擦,以推进国家治理体系和治理能力现代化与国家利益最大化。

三、与既有研究相比本书的创新尝试

宏观调控法在我国经济法体系中占据核心地位,对促进社会发展起了重要作用。宏观调控是促进国民经济整体持续、稳定和协调发展的重要方面,在我国也有了比较充分的实践,体现出社会主义市场经济制度的优越性。但是,对国内外相关研究成果的学术史梳理表明,"宏观调控制度体系"的理论研究与制度建设仍处于初步探索阶段。至今国内外尚未公开发表或出版以"国家治理现代化视域下健全宏观调控制度体系研究"命题的专门性著作,即使是对"宏观调控制度体系"进行专门性与系统性研究的著作也没有出现。反过来,这也意味着跟以往研究相比,还有着巨大的突破之处与发展空间。具体地讲,跟既有研究相比,本书希望能够有所突破与发展的方面包括但不限于以下部分。

(一)探析国家治理体系和治理能力现代化视域下"健全宏观调控制度体系"的重大意义

党的十八届三中全会首次提出"推进国家治理体系和治理能力现代化"这个重大命题,并把"完善和发展中国特色社会主义制度、推进国家治理体系和治理能力现代化"确定为全面深化改革的总目标。党的十八届五中全会进一步强调,"十三五"时期要实现"各方面制度更加成熟更加定型,国家治理体系和治理能力现代化取得重大进展,各领域基础性制度体系基本形成”。[①] 党的十九届四中全会专门研究国家制度和国家治理问题并通过了《中共中央关于坚持和完善中国特色社会主义制度　推进国家治理体系和治理能力现代化若干重大问题的决定》(以下简称《决定》)。无疑,“国家治理体系和治理能力现代化”是中国现代化的一个全新维度。完善和发展中国特色社会主义制度,推进国家治理体系和治理能力现代化不仅是新阶段的目标和要求,[②]也是我国推进社会主义市场经济改革,实现全面现代化的现实路径。

“推进国家治理体系和治理能力现代化”这一全面深化改革的总目标,赋予了宏观调控新内涵、新目标、新挑战、新使命。国家治理体系和治理能力现代化内在地要求宏观调控的现代化,而宏观调控现代化的根本归依是制度保障,即健全制度体系以实现宏观调控的法治化。依法调控经济是新时期推进全面依法治国、建设中国特色社会主义法治体系和社会主义法治国家的必然要求。坚持并弘扬依法调控经济的理念,不但有利于实现国家宏观调控行为的制度化、规范化和程序化,而且有利于促进国家治理体系和治理能力的现代化。[③] 法治具有社会凝聚力,法治国家的法是民主政治的产物,能最大限度地反映社会共识,形成最大社会公约数,产生强大的社会共识。[④]

从经济“新常态”到宏观调控新常态,我国宏观调控体制改革和立法模式创新需要坚持依法调控理念。[⑤] 以往对宏观调控法律制度的研究主要从与国民经济和社会发展紧密相关的,包括计划法、统计法、财税法、金融调控法、投资法、价格法等在内的各个分支法律部门切入,切入点只是在制度的“规范”层面。但随着经济社会发展和步入新时代,新兴产业和事物层出不穷,原有制度的“规范”分类难免会出现“挂一漏万”的现象,离“体系化”

---

① 习近平:《关于〈中共中央关于坚持和完善中国特色社会主义制度、推进国家治理体系和治理能力现代化若干重大问题的决定〉的说明》,载《今日海南》2019年第11期。

② 杜飞进:《中国现代化的一个全新维度——论国家治理体系和治理能力现代化》,载《社会科学研究》2014年第5期。

③ 席月民:《依法调控经济的程序与责任保障》,载《中国法律评论》2015年第3期。

④ 杜飞进:《中国现代化的一个全新维度——论国家治理体系和治理能力现代化》,载《社会科学研究》2014年第5期。

⑤ 席月民:《宏观调控新常态中的法治考量》,载《上海财经大学学报》2017年第2期。

存在“质”的差别。在全面依法治国,推进国家治理体系和治理能力现代化的视域下,为宏观调控具体政策的决策、运行、评估、监督与救济等制定法律上的基本框架,让具体的政策的制定、落实与废止过程在法律的控制之内,才能使分割离散的制度“规范”形成有机统一的制度“体系”。

综上可见,“推进国家治理体系和治理能力现代化”的具体落实,需要“宏观调控的现代化”,而“宏观调控现代化”的重要保障是“宏观调控制度的体系化”。因此,“健全宏观调控制度体系”既是“推进国家治理体系和治理能力现代化”的具体要求与落地①,也是对其的保障措施之一,它们之间是相辅相成的正相关关系。同时,我国经济进入新常态、步入新时代,其目标任务、发展方式和经济运行的基本特点都在发生深刻变化,这也对宏观调控能力与宏观调控制度体系的创新提出了新要求。学术研究不仅要对宏观调控与宏观调控制度体系创新的分支部分有准确的把握,而且要深刻把握这些创新之间的内在关系。具体地讲,新时代宏观调控创新既包括宏观调控思路的创新、目标的调整和理念的创新,也包括宏观调控决策、方式、手段、监督、评估、救济制度的创新,而法治化、科学化、体系化成为上述各类创新的基本要求。

(二)探析社会主义市场经济发展新阶段对宏观调控的新要求以及制度体系建设的重大意义

传统的宏观经济理论认为,宏观经济调控是总量调控,即通过货币政策和财政政策的松紧来影响总需求和总供给的变动,进而实现经济的扩张或收缩。② 与一般的市场经济条件下的宏观调控不同,我国的经济运行始终伴随巨大的制度变迁,改革开放始终是经济运行的内生变量。③ 宏观调控的一个鲜明特色就是宏观调控与改革开放两手并举,在改革中调控,在调控

① 林木西:《健全宏观调控制度体系,推进国民经济治理体系和治理能现代化》,载《政治经济学评论》2020 年第 2 期。

② 马建堂、慕海平、王小广:《新常态下我国宏观调控思路和方式的重大创新》,载《国家行政学院学报》2015 年第 5 期。

③ 马建堂、慕海平、王小广:《新常态下我国宏观调控思路和方式的重大创新》,载《国家行政学院学报》2015 年第 5 期。

中改革,靠改革提高宏观调控的效率,用宏观调控创造改革环境。①

从国内形势来看,我国经济步入了由高速增长转向平稳增长的状态,由粗放型增长模式过渡到精细化高质量的增长模式,由投资拉动型增长模式转向消费拉动型增长模式,而宏观调控政策重点将更多地放在增就业、扩消费、优投资、稳物价、协调区域发展上,以满足人民对美好生活的需要,促进国民经济的平稳运行。从外部条件来看,我国不仅已跃升为世界第二大经济体,也是全球最大的贸易国和全球资本输出大国,通过商品服务、外汇、资本人员的双向移动,国内经济与世界经济已深度融合。在这种状况下,一方面,世界经济特别是主要经济体的经济波动、政策调整将对我国经济产生多重影响,②另一方面我国经济波动和政策调整也会对其他国家产生影响,如在加快市场化、国际化进程中,实施科学的利率汇率政策,为世界经济增长做出了特殊贡献,充分展现了负责任大国的形象。新时代我国宏观调控的客体、手段和政策在很大程度上已超出一国范围,对全球经济产生着越来越大的"外溢"效应。③ 通过"一带一路"倡议、推动国际产能合作和创建亚洲基础设施投资银行等战略举措,开拓了我国发展空间。④

面对经济发展新阶段、新问题以及国内外新环境,宏观调控既要稳定,更要优化,推进宏观调控"现代化"终极目标是"推进国家治理体系和治理能力现代化"。党的十九届四中全会《决定》指出:"建设中国特色社会主义法治体系、建设社会主义法治国家是坚持和发展中国特色社会主义的内在要求。"详言之,中国特色社会主义越深入发展,就越需要中国特色社会主义法治体系发挥更加重要的引领、规范和保障作用,不断为解决党和国家发展面临的突出问题提供制度化方案,开拓中国特色社会主义事业更加广阔的光明前景。《决定》明确提出要"健全以国家发展规划为战略导向,以财

① 马建堂、慕海平、王小广:《新常态下我国宏观调控思路和方式的重大创新》,载《国家行政学院学报》2015 年第 5 期。

② 马建堂、慕海平、王小广:《新常态下我国宏观调控思路和方式的重大创新》,载《国家行政学院学报》2015 年第 5 期。

③ 马建堂、慕海平、王小广:《新常态下我国宏观调控思路和方式的重大创新》,载《国家行政学院学报》2015 年第 5 期。

④ 马建堂:《新常态下我国宏观调控思路和方式的重大创新》,载《行政管理改革》2015 年第 11 期。

政政策和货币政策为主要手段,就业、产业、投资、消费、区域等政策协同发力的宏观调控制度体系",不仅进一步明确了我国宏观调控的措施和手段,更将宏观调控上升至制度体系层面,为全面建立宏观调控体系指明了方向。从本质上讲,健全宏观调控制度体系是当前深化供给侧结构性改革、保持经济平稳增长、提高经济运行质量的重要抓手。从畅通国民经济循环入手,着力解决经济循环中的突出问题,提高我国经济运行与发展质量,具有重要的战略意义。①

健全宏观调控制度体系,需要思路和方法的进一步创新。一方面,过去我国的宏观调控,主要关注总量平衡的分析和对策,而对经济运行循环关注不够,要进一步提高宏观调控政策的效率,必须重视经济内部和外部循环的研究,将国民经济循环分析纳入宏观经济分析框架。重视解决"循环不畅"问题,是深化供给侧结构性改革的着眼点,是使供给侧结构性改革取得预期效果的关键。2018 年年底召开的中央经济工作会议提出,深化供给侧结构性改革要在"巩固、增强、提升、畅通"八个字上下功夫。畅通是深化供给侧结构性改革的"压轴戏"。而要保持经济平稳增长、提高经济运行质量,必须着力保持国内市场和生产主体、经济增长和就业扩大、金融和实体经济的良性循环。畅通国民经济循环的重要环节,不仅能够保持经济平稳运行,而且是提高微观资源配置效率、降低经济金融风险的重要手段。②

另一方面,现实中政府开展宏观调控工作中出现的"九龙治水""条块分割""职能重叠"造成的履职尽责的重叠或缺位使宏观调控的效率和效果都有所降低。从整体的法律行为逻辑切入,将宏观调控制度体系厘定为"权力分配制度—决策程序和决策失灵的法律控制制度—运行效果的评估制度—监督制度—救济制度"这一整条逻辑严密、开放包容的制度体系,贯穿宏观调控立法、执法和司法的全过程,以法治理念为指导的宏观调控制度体系也应不断地补充、调整和完善。

鉴于此,本书尝试以国家治理体系和治理能力现代化为视域,研究健全

---

① 周子勋:《世界大变局倒逼宏观调控创新》,载《中国经济时报》2019 年 6 月 27 日,第 A04 版。

② 周子勋:《世界大变局倒逼宏观调控创新》,载《中国经济时报》2019 年 6 月 27 日,第 A04 版。

我国宏观调控制度体系的重大问题，并以新发展理念为指导回应新的经济发展阶段国家治理的新要求，这将为自20世纪80年代以来就成为热点的宏观调控制度研究开创新的视角。

（三）在国家治理体系和治理能力现代化视域下对宏观调控制度体系进行系统性的研究

中国特色社会主义进入新时代，中国经济进入“新常态”，良好的宏观调控必须依赖一个逻辑严密、环环相扣的制度体系，使其充分发挥作用并不是各个制度群作用的简单叠加，而是整个系统所发挥的整体性系统功能。①

一方面，应对当前社会风险挑战需要发挥宏观调控制度体系的作用。制度问题更带有根本性、全局性、稳定性和长期性，一套健全管用的制度体系是应对风险挑战的“稳定器”②，能够发挥事业托底的重要功能；另一方面，建设法治中国需要加重宏观调控制度体系建设的分量。法治具有规范力、确定力、国家强制力、普遍约束力和社会凝聚力，其本质是制度之治，③因此宏观调控法治化的最终落实在于健全宏观调控的制度体系。制度体系是一个内容完整、各部分协调、良性运转的规范系统，其关键在于把握好规范的边界、规范制定的技术和规范的适用方法三个方面。

法治是现代社会治理的标志与基石，是公平正义的根本保障，也是评判是否实现国家治理体系和治理能力现代化的根本依据，④宏观调控制度体系化也是建设法治中国的内在要求。换句话说，建构符合推进国家治理体系和治理能力现代化的宏观调控制度体系，是对法治中国建设的促进与保障。具体表现在：第一，宏观调控在弥补市场机制方面存在“失灵”，需要法治的防范与匡正；第二，政府宏观调控应当源于法律授权，并受法律约束；第三，宏观调控应充分尊重和保障公民和社会经济组织的正当、合法权益；第四，宏观调控需要制度化的协调机制。宏观调控法治化不仅是我国深化

---

① 杜飞进：《中国现代化的一个全新维度——论国家治理体系和治理能力现代化》，载《社会科学研究》2014年第5期。

② 李冉：《在历史大视野中把握党的十九届四中全会的里程碑意义》，载《红旗文稿》2019年第23期。

③ 杜飞进：《论法治力》，载《社会科学研究》2014年第3期。

④ 杜飞进：《中国现代化的一个全新维度——论国家治理体系和治理能力现代化》，载《社会科学研究》2014年第5期。

改革的必然要求，也是市场经济发展的时代呼唤。① 鉴于此，一方面，应当健全以国家发展战略和规划为导向、以财政政策和货币政策为主要手段的宏观调控体系，推进宏观调控目标制定和政策手段运用机制化；②另一方面，推进宏观调控权力分配制度、决策程序和决策失灵的法律控制制度、宏观调控效果的评估制度、宏观调控监督制度、宏观调控救济制度等方面的制度建设，促进我国宏观调控制度体系化和法治化。

无疑，推进国家治理体系和治理能力现代化的价值目标，也将为宏观调控制度体系研究拓展出重大理论突破与研究空间。本书立足此，试图对宏观调控制度体系进行系统性研究，通过健全宏观调控制度体系这一方式，达到推进宏观调控能力现代化的目标。

（四）在国家治理体系和治理能力现代化视域下对宏观调控制度内容的科学化研究方面进行深入探讨

中国特色社会主义经济治理作用从大的角度出发，主要包括两个方面：一是市场的自发调节机制，发挥其在资源配置中的决定性作用；二是通过政府主动的宏观调控，保持宏观经济稳定，实现经济持续增长、充分就业、物价稳定和国际收支平衡的目标。宏观调控制度体系化内在地要求宏观调控制度内容的科学化，其着力点主要包括调预期，即调整经济规模、经济增速，处理好经济增长与自然资源条件、群众期望值等各方面间的关系，力求稳定发展；调结构，即优化经济结构和生产力布局，处理好各产业、行业间的关系，确保市场供需平衡、流动有序；调方式，即转变经济发展方式，引导市场要素的优化配置和充分利用，提高经济发展质量。③

从实践来看，我国宏观调控的每次重大变化都与经济发展有着密切关系。2008 年以前，我国宏观调控的目标主要围绕防止经济增长由偏快转为过热、稳定物价和保持经济平稳发展等。2008 年之后，宏观调控目标转变为“防止经济增速过快下滑”，并在实践中频繁使用扩张性的宏观调控工具，最终使经济下滑的趋势得以控制。在物价水平持续上涨的情势下，2011

① 石佑启：《以转变政府职能为纲推进法治政府建设》，载《学术研究》2019 年第 10 期。

② 国家发改委经济研究所课题组王元、杜飞轮、曾铮：《专题报告四　我国宏观调控部门协调的现状、存在问题及其对策建议》，载《经济研究参考》2014 年第 7 期。

③ 杜飞进：《略论政府的力量》，载《南京社会科学》2014 年第 8 期。

年宏观调控目标转变为“稳定物价总水平”。党的十八届三中全会以来，宏观调控的目标围绕改革，转变为“稳增长、调结构、促发展”。党的十九届三中全会后的宏观调控目标转变为“统筹推进稳增长、促改革、调结构、惠民生、防风险各项工作”。2019 年，政府工作报告又把“保稳定”放在五项工作之后。同时，随着经济形势的变化，我国宏观调控政策随之进行了调整，经历了从“双防”到“四万亿元”强刺激①，再从强刺激到定向调控，从微刺激再到供给侧结构性改革，从过度强调有效需求不足和危机管理向强调潜在供给能力下降和结构性改革。②

围绕着以上宏观调控目标而实施的宏观调控政策的效果可圈可点，但“副作用”也应当看到，甚至后面提出的宏观调控目标与政策往往是针对前面宏观调控政策的“副作用”而不得不推出的补救行为，这也使得宏观调控行为经常是被动式的而不是主动式的，非良性循环的状态。究其原因，“宏观调控权力边界”界定不清乃至宏观调控法治化不足，以及宏观调控制度设计不完善是重要方面。因此，新时代的宏观调控现代化，亟须宏观调控制度的法治化以及制度内容的科学化保驾护航。

具体地讲，宏观调控制度的法治化与制度内容的科学化进路主要应当在以下三个方面展开：

一是规范化的立法。宏观调控的主体依据、对象依据、行为标准、效果评估都必须纳入立法的范围，坚持宏观调控的“法律主治”，让每一项宏观调控行为都有法可依。

二是规则内容的科学化。其包括宏观调控的权力配置应当体现合理与效率，宏观调控的手段、工具、力度应当实现对市场的有效干预，相关当事人的合法利益应当受到有效保护。通过科学化的宏观调控制度内容，在法律框架内，赋予市场主体充分的经济活动自主权，使市场主体和经济波动等市场调节和政府宏观调控的对象，在市场调节和政府宏观调控中自发地发

① 周子勋：《世界大变局倒逼宏观调控创新》，载《中国经济时报》2019 年 6 月 27 日，第 A04 版。

② 毛振华、张英杰、袁海霞：《近年来中国宏观调控和经济政策的特征分析》，载《中国人民大学学报》2016 年第 5 期。

挥能动作用。①

三是依法调控。宏观调控的执行机关应当依照法律规定的条件、方式、力度实施调控，宏观调控的政策文件、调控行为的频率及其持续期限应当给予社会一个稳定的预期，调控的目标应当公开和明确，以法律限制政府对经济活动的不当干预，大幅减少政府对资源的直接配置，②减少政府对微观经济活动的直接干预，从而更好发挥政府作用，切实转变政府职能，深化行政体制改革，创新行政管理方式，加强市场活动监督，加强和优化公共服务，弥补市场失灵，③以科学化的宏观调控制度促进经济治理的质量和效果最大化。

在强调宏观调控制度体系化的同时，也要注重制度内容的科学化，两条进路之间的关系衍生于国家调控体系与调控能力之间的现代化关系。在健全宏观调控制度体系的总任务下，宏观调控制度的体系化进路和制度内容的科学化进路两者本质上属于相互依赖关系，这种依赖关系客观上表现为互动、协调和相互促进的三种形态，这对于保障宏观调控的现代化具有根本的意义。理论上，治理体系与治理能力之间的互动、不同的治理体系之间的协调、治理体系与治理能力之间的相互促进都在各个层面上体现了国家治理体系和治理能力的现代化。同时，只有紧扣作为我国今后经济社会发展的宏观指导的"新发展理念"进行宏观调控制度体系研究，才能让研究思路"与时俱进"，将知识转化成真正的生产力，积极为社会经济建设提供理论服务，使研究成果服务国家发展战略，贴近现实，贴近决策，符合法治中国建设的需要。

（五）聚焦新时代国际形势的新发展和新问题，打开宏观调控制度体系研究的"国际视野"

面对日益开放的经济环境和国际形势的新发展，我国宏观经济调控制度的设计和政策的出台，不仅要考虑国内经济形势，也要考虑国际经济形势

---

① 杜飞进：《中国现代化的一个全新维度——论国家治理体系和治理能力现代化》，载《社会科学研究》2014 年第 5 期。

② 杜飞进：《中国现代化的一个全新维度——论国家治理体系和治理能力现代化》，载《社会科学研究》2014 年第 5 期。

③ 石佑启：《以转变政府职能为纲推进法治政府建设》，载《学术研究》2019 年第 10 期。

以及世界主要经济体宏观经济政策的影响。① 当前,诸多国际规则已与宏观调控制度紧密联系在一起,如 WTO 与国际货币基金组织的基本制度,中外双边投资协议、中外自由贸易协议、中外税收协议等,以及广泛涉及关税与非关税壁垒的设置与调整、产业补贴措施与保护政策、外商投资的市场准入与营商环境、金融与贸易便利化、外汇管制与汇率制度、税收饶让制度等,都已在事实上成为约束我国政府宏观调控行为的一种外在规则与力量。

我国加入 WTO 20 余年来,WTO 规则所架构的、以市场为导向的政府与市场关系,实际上为政府行为提供了一种系统性的最低限制标准。在实体规则中,无论是针对货物贸易还是服务贸易领域的规则,无论是国民待遇、最惠国待遇以及透明度等原则,还是补贴与反补贴、倾销与反倾销协议,抑或与贸易有关的知识产权保护协议、与贸易有关的投资措施协议等的具体规定,归根结底,都是围绕市场准入问题展开的,而这种市场准入与作为各成员方政府实施宏观调控的重要手段,即产业政策,存在紧密联系。在程序规则中,WTO 的透明度规定对各成员方政府包括宏观调控在内的各种行政行为提出了高标准的公开化要求,其目的在于增强国内经济政策与国家经济管理行为的稳定性和可预见性,防止和消除因政府不公开实施包括宏观调控在内的各种行政行为所造成的歧视待遇,以及由此给国际贸易自由化带来的障碍。WTO 最基本的理念是贸易和投资自由化,其对我国宏观调控的影响不仅在于其本身的实体性规则与程序性规则形成的某种约束与要求,还在于其"以规则为导向"的精神、体系构造的特点以及蕴含的某些法治理念对我国宏观调控制度体系法治化建设所具有的极强的借鉴意义。

同时,在全球化日益加深的局势下,国家之间,尤其是大国之间的经济发展更是相互依赖。此时,国家之间宏观调控制度或政策的彼此影响,也是各国经济贸易冲突的一个重要根源。2018 年以来,中美贸易摩擦使得中国许多宏观调控政策或制度成为美方关注的要点。比如中国的产业升级政策——"中国制造 2025"计划、中国过去几十年鼓励出口寻求贸易顺差的贸易调控政策、中国对幼稚工业或新兴产业的补贴政策、中国对外汇汇率管控政

① 王彦荣:《当前国际经济形势对中国宏观调控的影响》,载《经济研究参考》2008 年第 52 期。

策、中国宏观调控政策的透明度问题、中国的知识产权方面的保护政策等,都成为美方的指责对象。无疑,一国宏观调控政策的主要目的在于满足本国经济发展的需求,美方的诸多指责纯粹属于"神经过敏"或"无理指责"。但出于促使国内经济改革更加顺利、畅通国际经济交往、为本国发展创造更好的国内外环境的目标,确有必要考虑我国宏观调控制度设计与行为实施中对国外的影响以及外国政府对此可能的反应,从而减少摩擦的发生,提前做好冲突的灵活应对方案,唯有此才能更好地做好对外解释工作和政策调整,为中外谈判增加筹码,最终实现协调各方利益并促进本国利益最大化。

从国际经验来看,欧美、日本各国都已形成了较为完善的宏观调控框架,部分宏观调控已实现规则化、机制化,有良好的法治基础和机构保障。①美国的财政政策在预算管理和财政收支各方面均有固定机制;欧盟的财政政策包含一系列基本规则,用以约束其成员国的财政行为,货币政策在同一框架下制定与实施,并采取两支柱法的信息组织评估方法;②日本的宏观调控与欧美国家的不同之处在于,其以产业政策为核心,财税、金融等政策都是作为配套政策来保证经济计划和产业政策目标的实现,总的来看,其产业政策均以立法的形式将其制度化。③

本书将深入聚焦国际新形势新问题,结合相关国际规则及其最新发展,辩证分析国别之间的宏观调控政策的冲突与协调配合机制,密切结合现实问题,从"国际视角"的侧面促进宏观调控制度体系的现代化。

(六)面对"推进国家治理体系和治理能力现代化"任务与目标,促进宏观调控制度体系研究的方法多元化

"国家治理现代化视域下健全宏观调控制度体系研究"这一命题性质,涉及国内法、政治学、经济学、社会学、管理学、哲学、金融学、伦理学、国际法与国际关系等多个领域。对于该问题领域展开研究,不仅需要跨学科知

---

① 国家发改委经济研究所课题组王元、杜飞轮、曹玉瑾:《专题报告五 宏观调控机制化的国际经验》,载《经济研究参考》2014 年第 7 期。

② 国家发改委经济研究所课题组王元、杜飞轮、曹玉瑾:《专题报告五 宏观调控机制化的国际经验》,载《经济研究参考》2014 年第 7 期。

③ 国家发改委经济研究所课题组王元、杜飞轮、曹玉瑾:《专题报告五 宏观调控机制化的国际经验》,载《经济研究参考》2014 年第 7 期。

识支撑,也需要跨学科研究方法的运用。如果研究方法单一,尤其是在交叉学科研究方法的运用方面匮乏,将难以全面揭示问题的本质。本书试图打破方法论上的短板,在运用好传统法学研究方法的基础上,还将灵活运用各种交叉学科方法,深入探索宏观调控制度体系的现代化、科学化、法治化的实践路径。

值得一提的是,传统法学研究方法主要包括历史分析法、比较分析法、词义分析法、规范分析法,这些研究方法长期以来占据主流,也成为法学研究的一个特色,将是本课题重要的研究方法,但短板在于其基本只能进行定性分析,难以量化,从而缺乏精确性。本书研究的问题性质十分特殊,不仅涉及国家战略与行业发展分析、客观实践与法律制度的互动、政府机构内部治理模式、法律制度的公平与效率的价值兼顾、经济利益与社会利益的协调,还关乎利益相关者之间的利益平衡,国家、市场以及立法之间的互动与博弈,国内法与国际法的互动与协调等,上述问题或多或少都需要运用各种数理分析、公式演算、数据指标设计、模型推演、博弈策略等经济法学与计量法学涵盖的众多分析方法进行成本和收益分析、效果评估等,才能得出科学、客观以及精确的研究结论,从而为科学立法奠定坚实基础。因此,广泛运用经济法学与计量法学等新型跨学科分析方法,对上述各种相关问题进行实证分析和模型推演,是本书在方法论上与传统研究的重大区别。

综上所述,立足于新时代与国际形势,就新发展阶段出现的新问题,促进研究方法的多元化,尤其是交叉学科的广泛运用,将是本书的另一个试图突破之处。

四、本书的总体思路、研究视角与学术意义

(一)总体思路

首先系统解读党的十九届四中全会精神对本研究的选题意义和理论指导价值,将国家治理体系和治理能力现代化理论系统转换为政府调控体系与调控能力现代化理论。在此基础上,结合经济新常态、新发展理念、全面深化经济体制改革的需要,提炼中国特色社会主义市场经济体制中宏观调控的新内涵、新目标、新挑战和新使命。以宏观调控体系现代化和宏观调控能力现代化为目标导向,搭建起以“宏观调控决策制度—宏观调控运行效

果评估制度—宏观调控监督制度—宏观调控救济制度"为逻辑的制度体系。然后将制度体系内每一个模块为单列章节,以梳理实践问题为导向,抓住健全宏观调控制度体系中的关键问题和重点问题,展开相应子制度体系内的理论创新和制度创新研究。

本书的总体思路如图 0 – 2 所示。

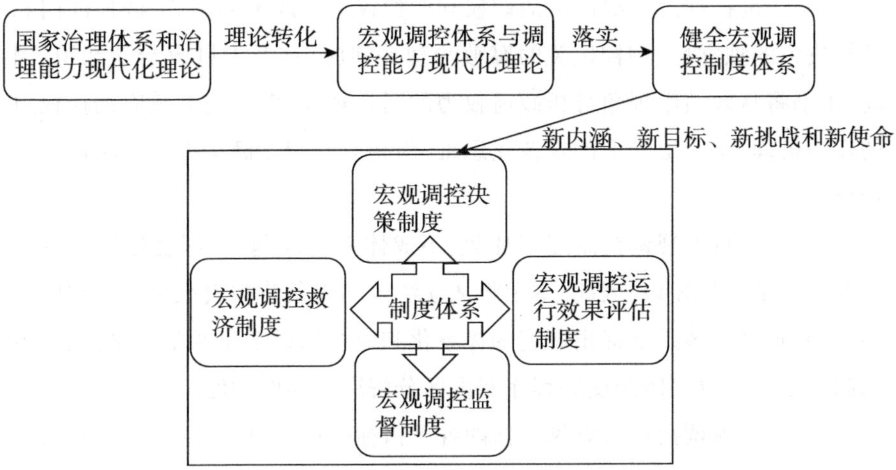

图 0 – 2 本书的总体思路

(二)研究视角

本书属于典型的多学科综合交叉研究,研究视角涉及行政管理学、政治学、宏观经济学、计量经济学、立法学、经济法学、诉讼法学等多学科领域。

第一,在全球化迅猛发展的背景下,不同国家的宏观调控行为以及相应的调控制度互相影响,甚至互相冲突。由此,本书尝试站在国内外"双重视角"的高度,对宏观调控行为以及相应的制度体系进行深入研究。传统的宏观调控制度研究主要立足于国内视角,但这已经远远不适应实践发展。大国之间经济发展的互相依赖程度大大加强,国内的宏观调控行为以及相应的调控制度必须充分考虑国际社会的反弹,国家之间利益协调问题处在越来越重要的位置。因此,只有将宏观调控以及相应制度体系的研究接入国际视角,在调控决策和调控制度设计上减少冲突与摩擦,协调各方利益,才能促进宏观调控和相应制度体系的"现代化",并真正使得本国利益最大化。

第二,对于宏观调控决策不规范、不同调控部门之间的权力冲突、政策冲突、调控政策民意接受度低等现象,其背后的问题涉及大量行政管理学知识。因此,本书将从行政管理学视角挖掘出政府宏观调控运行中的关键问题和关键矛盾,以宏观调控的效率、合理、有效性等目标为导向,借助政府治理和市场治理的理论和方法,探寻制度健全的路径。

第三,调控部门组织法上的职权和调控权力不匹配的矛盾、调控部门和调控决策的独立性、调控机关的腐败治理等问题,涉及大量政治学知识,因此,本书将从政治学视角分析政府权力的运行规律,深刻把握政府调控权力的作用机理,结合法学上的规范化思维,为相应的制度健全提供方法论上的指导。

第四,现行宏观调控制度碎片化、不成体系的问题,在制度建构上主要涉及立法学上的知识,因此,本书将从立法学的视角建构宏观调控的制度体系,在宏观制度体系上提出制度的体系化和内容的科学化两条进路,在具体的制度建构上以实体制度和程序制度区分解决具体的问题。

第五,宏观调控运行效果评估的各项指标的构建、评估的内容和方法的构建、评估结果的反馈方式等问题,涉及大量计量经济学知识,因此,本书将从计量经济学视角分析宏观调控的运作模型和作用机理,讨论宏观调控的合理性与有效性的相关问题,借鉴定量分析思维建构宏观调控运行效果的评估机制。

第六,宏观调控基础理论发展的梳理、宏观调控的制度分析、宏观调控的法律规制等问题主要涉及经济法理论,因此,本书将从经济法视角理解国家干预理论,解读宏观调控的本质问题。借助多学科的分析工具,最后将健全宏观调控制度体系研究回归到经济法问题上,提出制度健全的具体对策。

第七,宏观调控决策程序、宏观调控运行效果评估程序、宏观调控监督程序、宏观调控救济程序等相关制度设计主要涉及程序法的思维,因此,本书将从程序法视角,探讨宏观调控决策程序、宏观调控运行效果评估程序、宏观调控监督程序、宏观调控救济程序等问题。

(三)本书的学术意义

党的十九届四中全会全面总结了中国特色社会主义制度的历史性成就和显著优势,又系统阐述了坚持和完善中国特色社会主义制度、推进国家治理体系和治理能力现代化的目标任务和具体举措,①为把我国制度优势更好地转化为国家治理效能指明了方向。同时,也提出了宏观调控"现代化"以及健全宏观调控制度体系的重大任务。立足于此,本书的学术意义主要表现在以下几方面。

首先,本书尝试为宏观调控制度体系研究寻求先进理论的支持,在治理现代化视野下探索全新的研究路径。本书的研究路径是:在为宏观调控制度体系建设寻求先进的理论支持——"国家治理体系和治理能力现代化"理论的基础上,探讨宏观调控与宏观调控制度建设中的政府与市场的关系问题,尤其是关涉"政府宏观调控的权力边界"等至关重要的根本性理论问题。然后,沿着以上理论思路,结合"制度体系化"思想,在理论上构思符合"现代化"要求的宏观调控制度体系,同时推动制度内容的科学化,其理论目标是用宏观调控的制度体系化与内容科学化两条路径来推动宏观调控制度体系"现代化",从而促进与保障宏观调控"现代化"。

其次,本书尝试在理论上为宏观调控制度探寻符合"现代化"要求的"体系化"模式。为了让具体的宏观调控政策的制定、实施与失效过程纳入法律框架,本书试图突破以往研究的局限,打破以往研究的碎片化状态,上升到一个全新的理论高度。具体地讲,以治理现代化理论为突破口,提出一个全新的符合国家治理体系和治理能力现代化的理论框架,并站在一个全局性的高度,探寻出一个由"权力分配制度—决策程序制度—决策失灵的法律控制制度—运行效果的评估制度—监督制度—救济制度"所构成的逻辑缜密、有机统一、充满内在生命力、符合"现代化"要求的"宏观调控制度体系"理论范式。

再次,关于对宏观调控制度进行体系化构建的逻辑,本书将在理论上探寻符合"现代化"要求的体系化方案。宏观调控是中央政府的重要职能,也是我国社会主义市场经济体制的本质要求和不可缺少的组成部分,宏观调控走向法治化是建设法治中国的必然要求。前述对研究现状的梳理与分析表明,目前国内外学界对宏观调控的基本理论问题已经有一定的研究,但对

---

① 《中共四川省委关于学习贯彻党的十九届四中全会精神的意见》,载《四川党的建设》2019 年第 23 期。

宏观调控制度进行体系化的可行方案乏善可陈。本书试图解构宏观调控决策制度、运行效果评估制度、监督制度、救济制度各自“现代化”的内涵与要求,努力实现每一个模块具体制度建设方案的体系化程度、细致程度的重要创新。例如,把货币调控制度、财政调控制度研究具体深入到权力配置、决策人员组成、决策程序、政策发布、听证以及监督与救济等领域,把需要解决的现实矛盾落实到制度细节中去解决。

最后,本书尝试将国内法与国际法相结合,将国内法治与国际政治相联系,推动宏观调控制度体系研究进入国内外“双重视角”的研究阶段。

五、本书研究的总体问题、研究对象和主要内容

(一)总体问题

本书的问题领域是“国家治理现代化视域下健全宏观调控制度体系研究”,具体包括“国家治理现代化视域下健全宏观调控制度体系的理论进路”“国家治理现代化视域下健全宏观调控决策制度研究”“国家治理现代化视域下健全宏观调控的运行效果评估制度研究”“国家治理现代化视域下健全宏观调控监督制度研究”“国家治理现代化视域下健全宏观调控救济制度研究”5 个方面。

(二)研究对象

在总体问题下,本书的具体研究对象包括“国家治理现代化对宏观调控现代化的要求和标准”“政府调控体系与调控能力现代化的理论建构”“宏观调控制度体系化的方法”“国家治理现代化视域下健全宏观调控决策制度”“国家治理现代化视域下健全宏观调控运行效果评估制度”“国家治理现代化视域下健全宏观调控监督制度”“国家治理现代化视域下健全宏观调控救济制度”。

每个章节的具体研究对象见表 0 – 1:

表0-1 本书每章具体研究对象

组成部分	研究对象
第一章 国家治理现代化视域下健全宏观调控制度体系的理论进路	1. 国家治理体系和治理能力现代化的基本理论; 2. 国家治理现代化理论对宏观调控提出的现代化要求,包括新时代宏观调控的新内涵、新目标、新挑战和新使命; 3. 宏观调控现代化的保障与法治化要求; 4. 宏观调控法治化的具体落实与健全宏观调控制度体系的基本要求; 5. 健全宏观调控制度体系的具体进路以及不同进路之间的正向关系
第二章 国家治理现代化视域下健全宏观调控决策制度	1. 国家治理现代化对宏观调控决策制度现代化的基本要求; 2. 国家治理现代化视域下健全宏观调控决策的实体制度、程序制度以及决策失灵法律控制制度
第三章 国家治理现代化视域下健全宏观调控效果评估制度	1. 国家治理现代化对宏观调控运行效果评估制度现代化的基本要求; 2. 国家治理现代化视域下健全宏观调控运行效果评估主体制度、评估的内容和方法制度、评估的程序制度、评估结果反馈制度
第四章 国家治理现代化视域下健全宏观调控监督制度	1. 国家治理现代化对宏观调控监督制度现代化的基本要求; 2. 国家治理现代化视域下健全宏观调控监督的实体制度、程序制度以及监督反馈制度
第五章 国家治理现代化视域下健全宏观调控救济制度	1. 国家治理现代化对宏观调控救济制度现代化的基本要求; 2. 国家治理现代化视域下健全宏观调控救济的实体制度、程序制度以及救济行为的审查制度

(三)本书的内容概要

本书首先剖析了国家治理体系和治理能力现代化对政府宏观调控的调控体系和调控能力现代化的理论指引和实践指导,由此引出宏观调控的新内涵、新目标、新挑战和新使命,以及作为宏观调控现代化制度保障的宏观调控法治化。宏观调控法治化需要健全宏观调控制度体系,具体围绕制度的体系化和内容的科学化两条进路展开。通过法治化和体系化思维,把原本松散零碎的宏观调控制度串成"宏观调控决策制度—宏观调控运行效果评估制度—宏观调控监督制度—宏观调控救济制度"这样一个结构完整、包容开放、有机统一的制度体系。

立足于此,各个模块的制度构建与完善的研究工作按照如下方式展开:

第一,健全宏观调控决策制度涵盖决策实体制度、决策程序制度和决策失灵的法律控制制度,三者之间的互动与协调共同支撑了宏观调控决策制度的现代化;第二,健全宏观调控运行效果的评估制度,包括评估主体制度、评估内容与评估方法制度、评估程序制度和评估反馈制度的建构与完善;第三,健全宏观调控的监督制度包括监督实体制度、监督程序制度和监督反馈制度,三者之间的互动与协调共同支撑了宏观调控监督制度的现代化;第四,健全宏观调控救济制度包括救济实体制度、救济程序制度和救济的审查制度,三者之间的互动、协调和相互促进关系共同支撑了宏观调控救济制度的现代化。每个章节核心内容简要概括如下。

第一章属于本书的基础理论研究。本章以党的十九届四中全会精神为指导思想,首先提炼了国家治理体系和治理能力现代化对宏观调控现代化提出的新内涵、新目标、新挑战和新使命,进而指出调控体系和调控能力现代化的保障必然是标准更高、更健全的法治化,而宏观调控法治化的具体落实在于健全宏观调控的制度体系,并以调控体系现代化理论指导的宏观调控制度的体系化构建、调控能力现代化理论指导的宏观调控制度内容的科学化改革,系统阐述了健全宏观调控制度体系的理论和方法。本章也属于“总论”性质,对作为“分论”的其他四个章节起着理论指导和体系统领的作用。

第二章是国家治理现代化视域下健全宏观调控制度体系的第一部分,即健全宏观调控决策制度。本章首先对国家治理体系和治理能力现代化视域下宏观调控决策制度现代化理论进行解构,进而围绕宏观调控决策实体制度、宏观调控决策程序制度、宏观调控决策失灵的法律控制制度三大模块具体展开制度构建与完善的论述,以体系化思维重点把握宏观调控决策权力的分权与制衡、决策的跨部门议事协调、决策民主机制、宏观调控的手段与工具更新等关键领域问题。

第三章是国家治理现代化视域下健全宏观调控制度体系的第二部分,即健全宏观调控运行效果评估制度。本章首先对现代立法科学性评价标准之一的效果评估机制嵌入国家治理体系和治理能力现代化视域下宏观调控运行效果评估制度的可行性进行论证,然后提炼出宏观调控运行效果评估制度现代化的基本要求。在此基础上,本章围绕宏观调控运行效果评估主体制度、评估的内容与方法制度、评估程序制度以及评估结果反馈制度展开制度构建与完善的论证,并实现宏观调控运行效果评估领域制度体系的内循环。

第四章是国家治理现代化视域下健全宏观调控制度体系的第三部分,即健全宏观调控监督制度研究。本章首先对现代行政法上发达的监督理论引入宏观调控行为监督制度的可行性进行论证,进而解构国家治理体系和治理能力现代化视域下宏观调控监督制度现代化的基本要求。在此基础上,本章主要围绕宏观调控监督实体制度、宏观调控监督程序制度和宏观调控监督反馈制度展开了相应的制度体系构建,最终把宏观调控监督的现代化纳入政府调控能力现代化的重要环节。

第五章是国家治理现代化视域下健全宏观调控制度体系的最后一部分,即健全宏观调控救济制度研究。本章首先对宏观调控可救济性的争论进行系统梳理,引出宏观调控救济制度是国家治理体系和治理能力现代化视域下宏观调控现代化的重要组成部分的核心观点。在此基础上,本章围绕宏观调控救济实体制度、宏观调控救济程序制度和宏观调控救济行为的司法审查制度展开了体系化的制度构建,最终实现了构建与完善体系协调、内部互动的宏观调控救济制度体系的目标。

(四)研究框架与各章之间的结构图

1. 研究框架

本书旨在把原本松散零碎、不成体系的宏观调控制度通过法治化思维串成由“宏观调控决策制度—宏观调控运行效果评估制度—宏观调控监督制度—宏观调控救济制度”组成的结构完整、有机统一、富有内在生命力的制度体系。其中,宏观调控决策制度涵盖决策实体制度、决策程序制度和决策失灵的法律控制制度,三者之间的互动与协调共同支撑了宏观调控决策制度的现代化。宏观调控效果评估制度包括评估主体制度、评估的内容与评估方法制度、评估程序制度和评估反馈制度,它们之间的互动与协调共同支撑起了宏观调控运行评估制度的现代化。宏观调控监督制度包括监督实体制度、监督程序制度和监督反馈制度,三者之间的互动与协调共同支撑了宏观调控监督制度的现代化。宏观调控的救济制度包括救济实体制度、救济程序制度和救济的审查制度,三者之间的互动与协调共同支撑了宏观调控救济制度的现代化。

本书研究框架如图0－3所示。

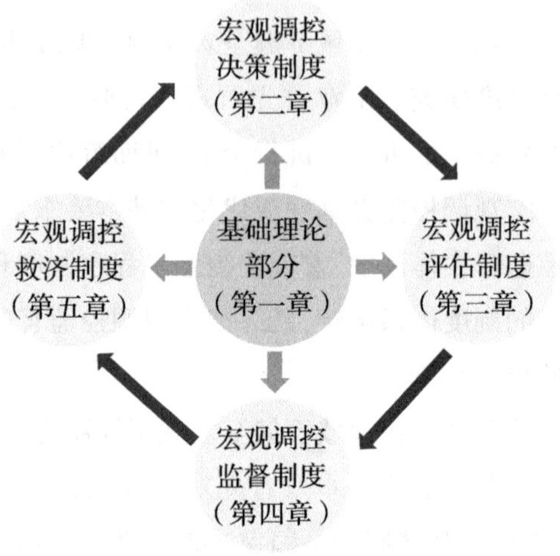

图0－3 本书研究框架

2.结构图

第一章属于“总论”部分，主要完成宏观调控现代化的基础理论建构和健全宏观调控制度体系化路径的论述。“分论”的四个章节是根据“总论”的理论指引，由“宏观调控决策制度—宏观调控运行效果评估制度—宏观调控监督制度—宏观调控救济制度”所组成，并在此结构基础上对符合体系化逻辑的宏观调控制度体系进行了系统性研究。其中，第一章与其他四章构成“总分结构”的逻辑关系，第二章、第三章、第四章、第五章分别是围绕宏观调控功能运作的发展路径展开论述，同时第二章、第三章、第四章、第五章所讨论的宏观调控各个功能部分的制度规范也构成了独立且能够形成“内循环”的制度体系。综上，“总论（第一章）”与“分论”共同构成了对宏观调控制度体系化的理论回应与制度上的具体落实。

本书章节结构如图0－4所示。

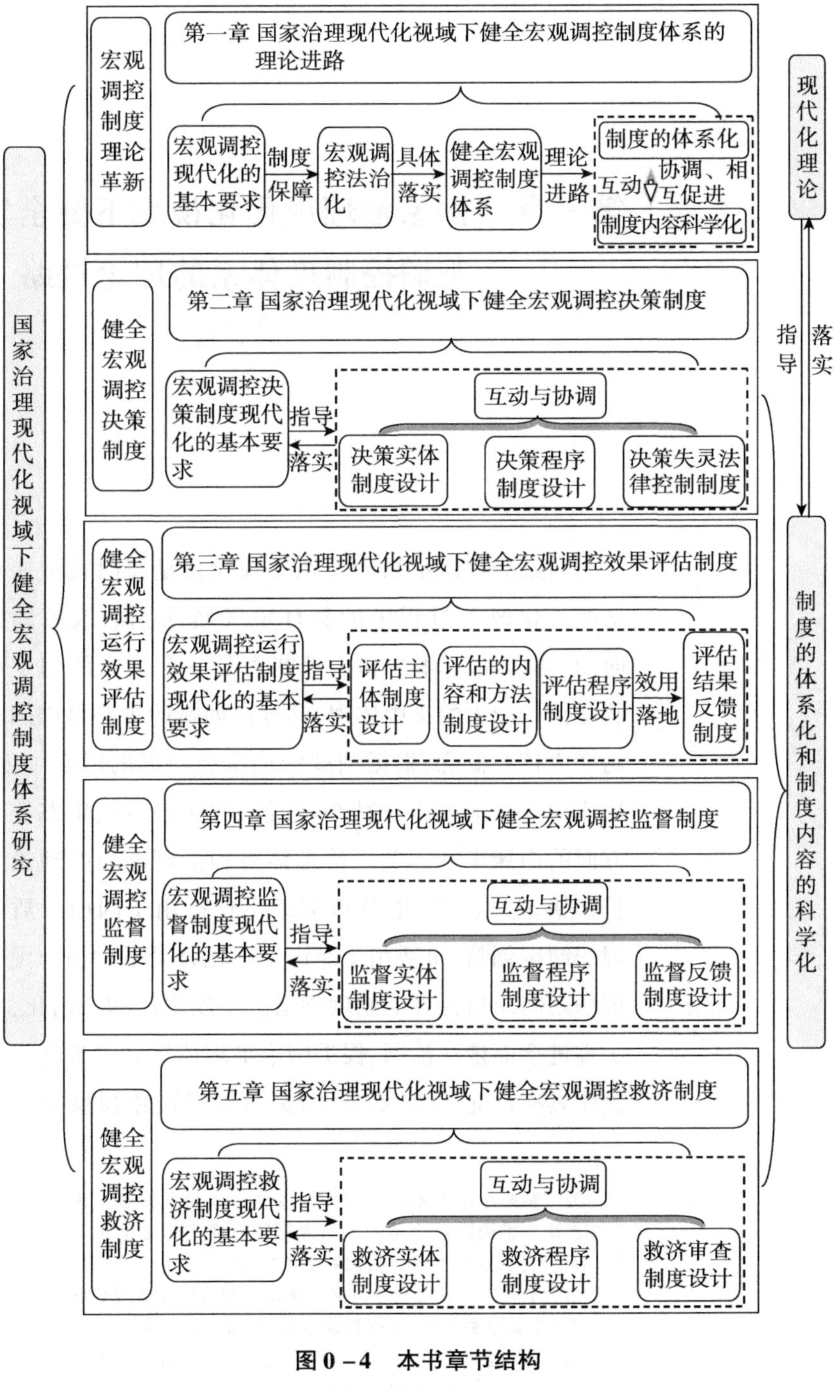
国家治理现代化视域下健全宏观调控制度体系研究
宏观调控制度理论革新
第一章 国家治理现代化视域下健全宏观调控制度体系的理论进路
宏观调控现代化的基本要求
制度保障
宏观调控法治化
具体落实
健全宏观调控制度体系
理论进路
制度的体系化
互动
协调、相互促进
制度内容科学化
健全宏观调控决策制度
第二章 国家治理现代化视域下健全宏观调控决策制度
宏观调控决策制度现代化的基本要求
指导
落实
互动与协调
决策实体制度设计
决策程序制度设计
决策失灵法律控制制度
健全宏观调控运行效果评估制度
第三章 国家治理现代化视域下健全宏观调控效果评估制度
宏观调控运行效果评估制度现代化的基本要求
指导
落实
评估主体制度设计
评估的内容和方法制度设计
评估程序制度设计
效用落地
评估结果反馈制度
健全宏观调控监督制度
第四章 国家治理现代化视域下健全宏观调控监督制度
宏观调控监督制度现代化的基本要求
指导
落实
互动与协调
监督实体制度设计
监督程序制度设计
监督反馈制度设计
健全宏观调控救济制度
第五章 国家治理现代化视域下健全宏观调控救济制度
宏观调控救济制度现代化的基本要求
指导
落实
互动与协调
救济实体制度设计
救济程序制度设计
救济审查制度设计
现代化理论
指导
落实
制度的体系化和制度内容的科学化

图 0－4　本书章节结构

第一章　国家治理现代化视域下健全宏观调控制度体系的理论进路

国家治理体系和治理能力现代化是新时代为应对全面深化改革过程中的新环境和新问题的改革新方向。[①] 国家治理体系和治理能力是一个国家的制度和制度执行能力的集中体现,其理论创新的进路是以国家制度为核心概念,根据制度的层次和功能的两个维度,构建起一个国家治理社会、经济、文化、政治、生态五个方面的内涵丰富的关于治理体系和治理能力的理论分析框架。[②] 这一理论分析框架不仅适用于国内矛盾治理的制度创新,也适用于经济全球化背景下中国与国外市场之间矛盾治理的制度创新。制度之治的法治化,对于推进全面依法治国、促进国家治理体系和治理能力现代化具有决定性意义。[③] 国家治理现代化视域下宏观

---

① 参见习近平:《关于〈中共中央关于坚持和完善中国特色社会主义制度　推进国家治理体系和治理能力现代化若干重大问题的决定〉的说明》,载《党建研究》2019 年第 11 期。

② 参见宋世明:《推进国家治理体系和治理能力现代化的理论框架》,载《中共中央党校(国家行政学院)学报》2019 年第 6 期。

③ 参见应松年:《加快法治建设促进国家治理体系和治理能力现代化》,载《中国法学》2014 年第 6 期。

调控体系和调控能力现代化的制度保障必然是标准更高、更健全的法治化，其最终都将落实在健全我国宏观调控的制度体系。新时代中国市场经济调控的法治化，不仅涉及国内市场调控的法治建设问题，也涉及在贸易和投资全球化背景下中国政府调控行为的涉外法治问题。但是，无论是国内法治层面，还是涉外法治层面，现代化的宏观调控制度体系建设应当始终沿着“权力分配制度—决策程序制度—决策失灵的法律控制制度—运行效果的评估制度—监督制度—救济制度”的体系化和体系内各部分内容的科学化两条路径展开，这两条路径呈现出宏观体系与微观制度之间的互动、协调和相互促进的关系，而两者关系的动态演进对保障政府宏观调控的现代化具有根本意义。

第一节　国家治理现代化视域下宏观调控的现代化及其制度保障

在经济新常态的发展阶段，涵盖创新、协调、绿色、开放、共享的新发展理念已经成为市场与政府调控协同共治的新指导思想，而市场演进的核心机制转变为以发展促进增长、以全面发展替代“唯 GDP 论”、以价值机制取代价格机制，把全面深化改革的目标定位于可持续发展的社会主义市场经济。国家治理现代化视域下宏观调控的体制和机制逐渐发生了变化。特别需要强调的是，新时代中国的经济发展与以往相比，有着不一样的国际环境与国际经贸问题。当前“多边主义”式微而“单边主义”盛行，国家之间经济贸易冲突频发，以美国为首的西方国家对中国的和平崛起过度敏感并不断夸大中国市场行为的政治风险。对此，基于国内经济发展所需要的许多常规宏观调控行为以及相应的制度建设开始变成他们关注的焦点。这意味着国内宏观调控以及相应的制度建设必须具备国内外的“双重视角”，统筹兼顾国内法治和涉外法治的宏观调控制度才能满足“国家治理体系与治理能力现代化”的新要求。立足于以上背景，国家治理体系和治理能力现代化赋予了宏观调控新内涵、新目标和新挑战。健全宏观调控制度体系的核心目标是实现宏观调控的现代化，而宏观调控现代化的制度保障即宏观调控的法治化。其中,宏观调控的现代化要求具备国际视野的现代化制度设计,而宏观调控的法治化必须统筹兼顾中国经济调控行为的国内法治和涉外法治问题。

一、国家治理现代化视域下宏观调控的现代化:新内涵、新目标和新挑战

国家治理现代化视域下宏观调控的现代化对应着政府对市场的调控体系和调控能力的现代化。在社会主义市场经济发展新阶段对于政府与市场关系进行重新定义的制度环境下,宏观调控的内涵和目标也进行了相应更新,同时意味着政府调控面临着新的挑战。

(一)国家治理现代化视域下宏观调控的现代化:新内涵

现代化的政府与市场关系以及市场经济改革的新走向呼唤宏观调控的新内涵。宏观调控的新内涵衍生于有限政府、市场经济与宏观调控的本质三者之间的辩证统一关系。根据市场经济发达国家的成熟经验,现代化的、有国际竞争力的市场经济的前置条件是有限政府。[①] 党的十九大报告提出要"转变政府职能,深化简政放权,创新监管方式,增强政府公信力和执行力,建设人民满意的服务型政府"。推进法治政府建设,把权力关进笼子里,深入推进简政放权和转变政府职能的"放管服"改革。这些都是政府在推进和完善有限政府方面所做的努力。按照中共中央、国务院在2015年12月印发的《法治政府建设实施纲要(2015—2020年)》所设定的目标,到2020年已经基本建成职能科学、权责法定、执法严明、公开公正、廉洁高效、守法诚信的法治政府。随着中国社会和经济的发展,政府的职能和权力也在不断膨胀,宏观调控权力及其运行机制也经历了急剧扩张和发展。有限政府目标下,市场经济调控的法治水平是衡量宏观调控现代化的重要标准之一。市场经济的本质是法治经济,法治经济建设的基本条件就是有限政府,而宏观调控的边界和力度是衡量有限政府的关键指标。理论上,关于"大政府和小市场"与"小政府和大市场"之间孰优孰劣的争论始终出现在经济体制、政治体制甚至意识形态等议题中,在历史的纵向和区域市

---

① 参见张守文:《政府与市场关系的法律调整》,载《中国法学》2014年第5期。

场之间的横向上比较政府与市场的相对大小是界定宏观调控新内涵的重要问题。

传统意义上的宏观调控概念区别于政府对市场主体的微观规制，是对市场整体运行状态的调制和干预。宏观调控本质上是基于市场横向运行的不公平或者不效率的评估而在纵向上由政府对市场所进行的系统性调控。中国市场经济实践的基本理念是"使市场在资源配置中起决定性作用和更好发挥政府的作用"，由此可见，宏观调控的基本内涵，既涵盖"市场的决定性作用"，也涵盖"政府的作用"。[①] 在国家治理体系和治理能力现代化的制度目标下，宏观调控的新内涵充分体现了市场的决定性作用和政府作用的辩证统一关系。市场主体微观规制的核心内容是市场交易制度、市场有效竞争秩序的维护制度、市场主体权利(权益)的保护与救济制度。除此之外，大量的市场规制内容归入宏观调控的范畴。因此，相较于市场主体的微观规制，宏观调控的制度内容更为庞杂，所涵盖的范围更为广泛。

在国家这一抽象概念之下，公民、政府和市场作为社会构造的三项基本元素。其中，公民与政府的关系是通过宪法的制度框架展开，公民与市场的关系是通过私法制度展开，而政府与市场的关系则应当通过宏观调控制度体系展开。此外，对于一国政府对其国内市场的调控行为，由于生产、贸易、消费组成的供应链的全球化，国内市场的调控行为还将对国际市场产生一定的外溢效应。但是，国际经济活动难免会受到特定政府的政治主张或者意识形态的影响。在市场经济基于发展的分析视野中，政府与市场之间宏观调控的效益结构是经济发展的核心驱动力。例如，2015 年 12 月以来的供给侧结构性改革，本着政府宏观指导、国有企业带头、市场主导的去杠杆路径，取得了一定的实践效果。概言之，宏观调控的政治定位和经济功能是新时代宏观调控内涵的重要组成部分。现代化的宏观调控建立于相应的政治构造和对经济发展具体规律总结的关键性上层建筑，其内涵已经溢出了传统经济范畴，充分体现了政治、经济甚至文化的融合。

另外，新常态经济背景下的国家治理体系和治理能力现代化要求转变

---

① 参加徐澜波:《规范意义的"宏观调控"概念与内涵辨析》，载《政治与法律》2014 年第 2 期。

政府执政理念,将健全宏观调控制度体系作为法治政府建设任务的一部分,而更新其内涵是这份任务的“基础工程”。从“十三五”时期开始,我国经济发展的显著特征就是进入新常态。党的十九届四中全会的报告中指出要“完善政府经济调节、市场监管、社会管理、公共服务、生态环境保护等职能,实行政府权责清单制度,厘清政府和市场、政府和社会关系”。宏观调控的本质是政府利用手中的权力为保障市场经济的平稳、健康运行,对其实施的错位调节、逆周期调控和引导性干预。① 因为调控后果关系重大,政府的宏观调控行为必须在法定的有限权力框架内,遵循市场经济的基本规律稳健实施。一方面,政府调控是为了让市场的主导性作用更好、更通畅地运行;另一方面,政府调控本身也是属于弥补市场的盲目性、外部性、事后调节、信息不对称、竞争不充分等缺陷的市场纠错机制。在有限政府和市场经济规律的双重约束下,政府对市场的干预和调控是“戴着镣铐跳舞”,这是宏观调控现代化最典型的特征,构成了宏观调控的新内涵。

(二)国家治理现代化视域下宏观调控的现代化:新目标

宏观调控的新目标是通过防范和化解重大风险,保证国民经济稳健与可持续增长、协调经济全球化中的区域市场利益分配,增进市场效益和社会福祉。“使市场在资源配置中起决定性作用和更好发挥政府作用”是宏观调控目标现代化的定位。传统效率调控视野下,克服市场调节的局限性或者弥补市场失灵是宏观调控的首要目标。在政府与市场之间,政府调控的职能定位于发挥好与市场平级地位的“守夜人”作用。市场“看不见的手”和政府“看得见的手”两者的相互依存关系,决定了宏观调控的目标应当局限于维系和发展好这种依存关系。然而,任何经济发展的任务都需要服务于特定的政治目标。党和国家对调控新常态做出了明确的指示,要求用发展促进增长,用价值机制取代价格机制作为市场的核心机制,把全面深化改革的目标定位于可持续发展的社会主义市场经济而不是不可持续增长的资本主义市场经济。② 随着宏观经济国际化因素的逐渐加深,国家利益或者

---

① 参见徐澜波:《规范意义的“宏观调控”概念与内涵辨析》,载《政治与法律》2014 年第 2 期。

② 陈世清:《新常态经济与新常态经济学》,载《宁德师范学院学报(哲学社会科学版)》2015 年第 2 期。

国内市场利益的优先论越来越明显。从古典凯恩斯主义到现代凯恩斯主义的市场实践反复证明,为确保市场稳健地发挥应有的资源配置功能,代表一国公共利益的政府宏观调控是现代市场经济制度的重要组成部分。实际上,即使在现代自由主义的思想领导者哈耶克的理论视野中,也不存在缺乏政府干预调控条件下短期的市场稳健。① 现代化的宏观调控新目标与市场自我调控的目标在本质上是一致的,二者具有促进经济持续健康发展的协同效应。

实际上,特定发展阶段,一国的市场结构、产业组成和经济发展动能并不能通过市场的调节自动实现。依据著名经济学家林毅夫先生所倡导的结构主义经济学理论,在产业结构调整和经济发展的转型升级过程中,政府的角色不可或缺。② 转变发展模式,实现创新驱动型的高质量发展是中国当前全面深化制度改革过程中,政府对市场经济进行干预和指导的主要目标。经济发展新常态背景下,中国如何避免陷入中等收入国家"陷阱",让中国经济的发展质量上升一个台阶、经济增长速度转向可持续的发展模式,是中国全面深化改革时期宏观调控的主要目标。对于目标式调控,关于计划经济与市场经济的争议不绝如缕。理论上,目标式调控与市场经济的本质并不相悖,其重要理由就是调控的目标和市场发展的目标是一致的。中国经济如何走向创新驱动型的高质量发展模式是新时期宏观调控的核心目标。实践中,由国务院主导推进的新型基础设施建设计划、"中国制造 2025"国家行动纲领、"中国智造"路线图、全面推行注册制支持科技创新企业到资本市场融资等,都是对此的体现。改革开放 40 多年后,中国经济的体量和结构更加复杂,政府对市场的调控难度也大幅增大,宏观调控的目标定位必须突出其科学性和可行性,在充分研判市场的结构和功能、经济发展走势的情况下,合理制定相应的调控目标。

另外,效率和安全在现代化的宏观调控制度体系中具有同等重要的意义。在实践中,政府宏观调控对此犯了一些具有代表性的错误。例如,2015

---

① 惠建利、李叶宏:《哈耶克的"政府干预"理论》,载《山西大学学报(社会科学版)》2008 年第 4 期。

② 参见林毅夫:《新结构经济学的理论基础和发展方向》,载《经济评论》2017 年第 3 期。

年为解决首次公开募股(IPO)的“堰塞湖”现象,相关部门加快新股发行,放宽各类资金进入市场以扩大资本市场的容量,结果引发了当年持续几个月千股跌停的“股灾”,在一定程度上重创了中国资本市场,导致了系统性金融风险。在政府的各项政策文件中,稳健中性的货币政策、积极的财政政策、保就业、稳投资、促消费、推动区域经济的协调发展、确保产业结构的转型升级等中观、宏观目标都是调控新常态的具体表现,也是政府实施宏观调控的具体实践目标。防范化解重大风险的核心主题是“健康增长”,是超脱于政府和市场的水平关系,统筹国家经济全局的总任务和总目标,体现了服务于国家发展和民族复兴的宏观大局。从“效率”到“安全”的转变是全面深化改革时期对政府宏观调控新目标的深刻描述。

(三)国家治理现代化视域下宏观调控的现代化:新挑战

新时代社会主义的主要矛盾有了新论断。内部面临经济增长速度换挡期、结构调整阵痛期、前期刺激政策消化期的“三期叠加”,政治反腐败形势严峻、互联网金融在不同业态应用的风险点增加、房地产市场等民生矛盾积聚、区域发展不平衡、环境治理任务加重等新情况和新问题;外部面临中美贸易摩擦、单边主义兴起、周边环境不稳定等新形势。这些都对我国政府宏观调控构成新挑战。经济新常态和新发展理念使得传统的调控方式难以适应现实需求,宏观调控的手段和工具也有待创新。① 为实现经济结构的转型升级和新发展理念下的高质量发展要求,新的环境与制度挑战对宏观调控的适应性提出了较高的要求。随着中国市场经济制度的逐渐完善,私有制经济在创新型高质量发展模式中发挥着越来越重要的作用,坚定地鼓励和支持民营经济的发展壮大是新时期改革开放的政策总纲。在这样的背景下,宏观调控方面如何贯彻执行好鼓励和支持民营经济发展的改革要求,是健全宏观调控制度体系中的重要难题。市场全球化背景下,营商环境的全球竞争对我国宏观调控的国际视野、符合国际经贸规则的合规审查要求、国际经济谈判的适应性也提出了重要挑战。

国家治理体系和治理能力现代化配套了行政体制改革、货币政策改革、

① 参见王健、王立鹏:《中国改革开放40年宏观调控》,载《行政管理改革》2018年第10期。

金融监管改革、财税体制改革、行政审批的削减、市场经营主体“证照分离，多证合一”改革等一系列措施，对政府宏观调控提出了新的挑战与使命。具体而言，这些新挑战包括：宏观调控的范围、手段、工具必须迎合政府管理实行负面清单模式的需要；针对经营主体和投融资市场的调控必须配合新一轮国有企业改革的方案；货币政策调控必须适应于现行的宏观审慎监管框架，财政政策的调控应当符合含减税降费、降低市场主体负担等目标的财税体制改革；合理调适金融去杠杆、国有企业去杠杆、民营企业去杠杆、财政去杠杆、居民去杠杆之间的比重和政策力度；以供给侧结构性改革为目标，政府宏观调控必须有效配合产业结构转型升级的基本任务，化解过剩产能，刺激国内消费市场的扩容。这些重大且迫切的改革内容都是新时代全面深化改革对宏观调控提出的新挑战。

二、国家治理现代化视域下宏观调控现代化的制度保障：宏观调控法治化

国家治理体系和治理能力现代化要求宏观调控的现代化，而宏观调控现代化的根本归依是制度保障，即健全和落实宏观调控的法治化。从经济新常态到调控新常态，我国宏观调控体制改革和立法模式创新需要坚持依法调控的理念，宏观调控法治化也是市场经济法治化和政府依法行政的必然要求。①

（一）正确处理好改革与法治的关系

正确处理好改革与法治的关系要求在宏观调控法治化过程中厘清宏观调控的政策与法律的关系。中外宏观调控的历史经验表明，由于宏观调控的对象（经济波动）的不确定性和不可预测性、宏观调控手段搭配的非固定性、宏观调控效果的不确定性，导致宏观调控的政策化倾向比较明显，宏观调控“政策主治”的声音也比较强烈。② 实际上，这种不确定性或不可预测性归根结底是由市场经济运行和宏观调控主体认识能力的不确定性所决定的，政策调控的不确定性与法律调控所要求的普遍性、稳定性、确定性之间

---

① 参见席月民：《宏观调控新常态中的法治考量》，载《上海财经大学学报》2017 年第 2 期。

② 参见郝铁川：《宏观调控的不确定性与法律、政策调整》，载《东方法学》2009 年第 2 期。

存在本质冲突。① 随着改革的深入和制度改革的广泛实践,社会主义市场经济发展规律的认知逐渐取得更大范围、更高程度的共识,经济发展规律的探索和成型为宏观调控的法律化提供了路径和可能。从“政策主治”到“法律主治”是宏观调控现代化的判断标准之一,从不确定性到相对确定性经验规律的认知并将其转化为法律是宏观调控的法治化进路。

理论上,在政治学和法学的话语体系中,改革与法治之间存在固有的和谐的关系,两者通常不会发生较大的争议,法治国家所实施的所有规范意义上的改革都应当是在法治框架内进行的改革。国家治理现代化视域下,中国宏观调控的制度体系改革应当遵循相应的法治框架。“依法治国”和“改革”作为两种关联性的治国方案,都是中国法治改革的结构要素。有学者认为,虽然“全面依法治国”是实现“全面深化改革”这个治国目标的“必然要求”或者“重要依托”,但它们都只是“完善和发展中国特色社会主义制度、推进国家治理体系和治理能力现代化”的具体方案。② 法治建设本身就是改革的任务之一,并且经济、政治、社会、文化、生态等各领域的改革都只能通过法律的“立、改、废”来进行。因此,健全宏观调控制度体系改革也是通过宏观调控立法的体系化修改和完善来实现,法治应当在整个改革过程中贯穿始终。全面深化宏观调控制度体系改革,也就是着力解决宏观调控体制、决策机制、决策程序、调控决策的监督与反馈机制、运行效果的评估机制等制度体系中的关键性问题,在做好相应经验总结和理论研究的基础上进行具体的制度完善。

(二)宏观调控的实体制度与程序制度的法治化

宏观调控法治化的落实应当抓住具体制度的重点领域,特别是宏观调控权力配置及其监督的法治化和宏观调控决策程序的法治化。宏观调控权力的配置离不开必要的法律载体,在宪治和法治原则之下实行“调控权法定原则”,以功能和职责为基本标准通过立法合理配置宏观调控的权力。③ 作为衡量法治化标准的另一端是权力的监督机制,宏观调控权的监督与制

---

① 参见徐澜波:《宏观调控的政策调整与法律调整之辨》,载《法学》2010 年第 11 期。

② 参见陈金钊、吕玉赞:《法治改革及其方法论选择》,载《学术交流》2015 年第 9 期。

③ 参见史际春、肖竹:《论分权、法治的宏观调控》,载《中国法学》2006 年第 4 期。

衡也应当配套纳入赋权立法的轨道。现代法治文明最典型的代表就是程序法治,宏观调控决策程序的法治化是宏观调控法治化程度的关键指标。权力的行使程序与权力的配置密切相关,以各调控部门的调控能力和作用范围为标准,遵循民主原则、必要性原则、比例原则,通过类型化的方法设计不同的决策程序规则,继而将相应的规则上升为立法以落实宏观调控的形式法治。

若宏观调控运行政策化倾向明显则会影响宏观调控的法治水平,甚至影响法治政府建设的外在客观评价。法治并非衡量宏观调控运行唯一的科学性和效益性标准,政策与法律针对特定问题治理的孰优孰劣应当基于特定情况具体分析。针对宏观调控的权力分配、决策程序、监督机制、运行效果评估机制而言,追求法治的稳定性更能体现经济效益和治理的科学性;而针对调控决策的具体内容,通过政策调整更能实现调控措施的灵活性和有效性。由此可见,宏观调控的实体制度与程序制度的法治化是一种兼顾政策治理并实现经济效益目标的法治化。另外,政策治理和法律治理对于实现治理现代化目标而言,都是科学可行的方案。政策治理也是在法治约束下的规范治理,两者兼顾的法治才算真正意义上的法治。例如,在财政调控领域,大量的短期调控目标只能靠政策来解决,而面对那些长期性的、有制度建设必要性的领域,就必须通过法律来调整。新时代宏观调控的法治应当是政策和法律进行科学组合下的调控法治,政策是对于调控的具体内容而言的经验式调控,法治是对于调控权力分配、调控决策程序、监督与救济、调控效果评估而言的制度式调控。健全宏观调控制度体系是实现调控法治的核心内容。

(三)宏观调控行为的司法审查和利益救济

宏观调控的法治化离不开宏观调控行为的司法审查和宏观调控中的利益救济渠道的制度构建。宏观调控行为的司法审查在英美法系国家具有悠久的历史传统。在美国“罗斯福新政”时期,自 1935 年 1 月开始,美国联邦最高法院就曾以违反宪法的正当秩序以及私人财产的保护为由,在司法审查中相继宣布过“全国工业复兴法案”“农业调整法案”“城市破产法案”等调控“新政”违宪。① 法院通过对具体案件的审理以实现对立法和行政部门

① 参见赵玉意:《罗斯福新政以后美国联邦最高法院司法审查制度评析》,载《外国法制史研究》2004 年第 00 期。

的宏观调控法规、规范性文件的司法审查，无疑是司法机关监督和制约宏观调控权运作的最好方式。理论上，宏观调控的手段和措施一般是由某个或者某几个根据相关法律法规的规定而享有宏观调控权的机关、组织，运用抽象的规范形式发布的，并由相应法定执行机关和具有利害关系的组织实施的对市场系统性的调控行为，通常影响相对不特定和相对特定主体的利益。[①] 这些利害关系主体是否可以或者有权请求专门的、独立的第三方或者司法机关就宏观调控在权限、决策程序、决策依据等方面的合法性问题，以及具体的调控行为是否损害特定或者不特定的调控相对人的合法权益提起诉讼，这就涉及宏观调控行为是否具有可诉性这一关键问题。

该类问题的本质是行使公权力的宏观调控主体对市场的调控行为是否受法律约束、违反法律和错误的调控行为所造成的损害后果是否应当承担法律责任的问题。关于该问题的争议主要集中在宏观调控行为的法律定性上，即宏观调控行为在性质上属于国家行为（国家政治行为）还是抽象（相对具体）的行政行为？对此，学者们持有不同的观点。[②] 笔者认为，就市场经济运行所实施的所有政府干预行为都是政府经济行为，政府经济行为都应当纳入法律规制的范畴，都应当接受司法的审查监督。因此，宏观调控行为的可诉性是宏观调控法治化的应有内涵之一。

在国际层面，许多诉至 WTO 争端解决机制或者多方临时仲裁程序的贸易案件都与国家在产业、投资、贸易等领域的宏观调控行为以及相应的制度建设紧密相关。在这种情况下，WTO 争端解决机制或者相应的临时仲裁程序实际上都是国际层面的"准司法审查"。经济贸易全球化时代，各国或者各区域市场的联动程度逐渐加大，一国对其国内市场所实施宏观调控措施的影响力很容易通过市场关联性传导至其他国家的市场，进而影响他国宏观经济政策的制定和执行。例如，针对进出口跨境贸易的关税调控，针对来自特

---

① 参见徐澜波：《宏观调控的可诉性之辨》，载《法学》2012 年第 5 期。

② 主张宏观调控行为属于"国家行为"的代表作有：邢会强的《宏观调控行为的不可诉性探析》（载《法商研究》2002 年第 5 期）。主张宏观调控属于"抽象行政行为"的代表作有：颜运秋、李大伟的《宏观调控行为可诉性分析》（载《中国社会科学院研究生院学报》2005 年第 1 期）；胡光志的《论宏观调控行为的可诉性》（载《现代法学》2008 年第 2 期）；鲁佳的《宏观调控行为的可诉性问题探究》（载《价值工程》2011 年第 6 期）；徐澜波的《宏观调控的可诉性之辨》（载《法学》2012 年第 5 期）；等等。

定国家的货物和服务进行增减关税税率、征收反倾销与反补贴关税，这对出口国家的跨境贸易和国内市场都将构成重大影响。基于此，在国际法上签订的双边或者多边的贸易和投资协定对相应当事国的国内市场调控行为构成了特定的约束。其中，双边或者多边的贸易和投资协定的执行机制，包括磋商谈判、诉讼、国际仲裁等常规手段或者其他纠纷解决手段，都构成对当事国政府宏观调控行为的外部审查，尽管这些审查结果不具有相应的约束力。

另外，宏观调控是对市场牵一发而动全身的政府决策，其实施的结果必然涉及利益救济纠纷。法治要求下，对宏观调控过程中相关市场主体的信赖利益进行救济具有正当性。① 宏观调控"相机抉择"的固有特点决定了宏观调控行为的易变性，调控措施往往不能给予受控主体稳定的预期。在法治原则指引下，建立信赖利益保护制度不仅可以约束调控主体的行为，保护受控主体的合法权益，也有利于稳定市场主体的预期，提高宏观调控的效率。② 构建宏观调控过程中信赖利益的救济机制与宏观调控行为司法审查的目标是一致的，统一于追求宏观调控的社会总福利的最大化。

第二节　国家治理现代化视域下宏观调控法治化的具体落实：健全宏观调控制度体系

我国现行条块状的宏观调控制度已经构成深入推进市场改革的主要障碍之一。法治的本质是制度之治，宏观调控法治化的最终落实在于健全宏观调控的制度体系。制度体系是一个内容完整、各部分协调、良性运转的规范系统，其关键在于把握好规范的边界、规范制定的技术和规范的适用方法三个方面。根据历史经验和法治规律的总结，在制度体系的边界、立法技术、规则的适用方法三方面的统筹下，健全宏观调控制度体系的目标落地，

---

① 参见胡光志：《论宏观调控行为的可诉性》，载《现代法学》2008 年第 2 期；徐澜波：《宏观调控的可诉性之辨》，载《法学》2012 年第 5 期。

② 参见王新红：《论宏观调控法之信赖保护原则》，载《南京社会科学》2016 年第 9 期。

关键在于完善社会主义市场经济体制下宏观调控的边界、手段和运行方式。

一、全面深化改革背景下政府与市场关系再辨析

政府与市场关系的讨论是一个历史悠久的命题,在全面深化改革和中国特色社会主义建设的具体实践中又有了新的丰富和发展。随着国家在各领域深化改革的逐渐展开,特别是政府简政放权和市场经济制度的逐步完善,"发挥市场在资源配置中的决定性作用"已经逐渐成为确定性共识。其中,政府与市场的关系已然成为诸多社会科学领域研究中的重要前提,充分体现了政府与市场功能的有效链接和明晰政府行为边界的宏观调控制度高度依赖于政府与市场关系的理论辨析。

全面深化改革背景下的国家治理体系建设必然是一个高度复杂、系统的工程,而具体的健全宏观调控制度体系只是其中的子系统。其蕴含的高度抽象的"政府与市场关系",同时表现在政治、经济、社会等诸多系统之间的关联互动过程中,因而需要从多个系统维度对此进行审视。[①] 如此,在理论研究中的国家治理体系和治理能力现代化的目标框架下,从多层次、多学科的视角来重新辨析新时代"政府与市场的关系"是有必要的。基于宏观调控的话题领域考察,其必然涉及经济改革和法治建设方面一系列亟须回答的重要问题。其中,大量涉及改革与法治之间的冲突与调和的问题,包括如何明确定位政府的作用和市场的作用,如何通过经济立法实现经济法治,以此保障政府和市场各自发挥应有的作用,市场经济制度建设如何在自由化和实现政府的调控目标之间实现兼顾和平衡,等等。政府与市场的关系不是一个孤立的问题,而是一个关系社会治理、权利保护和经济发展的庞大的问题群。宏观调控制度的基本法理蕴含于政府与市场关系的长期辨析和认识过程,并具体体现在宏观调控的各项制度的实践效用程度上。

实践中,政府与市场之间的应然和实然的关系并非一成不变,而是随着市场经济的发展和制度完善进程逐步发生演变。市场经济的本质是法治经济,而市场经济的发展阶段体现了对应的法治建设水平。现阶段全面深化改革时期,政府与市场的关系定位是"使市场在资源配置中起决定性作用

---

① 参见张守文:《政府与市场关系的法律调整》,载《中国法学》2014年第5期。

和更好发挥政府作用”。由此，体现的是一种功能全面的市场机制和更加规范的有效政府。全面深化改革阶段的政府与市场关系体现的是国家与市场之间的动态平衡。社会主义市场经济的发展实现规范、有序、自由和效率的同时，政府在各类资源配置中的辅助作用更加凸显。政府与市场之间的关系不是一种基于理性主义的耦合关系，而是基于特定的经济发展阶段所形成的适应性的演进过程。同时，该过程伴随着经济社会的发展和制度体系的不断完善。国家治理现代化视域下，政府与市场关系调适的关键方向即经济治理的现代化。其中，经济治理现代化的标准体现于营商环境完善的各项指标。

宏观调控制度体系边界的实质问题是全面深化改革背景下政府与市场关系的再辨析。一个好的营商环境判断标准之一就是政府与市场的边界清晰明确，需要“有为政府”和“有效市场”的平衡作用机制共同塑造。理顺政府和市场的关系，要使市场在资源配置中起决定性作用和更好发挥政府作用。市场配置资源具有优先性，也意味着它的有限性。市场经济的高效率在于它的价值规律、竞争规律、供求规律的作用，基于效率考虑，凡市场配置更有效的，就应该由市场调控，只有存在市场失灵，且政府配置更具有合理性时，才需要政府调控。换言之，在比较优势下，市场功能失灵的边界就是政府调控行为的边界。现代市场经济的改革是由“限定市场，余外政府”模式转向“限定政府，余外市场”模式，[①]并最终走向政府权力的负面清单管理模式。负面清单是对政府宏观调控边界最有效的划定，政府失灵的实践经验总结则是对负面清单实施动态调整的依据。

二、实现宏观调控制度现代化的立法技术

宏观调控制度的立法技术的本质是在瞄准调控目标的基础上，把握好我国经济结构转型升级、经济增长质量转型升级与宏观调控的两组关系，把规制方案上升为立法规范。一方面，我国在不完全放弃经济增长目标的前提下调整经济结构；另一方面，又必须依靠经济结构的调整来促进经济的增长。这看似两难的问题，考验的是宏观调控制度的立法技术。依靠宏观调

---

① 参见陈甦：《商法机制中政府与市场的功能定位》，载《中国法学》2014 年第 5 期。

控引导经济结构的转型升级，在规制思路上必须把传统的政府主导型调控扭转为市场主导型调控，把工作的重点放在产业政策和供给侧结构性改革上。[①] 经济增长质量的转型升级与新发展理念指导下的质量调控密不可分。以建构主义思维创新和组合传统的调控手段和调控工具，打好调控工具的“组合拳”，以国际化视野重新审视各领域调控的必要性和力度配比。与此同时，政府应当把宏观调控的运行效果评估机制上升为与调控权力配置同等的高度。

宏观调控制度现代化的立法技术建立于相应的理论支撑，既是对长期以来宏观调控实践经验的总结，也是基于特定的调控目标通过理性主义所创设发展出的理论方案。鉴于宏观调控具有相机决策、动态决策、市场回应型决策的特点，宏观调控的立法技术应当是政策与法律有机结合的现代化治理方案，同时表现为“法律主治，政策为辅”的特征。[②] 具体而言，为体现宏观调控的稳定性和可预期性，法律主治能够有效弥补政策治理过程中人治的局限性，充分提高治理效能，实现治理现代化；另外，政策的辅助治理能够有效弥补法律的刚性缺陷，克服法律的滞后性和难以及时修改的特征，运用点拨式、滴灌式的调控措施能够有效应对瞬息万变的市场。概言之，政策和法律相结合的综合调控措施能够起到事半功倍的调控效果。在宏观调控实践领域，立法技术上很容易出现法律的政策化和政策的法律化，导致法律与政策的界限不甚清晰。这一问题的本质原因在于宏观调控的立法技术没有在政策和法律之间做好协调。国家治理现代化视域下宏观调控的法治改革不仅包括宏观调控措施的制度化改革，还包括在法治要求下宏观调控的政策运行。

另外，国家治理现代化视域下宏观调控的立法技术应当与中国当前提出的双循环新发展格局相适应。2020 年 5 月 14 日，中央政治局会议首次明确提出构建“国内国际双循环相互促进的新发展格局”，并从供给、需求两端强调一方面要深化供给侧结构性改革，另一方面要充分发挥我国超大规模的市场优势和内需优势。其后，2020 年 7 月 21 日，习近平总书记在与

---

① 参见余斌、吴振宇：《中国经济新常态与宏观调控政策取向》，载《改革》2014 年第 11 期。

② 参见徐澜波：《宏观调控的政策调整与法律调整之辨》，载《法学》2010 年第 11 期。

企业家座谈时重点强调，国内大循环为主体、国内国际双循环相互促进的新发展格局。以国内大循环为主体，绝不是关起门来封闭运行，更好利用国际国内两个市场、两种资源，实现更加强劲可持续的发展。[①] 以国内大循环为主体、国内国际双循环相互促进的新发展格局是根据我国发展的新阶段、新环境和市场经济新条件变化所做出的战略决策，是事关全局的系统性、深层次变革。

从"十四五"规划及未来长远发展趋势来看，我国加快构建双循环新发展格局的关键在于如何畅通国内经济的大循环，而畅通国内经济大循环的重点在于通过推动深层次改革、完善国内供给端结构和培育释放需求端市场，同时实行更高水平的对外开放，并以此构建完整丰富的内需体系。实现双循环新发展格局的关键在于创新与之相适应的宏观调控立法技术，国内大循环为主、国内国际双循环相互促进的调控目标不是市场自发形成的，必须辅之以科学的宏观调控方案。[②] 国内大循环为主，即着重发挥宏观调控对国内市场的引导和开发作用，使国内市场循环充当国家经济发展的主引擎。国内国际双循环要求政府调控对象既要涉及国内市场，也要关注国际市场变化，并且使两者对于经济结构调整、经济发展质量升级形成相互促进的关系。对此，国家治理现代化视域下宏观调控的立法技术应当有效分配好国内市场、国际市场的调控资源配置，把握好两个市场的调控力度，创新不同的调控方法，总结经验规律并形成不同的调控理论。

三、宏观调控制度的执行和法律适用方法

宏观调控规则的执行和适用方法也是健全宏观调控制度体系不可或缺的一部分。全面深化改革背景下经济调控的手段包括市场、法律和政策。通常情况下，一般所指的宏观调控包括法律调控和政策调控。如何更好地发挥市场在资源配置中的决定性作用是适用宏观调控规则的首要指导性思想。"稳增长，稳预期"的调控策略是建立在市场周期性波动假设基础上

---

① 《习近平在企业家座谈会上的讲话》，载求是网 2020 年 7 月 21 日，http://www.qstheory.cn/yaowen/2020-07/21/c_1126267637.htm。

② 参见张守文：《新发展格局与"发展型法治"的构建》，载《政法论丛》2021 年第 1 期。

的,调控的手段、工具及其力度的选择应当以辅助市场功能的释放为必要,调控目标的定位也应当在市场的合理承受范围之内。另外,市场的决定性作用不等于政府的退出或者不作为,而是政府与市场各就其位。换言之,政府与市场的关系是有机统一的,不是相互否定的,决不能把二者割裂开来、对立起来。[①] 在全面深化改革的关键时期,重新理解"总分结合"式的调控立法模式,重点突出宏观调控的基础性法律制度,增加经验式的立法供给以消除分散式调控立法模式下不同的调控法律之间的执行冲突,系统矫正当前宏观调控法律体系的结构性缺陷,以规则供给和实践反馈相结合,真正实现宏观调控的法治化。

宏观调控制度的执行规则是宏观调控制度体系的重要组成部分。理论上,宏观调控规则的制定和执行应当进行权力区分,以此体现权力的监督和制衡的法治原则。但是,实践中大量的宏观调控制度是由行政法规、部门规章、地方性法规组成的,其中行政法规和部门规章的制定和执行通常是同一主体,而如何保障其实现法治目标即是宏观调控执行规则体系中的关键性难题。从《立法法》的视角而言,行政法规、部门规章都是在法律保留事项之外,针对国务院及其各部委的职权范围内的事项所做的授权性立法或者先行、先试性规定,其规定的内容不得与宪法、法律发生冲突。在合宪性审查和基于行政法规和部门规章特殊层级的规范性文件合法性审查方面,行政法规、部门规章必须进行合宪性、合法性、合理性以及合比例原则等立法原则的控制。一般而言,合宪性审查是由全国人大及其常委会及指定的专门的审查机关负责,对于已经备案的行政法规和未经全国人大常委会备案的部门规章进行是否符合宪法精神、宪法理念、宪法目标、宪法规则的合宪性判断。在行政诉讼中,行政诉讼法也规定,法院在审理行政诉讼案件时,针对作为具体行政行为依据的抽象行政行为(行政法规、部门规章以及规范性文件)可以进行合法性审查,其审查结果对相关依据的效力构成直接影响。由此可见,行政法规、部门规章在获得充分的合宪性、合法性控制的条件下,其规则的制定和执行赋予同一主体也能符合法治原则。

---

① 参见许身健:《理顺政府与市场关系,构建法治为依托的营商环境》,载《21 世纪经济报道》2019 年 10 月 29 日,第 7 版。

在宏观调控规制执行的国际影响方面，还有待构建中央政府调控的国际协调机制，包括国家之间、国家与国际组织之间的协调机制。随着中国的国内市场与国际市场的深度联通，中国的产业发展规划、国际贸易调控、国际投资调控都将对国际市场产生一定的影响。为防止他国或者其他地区实施对抗性调控政策以减少中国的国内调控效果，有必要通过单边或者多边的贸易和投资协定对相关市场调控问题构建起协商执行机制。其中，国际经济和贸易领域的大型国际组织同样可以扮演重要的角色。例如，世界贸易组织、联合国贸易委员会、国际货币基金组织、世界银行集团、基于“一带一路”的亚洲基础设施投资银行等都可以在跨国调控领域充当重要的沟通对话平台。对于通过双边协定解决宏观调控的跨国影响问题，例如，中美在 2020 年 1 月 15 日签订的《第一阶段经贸协议》第五章“宏观经济政策、汇率问题和透明度”第 5. 1 条第 4 项规定：“双方应当恪守各自在 G20 公报中关于汇率的承诺，包括避免竞争性贬值、避免将汇率用于竞争性目的。”另外，在该章第 5. 2 条第 4 项同时规定：“双方将保持经常沟通，并就外汇市场情况、活动与政策进行沟通协商。双方将就国际货币基金组织对各自的汇率评估进行沟通协商。”对此，关于人民币汇率的国内市场和离岸市场如何调控的问题，中美之间已经取得了就相关制度执行进行充分沟通协商的共识。

此外，宏观调控制度的法律适用方法也是健全宏观调控制度体系，实现宏观调控法治的重要组成部分。宏观调控的法律适用方法不仅涉及司法实践中的法律适用，也涉及行政机关在宏观调控实践对相关法律制度的适用。前文提到，在宏观调控行为的可救济性的基本要求下，必然重点强调宏观调控制度的法律适用，并且规范的法律适用是实现立法目标的重要条件之一。一般而言，宏观调控制度调整的是政府与市场之间的纵向法律关系，具有明显的行政法律规范的特征。[①] 行政法律规范的司法适用必须遵循特定的法律适用方法，职权法定和程序法定是行政法律规范司法适用的基本要求。通常情况下，政府对市场实施宏观调控是通过特定的抽象政策文件实施的，

① 参见徐澜波：《论宏观调控法的调整方法——从经济法的调整方法切入》，载《法学》2020 年第 7 期。

如财政政策、货币政策、税收政策、行业准入政策、价格政策等,而制定这些政策的依据是宏观调控制度。因而,在司法活动中,对作为政策制定和执行依据的宏观调控制度的理解和适用则成为关键环节,其司法适用的基本理念应当围绕公共利益、行业稳定、经济发展、防范系统性风险等目标展开。此外,对于政府机关在宏观调控执法活动中的制度适用,除秉持有法可依、执法必严、违法必究、程序法定等法治政府要求之外,还要充分理解和把握宏观调控行为的目标、效益和协调则是制度适用中的关键内容。

第三节　国家治理现代化视域下健全宏观调控制度体系的两条进路

探索健全宏观调控制度体系建设的具体进路是国家治理现代化视域下健全宏观调控制度体系所要解决的关键性问题之一。自我国正式启动建设社会主义市场经济体制的伟大进程以来,我国的宏观调控制度体系也在不断地发展完善。全面深化改革的新时期,从“市场在资源配置中起基础性作用”切换到“使市场在资源配置中发挥决定性作用和更好发挥政府作用”,是提出健全我国宏观调控制度体系最大的理由。全面深化改革使我国的经济体制和经济关系发生了更深刻的变化,传统的财政政策和货币政策中的许多调控工具对市场的可控性降低了。因此,在重构我国宏观调控的调控理念、调控目标、调控架构的基础上,健全宏观调控的制度体系是必然选择。① 作为一项庞大的系统工程,健全宏观调控制度体系应当重点抓住宏观调控制度的体系化和宏观调控制度体系各部分内容的科学化这两条进路。

一、国家治理体系现代化与宏观调控制度的体系化进路

理论上,关于宏观调控制度能否通过特定方法进行体系化构建还存在

① 参见方福前:《大改革视野下中国宏观调控体系的重构》,载《经济理论与经济管理》2014 年第 5 期。

争议,因为不管是调控权力主体,还是调控领域、调控工具和调控手段,都呈现离散状态,政府不同调控部门之间的调控实践千差万别。理论上,某项特定领域政府规制的制度化既是政府治理体系和治理能力现代化的要求,也是实现政府规制专业化和科学化的要求。宏观调控制度的体系化是国家治理体系现代化的关键领域。① 其中,关于宏观调控制度能否进行体系化建构这一问题存在广泛的争议,而在这些争议的问题之上,在特定调控机关负责的特定调控领域,关于宏观调控的手段和工具能否进行体系化建构也具有重大争议。② 尽管对宏观调控制度进行体系化建设在理论和实践中都存在各种难题,有限政府目标下的高度发达的市场经济制度对这一改革具有重要意义。一方面,党的十九届四中全会决议对健全宏观调控制度体系提出了明确具体的改革目标;另一方面,国家治理体系现代化与健全宏观调控制度体系具有高度关联性。因此,理论上的难度和实践中的复杂性在改革目标面前,仅仅是健全宏观调控制度体系所要解决的问题之一而已。

在国家治理体系现代化的思想引领下,随着我国经济金融体制改革和社会主义市场经济体制建设进程,一套符合我国国情的宏观调控制度体系也在不断探索、调整、完善。目前,理论界关于宏观调控制度体系的构成存在比较大的争议,不同的视角和分析工具有不同的解构逻辑。其中,有学者主张以调控手段为区分标准,将宏观调控的制度体系划分为计划调控法、财政调控法、金融调控法、税收调控法、产业政策调控法、投资调控法、对外经济调控法等;③有学者主张按照部门法或单行法的方式,划分为预算法、税法、金融法、产业结构规划法、固定资产投资法、国民经济与社会发展计划法、对外经济贸易法等;④有学者主张以调控目标为标准,划分为财政预算

---

① 参见陆怡:《宏观调控、中国特色与国家治理现代化》,载《现代经济探讨》2020 年第 9 期。

② 参见徐澜波:《我国宏观调控权配置论辨正——兼论宏观调控手段体系的规范化》,载《法学》2014 年第 5 期。

③ 参见徐孟洲:《经济法的调整对象:根据和体系结构研究》,载徐杰主编:《经济法论丛》(第 2 卷),法律出版社 2001 年版,第 52 ~ 54 页;徐澜波、张辉:《论宏观调控法体系的构成——兼论宏观调控法与财政税收法、金融法的关系》,载《经济法论丛》2013 年第 2 期。

④ 参见王守渝、弓孟谦:《宏观经济调控法律制度》,中国经济出版社 1995 年版,第 12 ~ 13 页。

法、税法、金融法、产业结构与布局规划法、固定资产投资法、国民经济与社会发展计划法、经济稳定增长法和对外贸易法等法律制度。① 不同的制度体系化的逻辑和方法，推导出不同的体系化方案。

不论怎样，这些制度体系的建构方法都无法涵盖宏观调控制度的全部内容，实践的实用性有余而理论适用性不足。我们认为，观点的分歧主要源于对宏观调控对象认知的争议，包括法律关系、手段、目标的混同等因素。为避免调控权力部门的条块实践对宏观调控制度体系的肢解，理论上应当采纳综合性视角，从整体的法律行为逻辑切入，将宏观调控制度厘定为“权力分配制度—决策程序和决策失灵的法律控制制度—运行效果的评估制度—监督制度—救济制度”这一整条逻辑严密、开放包容、有机统一、具备内在生命力的制度体系。环环相扣和兼容开放的制度体系契合了国家治理体系化的基本逻辑，彰显了政府调控体系的实践理性。随着全面深化改革的推进和新发展理念的深入实践，宏观调控制度体系必须具有开放性，以此能够不断地补充、调整和完善。制度的体系化功能为此带来了诸多便利。一方面，开放包容的制度体系能够把改革过程中逐渐更新发展的制度内容涵盖过去，丰富和发展制度体系本身；另一方面，通过制度的体系化的理解和适用，还可以发挥类似于部门法法典化的体系功能，以体系化的思维和解释方法去理解、适用、更新各项具体的宏观调控制度。

另外，宏观调控制度体系各模块之间应当充分实现协调和体系创新。宏观调控制度是一项复杂的系统性工程，涉及政府不同的调控职能部门和多种多样的调控政策工具。随着中国经济进入转型升级的高质量发展阶段，宏观调控的目标分支越来越多，任务清单越来越复杂。基于特定调控目标的特定调控工具选择，按照著名的“丁伯根法则”，实现几种独立的政策目标，至少需要几种相互独立的有效政策工具。由此引申，关于体系性建设的含义是，只有不同调控职能部门之间的不同调控政策工具进行合理搭配使用，才能最大限度地形成调控制度合理性，确保获得最优的政策效果。但

---

① 参见杨紫烜：《论新经济法体系——关于适应社会主义市场经济需要的经济法体系的若干问题》，载《中外法学》1995 年第 1 期；刘国欢：《经济法调整对象理论的回顾、评析与展望》，载《法律科学》1996 年第 1 期。

是,实践中由于不同的宏观调控工具分散在不同的政府职能部门手中,因此要形成最大的调控制度合力必须依托健全高效的不同制度模块之间的宏观调控协调机制。

就实践而言,我国在这方面已经有了相当程度的进步和发展。例如,由中国人民银行牵头,国家发展改革委、财政部以及部分高校的专家组成的货币政策委员会,作为咨询议事机构被赋予定期讨论一定时期内的货币政策重大事项并提出具体的货币政策建议的职能。又如,2017 年由国务院牵头组建的国务院金融稳定发展委员会,其旨在加强不同金融监管机构之间的监管协调,补齐监管短板,在市场调控实践中发挥了重要的宏观调控协调平台的功能。随着改革的全面深入,这些以实现宏观调控制度各模块之间充分协调为目标的议事协调制度将逐渐完善。除调控协调之外,提高宏观调控的成效要求宏观调控制度各模块之间进行体系性的制度创新,具体表现为不同调控职能部门之间基于体系的调控工具创新。① 对此,我国进行了大量富有成效的探索和创新。例如,财政政策领域,为解决地方政府存量债务风险的问题,探索发行了地方政府置换债券,允许地方政府发行专项债券作为补充符合条件的重大项目的资本金。

另外,我国逐渐调高了传统认识中既定的安全赤字率。货币政策领域,央行探索使用了常备借贷便利、中期借贷便利、定向降准、央行票据互换工具等新的调控工具,根据"双支柱"调控理念设立了宏观审慎管理局以及金融消费者权益保护局。宏观调控制度各模块之间的协调和体系性创新,对于过去一个时期提升中国宏观调控的成效发挥了积极的作用。但是,相关的协调和制度创新还有待继续完善和加强。例如,就制度协调机制而言,可以借鉴金融监管部际协调会议机制,探索建立由国家发展改革委作为牵头单位,中国人民银行、财政部、国资委、商务部、工业和信息化部、国家税务总局、国家市场监督管理总局等多个相关部门共同参与的宏观调控部际协调机制,定期就重大宏观调控的决策和执行问题进行磋商,最大限度地发挥财政、税收、货币、就业、国有企业改革、产业政策、区域协调、贸易、市场监

① 参见宋瑞礼:《新形势下中国宏观调控取向与对策研究》,载《宏观经济研究》2019 年第 11 期。

管动向等政策的合力。与此同时,着眼于解决宏观经济领域的旧难题和新矛盾,持续探索创新出针对性强、有效性强和更具有时效性的宏观调控制度,以进一步提高宏观调控驾驭复杂局面的能力和水平。

二、国家治理能力现代化与宏观调控制度内容的科学化进路

国家治理能力的现代化对应调控能力的现代化,意味着政府宏观调控领域的目标、手段、工具的现代化,即要求宏观调控制度内容的科学化。作为健全宏观调控制度体系的另一条进路,宏观调控制度内容的科学化也是约束政府权力的一项重要"武器"。

在全面深化改革背景下,系统反思我国宏观调控制度内容的科学性是当前的紧迫性任务。① 理论上,政府以"有形之手"角色介入市场经济活动,应当以权力理性和政治文明的工具辅之以约束,彰显国家调控能力的现代化。② 在新自然法学派的学术视野中,"恶法非法"是现代法律文明假设的起点,作恶的宏观调控法律与作恶的政府一样对社会经济生活而言都属于灾难。在法学家庞德看来,法律是承载和输出文明并实现对社会控制的重要载体,理性论是现代法律的三种价值论之一。③ 因此,宏观调控的制度内容必须彰显科学性和理性主义。

宏观调控制度的科学性和有效性是一个一体两面的问题。具体而言,宏观调控制度内容的科学化进路主要在以下三个方面展开。

首先是规范化的立法。宏观调控的主体依据、对象依据、行为标准、效果评估都必须纳入立法的范围,坚持宏观调控的"法律主治",让每一项宏观调控行为都有法可依。法治是治国理政的基本遵循,宏观经济治理的法治原则也是现代市场经济制度体系的重要内容。在中国宏观调控立法从无到有的制度构建历程中,存在许多有待解决的法治问题。从立法法治角度来看,宏观调控的制度建构应当在法治框架下,充分兼顾各类调控参与主体

① 参见周小川:《建立符合国情的金融宏观调控体系》,载《中国金融》2011年第13期。

② 参见周雪光:《国家治理逻辑与中国官僚体制:一个韦伯理论视角》,载《开放时代》2013年第3期。

③ 参见[美]罗斯科·庞德:《通过法律的社会控制》,沈宗灵、董世宗译,商务印书馆1984年版,第58页。

和受调控主体的合法权益，并由此促进经济的发展和市场的良性运行，这才符合“良法”与“善治”的基本要求。例如，针对税收立法导致纳税人负担过重的问题，发挥宏观调控功能的财税立法应当在效率与公平之间做好有效的兼顾。又如，现行市场规制立法在保障公平竞争和消费者权益保护方面存在缺失，各层级的不同立法主体必须加大力度弥补其制度的不足，以使其更加符合市场法治原则和良法善治标准。

另外，在中国多元的立法体制下，从全国人大及其常务委员会到国务院各部委、地方人大和地方政府，形成了多层级的宏观调控立法体系。在较低层级的立法“上升”为上位法的过程中，普遍存在许多值得商榷的问题。例如，我国一直在同时推动多个领域的改革，导致某些领域难以较快形成统一立法。为此，国家还确立了独特的立法上的“共享”模式，即在全国人大及其常委会享有立法权的同时，授权国务院（甚至国务院进一步授权给具体执行宏观调控事项的职能部委）制定相关的行政法规。对此，在税收立法领域表现得尤为明显。[①] 基于改革开放的需要和制度实践的依赖性，国务院及其各职能部门已经事实上成为推动宏观调控立法的主力。与此同时，由于认知能力等诸多局限，国务院不同部委之间、国务院部委与地方人大或者地方政府之间有待进一步协调，在一定程度上影响了立法质量和宏观调控制度的法治建设水平。[②]

对此，为解决经济立法领域大量立法层级低的问题，中国自2013年以来不断强调法定原则，并在2015年修改《立法法》，不断提升经济立法的层级。例如，在税收立法领域，为落实“税收法定”的要求，全国人大及其常委会基本上将提升所有税种的立法作为其重要的立法任务。典型的立法如《烟叶税暂行条例》《船舶吨税条例》，两者分别升级为《烟叶税法》和《船舶吨税法》，但从行政法规到法律的形式变迁后其内容变动不大。有学者指出，这种立法升级，对于税法制度的内在结构和市场调控功能而言，优化作用有限。[③] 实际上，关于立法升级、落实“法定原则”的宏观调控制度立法实

① 参见熊伟：《论我国的税收授权立法制度》，载《税务研究》2013年第6期。

② 参见张守文：《经济法的法治理论构建：维度与类型》，载《当代法学》2020年第3期。

③ 参见张守文：《税制改革与税收立法的完善——以烟叶税为例》，载《法学杂志》2018年第2期。

践,随着中国法治建设的日益复杂和多元化,仅仅在形式上提升立法层级已经无法满足中国经济社会发展的调控实践需要。因此,只有切实提升立法的制度内容的质量,优化行为规则的权义结构,推动多元立法体制下各层级法律规范的协调配合,形成具有实践效能的整体合理调控,才能有效解决市场调控实践中的相关问题。

其次是规则内容的科学化。其主要包括宏观调控的权力配置应当体现合理和效率,宏观调控的手段、工具、力度应当实现对市场的有效干预,相关当事人的合法利益应当受到有效保护。宏观调控的权力配置是根据宏观调控的本质属性探寻在相同层级的政府部门以及不同层级的政府部门之间分配、安排具体宏观调控权力的规范化和法治化过程。[①] 其中,既涉及中央和地方在宏观调控实践中的关系,也涉及中央政府层面不同职能部门之间的宏观调控权力分配问题。由于中国缺少宏观调控基本法,宪法和有关部门立法也没有全面、系统地对宏观调控权的配置问题做出明确规定,况且宏观调控理论对宏观调控权的性质、分类、归属等尚未达成共识,目前的宏观调控措施在实践中有泛化使用的趋势。宏观调控权的内涵、边界不清晰,调控主体不明确、调控手段不公开透明、调控行为缺乏监督等都是与宏观调控权力配置密切相关的具体问题,这些问题在实践中已经有了不同程度的呈现。

例如,地方政府有无出台类似“楼市救市”措施的权力、国务院有无动用国家财政资金应对金融危机“投资救市”的权力,以及“物业征税与不征税谁说了算”等在认识上出现了明显的分歧。这些问题在一定程度上影响着宏观调控的效果,基本缘由都是宏观调控权力配置问题。在宏观调控的国际影响层面,对于那些容易产生国际投资和贸易摩擦的调控行为,相应的决策权力分配、决策程序以及调控效果评估等是否需要外交部门的参与?这些问题都需要在具体的制度层面进行详细设计。完善宏观调控制度体系的关键在于通过科学、客观和体系化的宏观调控手段,明确和解决宏观调控权的配置依据和配置准则。据此,立法上确有必要以宏观调控的客观要求与本质为基础,以进一步廓清宏观调控手段的内涵和范围,并依据法治化的

---

① 参见徐澜波:《我国宏观调控权配置论辨正——兼论宏观调控手段体系的规范化》,载《法学》2014 年第 5 期。

要求厘清宏观调控权配置的准则，同时对宏观调控的权力配置做出规范的宪法安排。宏观调控权力配置作为现代宏观经济理论下政府权力在各个国家机构之间予以规范分配的立法任务，所依据的关键因素应当是国家克服市场的经济周期、减少市场经济周期对宏观经济运行的不良影响而对宏观调控的手段和工具的选择、决定、运用等具体的需求，这些都是决定宏观调控权力配置的客观依据。

宏观调控的手段、工具、力度应当实现对市场的有效干预也反映了宏观调控规则内容的科学化。从宏观经济学的政府干预视角来看，一般情况下需要法律予以规范和调整的宏观调控手段包括财政手段、货币手段和产业政策。[①] 其中，财政手段具体包含了政府预算、国债、国家采购、税收等工具；货币手段具体包含了中央银行的公开市场操作、各种货币政策工具、法定存款准备金率、贷款市场指导利率、外汇管理等工具；产业政策是国家或政府为实现特定经济和社会目的而对市场实施的政策干预，该种类型的干预包括对特定产业的发展规划、结构调整、保护、扶持、限制等，其手段体系包括刺激性手段、强制性手段、诱导性手段和法律性手段。[②] 具体而言，以财政手段和货币手段为主的宏观调控来控制政府的财政支出，进而影响政府预算的平衡；以货币政策工具和银行管理来调控市场上的货币供应量和社会融资规模，进而控制通货膨胀、维护物价稳定、保持汇率稳定和调控失业率等；[③]产业政策服务于产业发展规划，对产业运行进行指导，协调产业关系，优化资源在不同产业之间进行配置，运用结构性思维扶持优质产业发展，抑制落后产业占用优质资源。

实践中，财政手段和货币手段对市场宏观调控的有效性已经被充分证明，而产业政策的科学性和合理性在理论界一直以来存在争议。[④] 此外，国

---

① 参见徐澜波：《我国宏观调控权配置论辨正——兼论宏观调控手段体系的规范化》，载《法学》2014 年第 5 期。

② 参见邱本：《宏观调控法论》，中国工商出版社 2002 年版，第 213 页。

③ 参见[美]保罗·塞缪尔森、威廉·诺德豪斯：《宏观经济学》，萧琛等译，华夏出版社 1999 年版，第 54 页。

④ 参见张维迎：《产业政策争论背后的经济学问题》，载《学术界》2017 年第 2 期；林毅夫：《产业政策与我国经济的发展：新结构经济学的视角》，载《复旦学报（社会科学版）》2017 年第 2 期。

家和政府在宏观调控实践中所运用的财政手段和货币手段本身并不直接作用或者针对特定的市场主体,并不是以直接规定特定市场主体应当履行某特定行为或者履行特定义务等方式直接干预市场,而是通过对各种总量性、全局性、宏观性的经济要素指标、系统结构的间接干预和引导,以达到规范市场主体理性经济行为的效果。但是,与此相反的是,产业政策具有直接调控的效果。相比较而言,财政手段和货币手段的政策效果在于通过调节、干预国民经济运行中的某些要素、运行环节以及运行步骤,以此来规范宏观经济的协调运行和促进经济的发展。不可否认的是,这两大类宏观调控手段在运用过程中也会具体影响到市场主体的利益分配问题。但是,专门针对特定行业的产业政策,尤其是规划行业发展的诱导性手段和法律性手段,市场主体受其利益调整的效果更直接,表现得更为明显。

当事人的合法利益受到有效保护与前文所述及的宏观调控行为的可救济性具有承前的关系。法治原则下的市场调控必须是依法调控,政府的调控依据应当明确、调控行为符合法律规定的条件、调控力度符合法律规定的限度以及调控效果具有可预测性。与此同时,当事人因为政府僭越法律限度的调控而受到的损害,应当有权请求获得相应的赔偿。作为损害赔偿的前端控制,政府在宏观调控的决策和执行过程中,应当充分考量保护当事人的合法权益。自然人、法人和非法人社团的合法权益与国家财产一样受到宪法和法律的平等保护,对这些权益的减损必须遵循充分且必要的公法原则,包括公共利益原则、公序良俗原则以及在这一基础上的比例原则和信赖保护原则。国家和政府在宏观调控过程中尊重并保护当事人的合法权益与尊重和发挥市场的决定性作用是一脉相承的。市场主体当事人的利益是由市场的规律和秩序塑造的,也是市场机制功能发挥作用的结果。实践中,中国的宏观调控行为还容易对国际市场产生一定的冲击,进而引发国际贸易和投资领域的争端。同理,他国尤其是中国经贸往来主要对手方国家的调控行为也容易对中国国内市场产生一定的影响。对此,当产生这种国际性纠纷时,双边或多边的经贸磋商、国际经贸争端仲裁等将发挥重要的作用。相应的争端解决结果虽然可能不是进行损害的赔偿,但重新达成的协议或者其他解决方案对受损害的当事国而言,也是一种间接的补偿。

最后是依法调控。宏观调控的执行机关应当依照法律规定的条件、方式、力度依法实施调控,宏观调控的政策文件、调控行为的频率及其持续期限应当给予社会一个稳定的预期,调控的目标应当公开和明确。宏观调控的执行机关是法律、行政法规赋予的决策和执行市场调控政策的法定机关。依法调控是宏观调控法治的基本要求,包括调控权责法定、调控程序法定和调控责任法定。依法调控必须遵循宏观调控的基本原则,这是宏观调控立法所确立的宏观调控实践的基本准则,同时作为指导宏观调控立法、执法、各类市场主体守法的指导思想和基本精神。由于我国目前尚未制定《宏观调控基本法》,所以各领域的宏观调控立法对于法定原则还未做出系统性的规定,宏观调控的法治化的目标依然处于学理阶段。有学者提出,我国宏观调控法治应当坚持合理原则、间接原则、有限原则、效率原则和协调原则。①

总体而言,宏观调控的目标大致涵盖促进经济增长、保障充分就业、稳定物价、确保国际收支平衡和保护自然资源与生态环境。理论上,这些目标在不同的调控政策的制定和实施中应当有所侧重,针对实践中的国民经济发展的新情况和新问题,合理确定相应的调控目标、调控工具和调控时机,实现宏观调控的最大效益。宏观调控区别于计划经济的重要特征之一就是间接原则,宏观调控利用市场机制,通过利率、汇率、税率等诸多经济要素的变量实现市场调控目标,而市场主体和消费者可以自由选择和自主决定其日常的经济活动。政府对国民经济的调控是有限调控,调控政策不得冲击和削弱市场机制作用的发挥,应当促进和保护市场机制的自我调控功能,在尊重市场经济客观规律的基础上,尽力克服市场调节的被动性和滞后性。宏观调控的效率原则讲究成本控制、调控工具的合理选择、调控政策的严格执行和调控部门的顺畅配合,综合考量所有调控行为参与部门和市场主体的成本和收益。宏观调控的协调原则要求宏观经济的政策调控和法律调控应当协调配合,调控合理,保障调控目标的实现。不同宏观调控政策之间容易发生冲突,政策的制定和执行都需要协调和配合。宏观经济的法律调控具有高度的规范性、公开性、统一性和强制性,不同法律规范之间的冲突同样需要协调,需要科学的立法解决法律调控中的协调问题。

① 参见席月明:《依法调控经济的程序与责任保障》,载《中国法律评论》2015年第3期。

此外,宏观调控的政策文件、调控行为的频率及其持续期限应当给予社会一个稳定的预期,这意味着宏观调控的目标应该是公开明确的,政府的调控的出发点和调控预期应当符合法律的预设规定,满足市场经济运行的机制,充分保护民众的可期待利益。宏观调控的决策和执行应当满足一定的条件,符合市场经济制度中的需要国家干预说,只有在触及市场调控功能的边界且需要国家对市场进行必要的矫正和干预时,宏观调控的决策和执行才能给社会一个稳定的预期,做到依法调控。市场经济并不意味着政府调控的缺位,而评判市场经济的根本属性是否成立或者是否满足法治经济的要求的基本依据就是政府有没有做到依法干预市场。对此,中国应当从宏观调控的制度建构、制度执行等各方面全面贯彻法治意识,充分落实法治标准。

第四节　健全宏观调控制度体系两条进路的互动、协调与相互促进

国家治理体系和治理能力现代化的总目标不仅强调制度体系的现代化,也强调制度内容的科学化,两条进路之间的关系衍生于国家调控体系与调控能力之间的现代化关系。在健全宏观调控制度体系的总任务下,宏观调控制度的体系化进路和制度内容的科学化进路两者本质上属于相互依赖关系,这种依赖关系客观上表现为互动、协调和相互促进的三种形态,对保障宏观调控的现代化具有根本的意义。理论上,治理体系与治理能力之间的互动、不同的治理体系之间的协调、治理体系与治理能力之间的相互促进都在各个层面上体现出国家治理体系和治理能力的现代化。健全宏观调控制度体系的两条进路满足现代立法的建构主义理性。制度的体系化和制度内容的科学化是制度建构一个主题之下的两个方面,表现为形式与实质、内在与外在、体系效应和规范效应的演进状态。在宏观经济调控治理的视域下,国家治理体系的现代化与健全宏观调控制度的体系化进路、国家治理能力现代化与健全宏观调控制度内容的科学化进路的两组关系都具有对照和对应的关系。

一、制度的体系化进路和制度内容的科学化进路之间的互动关系

制度的体系化进路和制度内容的科学化进路之间的互动关系指的是宏观调控的形式现代化与实质现代化。作为形式现代化的制度体系化与作为实质现代化的制度内容科学化两者之间是“骨架与肉体”的关系,只有质的有机结合才能确保功能的互动,一体化地保障宏观调控的现代化。从另一层面而言,宏观调控的形式现代化和实质现代化也丰富和发展了国家治理体系和治理能力的现代化。

制度体系的现代化进路与制度内容的科学化进路之间的互动关系是一种框架结构与实体内容之间的共同演进关系。制度结构的体系框架决定了该领域制度的发展愿景,制度内容的科学合理程度决定了该项制度的实践效用。具体而言,这种互动关系主要体现在三个方面:在制度体系框架内进行制度内容的完善;制度内容的完善需求推动制度体系框架的结构变革;在制度内容的解释适用中应当兼顾制度框架的体系解释。三个方面的表现从不同角度反映出健全宏观调控制度体系的总体进路,前两者是从制度建构的角度,后者是从宏观调控规则的理解和适用的角度。制度体系与制度内容的互动关系体现于立法、执法、司法的各个环节,但具体解释上,都可以在这三个方面有所反应。

首先,宏观调控的制度内容在宏观调控制度体系框架内进行完善。制度内容的科学建设受到体系范畴的影响,任何一项宏观调控政策的出台都不是漫无边际的,政府的调控行为应当受到宏观的制度体系框架及由其决定的权力边界的限制。以房地产调控政策为例,在政府强力干预和房地产开发交易市场运作的综合作用下,具有半市场化特征的房地产市场调控权在中央政府的宏观指导下,具体由各地方政府实施。实践中,地方政府为了控制房价增长和调控房地产市场,出现了多样化的房地产调控政策。在党中央和国务院的强有力的决策下,各地方的房地产调控已经成为一项关系社会经济稳定、人民安居乐业的民生大事。由此可见,宏观调控制度内容的完善和发展并不是漫无边际的,应当在宏观调控制度体系框架中进行科学建构。

其次,制度内容的完善需求推动制度体系框架的结构变革。随着宏观

调控制度的创新和发展,制度内容的不断丰富和完善对制度体系也提出了适应性变革的要求。随着内在内容的不断发展和壮大,不同制度内容之间的逻辑关联和体量的变动,宏观调控制度体系的结构和组织逻辑也应当做出适应性的变革。按照内在实质影响外在形式、制度内容的发展影响体系结构的构建逻辑,当宏观调控制度内容完善发展到一定程度,就应当从理论上抽象构建出相应的制度体系结构。以央行的货币政策调控为例,传统中央银行的货币政策工具比较单一,包括利率政策、公开市场操作、法定存款准备金率、再贷款和再贴现利率,对于维护金融市场稳定,从大动作调控到点拨调控,可供选择的货币政策工具和所能起到的调控效果都有限。随着央行货币政策工具的不断发展和创新,为实现各种不同程度、不同力度的市场调控,央行紧跟国际步伐,不断丰富和创新出不同的货币政策工具。一般情况下,货币政策的政策目标非常明确,最终的目标都是通胀和产出的稳定,盯住变量通常是核心 CPI(消费者物价指数)和实际产出(就业)的变化,中介变量包括利率、信贷、货币供应量 M2、社会融资规模等。对此,我国央行创新出了常备借贷便利、中期借贷便利、抵押补充贷款、定向中期借贷便利、央行票据互换、境外发行的央行票据等各种新型的货币政策工具。随着货币政策"工具箱"的不断丰富和发展,理论界在实践经验的基础上也总结梳理出货币政策工具分类归纳的逻辑体系,即将所有的货币政策工具区分为数量型的货币政策工具和价格型的货币政策工具,并对两种类型的货币政策工具的使用方法和调控功用做了系统研究,由此构建起了央行货币政策的制度框架体系。因此,当货币政策调控制度内容的完善发展到了一定程度,直接促使了理论上抽象构建出相应的货币政策制度体系。由此可见,宏观调控制度内容的完善发展可以推动宏观调控制度框架体系的变革。

最后,在制度内容的解释适用中应当兼顾制度框架的体系解释。健全宏观调控制度体系不仅是立法上的任务,也涉及具体宏观调控规则的理解和适用问题。体系解释是一类常见的法律规则解释方法,对于某个已经形成制度体系的领域,相应规则的体系解释可以发挥巨大的作用。宏观调控制度内容的理解和适用应当充分发挥体系解释的价值。以产业政策调控为例,产业政策是对某一个行业发展规划的整体性调控,涉及货币供应、财政供给、税收的支持或限制、价格的调控、进出口贸易的调控等宏观调控制度体系方方面面的内容。由此，对某一具体产业政策的理解和适用，不能局限于该特定政策的适用情景，还应当从政策制定的背景，以调控目标为出发点，体系性探寻其他相关调控制度的理解和适用对该项政策适用的辅助作用，进而对该项政策的理解和适用达到客观、全面的效果，最终提高整体性的调控效益。因此，特定产业政策内容的理解和适用应当兼顾市场调控制度框架的体系解释，对该项产业政策作出全面的理解和执行。由此可见，宏观调控制度内容的解释适用过程中应当有效兼顾宏观调控制度框架的体系解释。

二、制度的体系化进路和制度内容的科学化进路之间的协调关系

制度的体系化进路和制度内容的科学化进路两者之间的协调关系表现为内外支撑的现代化。没有外在体系的现代化支撑，内在制度内容的现代化就会“皮之不存，毛将焉附”。同理，没有内在制度内容的现代化支撑，外在体系的现代化就会显得“金玉其外，败絮其中”。这种内外支撑的现代化是国家治理体系现代化与治理能力现代化之间内外支撑关系的真实写照。宏观调控制度的体系化进路和制度内容的科学化进路之间的协调关系是国家治理体系和治理能力现代化之间的具体体现，集中反映在市场治理制度体系的各项制度上。制度的体系与制度的内容之间的协调是为了促进整个制度的发展。相较于不同制度领域之间横向的、对接式的、以填补漏洞和避免冲突的协调，体系与内容之间则是纵向的、宏观与微观的、内外式的协调，体现了现代制度发展的建构主义逻辑。总体而言，宏观调控制度的体系化进路与制度内容的科学化进路之间的协调关系主要体现在两个方面，分别是制度体系内不同制度内容之间的功能协调和制度体系的宏观规制逻辑与制度内容的微观规制逻辑之间规制方式的协调。

一方面，制度体系内不同制度内容之间需要实现功能的协调。市场经济运行过程中，特定调控目标需要不同的政策组合，通过调控合力实现最优的调控效果。宏观调控制度框架内不同制度内容之间具有不同的功能导向，为实现某一具体的调控目标，需要进行不同政策功能的协调。理想状态下，根据“丁伯根法则”，某一独立的调控目标至少需要相对应的一种独立的调控政策工具，因此，对于经济发展、金融稳定、经济稳定等数个相互独

立的调控目标构成的宏观调控目标体系而言,也就需要数个调控政策工具共同发挥作用,并实现功能的协调。

以全面深化改革攻坚克难时期,宏观调控制度框架内的财政政策与货币政策的功能协调为例,可以很好地解释财政政策与货币政策之间功能协调的具体表现。在世界经济形势复杂严峻,中国经济恢复基础还不牢靠的背景下,保持经济持续稳定复苏还面临诸多挑战。为保持经济持续稳定复苏和健康发展,确保政策操作的精准有效,真正做好中央经济工作会议提出的"不急转弯",对宏观调控政策体系内的财政政策与货币政策之间的功能协调提出了更高的要求。[①] 在财政政策方面,中央多次在重要决策场合中强调,财政政策要提质增效和增强可持续性,同时要保持适度的支出强度。在财政政策运行过程中,确保政策调整具有渐进性。减税降费政策的制度建构需要进一步完善。为协调配合积极的财政政策,货币政策方面需要做好功能协调。中央多次在重要决策中明确提出,货币政策要灵活精准和合理适度,保持市场上人民币流动性的合理充裕,既要保证货币供应量及由其供给影响的社会融资规模增速与名义 GDP 增速大致匹配,又要使宏观经济杠杆率保持基本稳定,在促进经济进入下一阶段增长周期和防范系统性风险之间做好货币政策与财政政策的协调逆周期调控和跨周期平衡。另外,在财政减税降费政策的基础上,对中小微企业的货币政策扶持力度应当适度增加,延期还本付息等企业纾困政策应当有过渡性的安排,同时适当延长属于普惠金融范围内的中小微企业信用贷款支持计划的实施期限,逐步对民营企业提高信用贷款的比例。总而言之,财政政策和货币政策作为宏观调控制度体系内制度内容的两大重要分支,功能的协调对于应对全面深化改革背景下复杂的国内国际调控形势,具有极其重要的意义。

另一方面,制度体系的宏观规制逻辑与制度内容的微观规制逻辑之间的规制方式的协调。市场经济的完整要素应当包括三个组成部分:一是供给方,二是需求方,三是市场。[②] 市场作为交易所必需的基础设施,为供需

① 参见任焱:《王一鸣:宏观调控要精准有效》,载《中国财经报》2021 年 1 月 26 日,第 7 版。

② 参见苏剑、陈阳:《中国特色的宏观调控政策体系及其应用》,载《经济学家》2019 年第 6 期。

双方的交易行为提供稳定的交易场所和所需要的其他各种交易条件，比如交通、通信、物流、互联网、交易规则等。由此，“市场化改革”也可以区分为三大类：第一类是供给侧结构性改革，即通过制度的革新和变迁等方式来调整市场生产方式面临的各种约束和激励，达到调节供给的目的；第二类是需求侧改革，即通过制度的变迁等方式影响消费、投资、政府需求变化以及对外贸易，从而调节需求市场的结构和容量；第三类是市场环境改革，是指为完成市场交易所需要的基础设施方面的制度革新，包括软件和硬件基础设施，如交易场所、交通体系、通信设施、文化环境、信用环境、金融环境、政策环境、法治环境等。与此相对应，一个完整的宏观调控制度体系也可以区分为三大类，分别是供给管理调控制度体系、需求管理调控制度体系和市场环境管理调控制度体系。

供给管理制度体系主要是通过影响企业的成本、生产率、企业的其他生产负担等事项进行宏观调控。总供给的影响因素包括市场要素、价格政策、财政政策、由技术驱动的供给型创新和供给侧结构性改革。其中，供给侧结构性改革是近年来中国市场经济结构改革的重要主题。需求管理制度体系则是通过降低需求的成本来刺激需求，包括货币政策和财政政策。这类政策在各国经济发展中确实起了一定的作用，但实践中往往只关注需求的数量，而不关注需求的质量，侧重总量调节而忽略了结构调节，尤其是科技的发展带来的需求管理创新。需求型创新是指能够扩大优质需求的科技创新，能够给消费者或者投资者带来较高边际效用的产品技术创新，包括给企业带来较高的边际收益的所有创新。

另外，随着中国双循环新发展格局的提出，需求侧改革的重要性也受到高度重视。需求侧改革即通过制度变迁来扩大消费、投资、各级政府需求以及出口需求的政策。在某些情况下，市场机制不能进行有效的资源配置，市场调控的帕累托最优状态无法实现，这在理论上被称为“市场失灵”。导致市场失灵的原因大致有价格刚性、行业垄断、信息不对称、外部性以及公共产品的不效率等。因此，市场环境管理制度体系能够消除价格刚性、打破垄断、加强信息透明度建设、解决外部性等一系列纠正市场失灵的制度内容，目的是恢复市场的功能。例如，通过推动价格要素市场化打破价格刚性；通过规范行业竞争秩序、扩大对外开放、鼓励支持中小企业的发展来打破行业垄断和地区垄断;通过加强社会信用体系建设、完善信息披露制度、培育社会信用信息评价的第三方中介机构来减少市场信息的不对称;通过对排放污染的企业征收排污税、碳排放税、建立“碳中和”管理制度体系来克服外部性的内部化问题;通过明确各类资源的产权和保护制度、发放经营许可证、建立完善的产权保护制度来促进公共资源的合理使用,避免“公地悲剧”现象;等等。由此可见,在整个宏观调控制度体系的规制逻辑之下,三大类的宏观调控制度内容的规制逻辑形成了有效的规制理念、规制方式和规制手段的协调。

三、制度的体系化进路和制度内容的科学化进路之间的相互促进关系

制度的体系化进路和制度内容的科学化进路两者之间的相互促进关系指的是“体系带动内容发展,内容支撑体系的完善”。体系的延长和扩张必然要有相应的内容进行填充,而内容的增长以及在不同枝干之间的调适反过来也要求体系结构做出相应的调整和完善。这种体系与内容之间相互促进和发展的关系也是国家治理体系现代化与治理能力现代化之间相互发展关系的一个缩影。宏观调控制度的体系化与制度内容的科学化之间的相互促进关系本质上也是一种形式与内容之间的相互促进关系,分别属于政府和国家对市场治理能力评价的两个维度。宏观调控制度的体系化进路与制度内容的科学化进路之间的相互促进关系体现在多个方面,其中主要体现在体系的完善带动内容的发展和内容的发展促进体系的扩张两个方面。这两个方面都表现出制度演进的基本规律。

一方面,宏观调控体系的完善带动内容的发展。宏观调控制度体系带动制度内容的发展是一种典型的由主干到分支的总分式立法思路。在大陆法系国家的立法传统中,体现体系理性的法典化立法思路是一种普遍现象,这在各部门法领域中都有长期且持续的探讨。中国的宏观调控制度受实践中市场经济建设逐步完善的历史影响,相关的调控理论还很不成熟,具体制度表现出碎片化、零散的状态,由此对宏观调控制度进行体系性建构也就成了近年来的热门话题。宏观调控制度体系的完善不仅是在实践经验基础上的总结,更多的是一项理论上的设计,在中国立法实践的背景下,体现出了较强的建构主义理性特征。

以我国外资准入制度调控为例,从原来的“三资企业法”到《中华人民共和国外商投资法》(以下简称《外商投资法》)再到现在的外商投资法律体系各领域的具体制度条例,体现出较强的体系完善带动内容发展的基本逻辑。原来的“三资企业法”制度体系下,内外资管理“双轨并行”和外资企业法、中外合资经营企业、中外合作经营企业三类企业产生了三条不同的立法路线,不仅对外资企业的组织法与行为法交叉规定,同为外资属性的不同企业组织和交易制度也呈现分散凌乱状态,不成体系的外资准入制度立法严重阻碍了全方位对外开放时期中国利用外资的发展进程。由此,在党中央的强力决策下,我国在废除“三资企业法”的同时出台了《外商投资法》。该法以“准入前国民待遇 + 负面清单”管理模式为主线建构了我国外商投资制度体系的“四梁八柱”,是我国外商投资制度体系的质的完善。在《外商投资法》所确立的制度体系的带动下,负面清单制度条例、外商投资信息报告备案条例、外商投资企业公平竞争与反垄断规制、外商投资国家安全审查规则等各项具体的制度内容逐渐展开立法。在《外商投资法》所确立的制度体系的带动下,外商投资领域各项制度内容逐步发展,充实了我国外商投资制度体系。由此可见,宏观调控制度体系的完善有利于带动宏观调控具体制度内容的发展。

另一方面,宏观调控内容的发展促进体系的完善。宏观调控内容的发展促进体系的完善是一种典型的由分散到整合的渐进式立法思路。随着制度内容的增长和发展,作为组织连接相关内容的制度体系应当做出适应性的调整,这是一种由点到面、由局部到整体渐进式的立法过程。一般情况下,在具有显著实践理性的制度领域,这种立法模式获得了广泛的应用。宏观调控制度内容的发展是实践经验积累总结的结果,而宏观调控制度体系是依据宏观调控的制度内容通过一定的组织逻辑演绎得出的制度框架。从这里可以看出,宏观调控制度内容的发展促进宏观调控制度体系的完善既是一种主动式的制度推演,也是一种被动式的制度演进。宏观调控制度体系是串联和支撑宏观调控制度内容发展的基本逻辑框架。对此,制度内容的发展如何促进制度体系的完善应当从动态的视角去理解,制度内容的增长是依据实践需求而发生的,而制度体系的完善则是依据组织制度结构需要所进行的演绎展开。在宏观调控制度体系的许多领域中,可以列举出许多类似的例子。以中国多层次资本市场制度体系建设为例,中国的多层次资本市场制度调控体系是在各层级资本市场实践和制度构建过程中建立的,具有明显的制度内容促进体系发展的特征。在原有的A股主板、中小板①、创业板、非上市公众公司股权交易系统的实践经验的基础上,随着区域性股权交易市场、新三板市场、科创板的建设和制度的逐渐成熟,中国的多层次资本市场制度体系逐渐成形,并最终在2020年新修订实施的《中华人民共和国证券法》中得以确认。由此可见,中国多层次资本市场调控内容的发展促进了中国多层次资本市场调控制度体系的完善。

本章小结

国家治理体系和治理能力现代化是全面深化改革时期对国家治理制度体系和治理能力改革的重大课题。党的十九届四中全会公告在“优化政府职责体系”部分提出了健全宏观调控制度体系的具体改革目标。国家治理体系和治理能力现代化既是落实党的十九届四中全会所提出各项改革目标的宏观语境,也是各项国家治理理论发展的基本场域,而健全宏观调控制度体系的理论和实践也应当从中寻找相应的答案。随着全面深化改革在各领域逐渐深入展开,中国宏观调控的理论和实践都有了新的发展。在复杂的国际和国内经济发展形势下,中国的宏观调控实践面临着新内涵、新目标和新挑战。国家治理现代化视域下宏观调控现代化的制度保障即是实现宏观调控的法治化,正确地处理好改革与法治的关系,在实现宏观调控实体制度与程序制度的法治化的同时,也需要完善宏观调控行为的司法审查和利益救济制度。法治是国家治理现代化改革的基本方略,宏观调控法治化的核心主题就是健全宏观调控的制度体系。健全宏观调控制度体系既包含制度的体系化目标,也涵盖制度内容的科学化目标,两者之间呈现互动、协调和相互促进的关系。随着全面深化改革的推进,站在政府调控现代化改革的新起点上,一方面,国家治理现代化具体落实到调控治理现代化,必须以凯

① 目前深交所的中小板已经并入主板市场。

恩斯理论与马克思宏观经济思想相融合的中国特色社会主义市场经济干预理论为基础,对改革开放四十多年的理论与实践经验进行系统的梳理和总结,及时把成熟的经验和做法转化为制度、上升为法律;另一方面,立法者要把宏观调控的现代化改革与立法结合起来,从立法学的视角出发,围绕着"权力分配制度—决策程序制度—决策失灵的法律控制制度—运行效果的评估制度—监督制度—救济制度"的宏观调控制度体系进行制度内容的现代更新。

第二章　国家治理现代化视域下健全宏观调控决策制度

国家治理体系和治理能力现代化的总目标为宏观调控决策制度的体系化和制度内容的科学化重新指明了方向。宏观调控决策制度具有特殊性,充分尊重市场经济的基本规律和辅助市场功能的正常运转是宏观调控决策制度现代化的重要特征。基于此,本章从政府调控决策制度的体系构建出发,以市场经济的治理体系和治理能力现代化的制度改革目标为视角,兼顾经济全球化背景下中国宏观调控决策的域外影响分析,探讨健全宏观调控决策制度的具体进路。

第一节　国家治理现代化对健全宏观调控决策制度的基本要求

宏观调控决策的制度体系(调控体系)和制度内容(调控能力)现代化是国家经济治理(市场治理)体系和经济治理能力现代化的必要条件,也是体现国家治理体系和治理能力现代化的重要内容和必要标准。我国的宏观调控决策一直建立在“可控性”信念的基础上，调控的目标无形中分化出两重：第一重目标是改革、发展和稳定；第二重目标是促进经济增长、增加就业、稳定物价和保持国际收支平衡，而且后一重目标必须服务于前一重目标。① 在特定的调控决策目标的基础上，根据决策治理现代化的理念和标准，健全宏观调控决策制度既涵盖决策制度的体系化要求，也涵盖决策制度内容的科学化要求。

一、国家治理体系现代化对宏观调控决策制度的体系化要求

政府调控市场的治理体系和治理能力现代化是一项综合性的现代制度文明的具体体现，在“有限政府”的基本建设路径中，宏观调控决策制度的现代化是市场治理制度现代化水平的首要评价项目。在我国社会主义市场经济体制建设的过程中，我国宏观调控决策制度体系不断地发展和完善，宏观调控的成效也不断增强。然而，宏观调控决策制度依据何种制度逻辑和理论方法进行体系化建构是长期以来被学界忽略的重要问题。鉴于中国宏观调控实践呈现条块分割的特点，理论上宏观调控决策制度能否进行体系化构建也是一个极具争议的问题。一般而言，政府的行政决策涉及权力配置、决策程序规范和决策行为的监督与救济，这些都是行政法上关于规范行政决策行为的重要制度分支。② 对于宏观调控决策制度的体系化构建而言，在结合宏观调控行为特殊要求的基础上，也应当遵循一定的理论和方法，以此彰显制度的理性和制度实践的现代化标准。宏观调控决策制度的体系化是宏观调控制度体系化建设的关键部分，现代化的宏观调控决策制度体系包括决策实体制度、决策程序制度、决策失灵的法律控制制度三大基本组成部分。

首先，宏观调控决策的实体制度主要包括宏观调控的权力配置与组织机构独立设置、调控的边界与调控的实施条件、调控手段与工具的选择等实体内容。我国现行立法中的宏观调控权力配置主要以宪法及行政组织法的

① 参见方福前：《大改革视野下中国宏观调控体系的重构》，载《经济理论与经济管理》2014 年第 5 期。

② 参见张勇、周达、刘瑞：《宏观调控概念解读：政府干预经济的中国式框架》，载《青海社会科学》2009 年第 5 期。

形式呈现,具体的调控权配置及其运行大量涉及国务院的行政法规和各部委的部门规章。值得关注的是,当宏观调控事项涉及域外影响或国际市场纠纷时,相应的调控权还涵盖外交事项的权力。宏观调控的实施条件应当遵循权责法定原则,属于法律、行政法规的具体授权事项。另外,宏观调控在法学范畴内,通常是指政府为实现宏观经济(总量)的平衡,保证经济持续、稳定、健康和协调发展,对货币总量、财政收支总量和外汇收支总量进行的控制和调节。[①] 由此进行扩展,理论界通常把政府弥补市场失灵的其他所有措施都纳入宏观调控的范畴。与此相对应,在经济学意义上,所有以"宏观经济政策"为表现方式的经济手段和经济工具都是宏观调控的手段和工具。由此可见,宏观调控的手段和工具种类繁多、体系庞杂,在实践运用中政策工具的选择和组合非常讲究技术要求。

其次,宏观调控决策的程序制度指的是制定宏观调控的文件、决定所应当遵循的行为步骤或议事流程。程序既服务于实体功能的发挥,又具有相应的独立价值。当前,学界对宏观调控是否需要法治化和如何进行法治化已经有了丰富的讨论,但对宏观调控制度体系内的宏观调控决策的程序制度讨论不够深入。[②] 对宏观调控决策程序的规范认识,既有利于对我国宏观调控法的基础理论进行科学化和体系化建构,又有助于我国宏观调控法的立法完善和宏观调控实践的理性运行。有学者指出,宏观调控决策的程序制度既不是行政程序规范,也不是宏观调控责任追究和责任承担的程序规范,而是以确保国家宏观调控职权的公平有序运行、增强宏观调控决策的可预见性、控制宏观调控效果的不确定性为目的而相机调整各类宏观调控手段及其措施的法律规范。[③] 理论上,宏观调控法是"实体法与程序法的统一",宏观调控决策制度本质上是程序法,或者在某种意义上,程序正义是宏观调控决策制度证明其合理性和合法性的最好路径。[④] 实际上,将行政

---

① 参见徐澜波:《规范意义的"宏观调控"概念与内涵辨析》,载《政治与法律》2014 年第 2 期。

② 参见邢会强:《略论宏观调控程序立法》,载杨紫烜主编:《经济法研究》(第 3 卷),北京大学出版社 2003 年版,第 428 页。

③ 参见徐澜波:《我国宏观调控程序规范的法律属性》,载《法学》2017 年第 11 期。

④ 参见刘武朝:《纯粹程序正义:宏观调控法的程序路径——以金融危机中政府救市为例》,载《河北科技大学学报(社会科学版)》2010 年第 1 期。

程序法的理念和方法运用于宏观调控决策程序的制度设计具有一定的局限性。理论上,只有当宏观调控的具体手段或措施转换为具体的行政征用、行政征收、行政处罚、行政给付、行政奖励、行政指导、行政确认、行政许可、行政监督检查、行政强制、行政裁决等具体行政行为时才有适用余地。① 通常情况下,当国民经济整体或者市场的某些环节、领域出现不协调或者处于商业波动周期的低谷阶段时,政府所采用的宏观调控手段或者相应的调控措施,并不属于具体行政行为。

最后,宏观调控决策失灵的法律控制实际上指的是对政府失灵及其危害后果的控制。决策实体制度、决策程序制度和决策失灵的法律控制制度是宏观调控决策制度体系化的三根支柱,与相应制度内容的科学化要求共同建构起现代化的宏观调控决策制度。在实践中宏观调控决策的主体责任及损害救济制度缺失的情况下,决策失灵的法律控制制度显得尤其重要。宏观调控的最大特征是根据市场的动态变化及其调控需要进行“相机抉择”,无规律、不确定的市场波动决定了宏观调控的时机、方式、频率、结果的不确定性。② 从历史角度分析,我国自改革开放以来,特别是在建设社会主义市场经济制度体系以来,在不断取得宏观调控的历史性成就的同时,也曾存在调控决策的低效和滞后、调控决策未充分考虑域外市场影响等问题。这些问题不但影响了市场对宏观调控政策的信任程度,也产生了与政府调控预期或者调控目标不契合的后果。例如,2015 年股灾过后,某监管部门出于保护投资者利益的考虑,在 A 股市场首次推出“熔断”制度,结果该制度一推出就产生的“助跌效应”,导致一周连续熔断现象给市场上的投资者造成了巨大损失。从实践维度考察,国家或者政府的宏观调控决策如同其他政府行为一样存在政府失灵在内的各种风险,而对这些风险的控制恰恰是宏观调控法治化的重要原因或者实践依据。宏观调控决策失灵的法律控制制度具有广泛的理论和现实基础:③(1)宏观调控决策受调控权行使者的各种主客观因素制约,不一定每一次都能作出正确判断和恰当决策;(2)在

---

① 参见徐澜波:《规范意义的“宏观调控”概念与内涵辨析》,载《政治与法律》2014 年第 2 期。

② 参见郝铁川:《宏观调控的不确定性与法律、政策调整》,载《东方法学》2009 年第 2 期。

③ 参见徐澜波:《宏观调控的政策调整与法律调整之辨》,载《法学》2010 年第 11 期。

宏观调控法治化程度严重不足或者决策失灵的法律控制制度缺漏的情况下,宏观调控的决策主体在决策实践中随时可能出现权力寻租或者利益俘获的现象;(3)在市场全球化日益广泛和全面,各国经济关联紧密的背景下,宏观调控决策不仅容易受到世界经济动荡和冲击的影响,各国的国内调控行为也容易引发对他国市场的域外影响。对此,美国联邦储备委员会的调控行为受到世界各国的高度关注即例证。

二、国家治理能力现代化对宏观调控决策制度内容的科学化要求

宏观调控决策制度内容的科学化要求是健全宏观调控决策制度体系的内在要求,其科学化程度代表了宏观调控决策制度内在的合理性和有效性。决策制度内容对应的有决策实体制度内容、决策程序制度内容和决策失灵法律控制制度内容,鉴于它们所规范的路径、方式、目的都不同,衡量各自部分的科学化标准也有所区分。在宏观调控决策制度的实践运行中,三个部分的制度内容均反映出一系列有待完善的问题。

首先是宏观调控决策实体制度在权力配置、组织和决策的独立性、调控的手段和工具等方面的问题。宏观调控的核心问题是宏观调控权的配置和行使问题。[①] 实践中,调控机关的组织法职能可能与调控权力不匹配。理论上,宏观调控权分配的本质是根据宏观调控的本质属性探寻在相同层级的国家机关以及中央和地方不同层级的政府机关之间分配、安排以确保宏观调控权力规范化、法治化的过程。[②] 其中,既涉及中央不同部门之间的宏观调控权配置问题,也涉及中央与地方之间的宏观调控权配置问题。从改革实践来看,在历次的国家机构改革中,政府调控权限的收放始终是改革过程中一以贯之的重点。多年来,不同的调控部门分别掌握着不同的调控权限,对应着不同调控工具决策的权力行使,导致不同调控部门之间在调控措施、调控工具选择和调控目标上需要进一步配合和协调。随着互联网、大数据等技术革命与市场经济的高度融合,宏观调控的手段和工具的改进也是一大现实难题。

---

① 参见张守文:《宏观调控权的法律解析》,载《北京大学学报(哲学社会科学版)》2001年第3期。

② 参见徐澜波:《我国宏观调控权配置论辨正——兼论宏观调控手段体系的规范化》,载《法学》2014年第5期。

其次是宏观调控决策程序制度内容的科学化问题。在以往“管控性思维”影响下，一些宏观调控的决策过程具有从政府到市场的单向操作特征，政府进行调控的依据和素材的收集、处理和应用都是由政府独立完成的，市场参与程度不足。在整个决策过程中，政府既充当市场利益配置状态的证明者，又充当市场利益的调配者。宏观调控决策的程序制度是宏观调控程序的一部分，属于宏观调控程序的前端制度。由于宏观调控行为的不可诉和相应监督机制的缺漏，市场主体往往无法通过诉讼等寻求损害赔偿，因此有必要将控制、制约和规范宏观调控权力决策的环节前移，在宏观调控决策的初始或者决策过程的中间环节进行过程控制，防止相关调控部门越权、滥权、弃权或者规制俘获等现象的发生，引导其行为结果趋向合理性。[①] 为此，应当优化宏观调控程序，完善宏观调控民主参与机制，尤其是在宏观调控决策的过程中，有必要建立论证、评议制度，以及考虑构建专家咨询制度，规定宏观调控机关听取包括相关行业和利益相关者意见的强制性程序。[②] 在市场调控事项涉及域外市场影响时，有必要在相应程序中增加外交部门的参与。

最后是决策失灵的法律控制制度供给不足对我国宏观调控决策的有效性控制构成挑战。宏观调控决策的主体责任和市场主体合法利益的救济机制缺失、调控决策对市场波动的回应不及时、重大风险事件的处置机制缺失等问题都有待解决。国家治理现代化视域下强调宏观调控决策失灵的法律控制制度关键在于重点突出宏观调控手段的有效性。理论上，宏观调控的手段就是国家或者政府在宏观调控实践中运用的方法、措施和工具，其在经济学意义上的表述就是国家作为市场的“守夜人”作用于国民经济运行的媒介，即宏观经济变量。实际上，宏观调控的手段与宏观经济学上的“宏观经济政策”基本具有相似的内涵和本质，经济学上的“宏观经济政策”也就是法学意义上的宏观调控的方法、手段。但是，考虑“政策”一词在生活用语中经常指称“行为规范”或者“行为准则”，因而如果在法律范畴内对宏观

① 参见邢会强：《宏观调控行为的不可诉性再探》，载《法商研究》2012 年第 5 期。

② 参见岳彩申：《经济发展方式转变中的宏观调控制度转型》，载《法商研究》2012 年第 2 期。

调控概念的运用没有沿袭宏观经济学上的具有手段性、方法性特质的“宏观经济政策”概念，那将容易把具有“方法性、手段性”的宏观调控政策与法律意义上的“规范性、准则性”相混淆，由此减损宏观调控手段的有效性。①鉴于法律意义上的宏观调控与经济学意义上作为手段或者方法的“宏观经济政策”高度关联，同时法律意义上的宏观调控规范功能高度依赖于宏观经济学意义上的政策功能和政策价值的证成，只有在经济学理论上对具体手段的调控工具类型、作用功能、预计效果等给予充分的实证分析，并对该手段的作用媒介与宏观经济目标之间的关系变量的变量模型的方法、措施及其工具予以科学揭示，才可能转化为规范意义上有效的宏观调控手段。换言之，如果国家和政府打着宏观调控的旗号去运用不符合宏观调控有效性要求的调控工具或者调控政策，则其不应当属于规范意义上的宏观调控的手段。这种从经济学上的工具模型到法律规范有效性的证成过程，便是政府调控治理现代化目标下宏观调控决策失灵法律控制制度的关键内容。

第二节　国家治理现代化视域下健全宏观调控决策实体制度

理论界对宏观调控决策实体制度的具体内容认识不清，对其中所要涵盖的制度领域充满争议。宏观调控决策实体制度有待解决的核心问题集中在宏观调控权力的分立和独立、实施调控的条件、调控的手段和工具三个方面。宏观调控权力的分立和独立决定了我国宏观调控整体结构的运行格局，宏观调控的实施条件明确了政府施加调控的时机和条件要求，宏观调控的手段和工具约束了政府介入市场的方式和方法。

一、宏观调控权力的配置和收放

权责分明和独立施策是现代政府治理的热点话题。宏观调控的核心问题之一是宏观调控权的配置和行使。宏观调控既是一种权力，也是一项公

① 参见徐澜波：《规范意义的“宏观调控”概念与内涵辨析》，载《政治与法律》2014年第2期。

共物品的供给,必须对其进行有效配置,使各类调控主体的权力明晰、职责分明,只有这样,才能更有效地进行宏观调控。① 在宏观调控权的配置方面,中央的不同调控部门、中央与地方的关系一直是问题项下的焦点,这不仅是我们国家,也是其他发达经济体国家始终存在的问题。② 从改革实践来看,在历次的国家机构改革中,权限的收放始终是一以贯之的重点。宏观调控权作为国家和政府调节经济的权力,以宏观调控行为的能力、范围、可能性及其相关的利益为客体。其中,宏观调控行为的具体形式是宏观调控的手段,也是宏观调控权力配置的客观依据。实际上,宏观调控的权力配置是根据宏观调控的本质属性,探寻在相关国家层级的组织以及不同层级的政府组织之间分配、安排具体宏观调控权力的规范化、法治化过程。其既涉及中央政府层面不同调控部门之间的调控权力横向分配问题,也涉及中央与地方对于宏观调控权的纵向配置问题。

在理论界关于宏观调控权力配置的现有研究中,总结起来,宏观调控权配置依据的路径主要有两条:③一是按照学理概念界定好宏观调控的权力体系后,再依据权力的不同特征将不同的权力分配给不同的国家机关,或者将抽象层面的宏观调控权按照特定的逻辑结构分解成若干子权力后,再按照有关国家机关组织法上的职权分工(职权法定的合法性原则)、市场经济运行的客观规律(尊重市场规律原则)、宏观调控效率要求和调控有效性要求(协调和优化原则),在中央不同国家机关之间以及中央与地方国家机关之间进行宏观调控权力的合理分配。④ 二是把宏观调控对象的形式特征作为宏观调控权力配置的具体依据。⑤ 实际上,宏观调控权配置的客观、合理依据就是宏观调控的行为和活动。政府的宏观调控行为或者活动具体是通过宏观调控的手段或者工具实现的,因此只有把宏观调控的手段或者工具

---

① 参见张守文:《宏观调控权的法律解析》,载《北京大学学报(哲学社会科学版)》2001 年第 3 期。

② 参见张守文:《宏观调控权的法律解析》,载《北京大学学报(哲学社会科学版)》2001 年第 3 期。

③ 参见徐澜波:《我国宏观调控权配置论辨正——兼论宏观调控手段体系的规范化》,载《法学》2014 年第 5 期。

④ 参见周静:《宏观调控权配置法律解析》,载《知识经济》2010 年第 15 期。

⑤ 参见张辉:《宏观调控权的构成配置》,载《政治与法律》2008 年第 11 期。

作为宏观调控权配置的合理依据,才能将国家宏观调控的权力内容、权力范围、权力边界予以明确规范。在立法上,宏观调控权力的配置包括中央宏观调控部门之间以及中央与地方之间的配置。

首先是中央宏观调控部门之间的宏观调控权。根据组织法上职能的主次区分,中央宏观调控部门可以区分为宏观调控职能部门和宏观调控相关部门。[①] 宏观调控职能部门是指主要承担宏观经济政策制定的部门,包括国家发展改革委、财政部、央行、外汇管理局等,这些职能部门也在不同程度上次要性地承担着某种微观管理监督的职能。权力配置的主要理念就是,让专业的部门和专业的人干专业的事。[②] 一些具有国际敏感性的宏观调控行为以及相应制度在出台时,也应该听取外交部门的意见,原因在于外交部门负责外交政策与对外关系。此时,外交部也成为一个特殊的宏观调控职能部门,可以看作一个提供咨询意见的部门。宏观调控相关部门是指根据组织法的职能要求主要承担微观管理监督职能的部门,例如国家市场监督管理总局、商务部、海关总署、食品药品监督管理局等,当然这些部门也在一定程度上具有宏观决策、管理职能,加上其职权配置及其日常行使能够对宏观调控构成约束条件,因而称其为宏观调控相关部门。权力配置原则上应当根据组织职能的主次区分兼顾调控目标,重点强化并优先考虑宏观调控职能部门的权力配置,在兼顾调控目标的基础上,辅助配置宏观调控相关部门的调控权力。另外,由于不同调控部门之间的目标可能存在多元性和冲突性,承担不同职责的政府部门对宏观经济形势难免会做出不同的判断,从而做出不同的决策。[③] 因而,各个宏观调控部门在各自职能范围内依法追求宏观调控目标、实施宏观经济政策的基础上,可能存在交叉或冲突的领域,立法上应当建立起相应的权力协调机制。中央宏观调控部门之间的调控权协调机制解决的是职能交叉或者调控目标冲突的问题,启动跨部门的决策协调机制意味着跨部门的共同宏观调控权。其中,协调以化解冲突,共同决策和共同执行为目标。

---

① 参见史际春、肖竹:《论分权、法治的宏观调控》,载《中国法学》2006 年第 4 期。

② 参见郑新业、张阳阳、黄阳华:《供给侧结构性改革与宏观调控:分工与互补》,载《中国人民大学学报》2017 年第 5 期。

③ 参见史际春、肖竹:《论分权、法治的宏观调控》,载《中国法学》2006 年第 4 期。

对于宏观调控部门经济或者政策目标实现之间对应关系的理论和实证研究，主要集中在以货币政策为主要调控职能的中央银行方面。有研究者考察了中央银行的制度设计对货币政策的制定和执行的影响，集中探讨过中央银行的独立性与宏观经济运行状况之间的关系。研究结果发现：中央银行的独立性制度设计与市场上低而稳定的通货膨胀率密切相关，中央银行独立性较强的国家，如德国、瑞士、美国，往往具有较低的通货膨胀率，而中央银行独立性较低的国家，如西班牙和新西兰，平均通货膨胀率较高。① 以美国为例，美国联邦储备委员会具有高度独立的货币政策制定权，除国会通过决议的方式要求美国联邦储备委员会执行特定政策外，美国总统和财政部都无权干涉美联储货币政策的制定，实践中美国联邦储备委员会始终能够独立决定或者控制美国货币政策的宽松和紧缩程度，从而将市场上的货币供应量控制在相应的目标范围。②

另外，中央银行以外的其他宏观调控部门的独立性安排与相应宏观调控目标的实现之间也具有类似正相关关系，经济学界已经有大量的实证考察和实证研究对此进行证明。宏观调控部门独立行使调控权与宏观调控有效性之间的正相关关系，也恰好契合了行政法上的责任机制。在缺乏独立性的情况下，即使调控不作为、疏于决策也不会被有效地追究责任，因为权力的行使被调控部门之外的因素所影响。可以明确的是，宏观调控权力配置是制衡、协调的基础，而调控部门独立行使调控权力是实现调控有效性的重要前提，通过赋予不同调控部门不同的调控权力，借助不同部门之间的冲突和制衡，构建适当的协调机制，让各调控部门独立行使调控权，可以最大限度地对宏观调控部门形成有效的约束和激励。

其次是中央和地方之间的宏观调控权。在宏观调控权的中央与地方纵向配置方面，地方调控权边界一直不够明确。地方政府在其权限范围内采取的政策、措施也可能对国民经济产生影响或调节的效果。中央与地方的宏观调控权配置的进一步改革，与激活地方的自主权和强化中央在更高层

---

① 参见[美]N. 格里高利·曼昆：《宏观经济学》(第4版)，梁小民译，中国人民大学出版社2004年版，第356页。

② 参见马雪：《金融危机以来美联储独立性的变化及趋势》，载《现代国际关系》2019年第5期。

次上对总量调控的宏观统筹并不矛盾,这是改革四十多年的宝贵经验之一。宏观调控应当建立在尊重地方自主权的基础上,地方政府应拥有对其管辖范围内可能关涉整体国民经济事务的管理、调控权。中国区域发展不平衡,尤其是东西部发展差距较大,如果宏观调控权集中由中央统一行使,可能加剧中央与地方之间宏观调控关系的复杂性,使得东西部发展违背市场经济发展的基本规律,抑制地方发展的积极性。因此,地方政府必须具备对其管辖市场范围内的可能关涉地方经济发展基本事项的管理权和调控权。由于宏观调控政策具有相对性和层次性特征,如果将中央政府部门的调控权称为狭义上的宏观调控权,那么与之相对应,地方政府的"宏观调控权"也就属于"中观"调控权或者"地方调控权",即广义上的宏观调控权。

有学者提出,中央和地方宏观调控权力分配可以依照如下思路展开:①一是地方可以在宪法、法律和国家政策的范围内,运用规划、预算、地方税收、投融资等手段,协调、促进经济社会发展,统筹安排地方基础性、公益性建设项目;二是制定地方性法规,运用价格、税收、补贴等措施,促进资源配置和环境优化、分配的公平;三是对部分宏观调控指标,国家并不分解下达,而是在全国范围内进行综合平衡或起宏观导向作用,如经济增长率、地方财政收支总规模、物价总指数、城镇人口就业率等,地方可以据此制定契合本地实际的目标,采取相应政策、措施,主动、创造性地开展工作。另外,关系国民经济总量平衡的问题,如财政政策、货币政策、税收种类政策、汇率政策、经济涉外政策的制定和执行以及各省、自治区、市之间关于宏观经济政策的协调问题,都应当集中由中央行使调控权。

就中央与地方宏观调控权配置的具体立法而言,庞杂的国民经济事项和复杂的地方经济市场使得任何事先的事无巨细的权力划分都不具有现实可能性。② 在对宏观经济形势做出研判的基础上,由于不同的调控利益出发点,可能出现中央与地方之间的调控权力不统一现象,这就是中央与地方权力配置具有必要性和优越性的具体原因。但是,中央与地方之间关于财

① 参见史际春、肖竹:《论分权、法治的宏观调控》,载《中国法学》2006 年第 4 期。

② 参见封丽霞:《中央与地方立法事权划分的理念、标准与中国实践——兼析我国央地立法事权法治化的基本思路》,载《政治与法律》2017 年第 6 期。

权、事权分配无法进行较为细致的预先规定，致使中央与地方之间缺乏明确的制度化的行为预期，这在一定程度上会导致地方政府的短视、短期主义行为。解决该问题的关键在于建立一种可以明确界定、协调中央和地方关系的正式制度，最大限度地避免中央与地方以及不同地方之间的纠纷。对此，在中央和地方之间的权力交叉领域或者调控边界，应当把中央与地方的调控政策方案、调控措施的商议机制和调控决策机制进行法治化，在中央政府的调控实践中给予地方政府充分的表达意见和陈述理由的权力。当中央政府下达的各项调控指标或者调控措施与地方实际情况有偏差时，赋予地方政府在命令下达前或者执行过程中的异议权或者反馈意见的权力，并将地方政府的这种反馈机制、中央政府针对地方的特殊问题进行变通调整的方式、允许地方政府针对中央决定在一定范围内经过中央允许的再决策等事项进行制度化。与此同时，加强地方政府的宏观调控执行责任，保证中央与地方之间的调控权配置能够统一于宏观调控目标的实现。

二、政府宏观调控行为的实施条件

依照法律规定的条件做出宏观调控决策是法治政府建设的要求之一。宏观调控的对象是市场失灵，其本质是经济波动。经济波动的不确定性、不可预测性决定了实施宏观调控的条件充满争议，不同市场成熟度和政府法治水平有差异的国家所拟定的调控条件标准不一。在更加完善的市场经济制度条件下，政府如何有效地介入市场、参与市场动态运行中的调控是一门艺术。国家治理体系和治理能力现代化的目标体系中，宏观调控治理的如何介入、以什么样的方式介入、多大程度介入以及怎样退出等都是当代市场制度改革需要解决的重大问题。对于宏观调控的实施条件，经济学界在市场自由派和政府规制派之间产生过激烈的争论。在市场调控实践中，既不能盲目地过度调控，也不能调控不作为，关键在于把握好实施宏观调控的条件。经过多年的调控实践经验总结和理论的发展，大量的研究指出，市场调控功能的承受度、政府调控的可行性和调控能力决定了实施宏观调控的条件。

首先，虽然经济波动的发生与幅度具有不可预测性，但不能否认宏观调控“相机抉择”中的“机”是有规律可循的。由于依照宏观调控的目标实施的调控行为所引起的社会关系变动具有既定性和可抽象性,对经济波动和市场规律有相对成熟、稳定的认知是关于能否抽象出统一的宏观调控实施条件的关键所在。随着全面深化改革的推进和社会主义市场经济建设的长期实践总结,以及参考发达市场经济国家的经验成果,关于市场失灵的认知标准也逐渐取得相应的共识,这为宏观调控实施条件的立法创造了条件。在全球经济增长低迷和危机后的纾困挑战的大背景下,全球市场在经济复苏议题之下对于宏观调控政策的走向取得越来越多的共识。① 通常情况下,市场失灵的表现有相应的外在表现或者由特定的评价指标呈现,例如通货膨胀率超过正常区间、社会融资规模增减变动超出正常区间、居民购买力评价指数超出正常区间、社会失业率超出正常区间、资本市场上的指数波动超出正常区间等,都是市场发出的需要政府调控介入的信号。另外,对于宏观经济的正常波动与市场失灵之间的辨识区分极具技术性,前者一般是建立在对经济金融周期充分认识的基础上,而后者是对市场的正常状态和非正常状态的区别性判断。在宏观经济正常波动的情况下,政府可以施加适度的逆周期调控政策,但政策调控的力度仅限于适度,调控的作用空间不能改变经济波动的正常周期,否则这样的调控将破坏市场经济运行的基本规律,导致适得其反的效果。② 对于市场失灵状态下的宏观调控,政府的调控举措具有应当性和必然性,直至矫正市场功能回归正轨为止,因而属于常态化的有条件调控。

其次,系统性风险识别机制的建设也为宏观调控实施条件的立法提供了可靠的参考标准。防范和化解重大风险是宏观调控的新目标,而市场的系统性风险则是重大风险的典型代表,并且已经有了较为成熟的技术识别手段。市场的系统性风险应当成为多种可以触发宏观调控决策的充分条件之一。在国家调控治理现代化的基本目标下,防范和化解重大风险与宏观调控的有效执行之间密不可分。当前,系统性风险最为突出的问题就是金融市场的系统性金融风险。随着系统性金融风险防范从“太大而不能倒”

---

① 参见王璐:《关注全球经济失速下宏观调控政策的方向》,载《金融时报》2019 年 11 月 11 日,第 9 版。

② 参见陈彦斌、王佳宁:《中国宏观调控的现实功用与总体取向》,载《改革》2017 年第 3 期。

的传统原则向“太关联而不能倒”的新理念转变,[①]站在金融市场主体的角度,金融机构的系统性风险包括两个方面,分别是风险贡献(风险输出)和风险敞口(风险感染),这两个方面的风险传导方向恰好相反,前者评估的是哪些机构陷入困境对整个金融系统来说足够危险,后者评估的是危机发生时哪些机构将受到严重威胁。[②] 其中,对于前者的系统性金融风险的防范路径所要解决的是系统重要性问题,而后者的风险防范路径所要解决的则是系统脆弱性问题。两者对应不同的宏观调控政策工具。理论上,无论是系统重要性还是系统脆弱性,基于宏观调控的系统性风险防范前提都是针对市场主体的系统性风险进行有效测度。在实践中,系统性金融风险虽然客观存在,但想对它进行准确测量和预估几乎是不可能的。[③] 对此,计量经济学或计量金融学界经过长期的努力,创设了测度系统性金融风险的各种模型和工具。[④] 通过计量评估甄别不同金融机构之间的系统重要性和脆弱性差异,由此设计出不同的宏观调控工具。

最后,经济总量目标和运行区间偏离的识别机制也为宏观调控实施条件的立法提供了可靠的参考标准。目标总量调控和运行区间调控是现代宏观调控的重要目标,当市场现状偏离调控目标阈值的时候,必然触发相应的宏观调控决策活动。例如,GDP 增长率滑出年初预定目标、人民币汇率掉出稳定区间、通货膨胀率或居民消费价格指数超出安全阈值等都应当是触发政府宏观调控决策的条件。宏观调控作为社会主义市场经济体系和运行机制的重要组成部分,具有熨平经济周期性波动、将通货膨胀率稳定在目标范围内的功能。[⑤] 应当看到,宏观调控出现了泛化现象,政府宏观调控的可

---

① 参见杨子晖、周颖刚:《全球系统性金融风险溢出与外部冲击》,载《中国社会科学》2018 年第 12 期。

② 参见李政、涂晓枫、卜林:《金融机构系统性风险:重要性与脆弱性》,载《财经研究》2019 年第 2 期。

③ Steven L. Schwarcz, *Regulating Complexity in Financial Markets*, Washington University Law Review, Vol. 87:2, p. 211 – 265(2009).

④ 参见杜德冠、胡志浩:《系统性金融风险度量:一个文献综述》,载《金融与经济》2019 年第 2 期。

⑤ 参见陈杰、王立勇:《改革开放以来我国宏观调控的有效性研究》,载《宏观经济研究》2015 年第 3 期。

操作空间越来越大,[①]对此,有必要从制度建构角度进行全面改革。通常情况下,宏观调控应当着眼于宏观经济总量的平衡,重点关注市场失业率、通货膨胀率、经济增长速度、国际收支平衡等数据是否掉出正常区间;否则,在市场的日常管理活动中,容易形成把宏观调控与政府干预混为一谈的惯性思维,一旦某地区或者某行业出现了物价波动或者供求失衡现象,动辄加强政府宏观调控的呼声就会出现,而政府往往能够及时回应这种调控的呼吁。

三、宏观调控的手段和工具

宏观调控的手段和工具是衡量宏观调控决策制度的内容科学性的关键对象。我国宏观调控体制多年来所维持的分权状态,使各调控部门分别掌握着不同的调控工具,导致其相互之间在调控措施和调控目标上缺乏有效沟通,从而造成不必要的效率损失和政策冲突。宏观调控的对象是连接市场运行的变量但又高于市场运行变量的宏观经济变量。[②] 从这个意义上讲,宏观调控的手段和工具就是在政府的控制之下,能够对一个或者多个宏观经济目标施加影响的经济变量,例如通过改变货币、财政或其他相关政策,政府就能够避免出现经济周期中的最坏情况并有效提高经济产出的速度。[③] 就宏观调控的有效性而言,根据何种标准和方法配置调控的手段和工具是这部分研究的核心问题。

首先,调控手段和工具的配置应当遵循与调控机关的组织职能、调控能力相配比的原则,以调控的效率和调控的有效性为导向,让"专业的人干专业的事"。财税政策、货币政策、产业政策、价格政策、房地产政策等调控工具由不同的职能部门独立完成,各司其职。此外,反补贴、反倾销、外汇管制与汇率形成机制、关税与非关税壁垒、国家安全审查、反国外制裁等经常被作为调控的手段或工具,在国际经济交往中被广泛运用,我国相关职能部门,按照调控手段或工具本身的属性,或独立,或协调完成。宏观调控工具是实现宏观调控目标的重要手段,不同的宏观调控工具具有不同的作用机

---

① 参见刘剑文:《财税法功能的定位及其当代变迁》,载《中国法学》2015 年第 4 期。

② 参见魏杰:《宏观经济政策学通论》,中国金融出版社 1990 年版,第 2 页。

③ 参见[美]保罗 · 萨缪尔森、威廉 · 诺德豪斯:《宏观经济学》,萧琛等译,华夏出版社 1999 年版,第 54 页。

制,对宏观经济总量和宏观经济结构的影响程度也不同。随着国内外经济形势复杂多变,不同市场主体的市场预期也各不相同,宏观调控工具的选择在市场制度体系中具有举足轻重的地位,其将直接关系到宏观调控政策的成败和宏观调控效果的有效性,对国民经济的稳定发展具有重要影响。①

基于让市场在调控实践中发挥决定性作用的目标定位,在宏观调控的手段和工具滥用的背景下,政府对市场的监管权与宏观调控权应当实行必要的"减"和"转",即一方面依据"简政放权"的基本要求减少政府对市场的监管权,尤其是各类行政审批权,减轻各类企业主体的负担,在尊重市场规律的基础上让市场更好地发挥决定性作用;另一方面,尽量把没必要直接实施的监管权转为宏观调控权,以此提高市场自身的决定能力和判断能力。宏观调控工具依据调控作用对象和最终的调控目标载体是否具有一致性,可区分为直接调控工具和间接调控工具。相比较而言,过于依赖直接调控工具容易造成政府对市场的过度干预,大量的直接调控工具充当了政府干预市场的借口,由此造成政府治理市场的政策依赖,忽略市场经济的基本规律甚至产生政策错误,从而扭曲经济结构,不利于市场的稳定和发展。对于间接调控工具而言,主要体现在调控机关配置相应调控职能的前提下对于调控能力和调控力度的合法性与合理性的双重考量。

实际上,实现宏观经济运行的平稳健康发展始终是宏观调控的核心目标。以调控目标为中心,根据调控组织的职权划分,我国现行的宏观调控工具体系包括财政政策、货币政策、金融监管政策、投资政策、外贸政策、外汇储备政策、规划调控、价格调控、就业率调控、税收调控等不同的调控工具。其中,部分调控工具的决策和运行已经根据组织法或者特定的行为法上升为了单行法,如《中国人民银行法》《政府采购法》《企业国有资产监督管理暂行条例》《预算法》《价格法》《就业促进法》《对外贸易法》等立法在调控工具的合法化方面发挥了重要的示范作用。

其次,在党中央和全国人大制定的宏观目标的基础上,各调控部门应当加强调控措施和调控目标的沟通和协调,在调控的节奏和力度上应当保持协调。在国家治理现代化要求下,宏观调控部门应当发挥综合共治的统一

① 参见席月民:《宏观调控新常态中的法治考量》,载《上海财经大学学报》2017年第2期。

优势,在关键问题和关键事项上加强沟通和对话,对于重大决策事项应当建立联席共议机制,避免不同调控部门在调控目标和调控决策问题上的冲突。对此,实践中还有大量有待改进的制度内容。随着市场经济制度的逐步完善,在市场对宏观经济运行发挥决定性作用的背景下,作为政府宏观调控对象的各种宏观调控变量更加复杂和多变,由此也加大了政府调控的难度,加剧调控结果的不确定性。面对特定的市场缺陷,传统单一的调控手段和调控工具已经无法解决多因素复杂交织的调控难题,对此必须发挥不同调控部门和不同调控工具的协同共治。

最后,立法上应当适当放宽宏观调控手段和工具的创新空间,在明确调控目标的基础上,借助互联网、大数据等新技术的实践应用,鼓励宏观调控部门创新调控工具。[①] 工业革命和科学技术的发展改变了市场的构成要素、运作机理和发展模式,宏观调控的手段和工具也应当与市场变革同步更新,增强调控的适应性和有效性。宏观调控的适应性和有效性的本质是增强宏观调控工具的合理化,从而间接对宏观调控的功能和价值进行必要的证成。[②] 理论上,宏观调控工具的合理化与合法化同等重要。在大数据、人工智能广泛应用的实践背景下,宏观调控立法中对于宏观调控工具的选择、使用、搭配和组合等既是其中的重点,也是其中的难点,而且对于不同领域的调控没有一成不变的制度模式。基于此,有学者主张应当制定"宏观调控基本法",在该法中明确不同的调控部门配置不同调控工具、调控工具适用的对象和范围,并就不同调控工具的组合搭配做出原则性规定。[③] 事实上,经济发展中的总量问题和结构问题都是多种复杂因素综合作用的结果,传统单一的调控工具不仅调控效果有限,也难以适应互联网时代市场宏观经济变量的不同特征,因此有必要鼓励宏观调控部门创新调控工具。在具体调控实践中,宏观调控工具的创新和不同组合的搭配应当坚持以市场需求为导向的灵活搭配原则,不同调控工具组合相互之间扬长避短,使得丰富多样的货币政策、财政政策、金融政策、投资政策、科技创新政策、就业政

---

① 参见魏颖:《大数据与宏观调控创新》,载《宏观经济管理》2016 年第 7 期。

② 参见金福海:《论政府宏观调控行为的合法性——以上海证券交易印花税为例》,载《经济法论坛》2008 年第 1 期。

③ 参见席月民:《宏观调控新常态中的法治考量》,载《上海财经大学学报》2017 年第 2 期。

策、产业政策、对外贸易政策等政策工具在开放型经济体系中充分发挥内外部双重均衡的作用,有效调节市场的总供给和总需求,在市场供需平衡中发挥政策的矫正作用,凭借科学的调控工具创新和调控工具组合应对复杂多变的市场。其中必须强调的是,大量的调控工具创新虽然在我国市场实践中已经得到了广泛的运用,但仍有必要通过完善有关宏观调控工具的具体立法对相应的调控创新行为进行确认和保护。

第三节 国家治理现代化视域下健全宏观调控决策程序制度

宏观调控决策程序法治水平影响着宏观调控决策的现代化。国家治理体系现代化不仅要求实体制度的现代化,作为现代法治文明代表的程序制度也应当跟上现代化的步伐,宏观调控决策程序的现代化是国家调控能力现代化的关键组成部分。新时代的社会主义法治既要求实体法治,也不能偏离了程序法治。宏观调控决策的法治化内涵不仅包括静态层面的实体法律制度完善,还应当涵盖决策动态运行过程的程序法治。宏观调控决策程序法治化的基本目标在于保证国家宏观调控职能的正当性和正义性,以及对宏观调控权运行效果的不确定性进行程序控制。为了防止政府宏观调控中的主观恣意和调控失效,只有在对宏观调控权、调控工具进行科学配置的基础上,构建起一套合理的宏观调控决策程序制度,才能保障政府调控行为的规范性和效率性,实现宏观调控立法的基本宗旨和调控目标。程序正义问题贯穿宏观调控决策的全过程,在某种意义上,宏观调控决策指的是宏观调控决策的程序。国家治理现代化视域下宏观调控决策程序的法治化对于政府调控治理的现代化具有重要意义。在健全宏观调控决策制度体系的改革中,我们应当努力克服"程序虚无主义"倾向。[①] 从实践来看,诸如《价格法》《预算法》《就业促进法》《对外贸易法》等法律制度都在决策程序法治化方面积累了丰富的经验。

理论上,现代化的调控决策行为本质上属于公权力服从私人市场秩序

---

① 参见戚建刚、郑理:《我国行政程序法治化之反思》,载《政法论丛》2014 年第 6 期。

的特定决策行为，其程序规范既非一般意义上的行政程序规范，也非宏观调控责任追究与责任承担的程序规范。其是为了确保国家宏观调控职能公平正义运行、增强宏观调控的可预见性、控制宏观调控效果的不确定性而调整各类宏观调控手段及其措施行为的法律规范。将行政程序法运用于宏观调控范围有其局限性，只有在调控手段及其措施转换为具体的行政征收、行政征用、行政给付、行政奖励、行政裁决、行政处罚、行政确认、行政许可、行政强制、行政监督检查等具体行政行为时才有适用余地。因而，尽管宏观调控决策的程序法治脱胎于行政程序法治，但规制方法一定程度上又区别于行政程序法治。国家治理现代化目标下，通过对市场经济实践经验的总结，我国的宏观调控决策程序在实践中呈现诸多特点，包括党领导下的集体决策、专家的作用越来越大、参与公众越来越多和议程设置模式日益多元化等。具言之，宏观调控决策程序制度的完善包括决策程序的规范化、提高决策过程的透明度与决策民主化程度、构建跨部门和跨区域的议事协调机制三个方面的内容。

一、宏观调控决策程序的规范化

宏观调控决策程序的规范化建设是宏观调控决策法治化的基础性工程，通过立法将决策程序进行固定和明确是控制宏观调控权运行效果的不确定性的最好办法。程序的预先设置是为了有意识地阻隔对结果、对法律外目标的过早考虑和把握，正当程序要求决策者有意识地暂时忘却真正关心的实质性问题，程序往往比结果更容易达成共识。程序的独立价值对于受调控的对象而言，或许比无法预测的决策结果更重要，因为预先设置的程序起码是一项看得见的正义。正义的宏观调控效果不在于运用宏观调控手段及其措施的可量化的结果数值是什么，而在于掌握宏观调控权的机关和组织是否履行了实施调控行为的法定程序，以及受宏观调控直接或间接影响的相关主体在宏观调控手段及其措施的实施过程中是否得以受法定程序保障的参与权和知情权。①

宏观调控决策的程序制度涉及诸多环节，不同的决策模式需要综合考

① 参见徐澜波：《我国宏观调控程序规范的法律属性》，载《法学》2017年第11期。

量不同调控行为的经济成本和道德成本。从决策的整个流程来看,从调控预案的编制开始到具体调控方案的议定,从调控部门的内部决策到调控措施的出台,从丰富的市场数据统计分析到调控方案的拟定和调整,从调控过程中发现问题到责任追究,不同的程序环节紧密联系,大量的步骤需要调查研究、说明理由、专家咨询、公开征求公众意见、讨论表决、部门负责人签署、调控决定公告、监督检查、市场信息反馈、市场调研和研判、调控效果评估、纠错追责等,不同程序行为都涉及相应的制度构建。对此,美国著名法学家波斯纳认为,最大限度地减少法律实施过程中的经济成本是评价和设计该法律程序制度时所应考虑的重要价值,也是司法活动所应该达到的价值目标。[①] 基于这一方面的考虑,宏观调控决策的程序制度设计既要充分考虑公共机构和私人主体的直接成本,尽可能地降低各参与方的资源消耗,也要考虑减轻和控制决策错误的成本,避免调控机关做出错误的判断而浪费大量的人力和物力。在国家治理现代化的目标指引下,贯彻新发展理念的宏观调控决策的程序制度设计应当充分体现调控的效益,提高政府对市场治理的效率,实现市场调控能力的现代化。此外,美国著名法理学大师德沃金在论证法律程序与法律的道德控制时提出,在设计和评价一项法律程序时,应当考虑最大限度地减少法律实施的道德成本,这项成本指的就是由于错误地惩罚无辜者所带来的非正义。[②] 立法上,对任何市场主体的财产权进行限制或者对交易机会的剥夺都应该经过道德成本的评估。因此,在国家调控治理现代化的改革方向上,宏观调控决策的程序制度立法不但要高度重视制度设计的经济成本和道德成本,而且要对整个宏观调控决策程序是否满足公正性和正当性的要求做出客观的分析和评价。

目前,由于受“相机抉择”和灵活调控的理念影响,我国宏观调控决策程序的立法供给不足,许多宏观调控部门没有形成稳定的决策组织、决策流程、决策发布和对公众解释的工作习惯。另外,我国现有的宏观调控决策的程序规范大多为内部程序,而非法定程序,即宏观调控决策程序的法治化不

---

① Posner R. A., *An Economic Approach to Legal Procedure and Judicial Administration*, The Journal of Legal Studies, Vol. 2, p. 399 (1973).

② Dworkin R., *A Matter of Principle*, Oxford, Clarendon Press, 1985, p. 73 – 103.

足。[①] 由于我国没有一部宏观调控基本法,也缺少大量的宏观调控单行法(如“财政法”“产业政策法”“国债法”“税收基本法”等),甚至在既有的宏观调控立法(如《中国人民银行法》《价格法》《预算法》等)中,决策程序的规范也较为单薄。就实践来看,诸如调控部门集体决策、专家论证、公众民主参与等程序虽然在“规范性文件”中被多次强调,但由于这些“规范性文件”既不属于法律,也不是国务院立法层面的行政法规,这些文件中的程序规范因为刚性不足而约束较弱,可操作性不强。我国《宪法》第15条第2款指出:“国家加强经济立法,完善宏观调控。”根据该项条款,全面深化改革背景下健全宏观调控制度体系应当将加强宏观调控决策程序立法摆在重要位置。

二、提高宏观调控决策过程的透明度和决策民主程度

透明和民主的决策程序是现代政府治理的核心议题之一。治理是指一种由共同目标和多元主体支持的活动与过程,既可以由政府居间主导,也可以由非政府力量驱动和参与,既可以包括正式的机制,也可以包括非正式的、非政府的机制。国家治理现代化强调的是通过民主机制参与决策以实现治理的目标,争取公共利益的最大化。“治理”“调控”的目的和落脚点都是增进人民福祉、满足人民群众的合法诉求和期望。调控能力的现代化表现之一就是提高人民群众依法管理国家事务、经济社会文化事务、自身事务的能力。提高宏观调控决策过程的透明度和实现决策的民主化是宏观调控决策程序现代化重要的评价标准。

(一)提高宏观调控决策过程的透明度

按照“公开为原则,不公开为例外”的基本要求,通过政务公开,让人民群众更加准确地了解宏观调控的决策过程,更加有效地参与到调控执行过程。在政策发布后,发布机关应当加强政策文件的宣传解读,合理引导社会预期。调控运行绩效聘请第三方做出公正、客观、真实的评估,根据政策实际运行情况和公众评价及时对调控政策进行修正和纠偏。公众参与的前提是宏观调控决策过程透明。为提高宏观调控决策过程的透明度,听证过程、

---

① 参见席月民:《依法调控经济的程序与责任保障》,载《中国法律评论》2015年第3期。

听证记录、听证报告等都应当向社会公开，互联网时代最好的公开方式是通过互联网公开，以合理的方式回应社会公众关切的问题，接受社会的广泛监督。[①] 对于重要的宏观调控决策的草案文本、政府预算决算明细、货币政策委员会的建议书或者会议纪要、宏观调控决策参考的研究报告或者专家咨询报告、宏观调控决策的参与人员等，都应该公之于众，广泛听取公众意见，提高决策过程的透明度。

另外，虽然宏观调控大量涉及技术问题而需要展开专家咨询，但实践中的专家咨询机构存在法律依据不足、发表意见过程中的地位不高、意见被采纳或拒绝的透明度有限、面向征询意见的专家范围有限以及职能错位等问题。实践中，除中国人民银行货币政策委员会对于专家咨询机制有明确的法律规定外，其他宏观调控领域的专家咨询机制对于如何遴选专家库、如何形成专家的代表性意见、专家任期等问题，都缺乏详细、明确的规定。在货币政策调控领域，尽管《中国人民银行货币政策条例》第 5 条对货币政策委员会的组成有明文规定，但都是监管部门负责人或者高校研究机构的专家，缺乏作为调控对象的市场主体，如民营企业等融资需求方代表、商业银行等融资供应方的代表。1946 年美国《就业法》在组建成立总统经济顾问委员会（CEA）的同时，也对该委员会的组成和基本职责做出了明确规定。总统经济顾问委员会作为美国总统办事机构的一部分，领导层是由总统提名并经参议院批准通过的三名委员组成，总统在这三名委员中任命其中一人为主席。总统经济顾问委员会在主席的领导下负责编制《总统经济报告》、美国经济数据月度分析报告以及其他涉及总统经济管理事项的专题报告，包括该委员会领导层的讲话和证词等，作为专家咨询意见供总统使用，并且这些意见文本内容都必须在其网站上公开，以实现最大的程序透明决策。美国宏观调控决策程序中专家咨询机构的地位和透明度建设机制对我国宏观调控决策程序制度的完善具有一定参考价值。

（二）提升宏观调控决策的民主化程度

民主既不是经济增长的必要条件，也不是经济增长的充分条件，但经济

---

① 参见沈艳华：《政府决策民主建设功能解析与路径选择》，载《人民论坛》2015 年第 17 期。

增长理论的代表性人物哈佛大学的罗伯特·巴罗教授的实证研究发现,民主与繁荣指标之间确实存在正相关的关系。① 宏观调控决策中的民主互动机制作为经济民主原则的具体化,既是经济全面、协调和可持续发展的内在要求,也是宏观调控决策制度的价值取向之一和正当性的具体理由。站在国家治理现代化制度的公共性层面而言,宏观调控决策程序中的民主互动机制是公众正确解读并认同政府宏观调控政策的基本途径,同时起了一定的监督作用。

在宏观调控决策程序的模式和公众参与方面,现行的"主动模式"仍然占据主流,而市场公众的参与略显不足。在宏观调控决策的程序制度立法改革中,必须扩大和完善宏观调控决策程序中的社会公众参与,从而提升宏观调控决策的民主化程度。

在最近几次的《中华人民共和国个人所得税法》的修订过程中社会公众广泛参与的实践表明,我国宏观调控决策程序引入社会公众的参与机制具有现实基础。对此,应当将相关经验推广到财政调控、货币政策调控、财政转移支付、各种税收调控等各类宏观调控决策程序的立法实践中。在调控决策程序制度的执行过程中,公众参与的形式可以是多种多样的,可以要求决策者进行必要的市场走访调研,召开相应政策咨询意见的公开座谈会,也可以通过互联网面向社会公众公开征求意见。其中,在现有的决策民主制度框架内,召开听证报告会并结合网络公开征求意见是最好的方式。在听证报告过程中,主持人应当保持中立,邀请各界媒体进行网络直播,结合之前的网络公开征集意见的汇总,现场接受听众的提问和回应,充分听取各方意见,并在适当的情况下允许适度展开意见辩论。听证报告会后应当制作听证报告并公开发布,对于没有采纳的意见进行适当汇总归纳并予以适当的回应说明。通过这些程序设置可以有效地提高宏观调控决策的公众参与程度,即提升宏观调控决策的民主化程度。

综上所言,在国家治理现代化的总目标下,决策机关要深入探索包容性发展模式,尽可能减少强制、命令等过于依赖公权力的管理方式,更多地实

---

① 参见[美]罗伯特·J. 巴罗:《经济增长的决定性因素:跨国经验研究》,李剑译,中国人民大学出版社2004年版,第37~61页。

践柔性的管理方式，加强与其他治理主体的协同共治，形成治理合力，提升治理绩效，特别是要善于利用社会组织和市场力量来推行宏观调控政策。在决策过程中，加快健全社会对话、咨询、听证、信息公开等民主决策机制，广泛征求并吸收专家、地方政府、相关行业协会等方面的意见，增进政府决策与社会各界及公民个人的互动，通过平等协商，保障宏观调控决策及实施的公平性、合理性和全面性。

三、构建跨部门和跨区域的议事协调机制与跨国宏观调控议事协调机制

分享不同调控权限并掌握不同调控工具的宏观调控部门难免会引发调控目标的冲突或重合，从而引发议事协调的必要。这里的协调是指政府调控部门之间的协调，即行政权力各主体（包括决策组织和实际决策人）在运用行政权力、制定和执行宏观调控政策的过程中所进行的协作和互商关系的调节。协调的过程就是互通信息、寻求共识、通力合作、攻克难关的"权力协商"过程。[①] 与此同时，协调也有助于消除调控部门之间的矛盾冲突，强化政府负责人的宏观统筹能力。行政学上将政府部门之间行政协调的方法分为商议制协调和等级制协调，前者对应中央调控部门之间的协调和跨区域的地方政府之间的协调，后者对应中央与地方调控部门之间的协调。[②] 中国为建立宏观调控议事协调机制的典例就是中国人民银行的货币政策委员会。该委员会由中国人民银行行长、国务院副秘书长 1 人、国家发展改革委副主任 1 人、财政部副部长 1 人、中国人民银行副行长 2 人、国家统计局局长、银保监会主席、证监会主席、外汇局局长、中国银行业协会会长、中国发展研究基金会副理事长 1 人、中国国际经济交流中心副理事长 1 人、金融专家 1 人组成。根据《中国人民银行货币政策委员会条例》，该议事协调机构的职责是，在综合分析宏观经济形势的基础上，依据国家宏观调控目标，讨论货币政策的制定和调整、一定时期内的货币政策控制目标、货币政策工

---

① 参见国家发改委经济研究所课题组王元、杜飞轮、曾铮：《专题报告四　我国宏观调控部门协调的现状、存在问题及其对策建议》，载《经济研究参考》2014 年第 7 期。

② 参见施雪华：《中央政府内部行政协调的理论和方法》，载《政治学研究》1997 年第 2 期。

具的运用、有关货币政策的重要措施、货币政策与其他宏观经济政策的协调等涉及货币政策的重大事项,并提出建议。

在调控目标统一的前提下,中央部委和央行的宏观调控议事协调机制应当建立在上级部门及国务院的平台上,①如国务院常务会议、国务院金融稳定发展委员会、金融监管部际联席会议等。跨区域的地方政府调控部门之间的议事协调机制应当以调控目标或调控事权为指向,统一到两者的共同上级主管部门构建协调平台。例如,不同省级发展改革委之间的议事协调工作归口到国家发展改革委管理。

但是,在具体的调控协调机制上,还有待进一步的制度完善。以对国民经济起最关键作用的中央部委之间的宏观调控决策协调机制为例,立法时通常有两种方案可供选择:②一种是在国务院层面设立宏观调控委员会,将其作为宏观调控的常设实体机关,由国务院总理或者副总理出任该委员会的主任,委员由各宏观调控部委的负责人组成。同时,在该委员会下另设各类专门委员会定期召开会议,而具体的议事规则由国务院制定。另一种是由宏观调控的各部委定期召开协商会议,构建会议制议事协调机制。该会议由国务院领导主持召开,各部委根据所议事项涉及的职权范围按需参会,按照规定因事项召开会议,不设固定的会议召开期限,形成会议决策,明确宏观调控的方案,使得货币政策、财政政策、产业政策、税收政策等不同调控工具彼此配合,确保各项调控措施充分协调,避免发生调控冲突或者抵消的现象。其中,第一种方案的优势在于设立了常设机构和专门委员会,对参与部门的约束较强;而第二种方案的优势在于增强了中央整体协调的同时,并不影响各调控部门调控职权的划分和权力的行使,具有较强的灵活性。

另外,经济发展跨国协调机制在讨论跨国宏观调控议事协调机制中也需要引起重视。当前,G20 集团、金砖国家会议、亚太经济合作组织会议、"一带一路"国际合作高峰论坛等,是各国经济发展政策的跨国合作

---

① 参见黄亮:《论我国宏观调控权的冲突渊源及协调机制优化》,载《现代经济探讨》2012 年第 11 期。

② 参见席月民:《宏观调控新常态中的法治考量》,载《上海财经大学学报》2017 年第 2 期。

协调机制，广泛涉及各国的宏观调控和相应的政策制定。近年来，随着我国综合国力提升，在这些组织中的话语权不断增强，甚至充当一些组织的建立与运转的主导国。宏观调控制度或政策的跨国议事协调，是这些组织定期会议的主要讨论事项。我国不但要重视这些跨国经济政策的协调议事机制，增强中国宏观调控政策在国际市场上的话语权，而且要减少各国宏观调控决策和执行方面的冲突，在各项具有域外市场影响的宏观调控政策制定过程中，加强跨国主管部门之间的沟通和对话，推动各国经济共同发展进步。

第四节　国家治理现代化视域下健全宏观调控决策失灵法律控制制度

在国家治理体系现代化总目标下，现代化的宏观调控决策制度体系进行了制度扩容，宏观调控决策失灵的法律控制制度是宏观调控决策制度体系走向现代化不可或缺的部分。同时，决策失灵的法律控制制度也是促进国家调控能力现代化的重要部分。与市场调节一样，政府的宏观调控决策也会失灵。市场经济实践已经证明，市场不能调节或者调节不好的东西，政府并不必然就能调节或者调节得比市场好。因此，政府失灵是一个由来已久的命题。具体而言，宏观调控决策失灵的法律控制是指在对政府调控失灵经验总结研究的基础上，利用法律手段将政府调控失灵的可能性和失灵的危害后果降到最低。宏观调控决策失灵的法律控制制度包括公平与效率原则约束下以间接调控为主、互联网和大数据时代宏观调控手段的适应性、敏捷治理要求与宏观调控手段的适应性、构建和完善重大风险事件处置机制四个方面的内容。

一、公平与效率原则约束下以间接调控为主

政府宏观调控区别于计划经济的本质特征在于它是以间接性调控为主导。宏观调控的间接性是由宏观调控行为意图实现的宏观经济协调发展的调控目标所呈现的经济调控的自然规律所决定的。宏观调控是国家和政府

在尊重市场经济基本规律的前提下，专门用以调节总需求和总供给的手段、措施、工具，以此来影响社会经济主体的生产和消费需求、生产要素流动，最终实现充分就业、经济增长、物价稳定、国际收支平衡和公平分配的宏观经济协调发展的目标。[①] 由此可见，宏观调控的间接性特征决定了宏观调控不同于国家或者政府对市场的计划、命令等直接控制式的干预，也不同于政府对市场经济的直接规制以及通过政府直接投资并经营再生产等国家经济行为。实践中，政府对市场经济的调节或者干预行为有必要区分为宏观调控行为和非宏观调控行为，后者一般是指国家或政府实施的强行性、直接作用于市场主体的行政权力调节经济的行为，有别于以间接调控为主的宏观调控行为。

调控的间接性是指宏观调控措施的直接作用的对象主要是诸如货币供应量、财政收支、就业率、社会商品服务总供给和总需求等各种经济总量，国家主要操作那些直接影响有关经济总量的各类经济杠杆，调控的直接作用对象一般不是具体的市场主体。国家通过作用于杠杆的一端，将力量传递到杠杆的另一端，从而影响和带动市场经济活动回归正常平稳状态。[②] 实践中，与计划调节方式不同，具体实施调控权的职能部门置身于市场之外，以超然于市场的地位和身份采取不针对某一特定市场主体或特定市场行为的特定措施，或者发出相关的市场信息，通过对宏观经济总量的影响和调整以达到影响、引导具体市场主体的行为。这种从调控行为到调控效果之间的传导过程具有明显的间接性特征。

实际上，在宏观经济学界，一般将宏观调控概念定义为“在市场经济条件下，以中央政府为主的各级政府，为了保证整个国民经济持续快速健康发展并取得良好的宏观效益，主要运用间接手段，对一定范围内经济总体的运行进行引导和调节的过程”[③]。经济学界重点强调了宏观调控的间接性特征，例如，“税率、利率、汇率等经济杠杆和其他财政、税收、金融、信贷、价

---

① 参见徐澜波：《规范意义的“宏观调控”概念与内涵辨析》，载《政治与法律》2014 年第 2 期。

② 参见漆多俊：《经济法基础理论》，法律出版社 2008 年版，第 245 页。

③ 李兴山主编：《宏观经济运行与调控》，中共中央党校出版社 2002 年版，第 3 页。

格、工资等方面政策工具,特别是他们的综合运用”①。在法学界对宏观调控的研究视野中,在充分尊重市场规律和市场作用原理的基础上,充分反思和提炼政府干预市场的必要性和合理性,逐渐形成了宏观调控应当贯彻公平原则和效率原则的共识,基于政府对整个市场的整体干预和宏观调节,宏观调控手段的间接性特征是宏观干预的必然结果。宏观调控以间接调控为主的特征也在另一层面证明了宏观调控的科学性和合理性,重点说明了宏观调控与计划经济的本质区别。

另外,政府对市场进行宏观干预的整个过程始终不能偏离促进公平竞争和激发市场效率这两大目标。政府对市场进行调控的权力源于市场失灵,亦源于市场干预的需要,既然干预的出发点是市场,那么干预的目标或归宿也应当回归市场。公平竞争和市场效率是市场有用性的两大标杆,政府宏观调控也应当始终服务于市场有用性的恢复和发展。宏观调控的直接作用对象的宏观经济变量,不涉及具体的市场主体,其基本传导路径是作用于宏观市场且由市场的宏观变量机制再传导至不同的市场主体。由此说明,宏观调控的整个运行过程始终离不开市场具有传导作用的中间变量,在政府和宏观调控目标之间,宏观市场始终充当着政策传导的“桥梁”。

二、互联网和大数据时代宏观调控手段的适应性

新时代政府的宏观调控应当适应于新发展理念,创新、协调、绿色、开放、共享的新发展理念与互联网、大数据时代的市场变革相适应。新发展理念对政府宏观调控手段的适应性提出了新的要求。国家治理现代化的总目标下,政府对市场调控治理的现代化首先应当体现为宏观调控手段的现代化。互联网和大数据的广泛运用不但改变了政府的治理观念,也改变了政府治理市场的各种行为模式。互联网和大数据时代对宏观调控手段的适应性要求主要体现在以下三个方面。

首先,适应互联网、大数据的市场模式变革,创造科技监管的工具,提高调控信息的获取能力。政府调控部门应当加大技术投入,利用互联网和大

① 漆多俊:《经济法基础理论》,法律出版社2008年版,第252页。

数据分析技术将信息端口直接连通市场，动态收集市场波动信息，利用大数据分析处理信息并进行动态监控。政府作为宏观调控的行为主体，其行为选择在受到动机、偏好、认知和效用期望等内生规定作用的同时，也会在一定程度上受到科学技术的进步及其具体场景应用的影响。大数据、人工智能、互联网及物联网的发展，正在逐步改变政府的思维模式及其决策行为的选择。① 对于健全宏观调控决策制度体系的法学研究而言，需要重点关注政府在运用大数据和人工智能进行宏观调控效益计算实践的同时，也要在理论上解释政府运用大数据和人工智能等实施经济调控的可行性。在工业化时代，政府作为决策机构，其宏观调控行为与公民个体选择一样，同样受到特定因果关系思维模式的制约。政府在制定和实施货币政策、财政政策、税收政策、产业政策、金融监管政策的过程中，通常需要对影响调控方案的信息进行收集、整理、分析、分类、加工和转换使用，厘清宏观调控的各种依据材料，通过判断和分析调控问题与调控目标的因果关系后做出政策选择。但是，由于工业化时代的信息技术水平只能够收集和处理不完全的市场信息，对于市场的动态把握能力比较弱，因而作为调控方案选择依据的市场信息是不完全和不准确的，政府在该特定因果模式下的选择将不可避免地带有一定的主观成分，一定程度上导致调控政策的滞后性，减弱了调控的效果。大数据时代，便捷的互联网技术和各种技术手段可以收集更加丰富和完善的市场信息。具体而言，政府及调控部门通过对大量、多维度和完备的大数据进行收集、整理、加工和处理并经过人工智能形成特定的市场分析报告，利用大数据平台和机器学习，能够极大地提高信息获取能力。

其次，借助科技手段扫清监管和调控的盲区。传统的市场样本分析、信息报告、只关注标准市场、被动式调控的工作方式已经无法适用于全面深化改革时期的复杂市场，非典型区域、非标准市场、场外市场、民间私人借贷市场等都是重要的风险源头，甚至是引发系统性风险的导火索，而无市场边界障碍的科技工具可以为这些盲区纳入监管和调控范围创造条件。传统的

---

① 参见何大安、杨益均：《大数据时代政府宏观调控的思维模式》，载《学术月刊》2018 年第 5 期。

宏观调控模式下，政府的宏观调控主要是运用货币政策、财政政策、金融监管政策和产业政策对宏观经济中的总供给和总需求、物价水平、汇率指数、就业率、投资与储蓄的规模、国际贸易规模等进行宏观调节，其目标是实现各类产业结构的动态平衡。政府作为政策选择主体，与市场个体一样存在行为偏好、认知和效用期望。对此，主流经济学界已经对政府等同于公民个体的有关偏好、认知和效用的性质、政府决策的认知过程对其行为选择的影响以及由此反映出的思维模式展开了充分的研究。① 概括而言，经济学界认为，政府在运用互联网信息科技工具进行宏观调控决策的认知形成过程中，首先是利用各省、区、市上报汇总于国家统计局或者国务院各部委职能机构的各类产业的经济统计数据，进而对宏观经济的运行情况展开分析和调研，进行数据的二次处理。其次是运用各种计量经济模型来分析宏观经济机构及其动态分布状况，提出市场运行的主要问题，在此基础上形成相对统一的调控目标（对信息的整理、分类、加工和处理的过程）。最后是确立调控目标后，在宏观调控政策工具箱中进行调控工具的选择和组合。信息科技的运用加大了各类信息收集和处理的力度，借助科技手段可以有效扫清监管和调控的盲区。②

最后，政府可以利用科技手段设计宏观调控的模拟实验，增强宏观调控的效果和可预期性。科技模拟市场在很多场合中已经得到了实践应用，这为宏观调控政策的模拟实验设计提供了很好的参考。计量模型和数字化技术的引入，让大量社会科学问题从传统的概念、抽象的分析范式逐步转向科学化的定量分析。大数据和人工智能的运用极大地改变了政府决策的范式，虚拟实验的引入让政府宏观调控中的主观因素降到最低，决策方案逐渐走向科学化。人类从工业化时代进入大数据时代的显著标志之一，就是从传统的依据部分信息进行逻辑推理判断的因果思维模式逐步转向依据不夹带任何主观判断的大数据分析思维模式。随着大数据和人工智能产业运用的逐渐发展，近几年有科学家和未来学家倾向于认为，未来的社会都将是由

---

① 参见何大安、杨益均：《大数据时代政府宏观调控的思维模式》，载《学术月刊》2018 年第 5 期。

② 参见魏颖：《大数据与宏观调控创新》，载《宏观经济管理》2016 年第 7 期。

大数据构成,市场上运行的一切事物都可以成为一种"算法",而"算法"是组织这个社会决策和执行的基本逻辑体系。① 仔细对比可以发现,大数据和算法学家得出的这种设想性分析结论,实际上反映的是人类未来在决策过程中将以"大数据思维模式"取代传统的"因果思维模式",人工智能将在政府决策方面具有广泛的应用。

三、敏捷治理要求与宏观调控手段的适应性

在全面深化改革的新时期,国内和国际经济形势复杂多变,市场波动的频率和速度今非昔比。面对市场变动的复杂性和不确定性,市场对政府调控的适应能力(应变能力)要求已经超过了传统的效率要求,由此敏捷治理的观念应运而生。敏捷治理的观念要求政府调控不再片面追求"效率",而是在面对多变的市场环境中,灵活、熟练地运用各种调控工具并对市场做出及时回应。国家治理现代化视域下,政府敏捷调控的特点是下手轻,以助推式调控措施"四两拨千斤",利用弱干预取得强效果。其中,敏捷治理对创新型和学习型政府提出了较高的要求,调控部门应当在调控决策作出之前就预设各种创新机制。丰富的调控工具,尤其是政府面对市场周期波动所创造的间接型调控工具,为政府的敏捷调控创造了条件。与此同时,政府应该加强调控的专业水平,组建专业型的调控决策团队。

全面深化改革时期的市场复杂多变,政府调控手段的适应性变革也是国家宏观调控体系和调控能力现代化的基本要求。② 区间调控、定向调控、相机调控是新时代政府调控的"三部曲"。只要经济增长率、就业水平等不滑出"下限",物价涨幅等不超出"上限",政府就不刺激干预,专心调结构、促改革。"合理区间"概念是对宏观经济区间调控的精辟表达,其基本指标包括经济增速稳、投资稳、收入稳、就业稳、物价稳、环保等多重目标区间的协调发展,契合新发展理念的基本内涵。定向调控是指更多地依靠改革的办法,运用市场的力量,有针对性地实施"喷灌""滴灌"式调控方案。其基

---

① 参见[以色列]尤瓦尔·赫拉利:《未来简史:从智人到神人》,林俊宏译,中信出版社2017年版,第340页。

② 参见国家发改委经济研究所课题组、王元、杜飞轮:《主报告:宏观调控目标和政策手段机制化研究》,载《经济研究参考》2014年第7期。

本意思是指要保持调控定力，有所作为，政府统筹施策、精准发力，在调控问题上不能搞“大水漫灌”。相机调控是在改革过程中应对市场经济的多变性、不可预测性所提出的，强调要灵活施策，针对形势变化精准发力，决策要当机立断。新时代全面深化改革的背景下，政府宏观调控手段适应性革新的基本要求是要把宏观调控制度创新与推进结构性改革有机结合起来，在区间调控的基础上，更加精准地实施定向调控和相机调控，防范化解重大风险，确保经济运行在合理区间。

调控手段的灵活性和适应性不足已经成为国家调控治理现代化目标下宏观调控决策制度改革的突出问题。调控的手段、措施的具体应用涉及宏观调控权的具体行使，对宏观调控权的实际运行效果具有最直接的影响。随着全面深化改革的逐步推进，尤其是市场经济制度的逐步完善，政府介入市场的方式和实施宏观调控的手段更加强调以经济手段引导市场行为、以法律手段强化市场治理规则的预期。①

另外，随着时代的变革，不同调控工具的市场适应性以及相应的功能和影响已经发生了变革。② 以财税调控政策为例，传统宏观调控政策工具体系中，财税政策一般被认为是最强有力、最综合的需求管理工具，但随着市场经济体制的完善和“税收法定主义”观念的普及与深入，财税政策已经失去了大多数政策制定者和宏观经济学家的青睐。③ 原因在于财税事项应当由民主立法控制，而不能由政府随意变动。鉴于财政政策具有滞后性，对于市场的相关“副作用”也较大，故而其作为政府调控市场的工具，成本一般很高。进一步而言，在我国经济转轨过程中，由于市场的体制机制还不成熟，经济结构还很不完善，财政既无法作为启动市场恢复机制的工具，也不能解决经济转轨过程中的体制机制约束问题。④ 因而，财税政策工具的宏

① 参见蒋大兴：《宏观调控与私人选择——房地产市场价格调控措施的个别检验》，载《社会科学》2008 年第 8 期。

② 参见黄伯平：《政府职能的重大转变：从宏观调控再到宏观管理》，载《北京行政学院学报》2013 年第 3 期。

③ 参见[美]保罗·塞缪尔森、威廉·诺德豪斯：《宏观经济学》(第 16 版)，萧琛等译，华夏出版社 1999 年版，第 260 页。

④ 参见吕炜：《体制下约束、经济失衡与财政政策——解析 1998 年以来的中国转轨经济》，载《中国社会科学》2004 年第 2 期。

观调控适应性随着市场的发展和完善也在发生变革。

四、构建和完善重大风险事件处置机制

在有限理性的约束下,政府宏观调控决策的失灵是在所难免的,如何将决策失灵的危害控制在最小的范围内也是宏观调控决策失灵法律控制制度的重要组成部分。宏观调控决策失灵的表现往往是从市场的重大风险事件开始的。因此,为了防止风险的蔓延,将重大风险事件的影响力和危害控制在有限的范围内是化解危机的关键。对此,首先,要构建系统性风险的识别机制,及时发现作为系统性风险源头的重大风险事件。其次,要构建系统重要性金融机构的评估标准体系。系统性金融危机的初生和传导一般都是与系统重要性金融机构有关,重点关注和加强对系统重要性金融机构的监管是数次全球性经济危机治理的宝贵经验。2020 年,央行发布了《系统重要性银行评估办法》,对于其他类型的系统重要性金融机构也应当赶上监管的步伐。最后,要构建重大风险事件的隔离机制,出台危机的救助办法。为防止风险在市场的快速传导,引发市场的系统性风险,政府监管部门应当将重大风险事件进行快速隔离,对于已经处于危机或危机边缘的重要机构实施必要的救助,并加强这方面的立法供给。

同时,在宏观调控决策的风险控制体系上,应当构建逆周期的金融宏观审慎制度框架,守住不发生系统性金融风险的底线。① 宏观审慎管理制度的核心是在客观准确研判宏观经济形势的基础上,对宏观经济变量进行逆风向的调控,其本质上是宏观经济管理和金融稳定的有机组成部分。② 在借鉴国际经验的基础上,根据中国的市场特征和国情环境,建立宏观审慎调控和微观审慎监管相互协调、互为补充的制度具有广泛的需求,其可以进一步加强承担货币政策职能的央行与承担微观监管职能的监管部门之间的信息沟通和共享。针对系统性风险管理,研究尝试建立逆周期的动态资本缓冲和前瞻性拨备安排,加强对流动性和宏观杠杆率的监管,进一步完善对系

---

① 参见周小川:《建立符合国情的金融宏观调控体系》,载《中国金融》2011 年第 13 期。

② 参见方意:《系统性风险的传染渠道与度量研究——兼析宏观审慎政策实施》,载《管理世界》2016 年第 8 期。

统重要性金融机构、市场和行业的风险管理制度。对于各类行业机构的日常风险管理，把完善差别准备金动态调整机制作为防范系统性金融风险的一项重要措施，建立健全具有正向激励作用的弹性机制，促进信贷平稳适度健康增长。

第五节　宏观调控决策制度的现代化保障

宏观调控决策制度的现代化是国家治理体系和治理能力现代化的一个关键子项目，一定程度上影响了宏观调控监督制度、宏观调控救济制度的现代化的可能性。宏观调控决策制度由决策实体制度、决策程序制度以及决策失灵法律控制制度三大模块组成，三者之间的互动和协调关系是宏观调控决策制度现代化的根本保障。决策实体制度、决策程序制度和决策失灵法律控制制度三者之间的协调关系表现在辩证统一关系和一元化特征两个方面，而三者之间的互动关系可以在目标冲突中的确认和“三位一体”支撑现代化两个方面观察。

一、决策实体制度、决策程序制度以及决策失灵法律控制制度之间的协调

（一）三者的辩证统一关系

决策实体制度和决策程序制度是辩证统一的，代表了实质正义和形式正义的统一，而决策失灵法律控制制度是对前两者结果正义的补充。三者最终统一于宏观调控决策的效率、正义、现代化目标。在法理上，实体规则和程序规则的划分是为了认识、分析和研究法律现象而进行的抽象概括。在具体实践中，这种划分不是绝对的，相融主义观念的发展打破了这种机械划分不利于指导实践的困局。宏观调控行为的本质是依照法定程序实施的干预行为，而其又是一种具体的实体行为，决策失灵法律控制制度是对这两者结局的关键补充，能够矫正和调和政府对市场的冲击。

政府对市场的科学治理是宏观调控的重要特征，宏观调控决策制度之下各个制度分支都统一于宏观调控决策制度的体系化要求和决策制度内容

的科学化要求。在国家治理现代化的总目标下，无论是宏观调控决策的实体制度和程序制度，还是宏观调控决策失灵法律控制制度，都辩证统一于具体的宏观调控目标。理论界的通说认为，我国宏观调控政策体系的目标可以分为三类：第一类是稳定目标，包括充分就业、稳定物价和保证跨境收支平衡；第二类是发展目标，包括保持适度的经济增长速度以及短期需求要服从于长期发展任务；第三类是平等目标，包括对社会特殊群体的关照。① 然而，随着宏观经济学理论的发展，各国运用宏观调控工具调节国民经济的目标体系已经逐渐从单一的总需求调节，使得总需求适应于总供给，发展为以"充分就业、经济增长、物价稳定、跨境收支平衡和公平分配"为主的宏观调控目标体系。② 在制度构建的目标设定上，宏观调控决策的实体制度、程序制度和决策失灵的法律控制制度之间的协调在调控目标实现方面高度统一。

（二）三者的一元化特征

宏观调控决策的实体制度、宏观调控决策的程序制度和决策失灵的法律控制制度分别代表着实体合理、程序公正和结果有效。实体合理、程序公正、结果有效三者呈现一元化特征，统一于法律正义。建立在程序公正基础上的实体合理才具有正当性和权威性，没有程序公正就没有实体合理。建立在结果有效基础上的实体合理、程序公正才具有实用价值，没有结果有效，实体合理和程序公正就背离了宏观调控的初衷。宏观调控决策制度下面的各分支制度之间的协调主要集中在制度目标之间的协调，其协调的使命也在于制度目标的协调。宏观调控决策的实体制度、程序制度和决策失灵的法律控制制度在目标协调方面具有明显的一元化特征。

大部分情况下，不同宏观调控制度之间的目标是统一的，但在少部分情况下由于不同制度分支的调控目标的多元化特征而产生相互矛盾的现象。宏观调控决策的实体制度、程序制度和决策失灵法律控制制度各自所追求的目标之间存在矛盾和冲突，为解决这一问题，只有通过博弈和协调，才能使目标群趋于一元化特征。调控目标之间产生矛盾的根源在于

---

① 参见杨紫烜：《国际协调论》，北京大学出版社2009年版，第268页。
② 参见胡振华：《宏观经济学》，中南大学出版社2003年版，第146页。

国民经济不同领域失衡方向的不一致性。大体上，具体宏观调控政策目标可以区分为短期目标、中期目标和长期目标，在每一个大类目标之下又有一系列子目标。短期目标在于保证国民经济增长所需要的总量均衡，包括经济增长率、就业增长率、市场通胀率和跨境收支平衡等总量目标的控制。中期目标在于保证国民经济增长所需要的结构均衡，包括各项产业结构目标、就业结构目标、技术结构目标、区域经济结构目标等。长期目标在于保证国民经济长期协调均衡发展所体现的平等目标和协调目标，包括经济增长和生态平衡、资源使用和资源保护的平衡等。在实践中，经济增长与经济稳定、物价稳定和增加就业、短中长期目标之间经常在某种程度上存在此长彼消的关系。当宏观调控的多元化目标之间不能齐头并进和同时实现时，就需要根据现实情况和需求判断，在具体制度设计上实现目标的一元化安排。

二、决策实体制度、决策程序制度以及决策失灵法律控制制度之间的互动

（一）三者之间发生冲突时的确认

在宏观调控决策实体公正的不确定性与宏观调控决策程序公正的相对确定性相互冲突的情况下，需要通过决策失灵法律控制制度的结果公正进行确认。追求实体公正的确定性必然偏离程序公正的确定性，而专注于追求程序公正的确定性又容易忽略实体公正的确定性，两者天然存在不可磨合的冲突。此时，决策结果公正的确认是对这一理论“鸿沟”的有效弥合。宏观调控决策制度下不同制度分支之间难免会发生价值目标的冲突。无论是宏观调控决策的实体制度和程序制度，还是决策失灵法律控制制度，宏观调控的制度目标都可区分为两重：第一重目标是改革、发展和稳定；第二重目标是促进经济增长、促进就业、稳定物价和保证国际收支平衡。① 其中，每一重目标内部的不同构成要素之间也容易发生冲突。宏观调控决策不同分支制度在冲突中的确认是制度互动的表现之一。

---

① 参见方福前：《大改革视野下中国宏观调控体系的重构》，载《经济理论与经济管理》2014年第5期。

在宏观调控决策制度的两重目标中,前一重目标是上位目标或者最高目标,而后一重目标是下位目标或者从属目标,后一重目标确认和服务于前一重目标。在我国现阶段,改革、发展和稳定是总揽全局的政治任务,是作为一切政策的最高目标,包括宏观调控在内的一切工作都要服从于此,同时必须有利于推动改革、发展和稳定。一切政策的制定都必须围绕这个最高目标来制定和实施。在内部发生冲突时,“稳定”是对宏观调控政策促进经济增长、促进就业、稳定物价和保证国际收支平衡4个目标体系的最大约束。稳定是发展和改革的前提。对于实践中的各种突出问题,包括宏观调控政策什么时候出台,调控的对象和重点涵盖哪些范围,具体实施多大的调控力度,调控的执行持续多久,促进经济增长、促进就业、稳定物价和保证国际收支平衡4个目标如何排序等,都必须依顺序确认到稳定目标、发展目标和改革目标之下。

(二)“三位一体”支撑宏观调控决策制度的现代化

决策实体制度、决策程序制度和决策失灵法律控制制度是支撑宏观调控决策制度现代化的“三根支柱”,缺了其中一个或者其中一个出现短板,倾斜状态的宏观调控决策制度体系就没法平稳运行。另外,“三根支柱”的现代化要求也应当是同步的。现代化的决策实体制度如果没有程序上的制衡与协调机制的现代化,决策结果的合理性和有效性就会大打折扣。没有实体制度现代化和程序制度现代化的同步跟进,决策失灵法律控制制度就要负担起“难以承受之重”,同样有损于宏观调控决策制度的现代化。宏观调控决策的实体制度、程序制度和决策失灵法律控制制度“三位一体”地支撑宏观调控决策制度的现代化是这三项分支制度互动的另一类具体表现。

政府对经济的调节是在市场机制上新加的一种调节机制或者调节力量。调节机制在政府和市场两个层面的区分,实质上是政府运用国家权力之手配合辅助市场功能发挥的无形之手。这种调控不仅是一项经济调节机制,也是国家或者政府的一项特定的职能。[①] 这种职能的实现和保障需要相应市场治理的公权力保障,亦即宏观调控是国家公权力的行使。在宪法赋予政府对市场经济管理权的基础上,为实现国家调控体系和调控能力的

① 参见漆多俊:《经济法基础理论》,法律出版社2008年版,第19页。

现代化，宏观调控决策的实体制度、程序制度和决策失灵法律控制度必须“三位一体”地支撑宏观调控决策制度的现代化，这对实现宏观调控的现代化具有关键意义。

本章小结

国家治理体系和治理能力现代化的总目标为宏观调控决策制度的体系化和内容的科学化重新指明了方向。宏观调控决策制度具有特殊性，充分尊重市场经济的基本规律和辅助市场功能的正常运转是宏观调控决策制度现代化的重要特征。宏观调控决策的制度体系（调控体系）和制度内容（调控能力）现代化是国家经济治理（市场治理）体系和治理能力现代化的必要条件，在特定的调控决策目标基础上，根据决策治理现代化的理念和标准，健全宏观调控决策制度既涵盖决策制度的体系化要求，也涵盖决策制度内容的科学化要求。现代化的宏观调控决策制度体系包括决策实体制度、决策程序制度、决策失灵法律控制制度三大基本组成部分。决策制度内容相对应的有决策实体制度的内容、决策程序制度的内容和决策失灵法律控制制度的内容，鉴于它们规范的路径、方式、目的都不同，衡量各自的科学化标准也有所区分。

宏观调控决策实体制度有待解决的核心问题集中在宏观调控权力的分立和独立、实施调控的条件、调控的手段和工具三个方面。宏观调控权力的分立和独立决定了我国宏观调控整体结构的运行格局，宏观调控的实施条件明确了政府施加调控的时机和条件要求，宏观调控的手段和工具约束了政府介入市场的方式和方法。宏观调控决策的法治化内涵不仅包括静态层面的实体法律制度的完善，也应当涵盖对于决策动态运行过程中的程序法治化。宏观调控决策程序制度的完善包括决策程序的规范化、提高决策过程的透明度和决策民主化程度、构建跨部门和跨区域的议事协调机制三个方面的内容。在国家治理体系现代化的总目标下，现代化的宏观调控决策制度体系进行了制度扩容，宏观调控决策失灵法律控制制度是宏观调控决策制度体系现代化元素的代表。同时，决策失灵法律控制制度也是国家调控能力现代化的重要补充。宏观调控决策失灵的法律控制是指在政府调控失灵经验总结研究的基础上,利用法律手段将政府调控失灵的可能性和失灵的危害后果降到最低。宏观调控决策失灵法律控制制度包括公平与效率原则约束下以间接调控为主、互联网和大数据时代宏观调控手段的适应性、敏捷治理要求与宏观调控手段的适应性、构建和完善重大风险事件处置机制四个方面的内容。

宏观调控决策制度的现代化是国家治理体系和治理能力现代化的一个关键子项目,一定程度上影响了宏观调控监督制度、宏观调控救济制度的现代化的可能性。宏观调控决策制度由决策实体制度、决策程序制度以及决策失灵法律控制制度三大模块组成,三者之间的互动和协调关系是宏观调控决策制度现代化的根本保障。决策实体制度、决策程序制度和决策失灵法律控制制度三者之间的协调关系表现在辩证统一关系和一元化特征两个方面,而三者之间的互动关系可以在目标冲突中的确认和“三位一体”支撑现代化两个方面观察。

第三章　国家治理现代化视域下健全宏观调控效果评估制度

宏观调控的现代化，离不开宏观调控运行效果评估制度的构建与运行。详言之，欲达到宏观调控以及相关制度体系建设的现代化，必须在国家治理现代化视域下，提炼出宏观调控运行效果评估制度现代化的基本标准，立足于此构建与完善符合现代科学立法评价标准的运行效果评估机制，对宏观调控运行效果进行定期评估与及时反馈，并不断总结其中的经验得失，改进宏观调控的具体制度设计。鉴于此，本章围绕宏观调控运行效果评估主体制度、评估的内容与方法制度、评估程序制度以及评估结果反馈制度展开制度构建与完善的论证，并实现宏观调控运行效果评估领域制度体系的内循环。

第一节　国家治理现代化视域下健全宏观调控效果评估制度的基本要求

科学有效的宏观调控是完善社会主义市场经济、推进国家治理体系和治理能力现代化的必然要求；而科学有效的宏观调控需要健全完备的效果评估制度作为支撑。中央全面深化改革委员会第八次会议《关于创新和完善宏观调控的指导意见》提出,要加快建立同高质量发展要求相适应、体现新发展理念的宏观调控监督考评体系和保障体系,效果评估制度在宏观调控中的重要性不言而喻。

但从当前来看,对宏观调控的效果评估话题的探讨大多局限于学术领域,各类政府工作报告和政府公文中极少涉及此问题,现有法律法规和部门规章体系也没有对此给予明确回应,宏观经济政策中同样难觅相关表述,效果评价机制在宏观调控的实际运行中处于被忽略状态。然而,市场对于宏观调控的敏感度又非常高,围绕经济政策和调控措施的市场反应是积极且自发进行的,典型表现包括政策动向在资本市场、大宗商品市场中的迅速传导和由此产生的价格变动,以及社会层面对宏观调控措施的实时解读和分析。尤其是涉及利率、市场准入、流动性等敏感问题时,来自不同渠道的研判和预测更是层出不穷,可谓各方力量广泛参与政策评估。由此观之,我国当前宏观调控效果评估呈现出非官方、非正式、民间话语权主导的特点。

民间话语主导下的效果评估容易伴随错误观点和谣言的传播,干扰人们对经济运行的客观判断,甚至扰乱市场秩序。尽管官方媒体也通过各种形式来传递官方观点,但实践中话语权优势并不明显。究其原因,一是在自媒体高度发达、信息高速传递的今天,官方媒体渠道优势被弱化,舆论宣导对经济话语权的提升作用变得有限;二是缺乏效果评估制度的引导,导致了诸如调控目标和调控手段的界定不清晰、评价责任不明确、评价标准不统一、社会力量难以参与等实践层面问题,影响了官方观点传播的系统性与影响力。

当前,我国经济社会发展正处于转型的关键时期,宏观调控的经济价值与社会价值日益凸显,效果评估制度对于宏观调控的有效推行具有重要的保障功能。之所以出现制度缺位,是因为宏观调控作为国家治理的重要手段仍处于政策主导的阶段,实践中大多以行政命令或行政决策的方式施行,尚未进入全面法治时代,制度设计和制度执行观念都较为薄弱。而效果评估问题甚至游离于宏观调控制度体系之外,这不仅削弱了政府的经济管理职能,也不利于构建科学有效的宏观调控体系。鉴于此,应从形式和内容两个维度出发,全面加强我国宏观调控效果评估制度的建设。

一、制度体系化

国家治理体系的现代化需要体系化的制度作为支持。长期以来,围绕宏观调控的制度分析,理论与实务界普遍忽略了宏观调控的效果评估规则,在制度层面缺乏对各类调控措施的评价机制,这就使得面对"谁来评价、评价什么、如何评价、评价结果如何使用"这些基础问题时,没有标准化、可适用的规范准则。当前学界对于宏观调控效果评估问题的研究以经济学领域的效用分析路径为主,主要使用的是数据模型论证、趋势研判、影响因子推演等经济学研究方法,研究对象既包括宏观层面的调控策略,如针对财政政策、货币政策的有效性探讨,也包括特定领域的调控措施,如围绕房地产市场、资本市场、劳动力市场的调控效果评价等。相较于经济学界持续、热烈的研究态势,法学界并未从制度建构层面对宏观调控的效果评估问题做出回应。究其原因:一是宏观调控法作为经济法的重要分支,长期以来研究深度不足,现有学术成果偏重宏观调控权的性质与功能辨析,即法理认知层面的探讨,而对于相对微观层面的宏观调控权的运行规制,包括权力保障与约束的具体方式,相关探讨十分匮乏,效果评估领域更是难以找到有针对性的文献;二是宏观调控涉及社会经济运行的多个维度,糅合经济学、财政学、社会学、管理学等不同观察视角与研究进路,这与传统法学研究范式有较大差别。面对纷繁复杂、实践性强的宏观调控问题,法学界总体表现出"排斥"倾向,这也导致如何设计一套制度体系用于评价各类宏观调控措施这一重要问题长期处于研究空白的状态。

与理论研究不足相对应的是实践中制度供给的缺位。第一,"宏观调控法"尚未进入全国人大的立法规划,短期内制度的顶层设计难有突破,且现有的法律法规中,与宏观调控直接相关且符合法律规则要素标准的范例极少,比如具备较强宏观调控色彩的《中小企业促进法》,其更接近于宣示性规范,而非法律规范;第二,各产业部门并未重视调控措施的评价机制建设,实践中围绕效果评价、政策效益分析的有益做法并未及时反映在行政法规、部门规章、规范性文件等法源中,或者相关规则呈现出碎片化、残缺化的特征,难以适用于当前宏观调控运行体系。近年来,越来越多的学者注意到宏观调控领域“地基不牢”的问题，正如张守文教授在论述“新常态”下政府与市场的法律关系时指出，我国不仅缺少宏观调控的基本立法，在宏观调控更为具体的领域，相关制度建设的任务仍十分繁重。①

宏观调控作为一项严肃且影响力重大的经济行为，在过去很长一段时间倾向于短期、局部经济目标的实现，缺乏长效化、连续稳定的调控预期。造成这一现象的重要原因就是宏观调控法律制度体系的缺失。《中华人民共和国宪法》第 15 条有关“国家加强经济立法，完善宏观调控”的规定明确了宏观调控的法治化属性，无论是赋权视角下的权力配置与运行保障体系，还是控权视角下的权力约束与监督体系，每个环节都应通过相应的规则体系加以规范。效果评估属于广义上的权力监督范畴，制度初衷在于通过法定的效果评估机制，督促宏观调控权力的审慎行使，及时总结、纠正调控行为偏差，引导宏观调控趋向预期效果。当前，我国宏观调控的目标、手段、路径趋于多元化，跨部门协调的情况有所增加，公众对宏观调控可预期性的诉求不断提升，效果评估的制度化有助于明确各方在宏观调控中的法定职责，强化宏观调控主体的法律意识，提升宏观调控过程的协同效应，回应社会诉求，进而实现制度目标。因此，以体系化的制度为引领构建宏观调控的效果评估体系是健全宏观调控效果评估机制的关键，也是完善我国宏观调控效果评估立法的首要目标。

针对当前相关规则、要素不全的特点，宏观调控效果评估制度的体系化首先，应当在立法层面建立整体性的体系框架，明确评估主体、评估内容、评估方法三大实体要素和评估的程序要素，奠定效果评估制度的体系基础；其次，应从宏观调控法的基本原则、价值理念入手，强化规则条款的内在逻辑，使宏观调控效果评估制度与宏观调控的其他法律制度在体系上保持协调统一；最后，从实践视角出发，梳理国务院各部门现有的政策评价机制，包括以规则形式体现的评价制度和实践中常用的做法，从中筛选出适用于宏观调控的评价模式作为体系化的补充。例如，中国人民银行、原银保监会于 2021 年 6 月联合发布了《金融机构服务乡村振兴考核评估办法》，其中包括评估对象、评估指标、评估方法、评估程序、评估结果及运用等具体内

① 参见张守文：《政府与市场关系的法律调整》，载《中国法学》2014 年第 5 期。

容,并将评估结果作为履行货币政策工具、市场准入管理、金融监管评级、机构审批设立、业务范围调整等宏观调控和金融监管职能的重要参考,以督促引导金融机构加大对乡村振兴支持力度。上述办法中的考核思路与指标设定对于建立金融领域的宏观调控评价机制具有借鉴价值。

就具体路径而言,宏观调控效果评估制度的体系化可以从易到难,沿着以下三个维度依次展开。

一是在部门立法层面,以部门规章形式加强宏观调控评价制度的建设,围绕各部门在执行产业政策、发挥行业管理职能中被赋予的宏观调控职责,由各部门拟定本系统内的评估规则,推动宏观调控效果评估机制在社会经济不同领域落地。例如,中国人民银行、财政部分别就货币政策、财政政策的执行效果制定评价程序;工信部、商务部分别就宏观产业政策、贸易政策的执行效果制定评价程序。上述评价程序应在财税法、产业法、规划法等重要领域的部门规章条文中得以体现。部门层面先行推动宏观调控效果评估制度的建设既是制度实践的有效途径,也能为更高层级的立法提供经验支持。

二是在国务院立法层面,加快制定“宏观调控效果评估管理办法”,建构契合我国市场经济规律与宏观调控特点的评价体系。相较部门立法,以行政规章的形式推动统一、协调的效果评估机制施行能够克服部门立法中评估标准不一致、评估对象重叠等问题,进一步夯实相关主体的评估职责,确保宏观调控效果评估的整体性与连贯性。与此同时,以行政规章形式建立的宏观调控效果评估体系可以有效引导、规范地方政府参与宏观调控措施的执行,并对地方政府执行宏观调控的效果进行评价,形成自上而下全覆盖的评价体系。

三是在全国人大立法层面,加快制定“宏观调控法”,并将行政规章中关于效果评估的规则整合提炼设立“调控效果评估”专篇,提升制度权威性。专篇对宏观调控效果评估的基本原则、实体要素、程序规范、法律责任等核心内容予以立法确认,使之与宏观调控的其他法律制度形成体系化的整体,并协调行政法规、部门规章中效果评估规则的适用。

二、内容科学化

国家治理能力现代化离不开合理、有效的宏观调控措施,与之相对应,宏观调控的效果评估制度也应具备内容科学化的属性。内容科学化至少应具有以下含义:第一,作为一项法律制度,宏观调控的效果评估应具备完整的规则要素,符合法律规范的表述模式,以“权力、义务、责任”为调整方式,从而区分于政策规制手段,此即规则要素科学;第二,宏观调控属于政府的经济管理行为,但又有别于政府的日常经济管理行为,应尊重宏观调控的特点,设定符合宏观调控行为特征的评价内容和模块,比如针对宏观调控长时效性特征,考虑设置分阶段的评价内容,从而区别于一般意义上的政府绩效评估,此即规则适用科学;第三,作为对影响国民经济全局的重大决策所作出的评价,宏观调控效果评估在内容上应契合当前社会经济发展目标与实际需要,制度的核心原则、价值导向应与国家中长期政策目标契合,此即规则目标科学。

(一)规则要素科学

就规则要素科学而言,宏观调控效果评估制度是规定以考核手段评价宏观调控的权利义务及其法律后果的法律规范。宏观调控效果评估规则应满足法律规则的要素条件,使其具备法律规则的一般范式。近年来兴起的“新二要素说”认为,法律规则由构成要件和法律后果两项要素组成;构成要件可理解为行为规范方法,法律后果是指规则中指示可能的法律结果或法律反应的部分,①包括肯定性法律后果、否定性法律后果和既不肯定也不否定的法律后果。以此为标准构建宏观调控的效果评估制度才能满足要素科学的要求,奠定宏观调控效果评估的法治化基础。需要指出的是,对于宏观调控的相机抉择问题,即根据宏观经济环境变化而灵活采取应对措施的做法,可能突破既有法律规定,或者出现超出现有法律调整的范畴的情况,也应纳入制度化框架,原因在于宏观调控的相机抉择,其实质就是根据变化的形势适时运用不同手段以实现总供需的平衡,所以法治化下的相机抉择并不是一个矛盾体,而是对(国家)政府在法治框架内能动性的一种合理期待。② 由此,从要素科学的角度出发,宏观调控效果评估

① 参见张文显主编:《法理学》(第3版),高等教育出版社2007年版,第117页。

② 参见靳文辉、苟学珍:《构建双循环新发展格局的经济法回应》,载《重庆大学学报(社会科学版)》2021年第1期。

规则还应针对相机抉择的宏观调控模式设定相应的构成要件和法律后果体系。

(二)规则适用科学

就规则适用科学而言,当前政府管理的主要评价机制是政府绩效管理体系,由国务院绩效管理“部级联席会议”牵头,包括财政绩效、人事绩效、公共事务绩效三个方面。① 党的十八大报告中明确提出要“创新行政管理方式,提高政府公信力和执行力,推进政府绩效管理”;党的十八届三中全会提出了“严格绩效管理,突出责任落实,确保权责一致”的要求,并将其作为推进国家治理体系和治理能力现代化战略目标的重要组成部分。政府绩效管理已成为政府行为考核的重要途径,并已初步构建了覆盖全国省、市、县级政府以“政府绩效评估”为主要载体的政府绩效管理体系。② 政府绩效管理的核心是目标责任制,设定不同的项目权重,采用定量打分与定性评价相结合的手段予以考核,与宏观调控效果评估机制具有共通之处。因此,后者可以吸收借鉴前者合理的评价要素和考核理念,使宏观调控的效果评估体系与政府绩效考核体系形成协同。与此同时,也应充分考虑两者的差别,不能照抄照搬。例如,政府绩效考核涉及各级政府的政治责任、经济责任、社会责任、生态责任等,考核内容较为泛化,与宏观调控效果评估以经济效能为导向有明显差别。再者,政府绩效考核强调地方政府因地制宜发挥能动性,宏观调控的效果评估更关注地方政府执行中央宏观调控政策的能力,两者应予以区分。此外,政府绩效评估主要遵循的成本收益分析方法大多是基于较短时间维度进行考察,而宏观调控引致的全社会福利水平的变化可能并不会在短期内得到完全体现,存在“管理时滞现象”,且调控收益无法完全以货币量化。③ 因此,构建与政府绩效考核相关联且符合宏观调控行为可适性的评价规则是我国未来宏观调控效果评估立法中所必须考虑的

① 参见何文盛、岳晓:《历史制度主义视角下我国政府绩效管理变迁的制度逻辑》,载《兰州大学学报(社会科学版)》2021 年第 2 期。

② 参见贠杰:《中国政府绩效管理 40 年:路径、模式与趋势》,载《重庆社会科学》2018 年第 6 期。

③ 参见刘瑞、周人杰、崔俊富:《论宏观调控的绩效评估、法制建设与行政问责》,载《兰州大学学报(社会科学版)》2009 年第 6 期。

重要问题。

(三)规则目标科学

就规则目标科学而言,党中央、国务院在新时期关于经济工作的重要政策和指示为宏观调控效果评估制度的内容设计提供了指引,具体包括以下几方面:

1. 关于经济发展阶段与改革任务的认识

党的十九大对中国经济发展阶段做出全新论断,建立了以供给侧结构性改革为主线的宏观调控体系,目标是解决我国经济运行中长期存在的结构性失衡矛盾,从供给侧、结构性上发力,实现供求关系动态均衡,以适应经济新常态下国家治理的新要求。2020 年 5 月,中共中央政治局会议进一步提出,要深化供给侧结构性改革,充分发挥我国超大规模市场优势和内需潜力,构建国内国际双循环相互促进的新发展格局。供给侧结构性改革与双循环体系是当前宏观经济工作的重点任务,前者要求宏观调控关注经济结构的调整,建立更有效率的供求关系;后者要求宏观调控既要面对国内经济的不确定性,又要接受来自全球经济风险的挑战,特别是在全球贸易摩擦加剧,单边主义有所抬头的背景下,国际经济秩序面临变革与重塑,这就需要我们在调控目标上充分关注现有国际经济规则体系,最大限度维护我国对外经济利益,巩固和提升我国全球经济话语权。因此,充分研判、合理运用国际经济规则,将其融入宏观调控规则与实践成了国家治理现代化视域下宏观调控效果评估制度科学性的重要评价标准。国际经济规则不仅包括传统的 WTO 规则、TRIPs 协定等全球性规范,也包括新时期我国缔结参与的双边、多边、区域协定,如《"一带一路"框架协定》、《区域全面经济伙伴关系协定》(RCEP)、《中美第一阶段经贸协议》等。

2. 关于新时期创新宏观调控的认识

面对经济发展中的新问题和新诉求,国务院于 2013—2015 年就完善我国宏观调控模式提出了新要求,建立了三类宏观调控体系:

(1)区间调控。2013 年国务院提出宏观调控要"保持经济增速在合理区间平稳运行"的新思路。区间的上限为"防通胀",下限为"稳增长",下限之外还将"保民生"和"防风险"作为底线。当经济运行接近区间下限时,宏观调控的主要着力点是稳增长;当经济运行接近区间上限时,宏观调控的主要着力点是防通胀;当经济运行处于中间状态时,就会加大市场化改革与经济结构调整力度。①

(2)定向调控。2014 年国务院会议提出定向调控理念。作为非常态化宏观调控方式,定向调控旨在抓住经济发展中的突出矛盾和结构性问题,针对经济中的薄弱环节和关键领域定向施策、精准发力,实现"激活力、补短板、强实体"的目标,如针对小微企业所采取的降税、降费、降息措施等。定向调控使宏观调控这一常规总量手段被赋予了结构工具的内涵。②

(3)相机调控。"相机调控"于 2015 年国务院组织的专家与企业家座谈会上首次提出。2008 年国际金融危机使人们意识到,单一的调控目标比如物价稳定不足以保证经济与金融稳定,宏观调控政策应该保持一定的灵活性。相机调控意味着中国宏观调控短期内需要在多个调控目标之间进行权衡取舍,尤其是在经济增速换挡期、结构调整阵痛期、前期刺激政策消化期"三期叠加"复杂经济环境下,经济增长率、通胀率、就业率等指标的变动可能超出预期,需要及时、灵活实施调控。与此同时,相机调控不应锚定过多目标,否则会导致冲突问题,降低调控效率。③

3. 关于发展成果与考核标准的认识

《中共中央关于全面深化改革若干重大问题的决定》提出完善发展成果考核评价体系的原则,纠正单纯以经济增长速度评定政绩的偏向,加大资源消耗、环境损害、生态效益、产能过剩、科技创新、安全生产、新增债务等指标的权重,更加重视劳动就业、居民收入、社会保障、人民健康状况的评价。这是新发展理念指引下经济价值观的重塑,对于确立宏观调控的价值导向具有重大指导意义。因此,宏观调控的评价体系应充分契合当前对经济发展阶段与改革任务的认识,重点强化对产业创新能力、资源使用效率、国际经济权益等新时代发展要素的考察,使宏观调控效果评估制度切实为

---

① 参见陈彦斌、王佳宁:《中国宏观调控的现实功用与总体取向》,载《改革》2017 年第 3 期。

② 参见马建堂、慕海平、王小广:《新常态下我国宏观调控思路和方式的重大创新》,载《国家行政学院学报》2015 年第 5 期。

③ 参见陈彦斌、王佳宁:《中国宏观调控的现实功用与总体取向》,载《改革》2017 年第 3 期。

国家治理现代化的顶层目标服务。

总而言之,规则的目标科学需要将我国新发展阶段的改革任务、国内外经济环境、宏观调控客观规律、新发展价值观有机结合,形成符合经济持续健康增长内在要求和人民群众期待的宏观调控理念与目标,将其应用于宏观调控效果评估制度的规则创设与评价之中。

实践经验融入制度建设是实现制度内容科学化的重要路径。作为政府主导型经济发展模式,改革开放四十余年来我国在宏观调控方面积累了丰富经验,尤其是在面对国企脱困、国际金融危机、房价调控、中美贸易摩擦等阶段性考验时,稳健的宏观调控是确保经济稳定发展的利器,其中利弊得失的研判为宏观调控的效果评估制度提供了丰富素材。中国特色社会主义市场经济的伟大实践也是中国特色宏观调控的深度实践,从中提炼符合中国经济发展模式、面向未来新经济特征的宏观调控评估要素,有助于在立法层面确立合理有效的评价标准,推动中国特色宏观调控评估机制的完善,避免宏观调控被教条主义特别是西方经济学的理论框架所束缚。

第二节 国家治理现代化视域下健全宏观调控效果评估主体制度

法律规范的构成要件离不开主体与客体的界定。宏观调控效果评估的主体制度需要明确在效果评估程序中"评估谁、谁来评估、谁可以参与评估"的问题,由此确定宏观调控效果评估法律关系中权力、义务、责任的归属。

一、宏观调控效果评估对象

宏观调控是一个动态过程,既包括宏观调控决策,也包括宏观调控执行。[①] 与之相对应,宏观调控效果评估的对象既包括宏观调控的决策主体,也包括宏观调控的执行主体,两者适用不同的评价体系。

---

① 参见张德峰:《宏观调控的界定》,载《河北法学》2009 年第 1 期。

(一)宏观调控的决策主体

通说认为,宏观调控作为国家经济行为,调控权仅归属于中央政府,地方政府不享有宏观调控权,因为只有中央政府才有反映全国经济总量运行的经济要求的可能性,并具备制定克服总量失衡、推动经济结构优化升级的制度和政策能力。① 我国现行宏观调控实行的是国务院总负责、多部门参与决策的体制,②主要参与部门包括国家发展和改革委员会、中国人民银行以及财政部,与此同时,金融监督管理总局、证监会、工信部、商务部、国家税务总局等多个部门也在其职能领域参与宏观调控的会商决策。此外,为加强金融领域政策协调,强化共识形成,提高调控效率,我国于 2017 年 11 月成立了国务院金融稳定发展委员会。金融稳定发展委员会作为国务院层级的重要议事协调机构,被赋予了宏观调控权,不仅协调金融监管事项,也统筹金融领域的宏观调控事项③,是货币政策与宏观审慎政策“双支柱”调控的重要力量。由此,经过横向分权与整合,中央层面宏观调控决策主体的定位已基本清晰。

而随着地区经济发展分化加剧,集中统一式宏观调控措施在某些经济领域已难以统一适用。例如,在房地产调控中,各地区房地产形势分化明显,一线地区需要继续限购才能有效引导需求,三线、四线地区则面临“去库存”压力。面对不同地区宏观调控目标的差异,中央政府向地方政府的适度调控分权已是大势所趋。一方面,《中共中央关于推进全面依法治国若干重大问题的决定》提出“推进各级政府事权规范化、法律化,完善不同层级政府特别是中央和地方政府事权法律制度”,这为宏观调控的纵向分权奠定了政策基础;另一方面,宏观调控的纵向分权也获得了制度性支持,

① 参见任超:《协调发展理念下宏观调控法治化的重构》,载《经济法研究》2018 年第 2 期。

② 《中华人民共和国宪法》第 89 条规定了国务院管理全国经济工作的权力。实践中宏观调控的总体思路、总体目标大多由国务院确定并公布。国务院的组成部门基于国务院的授权或委托实施宏观调控行为,常见形式是针对调控事项的部门发文或多部门联合发文。

③ 金融稳定发展委员会第一次全体会议确认的机构主要职责是:落实党中央、国务院关于金融工作的决策部署;审议金融业改革发展重大规划;统筹金融改革发展与监管,协调货币政策与金融监管相关事项,统筹协调金融监管重大事项,协调金融政策与相关财政政策、产业政策等;分析研判国际国内金融形势,做好国际金融风险应对,研究系统性金融风险防范处置和维护金融稳定重大政策;指导地方金融改革发展与监管,对金融管理部门和地方政府进行业务监督和履职问责等。

在现行分税制的财政体制下,《预算法》对地方政府债务管理的规定表明地方政府需要享有必要的宏观调控权,这对宏观调控权的纵向配置起了积极的示范性作用。[①] 实践中,我国也逐渐赋予省级人民政府一定范围的自主调控权限,主要集中在财政政策、产业政策领域。

综上所述,宏观调控效果评估的决策主体包括国务院、国务院的组成部门、省级人民政府三类。对于多部门联合参与宏观调控决策的情形,应遵循实质判断原则,考察各部门在调控决策中所发挥的作用,以确定是否作为效果评估的主体对象。实践中多部门联合发文实施调控的情形下,一些部门主要承担监管、执法协同等职能,或者在宏观调控决策中作为会商者提供建议或专业性意见,不应被列为决策主体。

(二)宏观调控的执行主体

宏观调控的执行主体既包括国务院的组成部门,也包括地方政府。国务院具有宪法赋予的管理全国经济工作的职能,由此,国务院的组成部门作为国务院各类具体事务的执行者,应被认定为宏观调控的执行主体,此为横向维度展开。纵向维度方面,各级地方政府在各自区域内贯彻执行国务院的调控决策,也应被认定为宏观调控的执行主体,且地方政府应作为被评估重点。究其原因,我国经济实践中,经济政策的执行力度存在不确定性。此外,地方政府的行政能力存在差别,政策理解力与执行组织力也直接影响宏观调控的实施成本。因此,对地方政府的调控执行力进行考察是保障宏观调控施行效率的重要措施。结合我国行政管理体制、经济发展水平以及评估成本的考量,省级政府和规模较大的市级政府(如省会城市、计划单列市等)应纳入宏观调控的执行主体范围。

具有系统重要性的国有企事业单位则是另一类宏观调控执行主体。此类企业或组织机构通常在其所处业务领域具有相当影响力,他们的运营模式、业务目标、市场规划等会对局部经济运行产生引导效应。在我国经济管理体制中,此类国有企事业单位大多由级别较高的国有资产管理机构实际控制,后者决定前者的管理层人选、发展战略、重要业务活动等重大事项,

---

① 参见席月民:《宏观调控新常态中的法治考量》,载《上海财经大学学报(哲学社会科学版)》2017 年第 2 期。

通过市场化途径释放政府的经济影响力。并且,系统重要性国有企事业单位更注重社会责任的承担以及经济政策的遵从,因而具备执行宏观调控的意愿和能力。当宏观调控的实施需要他们配合执行或市场化参与时,对他们开展执行效果评估具备必要性与可行性。实践中,宏观调控执行效果评估可纳入当前国有企事业单位的经济责任考核体系。

总而言之,中国特色社会主义市场经济治理结构之下,宏观调控的执行路径包括行政层级自上而下的实施和国有经济单元的市场化扩散两种类型。因此,将国务院组成部门、省级人民政府、重要的市级人民政府和系统重要性国有企事业单位作为制度上的执行评估对象可以有效地保障中央宏观调控措施的贯彻执行。

二、宏观调控效果评估人

我国政府的运作具有科层制结构特征,上下级政府和部门之间通过层级安排连接起来,并在其中配置资源和权力,以实现政府目标。[①] 科层制模式下,权威和资源聚集于上级政府,上级政府在决策制定与政策执行中处于中心地位,被赋予了相应的控制权和评价权以保障政策的有效落实。[②] 受科层制模式影响,传统政府绩效考核体系大多采用"上级政府为主导、政府内设机构为补充"的"政府本位"评估模式。按此模式,宏观调控效果评估应由评估对象的上级主管部门负责,即多数情形下由国务院、国有资产监督管理委员会作为评估人考核宏观调控的决策或执行情况。然而,与一般的政府绩效考核有所不同,宏观调控效果评估的技术含量高,社会影响力大,程序要求严格,公众和专业人士对于评估的独立性、客观性、专业性都有很高的期待。从评估的权威性、稳定性出发,不宜由承担宏观调控决策或执行职能的主体再担任评估人的角色,而应采用独立评估机构的模式,实现宏观调控决策、执行职能与评价职能的分离。

宏观调控作为关系国计民生的重大经济行为,本身具有很强的政治属

---

① 参见王学军:《我国政府绩效管理的治理转型》,载《理论探索》2020 年第 6 期。

② 参见张书涛:《政府绩效评估的嵌入治理与偏差控制:一个结构—关系的分析框架》,载《河南师范大学学报(哲学社会科学版)》2021 年第 3 期。

性,由民间第三方机构承担宏观调控评估人的角色虽然满足了独立性要求,但存在“政治性或力量性”不足的缺陷,不仅难以将效果评估的预期影响完全施加于调控主体,也难以达到通过评估来引导和约束宏观调控行为的目的。因此,应考虑政府体制内的独立评估机构模式。路径选择上有三种模式可供参考:一是将监察部门设定为评估人,其下设独立编制的宏观调控效果评估办公室,牵头开展相关评估工作;二是在其他经济管理部门如国家发展改革委名下设立独立评估机构;三是设立政府层面的议事协调机构,统筹推进效果评估工作。

就第一种模式而言,由监察部门组织实施宏观调控的效果评估可以有效保证评估结果具有权威性和约束力,这也是我国之前政府效能考核所依照的路径。《中华人民共和国行政监察法》①的立法宗旨指出,行政监察不仅是要促进政府廉洁从政,还要保障政府依法行政和高效勤政。由此,行政监察包括廉政监察、执法监察和效能监察三个维度,其中效能监察是对行政机关的整体配置效益及其行政行为的效率与质量进行的整体性监察,旨在改善行政管理和提高效能。② 宏观调控效果评估作为督促和改善政府经济管理行为的重要方式,属于效能监察范畴,可以交由监察机关负责。从过往实践来看,监察体制改革也的确赋予了监察部门经济发展的考核职能。例如,2010 年,监察部设立了绩效监察室,并在一年后牵头成立了政府绩效管理工作部级联席会议,负责推动绩效管理监察工作。工作初期选择了北京等 8 个地区和国家发展改革委等 6 个部门作为试点对象,③该项工作随后推广至 24 个省(区、市)和 20 多个国务院部门,取得了良好效果。④ 然而,2018 年新颁布的《中华人民共和国监察法》并未将效能监察纳入各级监察部门的法定职能范围,监察部门作为宏观调控效果评估人存在一定的制度

---

① 《中华人民共和国行政监察法》于 1997 年 5 月修订通过,于 2018 年 3 月在《中华人民共和国监察法》颁布施行后被同步废止。

② 参见刘峰铭:《国家监察体制改革背景下行政监察制度的转型》,载《湖北社会科学》2017 年第 7 期。

③ 监察部:《我国将加大政府绩效管理试点工作力度》,载中国政府网,http://www.gov.cn/jrzg/2012-08/12/content_2202567.htm。

④ 《政府绩效管理工作部际联席会议召开第二次会议》,载中国政府网,http://www.gov.cn/jrzg/2012-03/17/content_2093703.htm。

障碍。

就第二种模式而言,经济管理部门下设的独立评估机构虽然具备较强的专业属性,但其独立性存在瑕疵,因为经济管理部门本身就是宏观调控的决策主体或执行者主体,很可能影响宏观调控效果评估的客观性与公正性。

就第三种模式而言,议事协调机构虽然具备较强的评估能力,能够较好地应对不同的评估场景,也避免了经济管理部门"既当运动员,又当裁判员"的缺陷,但议事协调机构在我国政治经济运行体系中存在组织稳定性不足的问题,评估权威性和效率存有疑虑。

综合考虑,由监察部门担任评估人仍是相对较优的方案。当前监察部门承担宏观调控效果评估职能的主要障碍在于其业务配置存在不足。为此,应以评估专业化为导向,招募拥有经济管理背景、兼具理论功底与实务经验的专业人士,同时结合跨部门专业人员调配、第三方意见征询等方式,进一步巩固和优化监察部门在宏观调控领域的专业判断能力。

三、宏观调控效果评估社会第三方参与

在政府绩效评估领域,社会第三方评估一般都委托给熟悉政府运行特点、掌握行政相对人诉求规律的专业人员与机构,使得社会第三方评估具备了"专业性"特征。与此同时,作为政府之外的人员和机构,社会第三方评估又具备民众参与的"民主性"特征。正是由于自身具有独立性、专业性和民主性特征,社会第三方评估逐渐成为各国政府绩效评估的主流范式。[①] 学者尼古拉斯·亨利在总结世界范围政府绩效第三方评估后,得出了"为了制衡起见,由外部机构或是第三方来进行评估是可取的"结论。[②]

宏观调控效果评估的权威性、政治性和专业性的高标准使得监察部门成了制度层面最合适的评估人,但这并非排斥社会第三方参与评估程序。随着"民众获得感提升"这一公共价值的进一步确立,宏观调控效果评估的内容已由单一、显性的经济任务指标,扩展至包括民生福祉、社会公平等多

---

① 参见尚虎平、孙静:《失灵与矫治:我国政府绩效"第三方"评估的效能评估》,载《学术研究》2020 年第 7 期。

② 参见[美]尼古拉·亨利:《公共行政与公共事务》,张昕等译,中国人民大学出版社 2002 年版,第 320 页。

元、隐性的非任务指标,相应的评估模式也更加多样化,这就为政府以外的第三方力量参与宏观调控效果评估奠定了基础。如何将监察部门的评估职能与社会第三方参与有效结合起来,是宏观调控效果评估主体制度设计中需要重点考虑的问题。为此,可借鉴政府绩效评估领域的社会第三方参与机制及其实践,总结形成制度化安排。

社会第三方力量参与政府绩效评估始于2007年《民政部关于推进民间组织评估工作的指导意见》和《全国性民间组织评估实施办法》两份文件的发布。党的十八大以来,政府大力推进"放管服"改革创新,以"监督评估权外移"的方式拓展"第三方评估"的应用,在向第三方社会组织放权的同时,强化对评估结果的审核,保证政府管理的科学性、责任性和民主性。① 例如,2014年国务院在年中大督查中,委托4家机构对当年的重点政策措施落实情况进行了第三方绩效评估;在2015年上半年第二次大督查中,再次委托7家机构对重点政策的落实情况进行了绩效评估;2015年下半年,国务院常务会议对"推进大众创业、万众创新""增加公共产品和公共服务供给"以及"实施精准扶贫、精准脱贫"三项政策的第三方绩效评估进行了验收。② 这一阶段的实践探索主要聚焦于重大政策的第三方评估,形成了"行政委托—第三方独立评估—结论复核"的互动模式。在此期间,民政部制定了《关于探索建立社会组织第三方评估机制的指导意见》,涵盖第三方评估主体资格、评估项目发布、经费保障、成果使用等内容,并开始在全国范围内推动社会组织第三方评估的应用。各地政府及相关部门积极响应,并在诸如高等教育、财政专项资金绩效、营商环境等越来越多的公共政策领域使用第三方评估。

2017年,中国社会科学院政府绩效评估课题组发布了《中国地方政府绩效评估报告》蓝皮书,对全国4个直辖市、15个副省级市、317个地市级政

---

① 参见尚虎平、孙静:《失灵与矫治:我国政府绩效"第三方"评估的效能评估》,载《学术研究》2020年第7期。

② 李克强:《决不能让第三方评估报告束之高阁》,载中国政府网,http://www.gov.cn/xinwen/2015-08/26/content_2920297.htm。

府综合施政绩效展开了原创性量化评估。[①] 这是国内第一份覆盖全国范围的第三方政府绩效评估报告，标志着第三方绩效评估向着全面化、纵深化发展。李克强同志在国务院常务会议中指出，开展第三方评估对于提高公共政策绩效具有把脉会诊和促进完善的积极作用，是督查工作的重要补充。[②] 随着党的十九大明确“全面实施绩效管理”原则，《关于推进政府购买服务第三方绩效评价工作的指导意见》等文件相继出台，第三方绩效评估的应用场景不断拓展，不同场景下的评估规则不断完善，第三方评估的制度价值在政府绩效评估领域得到越来越好的体现。

以前述规范性文件内容和评估实践为参考，宏观调控效果评估的第三方主体制度可以从以下三个方面展开：首先是第三方范围的认定，可以包括高校及科研院所的评估小组、专业咨询机构、权威财经媒体等，确保其专业能力匹配宏观调控效果评估的基本要求；其次是第三方的资格管理，可以结合第三方主体的科研能力、评估参与次数、评估报告完成情况等评价因子对适格第三方开展进一步的动态等级评价，不同等级的主体参与不同难度的评估活动，实现评估能力与评估任务的准确对应；最后是第三方主体权利保障及义务约束，主要是平等参与权、独立评估权、信息获取权、独立评估义务、审慎评估义务以及保密义务等，以此规范评估人与社会第三方参与者的关系。

第三节　国家治理现代化视域下健全宏观调控效果评估的内容与方法

宏观调控效果评估的内容与方法是一个跨学科命题。经济学的评价视角主要关注宏观调控的运行机制是否合理、顺畅，即宏观调控系统的各组成部分的运行是否契合宏观经济规律，各组成部分之间的运行方式是

---

① 参见贠杰：《中国地方政府绩效评估报告》，社会科学文献出版社 2017 年版，第 1 ~ 16 页。

② 《李克强主持召开国务院常务会议，听取国务院第四次大督查情况等汇报》，载央视网，http://news.cctv.com/2017/09/13/ARTIFIwVjE6QS7JGFZjoWcni170913.shtml。

否协调。而法学的评价视角主要基于制度设计,关注宏观调控行为的评价要素在规则层面的逻辑构造、适用关系以及价值实现是否完备,既包括宏观调控实体规则的评判,也包括宏观调控程序规则的考察。经济学与法学研究进路相结合,是确立我国宏观调控效果评估内容与方法制度的重要方法。

经济学意义上,宏观调控的机制化可分为以下几个层次:一是宏观调控决策机制的建立和完善;二是调控目标确定和排序的机制化安排;三是调控政策手段搭配的机制化安排;四是政策工具选择的机制化安排;五是政策传导渠道的建立和完善。[①] 从法学角度来看,对宏观调控效果评估的内容设计应植根于经济学对于宏观调控的机制阐释,在此基础上提炼应予制度化的要素。本节论述将遵循这一方法论,各部分在阐述其经济学功能和价值的基础上,从法学层面关注评估规则的建构。

一、宏观调控目标的评估内容与评估方法

(一)宏观调控目标的评估内容

宏观调控目标是效果评估的出发点和实践标准。按照西方经济学经典理论,宏观调控的目标包括:(1)高且不断增长的国民产出(实际 GNP)水平;(2)高就业(或低失业);(3)稳定或温和上升的价格水平,且价格和工资在自由市场上由供给和需求决定;(4)商品、劳务及资本旺盛的国际贸易,同时保持外汇汇率稳定和进出口平衡。[②] 国内学者大多也认为,经济增长受就业率、物价水平和国际收支平衡三者的约束。[③] 实践中,我国政府高度重视居民就业、物价稳定与对外贸易发展,许多经济政策亦围绕上述事项展开,包括旨在提升就业能力的精准扶贫政策、深化对外贸易的汇率改革措施等。因此,将上述三项指标作为宏观调控的基本目标符合我国当前经济

---

① 国家发改委经济研究所课题组:《宏观调控目标和政策手段机制化研究》,载《经济研究参考》2014 年第 7 期。

② 参见[美]保罗·A.萨缪尔森、威廉·D.诺德豪斯:《经济学》(第 14 版),胡代光等译,北京经济学院出版社 1996 年版,第 742 页。

③ 参见吴越:《经济宪法学导论——转型中国经济权利与权力之博弈》,法律出版社 2007 年版,第 296 页。

发展的实际。

除了经典理论下的宏观调控目标，学界针对新时期我国经济发展特点提出了补充调控目标，主要观点有：(1)经济结构调整目标，主张将结构优化、收入平等和区域协调等新目标纳入宏观调控的目标体系，①认为当前中国经济主要任务是结构性改革，结构性改革要和改革开放连在一起，这样的经济才能“上新路”，②而解决产能过剩为代表的结构性问题是推动均衡发展及经济转型升级的重要途径。③ (2)系统风险控制目标，主张同时使用货币政策和宏观审慎政策以显著减轻宏观经济变量的波动性，④精简宏观调控的目标，将宏观调控主要定位于经济稳定和金融稳定这两个核心目标。⑤(3)投资效率导向目标，主张宏观调控的靶向应以全要素生产率和宏观投资回报率为着力点，以回应未来动态投资率下降如何保持经济稳定增长的问题。⑥

《中共中央关于全面深化改革若干重大问题的决定》将新时期宏观调控的主要任务表述为：保持经济总量平衡，促进重大经济结构协调和生产力布局优化，减缓经济周期波动影响，防范区域性、系统性风险，稳定市场预期，实现经济持续健康发展。由此形成了“稳增长、调结构、防风险”的总体调控目标⑦。稳增长是我国经济持续健康发展的前提，对应的是传统调控目标导向下的总量调节，偏重中短期经济运行总量的平衡；调结构是中国经济转型发展的关键，对应的是中长期经济社会发展的结构优化，更多表现为非直接可量化的经济要素调整；防风险是经济发展的重要保障，不仅明确了

---

① 参见何自力：《努力形成中国特色宏观调控体制》，载《红旗文稿》2020年第2期。

② 参见厉以宁：《中国当前主要任务是结构性改革》，载中国新闻网，http://www.chinanews.com/cj/2018/12-24/8710940.shtml。

③ 参见师博：《中国特色社会主义新时代高质量发展宏观调控的转型》，载《西北大学学报(哲学社会科学版)》2018年第3期。

④ 黄益平、曹裕静、陶坤玉、余昌华：《货币政策与宏观审慎政策共同支持宏观经济稳定》，载《金融研究》2019年第12期。

⑤ 王喆、汪海：《现代化经济体系建设与新一轮经济体制改革方略》，载《改革》2018年第10期。

⑥ 杨飞虎、杨洋：《新中国70年宏观调控政策的回顾及展望》，载《当代财经》2020年第5期。

⑦ 党的十九大将其拓展表述为“稳增长、促改革、调结构、惠民生、防风险”，但从功能上看，核心仍是“稳增长、调结构、防风险”这三大目标。

宏观调控行为的边界,也是优化经济结构的重要参照。

由此,对于宏观调控的目标评估规则,可设定三类目标体系,即经济增长目标体系、经济结构调整目标体系、系统风险防范目标体系。每类目标体系下设定若干子目标,如经济增长目标体系包括GDP、就业水平、物价稳定性、贸易与汇率平衡性4个传统调控目标;经济结构调整目标体系包括国内与国际视角下的产业结构分布、全社会生产效率、资源消耗水平、居民可支配收入等可识别的调控目标;系统风险防范目标体系包括政府债务水平、产业杠杆水平、资产溢价水平、对外贸易与投资风险等调控目标,并尽可能使之量化。

值得注意的是,我国宏观调控历来存在承担任务过多、目标过于宽泛的问题,宽泛化目标下的宏观调控政策会左右摇摆,不仅使公众难以形成稳定预期,①也会对调控效果的评判造成障碍。宏观政策目标与宏观调控目标应有所区别,对于特定时间、特定背景下所实施的宏观调控行为,应以前述法定目标体系为基础,明确其对应的具体调控目标,严格控制目标数量。

(二)宏观调控目标的评估方法

目标评估方法层面,首先应关注调控目标与宏观政策的衔接问题,以此来评判目标选择的合理性。政策在我国国家治理体系中处于先导性地位,是党的思想、路线的集中体现,应作为目标评估的基础参照。相关政策所依据的时代背景、所反映的问题意识也应纳入目标选择的评价。

其次是考虑目标之间的约束。在特定宏观经济条件下,宏观调控的目标之间存在相斥性,帕累托最优政策很难实现。例如,就业充分与物价稳定两者之间就存在一定冲突。根据萨缪尔森和索洛提出的“菲利普斯曲线”,宏观调控主体面临着通货膨胀与失业之间的权衡取舍,两者时常不可兼得。② 再如,经济增长与物价稳定之间的关系也较为复杂,经济增长导致需求上涨可能拉升物价,但经济增长也能够为物价稳定提供物质

---

① 参见陈彦斌:《新时代下中国特色宏观调控的新思路》,载《政治经济学评论》2018年第4期。

② 参见[美]曼昆:《经济学原理:宏观经济学分册》,梁小民、梁砾译,北京大学出版社2009年版,第293页。

基础。由此,宏观调控的目标选择应遵循“相对最优解”原则,明确调控目标的优先性和顺位关系。长期以来,我国政府将“稳增长”置于更重要的地位,其实质就是经济增长目标优先于充分就业、物价稳定和国际收支平衡这三个目标。[①] 但在强调经济转型发展、产业结构调整、人民群众获得感提升的新历史时期,宏观调控的目标约束关系也应与时俱进地分析与调整。

最后是考察调控目标的系统性表述。对于可量化的调控目标,如 GDP 增速应尽可能给出目标值区间,对于非可量化的目标,如结构调整类目标,应尽可能予以特征化、可识别化的描述,使其具备可实践性。之所以要将调控目标的表述纳入评估范畴,是因为调控目标的准确表达对于调控措施的确定以及后续的作用结果评价都具有指导意义,宏观调控的决策过程不仅是调控目标的确定过程,也是调控目标的价值探寻与表达过程。

二、宏观调控对象的评估内容与方法

宏观调控的对象问题可以从主体和客体两个维度来展开:

主体方面,宏观调控的主体对象是指宏观调控所涉及的经济利益体,具体包括地方政府、国有企业、符合条件的非国有企业及特定群体等。

地方政府是重要的调控主体对象。现行财税体制和政绩考核机制下,地方政府不仅有自身相对独立的利益目标和责任约束,还会为了自身的经济利益而在很大程度上左右企业在市场中追求利益的行为模式。中央与地方政府利益目标的差异性使得我们必须重新考虑地方政府在宏观调控中的定位,有必要将其作为调控对象。[②] 国家或中央政府基于对地方政府的行政领导权而督促、引导后者制定或实施特定的调控行为,其本身也是国家宏观调控权的一种行使方式。此时,地方政府不仅是宏观调控的参与者,也是宏观调控中的一个经济单元和宏观调控措施的作用对象。中国特色社会主义市场经济模式下,国有企业是经济运行的核心力量,将其作为宏观调控的

① 参见刘普生:《“稳增长”政策的政治逻辑与法律治理》,载《法学》2014 年第 12 期。

② 参见顾海兵、周智高:《我国宏观调控的范式研究——对象、方式及手段》,载《国家行政学院学报》2006 年第 2 期。

主体对象具有适当性：一方面，国家对国有企业享有所有权，能够对其实施经济干预；另一方面，国有企业应承担更多的经济和社会责任，包括执行国家产业政策、承担结构升级和技术进步使命等，这是由它的资本属性和所有制形式所决定的，否则就违背了我们设立国有企业以及让国有企业在经济中占主导地位的初衷。① 宏观调控领域，国有企业不仅需要促进国家宏观经济政策的实施，还承担着稳定经济的职能，如平抑商品价格。实践中，国有企业的上述责任与其利润最大化目标发生矛盾时，后者也在很大程度上服从于前者。②

随着国民经济的发展，民营经济的影响力不断加强，非国有企业和特定群体在一定情形下也可以成为宏观调控的主体对象。例如，针对中小微企业的结构性减税或补贴措施，政策着力对象主要是民营企业，通过财政政策工具及产业政策工具的运用，对满足条件的民营企业予以扶持，从而改善宏观经济整体运行水平。

客体方面，宏观调控对宏观经济运行的调节效果是间接性的，其直接的作用对象主要是货币供应量、商品服务总供给与总需求等国民经济总量。随着宏观调控的不断深入，调控对象的客体范围随之扩展，产业部门和区域经济也成为宏观调控的客体对象，特别是在经济结构性调整中，产业部门和区域经济是政策措施的直接着力点。因此，传统宏观调控的客体对象是全部或一定范围的经济系统。

2008 年国际金融危机后，各国政府在反思宏观调控策略时逐渐意识到，对经济系统的调控可能伴随风险累积与外溢，并集中反映在金融领域；不考虑金融系统风险因素的宏观调控已不具有合理性。党的十九大明确提出“健全货币政策和宏观审慎政策双支柱调控框架”，开启了我国经济系统与金融系统并存的二元调控体系，金融系统也因此成了宏观调控新的客体对象。需要指出的是，当前二元调控系统并非经济系统与金融系统的简单并列，而是存在大量交叉领域。实践中两大系统及其子系统相互联系和影

---

① 参见顾海兵、周智高：《我国宏观调控的范式研究——对象、方式及手段》，载《国家行政学院学报》2006 年第 2 期。

② 参见顾海兵、周智高：《我国宏观调控的范式研究——对象、方式及手段》，载《国家行政学院学报》2006 年第 2 期。

响，产生结构摩擦，增大了宏观调控难度。例如，在经济下行甚至衰退时，伴随物价下跌，国家通常采取相对宽松的货币政策，此时以房地产为代表的资产价格在货币政策刺激下快速上涨，风险增加，出现经济系统与金融系统之间的冲突。如果仅在经济系统内采用紧缩货币政策，比如上调利率，则很可能导致资产泡沫的破裂并加剧系统性风险。

鉴于宏观调控对象的界定对宏观调控目标的确认、宏观调控政策工具的选择都具有重要意义，宏观调控效果评估在制度设计上应秉承“双支柱调控”的经济新常态要求，在规则层面明确将国民经济与金融体系两个调控系统作为宏观调控的客体对象，并可采用“列举 + 兜底”的方式，对两者所包含的具体调控对象予以定义或说明。

最后是关于调控对象的评估方法，首先应评价调控范围的划分是否恰当，尤其是当同时涉及经济系统与金融系统时，要厘清相对应的调控范围，包括可能重叠的部分；其次是在划分调控范围的基础上，根据前述调控对象在主体、客体方面的内容，进一步确认具体的调控对象，如经济系统中的贸易问题，金融系统中的股市泡沫问题等；最后是将具体调控对象与宏观调控目标、调控政策工具进行整体性评价，从而判断“目标—对象—措施”是否形成逻辑闭环，是否可以认定为独立的宏观调控行为。

三、宏观调控政策工具的评估内容与评估方法

宏观调控的政策工具与宏观调控目标之间具有非常紧密的联系，蒙代尔（Mundell）提出的“有效市场分类法则”（the Principle of Effective Market Classification）认为，政策工具的指派应遵循比较优势原理，将每个政策工具指派给它能够发挥最大效能的政策目标。例如，财政政策处理内部失衡更加有效，而货币政策处理外部失衡更加有效。两者应对经济失衡时可以作出如表 3 - 1 所示的组合：①

① 参见国家发改委经济研究所课题组：《宏观调控目标和政策手段机制化研究》，载《经济研究参考》2014 年第 7 期。

表 3－1　财政政策和货币政策应对经济失衡时的不同组合

经济状况	财政政策	货币政策
失业、衰退，逆差	扩张	紧缩
通货膨胀，逆差	紧缩	紧缩
通货膨胀，顺差	紧缩	扩张
失业、衰退，顺差	扩张	扩张

首届诺贝尔经济学奖金得主丁伯根（Tinbergen）在论述国家经济调节政策和经济调节目标之间关系时提出了丁伯根法则，即政策工具的数量或控制变量数至少要等于目标变量的数量，且这些政策工具必须相互独立（线性无关）。① 实践中，央行不断丰富货币政策工具以提升货币政策效果就是丁伯根法则的生动实践。例如，由于准备金调整可能形成资产负债表效应且信号意义较强，考虑到流动性条件和经济结构转型的需要，中国人民银行更多地借助公开市场操作和创新性流动性管理工具，在满足市场不同期限流动性需求的同时，通过适度“精准滴灌”加大对重点领域和薄弱环节的金融支持。②

在中国经济治理语境下，“政策工具”里的“政策”是宏观经济的目标、指标及实现这种目标、指标的行动路径、行动策略和规范准则，“工具”是服务于政策的以经济变量为内容的手段或方法。③ 在“宏观调控政策—宏观调控手段—宏观调控工具”的概念逻辑体系下，宏观调控的效果评估规则应以宏观调控政策工具的选择为切入点，明确政策工具的类型、特征和使用方式，并尽可能选择可数值化的经济变量，以此规范宏观调控的措施和手段应用。

（一）宏观调控政策工具的评估内容

结合党的十九届四中全会关于宏观调控体系的表述④，以及当前宏观调

---

① 参见徐忠：《中国稳健货币政策的实践经验与货币政策理论的国际前沿》，载《金融研究》2017 年第 1 期。

② 参见徐忠：《中国稳健货币政策的实践经验与货币政策理论的国际前沿》，载《金融研究》2017 年第 1 期。

③ 参见徐澜波：《论宏观调控法的调整方法——从经济法的调整方法切入》，载《法学》2020 年第 7 期。

④ 党的十九届四中全会对此的表述是：“以财政政策和货币政策为主要手段，就业、产业、投资、消费、区域等政策协同发力的宏观调控制度体系。”这里强调了财政政策与货币政策的主导地位，以及其他调控政策的多元化。

控的运行实际,应纳入效果评估制度规则的调控政策工具包括以下几种:

1. 货币政策工具

我国货币政策工具从早年间行政主导的信贷规模控制,到如今多元化、间接调节为主要特征的中央银行操作,不仅政策工具的选择更符合宏观调控的特点,政策工具的运用也更趋于灵活。相较于早期大幅度、频繁调整存贷款利率、存款准备金率的做法,如今央行加大公开市场操作力度以实现"微调"效果,为货币政策的平稳运行提供了保障。

《中国人民银行法》规定了央行公开市场操作工具、存款准备金率工具、银行存贷款利息率工具、再贷款、再贴现五类货币政策工具,可视为我国货币政策工具的基础类型。近年来,调控实践中还衍生出了创新型货币政策工具,如存款准备金领域的定向降准、临时准备金动用安排(Contingent Reserve Allowance,CRA)等;公开市场操作领域的短期流动性调节工具(Short-term Liquidity Operations,SLO)、临时流动性便利(Temporary Liquidity Facilities,TLF)、央行票据互换(Central Bank Bills Swap,CBS)等;再贷款领域的抵押补充贷款(Pledged Supplemental Lending,PSL)、常备借贷便利(Standing Lending Facilities,SLF)等。这些创新性货币政策工具以货币与金融市场化发展为导向,以主动调节市场流动性、主动参与供给侧结构性改革为特点,是传统货币政策工具的补充和完善。① 但从基本功能和交易特征上分析,仍属于《中国人民银行法》所界定的五类基础货币政策工具的范畴。综合货币政策理论、立法规则和央行的货币政策实践,当前应纳入评估制度体系的货币政策工具应沿用《中国人民银行法》的分类,并明确央行可以对基础货币政策工具进行结构化、功能性创新,在报请国务院确认后,增加、删除、修正特定基础货币政策工具下的"子工具"。

此外,资本的跨境流动增加了货币政策的不确定性因素,突出表现为主要经济体的货币政策通过贸易与资本项目传导,对他国产生了一定程度的影响。以美联储的量化宽松为例,本·伯南克(Ben S. Bernanke)认为,美联储在金融危机期间创新货币工具救助市场,使得大量长期国债被收购,国债收

---

① 参见许光建、许坤、卢倩倩:《经济新常态下货币政策工具的创新:背景、内容与特点》,载《宏观经济研究》2019年第4期。

益率降低的同时美国国内资产价格升高，随后资金又通过资产组合再平衡的方式流向全球，导致他国资产价格提升以及当地国债收益率下降。[①] 朗达纳(Langdana)认为，美国政府的货币政策(量化宽松、逐渐缩小、套利交易等)在拯救金融危机的同时，使美国央行的资产负债迅速膨胀，各国因此分担了美国救市成本，为美元的贬值买单。[②] 因此，货币政策工具的评估内容应加入域外主要经济体货币政策影响和回应性分析，以此作为评估货币政策工具适用情况的重要参考。

货币政策工具的评估内容还应包括与同时期其他宏观调控政策工具的相互作用关系，尤其是与财政政策工具的关联性，原因在于货币政策工具的作用机制较为复杂，影响因子较多，需要纳入宏观调控的整体体系中予以判断。对此，卡尔·E. 瓦什(Carl E. Walsh)通过构建货币理论模型，对货币政策的运行机制进行了模拟，论证得出货币工具在其他工具配合下方能发挥最大功效。[③]

2. 财政政策工具

当前，我国财政政策的制定和执行均由财政部统领。财政政策可定义为一个直接涉及资金变动且变动在政府预算中体现的政策，或一个直接涉及资金变动，该变动虽不体现在政府预算中，但资金去向是由行政命令驱动的政策。该定义可较好地区分财政政策与货币政策及其他公共政策的界限。[④] 比如，国债的发行与偿付属于财政政策，而央行在一、二级市场开展的国债回购(正回购、逆回购)则属于货币政策。

财政政策有强弱之分。强财政政策的资金来源是预算资金，弱财政政策的资金来源是市场上的资金。后者的意义在于通过行政手段对市场上资金

---

① Ben S. Bernanke, *Comment on "the Empirical (Ir) Relevance of the Zero Lower Bound Constraint"*, NBER Macroeconomics Annual, Vol. 34, p. 171 – 181(2019).

② Farrokh K. Langdana, *Demand-Side Stabilization: Overheating, Hard Landing, and SAP Bubbles*, Springer Texts in Business and Economics in: Macroeconomic Policy, edition 4, Springer, 2016, p. 83 – 126.

③ 参见[美]卡尔·E. 瓦什:《货币理论与政策》(第4版)，彭兴韵、郑黎黎、曾刚译，格致出版社2019年版，第149~150页。

④ 参见姚东旻、严文宏:《财政政策定义的重构——来自两百年间的文献研究与中国实践的启示》，载《财政研究》2020年第5期。

的去向施加影响,引导政府自身资金以外的市场资金流向特定对象,①这在宏观调控上具有重要的实践价值。例如,中国人民银行与财政部2016年联合发布的《关于金融助推脱贫攻坚的实施意见》要求,精准对接贫困人口就业就学金融服务需求,增强贫困户自我发展能力。鼓励金融机构发放扶贫小额信用贷款。显然,精准扶贫金融服务的资金流向是由行政命令驱动的,没有精准扶贫金融服务政策,金融机构按照原有市场交易机制办理借贷时,不会对贫困群体的申请予以倾斜。由此,上述金融扶贫政策属于财政政策,即在不调整信贷总量的前提下,通过行政手段干预了信贷资金的再分配。②

财政政策工具按其特征及功能,可划分为税收工具、政府债务工具、政府支出工具、政府投资工具、资金引导工具5种类型。前两类属于政府收入型工具,第三、第四类则属于政府支出型工具,第五类则属于前述弱财政政策工具。财政政策工具具有保障政府收支的职能,但更大的作用在于宏观调控职能。根据马丁·曼德尔和弗拉基米尔·托姆希克(Martin Mandel & Vladimír Tomšík)提出的"有效市场分类原则",货币政策更有利于实现外部均衡,财政政策更有利于实现内部均衡。③

中国财政科学研究院编著的《财政蓝皮书:中国财政政策报告(2020)》列举了2020年中国各项财政政策,主要有税收优惠、税率调整、补贴、奖励、转移支付、债务管理等。与发达国家更多运用货币政策开展调控不同,我国的宏观调控措施更多依靠财政政策工具,财政政策从制定到实施的内在时滞较短,能够成为"稳增长"的有效工具。④

(1)税收工具。税收调控的实施是通过税收负担水平的界定和调整进行的,具体表现为政府的税收总量政策和税收结构政策。前者主要通过增税

---

① 参见姚东旻、严文宏:《财政政策定义的重构——来自两百年间的文献研究与中国实践的启示》,载《财政研究》2020年第5期。

② 参见姚东旻、严文宏:《财政政策定义的重构——来自两百年间的文献研究与中国实践的启示》,载《财政研究》2020年第5期。

③ Martin Mandel & Vladimír Tomšík, *Monetary and Fiscal Policy Mix in the Czech Republic: Empirical Verification of the Principle of Effective Market Classification*, Eastern European Economics, Vol. 39:4, p. 6 – 24 (2001).

④ 参见陈彦斌、王佳宁:《中国宏观调控的现实功用与总体取向》,载《改革》2017年第2期。

或减税措施,着重解决宏观经济的增长与稳定问题,运用税收制度的自动稳定器和相机抉择机制,影响纳税人的行为选择,对经济运行起着紧缩或扩张的作用;后者主要通过调整不同利益主体之间的分配关系,着重解决社会经济运行中资源配置和收入分配的问题。① 税收政策工具在调控领域的运用主要通过税种设定和税收优惠两种途径展开:

第一,税种设定。税种及应税范围的设定对宏观经济运行具有显著影响。当前我国在以增值税(一般性消费税)为首要收入来源的税制下,消费税(选择性消费税)被赋予了较多的宏观调控职能。一方面,消费税税源分布广泛,能够体现其总体调控效力;另一方面,消费税的具体税目设置和差异化的税率设计,又蕴含了政府对全社会消费的调控理念。② 除消费税外,资源税、关税等税种也具备宏观调控的作用;个人所得税的累进效应也体现了分配环节的调控功能。

第二,税收优惠。在既定税种框架下,通过法定的税收优惠程序,可以赋予特定经济领域税收优势。例如,在推进新能源产业方面,我国先后对风力发电设备、太阳能光伏、新能源汽车等领域的采购、生产、销售实施税收减免、即征即退、中小企业的所得税优惠等措施,发挥了税收的逆周期调节作用。

(2)政府债务工具。政府债务工具是中央政府(一定条件下也包含地方政府)基于自身信用,按有偿原则筹集财政资金的调控工具,以国债为主,其调控职能主要体现在以下三个方面:一是替代效应,国债的发行融资使民间部门的投资或消费资金减少,起着调节消费和投资的作用;二是货币效应,央行在一级或二级市场进行国债交易,对应等额基础货币的流入或流出,起着类似货币政策工具的调控效果;三是利率效应,国债利率水平的调整具有示范性,对市场其他利率具有潜在影响,且国债直接进入资本市场,巨额的资本需求会引起资本市场原有的资本供需均衡的变化,加之国债对债券市场流动性的改善,两者都会导致市场利率变化。③

---

① 参见岳树民:《税收调控问题的思考与认识》,载《税务研究》2014 年第 2 期。

② 参见黄凤羽、刘维彬:《强化消费税宏观调控能力的若干思考》,载《税务研究》2017 年第 1 期。

③ 周虹:《马克思国债理论对提高我国宏观调控效果的启示》,载《当代经济研究》2007 年第 3 期。

我国现行法律法规体系对政府发债已有比较全面的规定，国债的发行、交易机制也较为成熟，政府债务工具的评估体系可以直接参考适用。

（3）政府支出类工具。政府支出包括购买性支出、补助性支出和转移支付三种类型。购买性支出主要通过政府采购的模式实现，资金用途包括政府的行政管理支出以及国防、教科文卫等社会公益性事业支出；补助性支出主要以政府补贴或专项奖励形式发放，具有显著的政策性与时效性；转移支付以缩小地区之间差异、创造平等市场环境、实现均等化公共服务为目标，在增强中央政府政治控制力与有效地配置财政资源之间达到某种程度的一致。①

作为财政政策工具的一种，政府支出的作用形式是支出的数额及结构，具有较强的刚性。凯恩斯主义认为，政府支出的增加会引起国民收入的成倍数增加，具有乘数效应。实践中，政府通过调整支出项目、支出比例可以较为直接地影响宏观经济。近年来的研究表明，转移支付规模的扩张无论是短期还是中长期均会显著挤入总产出和家庭消费，且不会引发显著通胀；消费型的政府支出和政府投资对总产出和家庭消费表现为短期挤入而中长期持续挤出，作为调控工具使用不仅有碍需求结构向消费驱动型的转变，而且极有可能造成较大幅度的经济波动。② 此外，学者通过实证方法得出，在财政分权体制下，地方政府普遍更重视基础设施建设投资，而对提供基本公共服务方面的支出意愿不足，③由此，转移支付惠及基层的民生保障功能具有不可替代性。

综上所述，评估制度设计上应突出转移支付工具在政府支出类工具中的主导地位，并将其进一步划分为一般性转移支付、专项转移支付、分类转移支付三类子工具。一般性转移支付不限定资金具体用途，下级政府可以整体统筹安排和使用；专项转移支付由上级政府对承担委托事务、共同事务的下级

---

① 参见刘尚希、李敏：《论政府间转移支付的分类》，载《财贸经济》2006 年第 3 期。

② 参见张岩：《财政结构性调控、工具选择与宏观经济波动》，载《现代经济探讨》2019 年第 8 期。

③ 相关论述参见傅勇、张晏：《中国式分权与财政支出结构偏向：为增长而竞争的代价》，载《管理世界》2007 年第 3 期；付文林、沈坤荣：《均等化转移支付与地方财政支出结构》，载《经济研究》2012 年第 5 期。

政府给予具有指定用途的补助；分类转移支付介于两者之间，资金用于政府支出的某个领域，而非某个具体项目或某一特定的细化使用方向。[①] 与此同时，对于购买性支出、补助性支出的内容也应予以细化，为支出结构的调整、支出工具的选择提供制度支持。

(4)政府投资类工具。政府投资是中国经济取得高速发展的重要原因之一，其对扩大内需战略具有支撑作用，也是引导社会预期、稳定市场运行的“压舱石”。[②] 通常意义上，财政支出中能提高社会生产力的部分应归类于政府投资，而改善民生福祉、提升居民效用的部分应归类于政府消费，即前述狭义上的政府支出。

以弥补市场失灵为主要目标的公共投资对私人资本形成、劳动力供给和技术进步等都有重大影响。政府投资主要通过形成生产性的公共产品来产生外部性，一方面提高私人资本的边际产出，提升投资意愿；另一方面提高劳动生产率，导致劳动需求增加，从而提高工资水平，增加居民收入。[③] 有学者定量分析后指出，政府投资是影响私人投资（约 90%）、总消费（约 50%）、劳动供给（约 30%）、利率（约 40%）、资本收益率（约 30%）、工资率（约 20%）、产出（约 40%）和通胀（约 40%）的重要因素，特别是对私人投资而言，政府投资的挤出效应占绝对主导地位。[④] 政府投资的性质和显著效果使其成为财政政策工具中最为常用且最为有力的一项工具，在逆周期调控时期尤其受到关注。

与此同时，政府投资工具的弊端也是十分明显的：一方面是边际递减效应，即当政府投资形成较多的公共产品之后，进一步投资支出的边际政策效果会逐渐减弱，这就要求我们在新时期宏观调控实践中不能过度依赖政府投资刺激经济；另一方面是对私人投资的挤出效应，以及由此产生的对资源配

---

① 参见刘士义：《财政转移支付制度的现实困境与改革路径研究》，载《财经问题研究》2018 年第 2 期。

② 参见何代欣：《双循环格局下的政府投资优化研究》，载《地方财政研究》2020 年第 11 期。

③ 参见李戎、田晓晖：《财政支出类型、结构性财政政策与积极财政政策提质增效》，载《中国工业经济》2021 年第 2 期。

④ 参见卞志村、赵亮、丁慧：《货币政策调控框架转型、财政乘数非线性变动与新时代财政工具选择》，载《经济研究》2019 年第 9 期。

置的扭曲,在货币政策调控框架由数量型为主向价格型为主转型时,此效应更为明显。①

在宏观调控效果评估制度层面,应赋予政府投资类工具重要的财政政策工具地位,并对政府投资工具的表现形式予以必要描述,其中应包括通过PPP等模式吸收社会资本参与合作的政府投资类工具。

(5)资金引导工具。前述弱财政政策理论所派生的资金引导工具是近年来财政"微调控"实践中开始被广泛使用的一类政策工具,其对于财政政策调控的市场化、集约化、科学化、精细化具有重要意义。在当前财政收支压力持续增大的局面下,除压缩政府的非必要开支外,政府投资在规模和范围上也应有所变化,主动引导社会资本在更广更深的层面参与经济活动,以达到政府完全投资的调控效果。资金引导工具具有表现形式灵活、使用成本低、针对性强的特点,可以作为一类可独立评估的财政政策工具,在制度层面对其概念进行定义,以区分于其他调控手段。

3. 产业政策工具

改革开放四十余年来,我国形成了庞大而复杂的产业政策体系,涵盖了几乎所有产业领域,为我国经济的快速发展做出了重要贡献。广义上的产业政策与经济政策概念交叉,是指政府为实现一定的经济社会目标而对产业的形成和发展进行的政策干预;狭义上的产业政策一般仅指国家针对产业结构制定的政策。② 相比其他宏观调控手段,产业政策的功能更加多元化,主要包括四个方面:一是弥补市场缺陷,有效配置资源;二是保护幼稚产业,提高国际竞争力;三是实现超常发展,发挥后发优势;四是促进产业结构合理化。③ 正如学者所言,产业政策是政府经济管理行为的缩影,反映了政府治理经济的模式,以东亚地区国家为代表的大政府更倾向采用产业政策来调控

---

① 参见卞志村、赵亮、丁慧:《货币政策调控框架转型、财政乘数非线性变动与新时代财政工具选择》,载《经济研究》2019年第9期。

② 参见赵静、王宇哲:《产业政策的治理逻辑及制度塑性》,载《学习与探索》2018年第1期。

③ 参见顾昕、张建君:《挑选赢家还是提供服务?——产业政策的制度基础与施政选择》,载《经济社会体制比较》2014年第1期。

经济。[①]

从政策工具的内容来看,部分学者主张大产业政策的架构,将针对产业发展的政府补贴、税收优惠、非关税壁垒等其他宏观调控手段都纳入产业政策工具的范畴。但这样的划分混淆了不同调控工具的界限,逻辑上并不严谨,且调控目标与政策工具的关联性降低,不利于宏观调控效果评估工作开展。笔者认为,以货币政策工具、财政政策工具为代表的宏观调控工具都有自身明确的定义域,虽然它们也在不同程度上影响产业发展,但不应再将其视为产业政策工具。后者应当具备独立定位,即不同于其他宏观调控工具的产业调控措施。从产业治理实践来看,可纳入宏观调控效果评估内容的产业政策工具包括以下几种:

(1)产业规划工具。此类政策工具旨在明确产业发展的目标与理念,在宏观层面制定产业发展的总体战略,并在一定程度上细化特定产业发展要求。例如,为响应党中央提出的"建设创新型国家""实现跨越式发展""强化自主创新"等宏观战略,国务院及各部委先后颁布了《中国制造 2025》《国家创新驱动发展战略纲要》《促进大数据发展行动纲要》《新一代人工智能发展产业规划》等从宏观到微观的产业规划。这些产业规划具有鲜明的导向性,对相关产业的治理具有重要参考价值。此外,区域规划因直接服务于产业发展,也是产业规划工具的重要组成内容,如《京津冀协同发展规划纲要》《成渝地区双城经济圈建设规划纲要》等。

(2)产业规制工具。此类政策工具旨在促进产业结构升级,通过行业规制的方式引导产业发展。我国前些年对钢铁、电解铝、水泥行业所实施的规模、能耗等限制措施就是淘汰落后产能的规制型工具。近年来,产业规制的方式更倾向限制与激励措施并用,并尽可能依托市场力量实施。例如,在新能源汽车领域,《乘用车企业平均燃料消耗量与新能源汽车积分并行管理办法》中采用了积分制调控模式,对传统能源车、新能源车分类进行正负分评定,分数可市场化交易,并在法定期间抵偿归零;无法归零的企业面临产品准入限制和其他行政处罚。通过这样的双向激励机制来引导企业借助市场交

① 参见[美]罗伯特·韦德:《驾驭市场:经济理论和东亚工业化中政府的作用》(第 4 版),吕行建等译,企业管理出版社 1994 年版,第 17~22 页。

易达到产业调控目的,更符合“市场在资源配置中的决定性作用”的要求,同时减少了各级政府的财政压力,优化了调控成本。①

(3)产业扶持工具。此类政策工具赋予特定行业更多发展机遇,通过市场资源的倾斜促进产业发展。其表现形式包括产品指导目录、专项审批通道、差异化的用地与投资政策等。与产业规制工具相比,产业扶持工具对产业参与者不具有强制性,政府通过调整不同产业的资源配置来引导产业参与者的选择,以实现产业结构调整目标。

对于产业政策在新时期的定位,学界褒贬不一。新古典经济学主张产业政策无效论,倾向于通过市场竞争来促进经济发展;实用主义学派和演化经济学等新兴研究范式主张产业政策有效论,倾向于通过产业政策促进经济发展。② 两种观点的激烈交锋已持续数年,其中林毅夫与张维迎 2016 年年末关于产业政策存废之争更被誉为“世纪之辩”。究其原因,产业政策的效用问题本质上是经济改革的核心问题,即如何处理好政府和市场的关系,使市场在资源配置中起决定性作用以及更好地发挥政府作用。尽管这样的争论还会持续,但产业政策作为我国政府管理经济的重要手段之一,其在宏观调控中仍具有重要地位。在制度设计上,应对纳入效果评估体系的产业政策工具从宏观层面进行明确界定,可沿用上述三种产业政策的划分模式,突出其调控属性,严格区分微观领域的行政管理手段,防止产业政策被泛化使用。与此同时,效果评估制度还应单独设立针对产业政策的“竞争中性”考察③,以推动产业政策工具由差异化、选择性向普惠化、竞争性转型,实现产业政策与竞争政策有效协调。④

产业政策的评价还应关注产业的国际竞争问题,涉及国际贸易时,要考虑与 WTO 的规则体系,包括《与贸易有关的投资措施协议》(TRIMs)、《服务

---

① 参见冯辉:《宏观调控法治化:中国新能源汽车产业调控的转型》,载《江西社会科学》2019 年第 1 期。

② 参见侯方宇、杨瑞龙:《产业政策有效性研究评述》,载《经济学动态》2019 年第 10 期。

③ 2019 年全国两会上,国务院政府工作报告首次将“竞争中性原则”写入其中,明确指出:“按照竞争中性原则,在要素获取、准入许可、经营运行、政府采购和招投标等方面,对各类所有制企业平等对待。”

④ 张任之:《竞争中性视角下重点产业政策实施效果研究》,载《经济管理》2019 年第 12 期。

贸易总协定》(GATS)等规则相互协调。[①] WTO对产业政策的约束主要体现为两个方面:一是平等原则,通过普遍适用国民待遇、最惠国待遇,使跨国产业竞争具备公平基础;二是非专项性原则,即产业政策应遵循客观、统一的标准且无差别地实施,不能仅针对部分区域、产业或者针对特定的企业、产品实施。非专项性原则实践中争议较多,例如,美国2017年针对我国发起的"301调查"指责《中国制造2025》《国家中长期科学和技术发展规划纲要(2006—2020年)》等规划文件中的产业政策不公平地促进了中国实体的系统性投资和收购,采用非市场模式推动国有工业的技术转移计划。欧盟方面则长期认为,中国的产业政策使得各级政府系统性干预国内市场,中国企业由此获得不当的竞争优势。[②] 尽管西方国家对我国产业政策的评价大多因其政治目的而有失公允,但不可否认的是,在构建双循环发展格局的过程中,我国的产业政策应与相关贸易规则充分协调,以减少国际经济往来中的贸易摩擦。由此,对于产业政策工具的评价,既要立足于我国产业发展的阶段性诉求,又要考虑国际经济竞争与合作的需要,重点评判对特定产业的鼓励或限制措施在干预程度方面是否符合相关国际协定的要求,是否违反竞争中性原则。

4. 汇率政策工具

我国已经实行以市场供求为基础的、参考一篮子货币进行调节、有管理的浮动汇率制度,人民币汇率中间价报价机制不断完善,汇率市场定价机制初步形成。以此为基础,我国逐渐探索出符合自身特点的适度干预型汇率调控政策。

在实践中,汇率政策工具主要有三类:一是央行发挥管理职能,调整汇率形成机制,主要是汇率形成的参照标准。例如,2015年以来,美联储的多次加息和中美贸易的摩擦加剧导致人民币持续贬值,央行选择增加外汇交易中心篮子中的货币数量、缩短一篮子货币参考时间等措施,辅之以改变存款准

---

① 贺小勇等:《中国产业政策与WTO规则协调研究》,北京大学出版社2014年版,第47~48页。

② 参见沈伟:《WTO框架下的产业政策:规则约束和政策优化——基于对"301报告"及〈中国制造2025〉的分析》,载《上海对外经贸大学学报》2019年第4期。

备金率等货币政策措施，有效稳定了汇率。[①] 二是央行对商业银行外汇经营行为的管理，包括对商业银行设置外币流动性覆盖率、流动性比率、流动性缺口率等监控指标，以及设定和调整头寸的上下限来管理商业银行的结售汇行为等。三是央行主导的非营利性的参与市场外汇买卖以影响汇率，类似货币政策的公开市场操作工具。常见模式包括离岸人民币央票的发行以收缩离岸人民币流动性、与商业银行进行外汇掉期或互换交易、出售外汇国债及买卖外汇储备等。

随着人民币国际化进程的加快，汇率政策工具的调控效果受到了更广泛关注。过往调控中人民币持续单边升值后陡然出现的巨大汇率调整，不仅不利于稳定汇率预期，而且对宏观调控全局也会造成负面冲击。因此，效果评估的内容体系应吸收近年来外汇管理的有益经验，以上述三类汇率政策工具为基础，细化操作模式，构建可灵活适用的汇率调控体系，使汇率基本稳定在一个合理的均衡区间。

汇率也是国际经济往来中的敏感问题。对汇率政策工具的评价同样需要增加国际经济的视角，充分关注相关贸易协议、投资协议、合作协议对汇率政策工具的约束和引导。其中，WTO 与 IMF 的汇率规则核心是要求成员方避免操纵汇率或国际货币体系以阻碍国际收支的有效调整或获得不公平的竞争优势。《中美第一阶段经济贸易协议》第五章重申了坚持市场化汇率制度和避免对外汇市场进行大规模、持续、单向干预的立场，并在 IMF 披露国际储备和外币流动性要求的基础上，增加了每季度国际收支金融账户的子项数据披露要求，涉及直接投资、证券投资与其他投资（贷款与应收款）。而《“一带一路”框架协定》《区域全面经济伙伴关系协定》等合作性文件则将货币的区域化、国际化作为促进各方合作的重要手段，汇率政策对于提升区域贸易与投资水平具有显著影响。由此，对于汇率政策工具的国际视野评价应从两方面展开：一是在有效管控资本跨境流动目标之下遵从全球化的汇率规则，提升汇率管理能力；二是在贯彻“走出去”战略的指引下提升人民币的国际化水平，促进对外贸易与投资。

---

① 参见胡小文：《国际经济冲击与我国汇率制度选择：基于双目标双工具政策理论的研究》，载《南开经济研究》2019 年第 6 期。

5. 贸易政策工具

贸易政策是宏观调控的重要内容,其对应宏观调控基础目标中的“国际收支平衡”。传统贸易政策工具主要是关税、许可证、配额等边界措施。随着全球化的深入,贸易政策不再局限于商品进出口管理,还包括贸易便利化与自由化、知识产权保护、贸易促进与救济等内容。与之相对应,跨境投资、跨境政府采购、环保及劳工、竞争政策等新一代贸易政策工具应运而生。①

贸易政策工具与其他宏观调控工具是密切关联的。首先,它与产业政策工具相辅相成,贸易政策工具可以促进产业结构升级,包括通过进口带动技术提升、通过出口消化剩余产能等,产业政策工具可以改善贸易结构,提升国家在全球价值链中的地位;其次,它与汇率政策工具高度协同,有效的汇率管理是推动多边贸易发展、实现贸易平衡的重要保障,而贸易的兴盛又为汇率的调控提供了更多空间;最后,它与货币政策工具、财政政策工具互为补充,分别从外部、内部调节国家经济,使国家在全球竞争中保持经济的平衡发展。

党的十九大报告做出推动形成全面开放新格局的重大战略部署,统筹多双边和区域开放合作、推进贸易强国建设是其中的重要内容。实现这一目标需要在宏观调控层面加强贸易政策工具的运用。长期以来,我国贸易政策相对滞后,突出表现为出口导向战略下,宏观调控没有采取指向外部平衡目标的政策操作,放任国际收支持续处于顺差状态,不仅外部失衡未能缓解,顺差向国内传导还易引起内部失衡,比如国际收支顺差导致央行外汇占款增加,形成基础货币被动投放,进一步加大了国内通货膨胀压力。在此情况下,中央银行不得不采用更强力的紧缩政策,对冲外部失衡传导形成的货币扩张以缓解国内通胀压力,宏观调控因此付出了较高的成本。② 因此,宏观调控效果评估在内容上应确立贸易政策工具的法律地位,并结合当前调整贸易结构、培育贸易竞争力的政策导向,在传统关税、非关税贸易政策工具基础上,将实践中具有显著效用的跨境投资管理、竞争政策审查等一并纳入贸易政策

---

① 参见刘美玲:《产业结构升级背景下我国对外贸易核心问题研究》,载《价格月刊》2020年第7期。

② 国家发改委经济研究所课题组:《宏观调控目标和政策手段机制化研究》,载《经济研究参考》2014年第7期。

工具范畴。

对于贸易政策工具,WTO 规则体系在坚持贸易自由的原则下,设定了若干使用贸易政策工具的情况,以平衡经济发展水平以及贸易与安全的矛盾,比如《关税及贸易总协定》(GATT)第 12 条、第 18 条、第 23 条赋予一国基于国际收支平衡、保护幼小产业、维护合法预期利益等方面的需要而适用保护性贸易工具的权利。而在双边、多边以及区域协定中,出于推动区域经济合作的考虑,贸易政策工具的使用往往受到更加严格的限制。例如,《区域全面经济伙伴关系协定》(RCEP)中要求货物贸易零关税产品数量占比不低于 90%,并提高服务贸易的开放水平。我国于协定中声明,在入世已承诺的约 100 个开放服务部门的基础上,新增研发、管理咨询、制造业相关服务、空运等 22 个部门,并提高金融、法律、建筑、海运等 37 个部门的开放水平。[①]《中美第一阶段经济贸易协议》则在扩大双边贸易方面进行了具体约定,主要涉及包含 17 个附录的食品和农产品贸易及其金额,实质上也限制了贸易政策工具的使用。另外,值得注意的是,近年来基于全球性治理政策而产生的新型贸易工具有所增加,例如,对于环境问题的关注使得与贸易有关的环境政策成为不少国家新的贸易工具,由此产生了碳税、能源税等边境调整措施,并带来了新的贸易摩擦与争端。综合上述情况,对于贸易政策工具的评价不仅要关注其对国内产业结构、市场环境的作用,还要重点分析贸易政策工具在进出口领域的效用以及由此对我国国际经济权益的影响。贸易政策工具的评价应依次考量 WTO 规则、双(多)边及区域经贸协定、主要交易方的贸易政策等因素,尽可能实现贸易政策工具与相关规则的协调适用,减少贸易纠纷。

6. 宏观审慎政策工具

2008 年国际金融危机后,各国央行开始引入宏观审慎政策,探讨其与货币政策的协调运行机制。我国央行于 2010 年提出“构建逆周期的金融宏观审慎管理制度框架”,开启了宏观审慎调控政策的布局。2016 年,央行将差别准备金动态调整机制升级为金融机构宏观审慎评估体系(MPA),将单一指标扩展为 7 个方面的 14 项指标,微观监管措施开始植入宏观调控政策体

---

① 参见袁波、王蕊、潘怡辰、赵晶:《RCEP 正式实施对中国经济的影响及对策研究》,载《国际经济合作》2022 年第 1 期。

系。党的十九大关于“货币政策和宏观审慎政策双支柱调控框架”的表述凸显了宏观审慎政策在宏观调控中的地位。易纲对此的解读是,货币政策主要针对整体经济和总量问题,侧重于经济和物价水平的稳定;宏观审慎政策则可以直接和集中作用于金融体系或某个金融市场,抑制金融顺周期波动,防范跨市场的风险传染,侧重于维护金融稳定。两者可以相互补充和强化,形成两个支柱。①

宏观审慎政策工具包含监管与调控两项功能,监管型工具包括时间维度的逆周期资本监管、横向维度的系统重要性金融机构资本监管和恢复处置计划,以及针对具体行业的监管指标,如房地产等行业的贷款价值比(LTV)等。② 调控型工具主要是各类限制措施,如信贷增速控制、风险敞口限制、杠杆率限制等。国际清算银行(BIS)将宏观审慎工具分为两类:一类是为防范系统性风险而派生的工具,如杠杆率和系统重要性机构资本附加等;另一类则源于货币政策或财政政策等宏观政策工具,在引入宏观审慎的研究视角下被赋予新的含义,如贷款价值比(LTV)、贷款收入比(LTI)和贷款市场报价利率(LPR)等。③

宏观审慎政策工具属于非价格性调控工具,其风险控制导向几乎适用于所有的宏观调控领域,而不仅仅局限于货币政策环节。实践中,宏观审慎政策工具已在越来越多的方面发挥调节作用。例如,房地产行业调控所采用的有息负债增速控制手段,将房企的资产负债率、净负债率、现金短债比三项指标与有息负债的增速挂钩,实现了产业层面的金融风险控制;再如,在外汇管理中,央行通过调节跨境融资的杠杆率和宏观审慎系数以调控跨境融资的总量,通过一系列风险转换因子调控跨境融资的币种、期限、产品结构,④与汇率政策形成了良好呼应。

由于宏观审慎政策工具在一定程度上保留了微观特征,即解决某种具体金融风险的靶向性,一旦政策工具选择失误不仅无法化解具体风险,甚至有

---

① 参见易纲:《坚守币值稳定目标,实施稳健货币政策》,载《中国金融家》2019 年第 12 期。

② 参见李拉亚:《双支柱调控框架的新目标制研究》,载《管理世界》2020 年第 10 期。

③ 参见卜林、赵航:《宏观审慎政策的有效性与协调性研究》,载《金融理论与实践》2020 年第 4 期。

④ 参见夏婧:《“稳汇率”的内涵、制约因素及对策建议》,载《南方金融》2019 年第 4 期。

可能产生负面作用,[①]因此,在宏观调控效果评估的制度架构中,对宏观审慎政策工具的评价不能是盖然性的风险控制,而应针对具体的风控目标与实施路径进行考察,这就需要在制度上明确宏观审慎政策工具的类型与内容。具体而言,可沿用国际清算银行的划分标准,定义两类风险防控路径,既满足宏观风险控制的需要,也以监管指标为纽带,建立起与其他调控工具或监管手段的关联。在此基础上,考虑宏观审慎政策工具数量繁多,立法层面还应进一步阐释两大类工具的功能含义并列举典型的工具表现形式。

(二)宏观调控政策工具的评估方法

对宏观调控政策工具的评估,应首先考察调控主体所使用的调控工具是否在宏观调控法律规范的体系内,这是评估的第一层次,即合规性评价;其次,考察政策工具选择对于实现特定宏观调控目标或目标组合是否具有逻辑上的适当性,与宏观调控对象的特征是否契合,这是评估的第二层次,即对应性评价;最后,考察政策工具的搭配是否充分、合理,即在第二层次评价的基础上,进一步分析所选政策工具在数量、组合方式等方面能否较好地实现特定目标或目标体系,即组合性评价。例如,对中小企业的扶持,仅实施产业政策倾斜是不够的,还需要加大对中小企业的财政补贴力度,放宽信贷条件,减轻税负压力等,组合应用货币政策工具、财政政策工具、税收政策工具,才能达到理想的调控强度。而对于多元调控目标下的政策工具选择,根据前述丁伯根法则和蒙代尔法则,将不同政策工具用于实现互相冲突的不同调控目标能够很大程度上改进调控效果,此时政策工具组合的内在关联需要充分论证,以避免出现效用抵消或效用错误叠加的情形。

四、调控结果的评估内容与评估方法

宏观调控的实施过程可以形象地表述为:国家直接作用于杠杆的此端,力量传递到杠杆的彼端,进而影响和带动社会众多经济主体的经济活动。[②]经济杠杆发挥作用依靠的是宏观调控的传导机制。传导机制是否顺畅,是特

---

① 参见荆中博、方意:《中国宏观审慎政策工具的有效性和靶向性研究》,载《财贸经济》2018 年第 10 期。

② 参见漆多俊:《经济法基础理论》(第 4 版),法律出版社 2008 年版,第 245 页。

定宏观调控措施能否实现既定调控目标的关键。市场机制下宏观调控操作的传导,主要通过不同市场的价格信号(中间变量)来实现,包括一般商品价格以及资本、劳动力、土地及自然资源等要素的价格。近年来,我国通过市场化改革强化各领域的价格形成机制,优化调控路径,其中以2015年取消存贷款利率管制为标志,我国与市场相适应的利率形成和调控机制基本形成;以2019年注册制改革启动为标志,我国资本市场的定价预期开始趋于理性。随着汇率、利率、资产价格等宏观调控传导路径的不断完善,调控措施与调控结果之间的正向联系得以强化,针对调控结果的评价与针对调控目标、调控对象、调控政策工具的评价之间具备了较强的逻辑关联,将调控结果作为独立的评估元素也因此具备了必要性与可行性。

(一)调控结果的评估内容

宏观调控的效果评估制度中可以包含以下与调控作用结果有关的评价要素。

1. 实践效能与预期目标的比较

宏观调控通常会设定预期目标,预期目标的实现程度是评价调控结果的基本考量因素。两者的差异排除预期目标设定不合理的原因外,主要源于宏观调控的制约因素,包括时间、资金、资源等。时间约束体现为调控政策的时滞性,即调控政策工具已及时、充分使用,但调控效果尚未完全显现,这也是宏观调控的内在规律之一。资金约束主要是预算限制,是宏观调控所面临的直接成本,实践中各地区的预算差异可能影响宏观调控的实施效果。资源约束包括自然资源制约与社会资源制约,前者以能耗和环境承载能力为标志,后者以人力资源投入量为标志,属于广义上的调控成本。在创新、协调、绿色、开放、共享的新发展理念指引下,更为严格的资源约束已成为调控理论与实践差异形成的重要原因。因此,实践效能与预期目标的比较不仅要关注数据上的差别,还应充分研究已有或潜在的制约因素,这样有助于评估人发现宏观调控实施中的问题,并辅助宏观调控决策者判断预期目标设定的合理性。

2. 政策工具的协同效果

宏观调控大多都涉及政策工具的组合使用,不同政策工具之间的协同效果在调控结果的评估中应予体现。前述关于政策工具的组合性评价是调控目标与调控工具之间的适当性认定，属于应然层面的盖然性判断；此处的协同效果评价则是实然层面对政策工具组合的实践效果评判。以我国 2008 年年底出台的 4 万亿经济刺激计划为例，其包含货币政策工具（如商业银行放松流动性）、财政政策工具（如大量基础设施建设投资）和产业政策工具（如特定行业扶持计划）的组合，从应然层面来看，在国际金融危机爆发、国内经济下行压力剧增的背景下，通过强刺激政策实现“稳增长”这一优先目标需要力度较大的调控组合拳，加之时间的紧迫性，决策环节所采用的调控工具组合整体上并无不妥。但从调控结果来看，国民经济实现快速复苏的同时，物价波动、债务积聚、产能过剩等问题也大量出现，虽然其中不乏微观层面的资金、项目等监管原因，但也反映出政策工具的搭配方式缺乏弹性，协同效果未能达到预期，存在刺激效果过度强化的现象。由此可见，调控工具的选择搭配不仅需要决策层面的理论论证，也有必要在执行层面追踪观察，而针对调控工具组合理论预期与实践效果的比较有助于我们更好地积累宏观调控经验。

3. 调控的周期效应

根据调控方向的不同，传统意义上将宏观调控划分为顺周期调控和逆周期调控。前者是当经济处于上升期时，宏观调控促使经济保持上升势头，而当经济处于下降期时，宏观调控促使经济保持回落势头，即“助涨助跌”；后者则正好相反。研究表明，金融部门和实体经济之间存在动态的正反馈机制，这种机制会放大经济周期的波动性，加剧金融部门的不稳定性，[①]因此，旨在熨平经济周期、减少经济过度波动的逆周期调控就成为宏观调控中更经常被使用的模式。近年来，跨周期调控开始受到关注，其原因是逆周期调控更多关注的是短期经济波动，对中长期结构性、内生性经济问题缺乏应对。[②]“完善宏观调控跨周期设计和调节，实现稳增长和防风险长期均衡”，即宏观

---

① 参见俞洁芳、夏超棂：《我国逆周期宏观审慎政策工具调控效果研究》，载《浙江社会科学》2020 年第 7 期。

② 在凯恩斯经济学范式下，短期宏观经济问题成为宏观调控的唯一研究对象和调控政策的合法性基础。尽管增长理论已进入宏观经济学教科书并成为其中的重要内容，但在之前很长时间，与中长期增长相关的制度和政策安排并未纳入宏观调控的范畴，而是归为改革问题。参见张晓晶：《宏观杠杆率与跨周期调节》，载《中国金融》2021 年第 5 期。

调控不仅要关注当期,还要关注下一期以及更长期,以动态视角进行全过程考察。因此,在宏观调控作用结果的评价体系中,应考虑经济周期因素,分别对三类调控模式在应对经济形势时的有效性有针对性地进行考量:对于顺周期调控,应重点关注经济惯性与风险累积;对于逆周期调控,应重点关注调控力度和政策工具的时滞效应,当货币政策从紧时,政策工具的传导较为迅速,而当货币政策较宽松时,政策工具传导较为滞后;[①]对于跨周期调控,应重点关注对宏观经济的前瞻性判断和战略发展的全局思考。

4. 调控的预期效应

预期效应是指公众做最优决策时知道调控的政策参数及其未来可能的演化途径,促成调控政策和公众对策的良性互动,实现成本较小的自适应控制,[②]其目的在于增加调控政策的透明度和可信度。[③] 从各国宏观经济和金融政策的实践来看,预期管理的重视性越发凸显,尤其是在货币政策的领域。美国联邦公开市场委员会在每六周一次的会议上决定联邦基金利率是否变动并向市场披露,引导市场利率预期;一些欧洲国家则采用通货膨胀目标制来引导、稳定货币政策预期。我国"十三五"规划纲要明确提出,要"改善与市场沟通,增强宏观调控的可预期性和透明度",这是对调控可预期性的要求。作为回应,宏观调控的决策和实施中应避免频繁、冲突性的调控措施,同时应当加强调控相关的信息披露、舆论引导以及公众互动。因此,在调控结果评估环节,有必要将调控政策的公众预期作为一项独立的评价要素,通过微观主体意见抽样、信息披露质量考评、互动交流成果认定等方式评估宏观调控预期效应的形成情况。

(二)调控结果的评估方法

宏观调控作用结果的评估除了前述内容方面的要求外,制度设计上还应针对评估方法的使用进行规范,这是因为"可识别性"是宏观调控效果评估制度的重要价值导向,只有相对标准化的评估方法才能确保评价结果的可识别、可比较。量化分析是实现评估方法标准化的重要途径,可从以下两个方

---

① 参见苏剑、陈阳:《高质量发展下的逆周期调节》,载《中国金融》2019 年第 16 期。

② 参见李拉亚:《双支柱调控框架的新目标制研究》,载《管理世界》2020 年第 10 期。

③ 参见陈彦斌:《新时代下中国特色宏观调控的新思路》,载《政治经济学评论》2018 年第 4 期。

面做出制度安排。

1. 确立指标权重

党的十九大报告提出，我国经济已由高速增长阶段转向高质量发展阶段，建设现代化经济体系是我国发展的战略目标。与之相适应，反映高速增长特征的宏观调控和发展规划指标体系应转变为适应高质量发展阶段的指标体系与能体现现代化经济特征的指标体系，并建立能反映经济发展质量和动力的全要素生产率的指标计算和发布制度。[①] 由此，宏观调控结果评估中的指标设定应紧扣调控实践，反映宏观调控的深层次规律。例如，在就业率、物价指数、广义货币供应量(M2)等传统指标的基础上，将用电量、货运量、中长期贷款余额等作为评价实体经济增长态势的指标，这些指标与实体经济关联度高、时效性强，容易获取且不易造假。此外，评价指标的选取还应遵循两种方法：一种是与前述结果评估的内容挂钩，例如，在政策工具协同效应评价中，根据时间标准设定短期与长期、存量与流量评价指标及相应的权重。在调控周期效应评价中，对风险因素设定宏观杠杆率、流动性比率等评价指标及相应的权重。另一种是与评估模型挂钩，根据模型测算的需要设定相应的评价指标，如分析财政政策或产业政策对相关产业发展的影响时，建立产业景气度测算模型，其中可能涉及采购经理人指数(PMI)、生产价格指数(PPI)、社会融资规模余额等指标。

2. 使用评估模型

基于宏观调控目标、工具、手段的多元性与复杂性，宏观调控不是“点对点”的调控，而是一个复杂的政策组合针对经济运行系统的“系统对系统”调控。[②] 对结果评估而言，诸多变量因素交汇其间，建立评估模型来统合变量之间的关系，通过数理逻辑发掘他们的内在联系就显得十分必要。例如，对于货币政策效用的评价，数量型货币政策的调整机制主要基于麦卡勒姆规则(McCallum rule)、价格型货币政策的调整机制主要基于泰勒规则

---

① 参见任保平、文丰安：《新时代中国高质量发展的判断标准、决定因素与实现途径》，载《改革》2018 年第 4 期。

② 参见刘满平、黄文彬、黄应刚：《宏观调控政策运行机制、绩效评估和转换策略选择》，载《经济学动态》2011 年第 3 期。

(Taylor rule)[①],两者对应不同的评估模型。动态随机一般均衡模型(Dynamic Stochatic General Equilibrium Model,DSGE)提供了政策工具组合效应的分析路径,可用于宏观审慎政策、货币政策与经济波动间的关系研究;[②]"希克斯—汉森"(IS-LM)模型及其改进型则适合货币政策和财政政策组合效应的研究。[③] 评估模型并非宏观调控结果评价的必备要素,但效果评估制度应鼓励引入评估模型使评价方式标准化。

制度上对于评估模型的使用应从两个方面加以规制:一是对模型的选择设定严格的约束条件,所选评估模型应与所研究的问题具有直接关联,且属于该研究领域被广泛认可的经典模型,或者该评估模型已经在权威途径发表,且得到历史数据或经验的验证,从而防止主观因素对结果生成逻辑的干扰以及模型创新可能带来的评估结论失真;二是将合理的参数估计、参数校准要求纳入评估方法中,确保评估模型的使用质量。参数估计和参数校准是实证研究的重要内容,前者从样本数据即真实数据出发估计计量模型中的参数并对其进行适当的检验,后者是在对理论模型进行大量随机模拟的基础上,总结出有关宏观经济变量波动的统计特征并与真实数据相比较,从而判断模型的有效性。[④] 虽然两者的逻辑推演方向不同、对计量模型的理论定位和稳定性要求存在差异,但两者相互应用呈现出融合发展态势,共同提升了计量模型对宏观经济现象的模拟程度。因此,针对模型使用增加参数估计和校准方面的要求能够最大程度上使评估模型契合所评估的问题,提升调控结果评估的有效性。

五、宏观调控程序的评估内容与方法

宏观调控的程序具有重要的评估价值:一是因为调控程序较之调控实体

---

① 参见潘敏、张新平:《供给侧结构性改革下的积极财政政策效果——兼论货币政策锚的选择》,载《经济学动态》2021 年第 3 期。

② 参见王维安、陈梦涛:《宏观审慎政策、货币政策与经济波动》,载《浙江大学学报(人文社会科学版)》2021 年第 2 期。

③ 参见任爱华、吴限:《供给侧货币财政政策协调及宏观经济效应分析——基于全要素生产率的视角》,载《金融经济学研究》2020 年第 6 期。

④ 参见张明志、铁瑛、林娟:《宏观经济学的经验研究方法:校准与估计之争》,载《经济学动态》2014 年第 1 期。

更充分地表现了政府公共管理和危机管理的基本能力；二是宏观调控的高度专业性与临时性使得实体评价的成本较高、难度较大，而历次调控的基本程序却相对稳定，评价更为容易；三是源于政府集体决策的"公共负担原则"，对调控程序的问责比对调控实体的问责更有意义。①

宏观调控程序主要包括决策程序、执行程序、退出程序，对宏观调控程序的评估也主要围绕这三个程序阶段展开。

决策程序阶段需要关注宏观调控政策措施的酝酿与确认过程。充分、有效的酝酿过程是科学决策的前提条件，应由调控决策的发起部门主持并推动，包括经济环境与调控问题分析、意见与建议采集、调控方案论证三个主要步骤。经济环境及调控问题分析由参与讨论的相关部门就各自领域的发展情况进行阐述，提出当前需要通过宏观调控来解决的问题；意见与建议采集通过两条路径同时开展：一是专家咨询程序，通过遴选库内专家或在一定范围内公开征求专家意见的方式进行；二是政府内部问询程序，由调控可能涉及的部门提出方案建议。调控方案论证是在意见与建议采集的基础上，由调控可能涉及的部门充分探讨、会商确定调控的优选与备选方案，并将会商意见和已搜集的内外部意见建议一并报请最终确认。确认过程由有决策权限的调控主体按照其内部决策程序进行，直至最终调控方案的发布。确认过程需要特别关注决策主体的决策权限是否完备，实践中诸如中央政府是否有权动用财政资金"救市"、地方政府是否有权实施本地楼市管理措施等事项均涉及决策权限的判断，应将决策权限的考察作为确认过程中的一个独立环节。此外，考虑宏观调控决策的强时效性，无论是决策的酝酿过程还是确认过程，每个环节所占用的有效时间都应当纳入评估内容。综上所述，决策程序阶段的评估应按步骤顺序，依次考察调控政策与措施的酝酿是否遵循了既定环节的程序要求，审查确认程序是否严格执行了决策主体的内部决策流程。评估人应收集相关文件资料并抽访参与人员，在此基础上做出评判。必要时，评估人还可通过列席决策会议等方式直接参与相关程序。

① 参见刘瑞、周人杰、崔俊富：《论宏观调控的绩效评估、法制建设与行政问责》，载《兰州大学学报(社会科学版)》2009 年第 6 期。

执行程序阶段需要关注宏观调控政策措施的部署与实施过程。宏观调控措施的部署环节应由决策主体的职能部门负责,协调发文通知、内容解释、系统对接等事宜,使宏观调控的执行主体充分知晓和理解调控方案,并具备通畅的沟通途径;宏观调控措施的实施环节是执行主体贯彻宏观调控政策措施的过程,既包括围绕调控政策措施开展的日常经济工作,也包括对接统计、监管等职能部门采集经济信息。宏观调控决策主体在实施环节应履行统筹协调的职责,重点关注调控中的沟通问题,包括旨在提升调控执行力的决策主体与执行主体之间的沟通,以及旨在增强宏观调控预期效应的调控主体与调控对象、社会公众之间的沟通交流。由此,宏观调控执行程序阶段的评估可分为针对决策主体沟通协调能力的评估和针对执行主体政策实施能力的评估,对应的评估方法包括调阅沟通记录评判调控主体的沟通质量、通过工作记录考察执行主体在经济管理过程中运用宏观调控政策措施的情况等。

退出程序阶段需要关注宏观调控政策措施完成、暂停或终止的进程。在调控措施已经实施完毕或预设的调控期限届满时,决策主体应按照内部流程确认调控已完成;在调控需求发生变化需要暂缓、变更或放弃执行调控措施时,决策主体应在与相关部门会商后,按内部流程确认调控措施的暂停或终止,重大政策措施的调整还应履行专家咨询程序。退出程序的评估方法与决策程序类似,主要通过审阅文件资料和抽访参与人员的方式考察既定环节程序要求的执行情况,并对调控退出流程的时间节点进行记录。

宏观调控程序的评估需要相关部门完备的内部程序作为支持,因此,评估人应会同宏观调控的监督主体,共同督促具有宏观调控决策与执行职能的主体完善其内部流程,形成规范可行的宏观调控程序规则。

第四节　国家治理现代化视域下健全宏观调控效果评估的程序

本章第二节、第三节阐述了宏观调控的评估主体、评估内容及其对应的方法,属于宏观调控效果评估制度实体方面的内容。本节探讨宏观调控效果评估制度程序方面的内容。[①] 程序制度的重要价值不仅体现在对实体规则的实施保障,也体现为最大限度地减少法律实施过程中的经济耗费。[②] 宏观调控效果评估的实体制度具有相当的专业性和复杂性,更需要合理的程序制度保障其有效运行,同时控制评估成本、提升评估效率。本节将以“启动—执行—反馈—异议与校正—终结”的完整程序周期视角对宏观调控效果评估程序制度中的重要问题展开论述。

一、评估程序的启动

前文论述已表明,宏观调控效果评估涵盖了从调控决策到调控执行再到调控完成或停止的全过程。由于评价活动时效性较强,效果评估程序应实现对调控过程的全覆盖,及时对每一个评价阶段、每一个评价要素开展评估。这就意味着效果评估程序与宏观调控程序应同时开始并同时推进,遵循同步性原则。此外,被评估的调控行为应当符合独立性与完整性的要求,既不属于前序尚未退出的调控政策措施的组成部分,也不属于对原有调控政策措施的非实质性变更,从而实现评估程序与评估内容的逻辑匹配。

调控决策主体是宏观调控程序的发起者和推动者,当某项调控措施进入酝酿阶段时,决策主体即应在法定时间内告知评估人即监察机关内设的宏观调控评估部门相关情况,说明是否属于新实施的宏观调控措施。评估人对相关信息审查后确认是否进行评估立项:对于满足独立性与完整性要求的新实施的宏观调控,应启动评估立项,建立项目档案并指定主要负责人员;对于原有调控措施的延续或非实质性变更,应将相关信息归入原有项目档案之中。制度上可将决策主体内部首次正式会议和首次正式召集其他部门或外部第三方开展探讨的时间孰早作为决策主体履行告知义务的时点标准。更早的评估立项意味着评估人更早介入宏观调控的进程,这对于及时搜集评估信息、有效约束调控行为具有积极意义。

---

① 本节所论述的评估程序制度不同于第三节第五部分关于调控程序的评估,后者是将宏观调控的程序环节(主要是决策环节、执行环节)作为一个整体纳入评估范围,从评估内容与评估方法的角度探讨如何评价调控主体对调控程序的遵从程度,属于实体性的评估制度。

② Posner R. A, *An Economic Approach to Legal Procedure and Judicial Administration*, The Journal of Legal Studies, Vol. 2, p. 399 - 400(1973).

评估程序的启动不仅涉及决策主体及其对应的评估人,还应包括执行主体及其对应的评估人。当调控措施完成决策确认时,决策主体应及时告知评估人,由评估人在决策主体正式发布宏观调控文件之日将评估事宜告知其下级评估人,即下级监察机关的评估部门,由后者启动针对执行环节的评估程序。至此,以决策主体信息披露为中心,多级评估人同步跟进的评估程序启动机制设计完成。

需要指出的是,宏观调控决策信息具有重要的经济价值,对市场交易具有潜在的重大影响,在决策信息正式发布(或被内部流程正式否决)前可视为一类内幕信息。在评估启动程序的环节,应针对决策主体、评估人和第三方信息知情人设定严格的保密义务及法律责任。

二、评估程序的执行

宏观调控效果评估程序的执行表现为对宏观调控政策措施的实施情况、影响效果的持续跟踪评价。评估程序与调控程序虽同步启动,但两者相互独立,评估人可以根据需要确定具体的程序执行方案,即赋予评估人充分的自主裁量权。为确保评估人、评估对象正确履职,使评估程序与宏观调控进程保持整体协同,制度上可以从以下几个角度对评估程序的执行予以约束和引导。

(一)建立动态监测与信息交换机制

效果评估需要真实、准确、完整、及时的经济信息作为支持,为此应强化执行主体的信息收集和提供义务。具体而言,评估人应在评估启动后的规定时间内,向执行主体确认数据和非数据信息的提供类别、内容、形式等方面的要求;调控执行主体应密切关注经济运行情况,协调统计、金融监管、市场管理等部门建立动态监测方案,及时采集相关的经济数据和市场信息,并对数据信息进行汇总初审后提交评估人。评估人在评估程序执行过程中可随时调整所需要搜集的信息内容,并在第一时间告知调控执行主体。

建立以宏观调控执行人为中心的信息交换机制能够最大限度上保障信息质量:其一,信息采集是宏观调控效果评估的内容之一,制度激励将促使调控执行人认真完成此项工作;其二,调控执行人熟悉调控任务,具备信息采集专业能力,由其进行信息数据的采集汇总可有效减轻评估人的负担,使后者专注于信息分析与评估工作，同时形成评估人与调控执行人相互制约的局面；其三，调控执行人作为省市级人民政府或系统重要性国有企事业单位，其身份特征能够有效克服当前部门间信息共享不畅的问题。此外，调控执行人履行经济信息的采集、汇总、报告义务也有助于督促其勤勉尽责地开展宏观调控工作。

（二）建立定期评价机制

相较于其他经济活动，不稳定性、不确定性是宏观调控的显著特点，由此产生了实体层面相机抉择的应对策略。作为评估程序上的考量，应建立定期评价机制以及时反映宏观调控政策措施的实施情况。具体而言，可设定以年度评估报告为基础，半年度评估报告、季度评估报告、专项评估报告为补充的评价体系。年度报告应全面反映被评估主体各项调控政策措施的决策、执行情况以及宏观调控政策措施的运行效果等事项，即本章第三节所论述的评估内容。报告一般在年度结束后的一段时间内完成。半年度评估报告、季度评估报告采用简化模式，重点分析政策措施变动所产生的影响，或者调控环境、调控效果所发生的重大变化，报告一般在季度末或半年度结束时的较短时间内完成。专项评估报告是针对某些特殊的、临时性的调控政策措施所形成的评估结果，可以根据政策措施的实施周期确定报告时间。

评估人内部应明确各类评估报告的出具流程，包括信息核实、报告生成、结论复核、内部审议等环节，各环节应有对应的时间约束，并实现岗位职责分离；此外，内部流程中还应明确第三方评估意见的适用方法，形成针对外部评估材料的审核、问询、引用流程，从而确保信息使用质量。评估程序执行过程中应强化评估人工作底稿的搜集与归档责任，底稿内容既包括与评估报告内容相关的基础信息资料，也包括评估人执行评估程序的流程记录。

定期评价机制有助于评估活动趋于标准化、规范化，及时、准确地反映宏观经济的变化和政策措施的应对情况。评价过程中的工作底稿也是评估人工作质量的直接评价载体，有助于监督主体对评估行为开展监督。

（三）建立调控指导机制

宏观调控效果评估的目标之一是督促相关决策主体和执行主体依法依规、勤勉高效地履行宏观调控职责，因此在评估程序的执行过程中，评估人与评估对象并非简单的考核与被考核关系,还应包括指导与被指导的关系。具体而言,程序制度应明确双方通过专人和专用系统进行业务交流,评估人及时回复评估对象在数据采集和汇总方面的问题,指导评估对象完善内部流程,协调其开展交流培训。此外,评估人还可以通过人员派驻、人员交流等形式实现动态化调控指导,进一步优化双方在调控效果评估领域的协同能力。调控指导机制是评估人与评估对象业务层面的交流互动,也是调控决策主体与调控执行主体间内部沟通机制的重要补充,有助于评估人更好地了解宏观调控全流程运行情况,提高各方信息交互能力。

(四)建立第三方参与机制

如前所述,引入社会第三方力量参与评估论证是宏观调控效果评估制度民主化、科学化的重要路径。本章第二节的主体制度主要关注第三方主体的资格、权利义务等实体性内容,在程序制度方面,可参考国务院于 2019 年 4 月发布的《重大行政决策程序暂行条例》中关于第三方主体参与重大决策后评估的规定①,就评估人与第三方主体行政委托关系的建立流程做出规定,具体包括以下两个方面。

(1)以评估项目发布、第三方投标、项目评审开标为代表的委托评估流程。评估人就评估工作中的重难点事项或依据相关规定应同步由第三方开展评估的事项发布招标公告,具备资格的第三方主体可参与竞标,提供评估方案。评估人基于公平、公正、公开的程序进行方案评审,根据评估需要确定一定数量的中标主体并订立委托合同,明确委托评估所涉具体事项、任务标准、完成时限、法律责任等内容。

(2)以提供专家意见、参与行业听证为代表的专家咨询流程。评估人应建立专家库,根据评估需要从在库专家中选择合适的人选参与评估咨询。相比于委托评估流程,专家咨询流程形式更加灵活,人员选择由评估人自行确定。但两类程序应保持独立,即一定时间内参与评估咨询的人员及所属机构

---

① 《重大行政决策程序暂行条例》第 36 条规定,重大行政决策实施后明显未达到预期效果,或公民、法人和其他组织提出较多意见,或决策机关认为有必要时,决策机关可以组织决策后评估,委托专业机构、社会组织等第三方进行。决策后评估应当注重听取社会公众的意见,吸收人大代表、政协委员、人民团体、基层组织、社会组织参与评估。决策作出前承担主要论证评估工作的机构不得参加决策后评估。

不得再承担委托评估的工作,以确保第三方评估机制的客观公正。

上述4个方面的程序设计有助于增强宏观调控效果评估的程序执行环节的可操作性,从而有效地保障宏观调控效果评估程序制度的顺利开展。

三、评估结果的反馈

宏观调控的评估结果具有三个方面的重要功能:一是作为改进和完善宏观调控政策措施的理论依据;二是作为引导市场调控预期的重要手段;三是作为宏观调控行政问责的认定基础。由此,评估结果的反馈应作为一项重要的流程纳入评估程序制度。在定期评价机制的基础上,评估结果的反馈应通过以下4条路径展开,且不同路径下的反馈内容有所差别。

一是向决策主体反馈。评估人在反馈评估报告的同时,可重点向宏观调控的决策部门提出调控建议。例如,对于效果积极的宏观调控措施,在建议加大执行力度的同时,还应尽可能地提示潜在的风险及调控环境可能的变化;而对于效果有限或没有效果的宏观调控措施,则可以建议停止执行或变更措施内容。作为评估人的监察机关的反馈意见具备较强的权威性和指导性,有助于宏观调控决策主体及时研判调控过程中的利弊得失、调整宏观经济政策。

二是系统内部反馈。评估人向有关组织部门、上级监察部门、上级政府反馈评估报告的同时,重点就宏观调控决策主体、执行主体贯彻宏观调控政策措施的决断力、调控流程遵守情况、主要领导职责发挥等发表意见。宏观调控作为政府经济工作的重要组成部分,其考核结果涉及相关领导干部的任用及问责。由此,系统内部的反馈流程应与干部考核流程、行政问责流程在程序方面协调统一。

三是市场途径反馈。宏观调控效果评估结果应作为政府信息公开内容,通过政府网站、指定新闻媒体等渠道及时发布,方便研究人员和社会公众获取。市场途径发布的评估报告应适当增加并突出调控预期方面的内容,更好地发挥宏观调控效果评估的引导功能。

四是向参与评估的第三方反馈。对于接受评估委托或参与专家咨询的第三方机构或者个人,评估人应向其反馈参与情况,包括意见或结论的采纳/不采纳情况、第三方参与评估合规性意见等。此项反馈有助于建立公正、有序的第三方参与机制，提升宏观调控的民主化程度和科学化水平。

四、评估结果的异议与校正

前述四类反馈对象均可以对评估结果提出异议，异议内容既包括事实层面关于评估内容、评估方法、信息来源等问题的认定，也包括价值层面关于是否合规、是否尽责等问题的判断。程序设计上，应确立与反馈流程相匹配的异议流程，对于决策主体的异议，评估人直接对相关异议进行备案审查；对于系统内部反馈的异议和第三方异议，由评估人启动复核/申诉程序，在规定时间内对异议事项予以复核，复核后仍存在异议的，提交上一级评估人进行最终裁定；对于市场途径反馈的异议，启动异议确认程序，在充分搜集异议信息的基础上，按照重要性原则和意见频率标准，确认需要核实的异议问题。

评估人对于确认的异议应进行严格、审慎的核查，对于事实认定或价值判断确有错误的评估意见，按内部程序进行讨论后提出修正意见，在规定时间内向提出异议的主体进行二次反馈。对已通过市场途径披露的评估报告中的错误，考虑市场预期效应的影响，应区分错误类型，适用不同的校正程序；对事实认定存在重大错误直接影响市场预期的，应在内部讨论确认后的第一时间发布更正公告和校正后的评估报告；涉及过往评估报告中数据、结论追溯调整的，在更正公告中一并予以说明；其他非重要性错误不直接影响市场预期的，在最近一期评估报告及当年年度评估报告中分别做出更正和差错说明。此外，评估人在工作中主动发现的评估错误，同样适用上述校正程序。

五、评估程序的终结

宏观调控效果评估程序与宏观调控程序的同步性还表现为两者应同步终结。如前所述，在调控措施已经实施完毕或预设的调控期限届满时，决策主体应按内部流程确认调控已完成；而在调控需求发生变化需要放弃执行调控措施时，决策主体应按内部流程确认调控终止。这两种情况下，决策主体应在内部流程完成后的规定时间内告知评估人，评估人对相应的评估程序启动终结流程，同时告知相关的执行评估人终止执行环节的评估。评估人在确认该项调控的评估反馈和校正工作已全部完成后，封存相关资料和工作底稿，并在最近一期的评估报告中对程序的终结情况做简要说明。

对于决策人暂缓或变更调控政策措施的决定，除实质性变更适用终结程序并启动新的评估程序外，其他情况下各级评估人应相应暂缓或继续原有评估程序，并在最近一期评估报告中对评估程序暂缓的情况或者调控政策措施变更的情况予以说明。

本章小结

宏观调控效果评估制度作为宏观调控法的重要组成部分，长期以来被学术界与实务界忽视，导致相关制度供给不足，现有制度实践价值不高，难以有效约束和促进宏观调控行为。在我国加快经济转型发展的时代背景下，宏观调控的重要性日益凸显，需要以“制度体系化”与“内容的科学化”为指引，明确宏观调控效果评估制度的实体与程序要素，强化评估制度的目标导向，构建要素科学的评估规则，并融入实践领域的成功经验，协调规则适用，充分发挥宏观调控效果评估在促进国家治理体系与治理能力现代化过程中的作用。具体而言，首先应当明确效果评估的主体制度，确立包括国务院、国务院相关部委、省级人民政府、国有企业等主体作为潜在调控决策主体与执行主体的被评估人体系，可考虑以监察部门为评估人，将其评估职能与社会第三方有效参与相结合，确保宏观调控效果评估的政治约束性与社会参与度。其次，明确效果评估的内容与方法制度。评估内容制度包括符合当前经济发展实际的调控目标设定、经济系统和金融系统并存的二元化与“双支柱调控”调控架构的合理运行、以货币政策工具及财政政策工具为代表的宏观调控政策工具的运用、旨在反映目标与实践差异而涵盖调控周期效应与预期效应的调控结果分析以及宏观调控程序各阶段的执行情况 5 个方面。评估方法制度主要涉及调控手段与调控目标之间的逻辑关联性论证、对评价指标的选取与权重设定以及对经济学模型合理使用的规制 3 个方面。最后，建立符合我国行政运行特点、涵盖“启动—执行—反馈—异议与校正—终结”全流程的效果评估程序制度，在保障效果评估实体制度有效运行的同时，将宏观调控效果评估有效融入政府经济管理活动之中。

第四章　国家治理现代化视域下健全宏观调控监督制度

以哈耶克为代表的古典自由主义经济学家主张以市场无形之手配置资源，以达到社会福利最大化。然而，20 世纪 30 年代爆发的资本主义大萧条浇灭了人们对市场万能的崇拜，国家干预作为对单纯市场机制缺陷的补充与纠正手段被推上历史舞台。其中，最有力的手段便是以“国家有形之手”对市场经济进行直接干预，即宏观调控。宏观调控虽然可以克服市场机制调节的事后性与盲目性，但用之不善将有可能使经济步入歧途，引致市场滞胀与经济危机，进而损害经济发展的社会福利。在这样的认知下，西方国家以法治观念为指引，要求法律在赋予国家干预经济权力的同时，也要着力于限制国家干预经济的权力范围和权力行使方式，以保护市场经济的微观基础——市场机制不受国家滥用强制权力而被破坏，保障国家宏观调控促进并改善市场机制作用效率的基本目标的实现。① 囿于从计划经济转向市场经济的历史背景，我国的宏观调控手段在发挥

① 参见李力：《宏观调控法律制度研究》，南京师范大学出版社 1998 年版，第 35 页。

促进经济发展作用的同时,也因缺乏有效的监督和私权保护机制,容易成为阻碍市场机制发挥、掣肘经济水平稳步提升的因素。在实现国家治理体系和治理能力现代化的当下,以法律规范权力行使,约束权力随意扩张,进而健全宏观调控的监督制度显得尤为迫切。

第一节 国家治理现代化对健全宏观调控监督制度的基本要求

监督是约束权力恣意横行,“将权力关进笼子”①的必要手段,也是保障制度运行、协议履行的重要方式。就在2020年1月,中美达成并公布了《中美第一阶段经贸协议》,且十分重视对协议履行的监督。中美双方拟通过派驻特派员、建立专门的协议履行汇报与沟通渠道的方式对协议履行进行监督。同时,该协议还引入第三方监督,即当中美双方未能根据《双边评估与争端解决安排》达成双方满意的解决方案时,可以授权国际货币基金组织对被请求方的宏观经济和汇率政策以及数据透明度和报告政策进行严格监督。在经济发展进入新常态阶段,过去“有调控无监督”“有干预无控制”的粗放式宏观调控模式已经难以适应新发展理念的要求,体系完备、科学有效的宏观调控监督制度体系亟待完善。宏观调控监督制度的完善,要在形式上将监督宏观调控的各项制度予以体系化、法治化,同时在实质上将法治思维融入宏观调控监督制度的具体内容设计,确保宏观调控的目标订立、方法选择和手段运用科学合理。

一、国家治理体系现代化对宏观调控监督制度的体系化要求

建立健全宏观调控监督制度,首先要回答的便是谁来监督、监督什么、怎样监督等基本问题。对这些具体问题的回答和制度建构,形成了宏观调控监督制度最基本的“原子结构”。每一项具体的监督制度都是根据不同监督主体和监督需要进行设置的,它们构成了监督宏观调控的制度群。正如以立体

① 参见李法泉:《把权力关进制度的笼子里》,载《求是》2013年第9期。

化和平面化两种不同的方式排列、组合碳原子会形成物理性质迥异的钻石和石墨,对原子态的宏观调控基本监督制度进行不同方式的组合,也将呈现出完全不同的宏观调控监督制度,进而得到完全不同的宏观调控监督效果。因此,建构宏观调控监督制度需要立足体系化的宏观视角,对现存的和拟建立的宏观调控基本监督制度进行"扫描"与分析,从各制度的目的和功能出发,关照各基本制度之间的整合、协调和统一,最终搭建起有机统一、合理体系化的宏观调控监督制度。① 宏观调控监督制度的体系化,是国家治理体系现代化的题中应有之义,也是健全宏观调控监督制度的形式外观和逻辑起点。

(一)国家治理体系现代化的理论基础

国家治理体系,实质上就是"各领域体制机制、法律法规安排,也就是一整套紧密相连、相互协调的国家制度"②。治理体系现代化就是制度性安排和完善。邓小平同志在1992年视察南方时的讲话中提出,恐怕再有30年的时间,我们才会在各个方面形成一整套更加成熟更加定型的制度。③今天,我们已经来到了对制度体系、治理体系进行规范和总结的时候,中国的发展和建设整体上也需要从理论上把一些好的制度和做法规律化、精准化、程序化、科学化和法治化。建立健全宏观调控监督制度是我们应当持续努力的事业,如何完善、如何发展、未来怎么走、哪些程序要破、哪些东西要立,这些都需要根据中国的实践情况做出归纳和总结。

面对一系列突出矛盾和挑战,必须在治理体系现代化中克服经济社会持续健康发展面临的新常态,在改革中不断优化和完善应对机制。发展和完善中国特色社会主义制度,需要推进国家治理体系现代化,重点解决以下历史遗留问题:重经济建设、轻社会建设,重政府作用、轻多元主体参与,重管理控制、轻协商服务,重事后处理、轻源头防治,重人治、轻法治,重行政约束、轻道德自律,重解决具体问题,轻制度机制建设等问题。④ 如何积极应对这些问题是国家治理体系现代化的应有之义,也是推进所有领域治理

---

① 参见张卫平:《执行救济制度的体系化》,载《中外法学》2019年第4期。

② 习近平:《切实把思想统一到党的十八届三中全会精神上来》,载《人民日报》2014年1月1日,第02版。

③ 参见《邓小平文选》(第3卷),人民出版社1992年版,第372页。

④ 参见魏礼群:《积极推进社会治理体制创新》,载《行政管理改革》2014年第8期。

制度化、完善国家治理体系的现实选择。

推进国家治理体系现代化，需要准确、透彻地理解国家治理体系，防止碎片化、断章取义。就我国而言，国家治理体系现代化的基本要件有：(1)必须把人民代表大会制度、中国共产党领导的多党合作和政治协商制度、民族区域自治制度等传统制度优势通过治理体系化联动建设，打破存在的衔接掣肘，实现“一盘棋”考量，提高国家治理能力、政府管理效能顺畅程度，不因某一环节暂时停摆而影响整体治理效果。(2)必须在文化观念上从传统治理理念中不断创新，体现现代治理文明的内在要求，把德治和法治高效能地结合，寻找最优效果。既要实现人的道德素养、法治观念、法治文化、法治文明的普遍提高，又要在制度建设上体现简政放权、简化程序，把法律还原为治理手段，而不是治理目的。① (3)社会治理参与意识越来越强。公民更能够理性地对待政策的得与失，能客观公正而不是非理性偏激地表达自己建言献策的合理主张。国家治理体系的现代化少不了公民政治素养、理性参政、客观监督政府等综合素质的提升。② 也就是说，国家治理体系能不能现代化，不仅仅取决于政党和政府，也取决于公民的良好修养和公德的养成。(4)必须坚持系统治理。党的十八届三中全会通过的《中共中央关于全面深化改革若干重大问题的决定》指出要加强党委领导，发挥政府主导作用，鼓励和支持社会各方面参与，实现政府治理和社会自我调节、居民自治良性互动。(5)必须实现从源头到治理末梢全流程的科学管理，在源头整顿与现代治理不相容的内容，在过程中加强依法治理的执行力和透明度，在末端上发挥社会治理、社会监督的功能。

(二)作为国家治理体系组成部分的宏观调控监督制度

经济治理是国家治理体系的重要内容，主要通过国家宏观调控职能实现，国家治理体系的现代化包含着宏观调控体系的完善。宏观调控制度现代化作为国家治理体系现代化的重要方面，其核心问题是处理好政府与市场的关系，遵循市场决定资源配置的市场经济一般规律，将政府的职责和作

① 参见公丕祥：《习近平国家制度与法律制度思想论要》，载《法律科学(西北政法大学学报)》2021 年第 2 期。

② 参见周晓丽、党秀云：《西方国家的社会治理：机制、理念及其启示》，载《南京社会科学》2013 年第 10 期。

用定位于保持宏观经济稳定,维护市场秩序、保障公平竞争,加强市场监管、优化公共服务,推动可持续发展、弥补市场失灵,最终促进共同富裕。① 从社会价值来讲,宏观调控只是为弥补市场经济中的市场失灵而提供的一种政府干预手段,而市场机制在市场经济中依然起着决定性作用。② 因此,市场经济的基本理念和基本制度为宏观调控的活动边界提供了一种限制性标准:国家对经济的干预在任何情况下都不能违背市场经济的基本理念,不能对市场经济的基础构成损害。③ 然而,权力本身的扩张性与逐利性决定其随时可能跨越这一限制标准,因而法律在赋予政府宏观调控权力的同时,对其进行有效的法律监督成为关键。建立健全宏观调控监督制度,不仅是现代市场经济与国家干预之间关系的权衡结果,也是法治主义权力观的必然要求,其实质是使宏观调控权的行使在遵循市场经济规律的前提下,最大限度地发挥宏观调控对市场机制的弥补功能。

国家治理体系现代化要求治国理政的制度体系具有相对的规定性、固定性和稳定性。落实到宏观调控监督制度,就需要将过去孤立考虑宏观调控监督对策形成的规范、制度予以体系化、法治化。改革开放以来,我国的宏观调控制度已经取得长足发展,相应的宏观调控监督制度也在不断完善之中。但也应当看到,由于监督宏观调控的对策性需要,过去施行的宏观调控监督制度没有进行整体考量和体系化设计,这就导致既有的宏观调控监督制度碎片化和补丁化。所谓体系,是指依据一定的原则构成的知识整体,即把既存的有关特定对象的各种知识或概念,放置在经过划分、逻辑上相互关联在一起的理论构架中,是一个经过穷尽划分的整体。④ 宏观调控是一种调控主体灵活运用财政、货币、产业和价格等政策工具及其组合的国家经济管理行为。因此,宏观调控的监督就应当渗透到各种各样的宏观调控工具和不同的调控阶段。宏观调控监督制度体系是学者对宏观调控监督手段予以加工处理的一种产物。在解决市场失灵问题的过程中,许多宏观调控

① 参见应松年:《加快法治建设促进国家治理体系和治理能力现代化》,载《中国法学》2014 年第 6 期。

② 参见韩保江主编:《中国经济体制改革发展史》,河北人民出版社 2018 年版,第 572 页。

③ 参见李力:《宏观调控法律制度研究》,南京师范大学出版社 1998 年版,第 19 页。

④ 参见张功:《法学规范研究方法》,湖北人民出版社 2016 年版,第 61 页。

手段经过决策者的分析、比较和归纳之后,会显示出它们之间的内在关联,以及这些关联形态所具有的整体功能。根据特定的目的,调整这些手段之间的关系并将其组织起来,就可以使之具有特定的功能。这种依据特定目的设定所期待的功能,将宏观调控监督手段根据其存在的关系组织起来的方法,便是宏观调控监督制度的体系化。宏观调控监督制度体系化的任务就是将特定时期已经获得的全部宏观调控监督手段,以整体的方式表现出来,将整体中的各个部分用逻辑联系起来。

(三)宏观调控监督制度的体系化目标

体系化是人类认识客观世界的一种基本方法,也是人类有机组合社会治理手段的基本前提。体系化的基本任务是将任何时点人们已经获得的各种知识和社会治理手段的全部,以整体的方式予以表现,将整体中的各部门用一定的逻辑联系起来。[①] 宏观调控监督制度的体系化追求以下三个目标。

首先,将特定时期的宏观调控监督手段体系化。我国现行碎片化、条块状、不成体系的宏观调控监督制度已经构成深入推进市场改革的关键障碍。法治的本质是制度之治,宏观调控监督法治化的最终落实在于健全宏观调控制度的监督体系。制度体系是一个内容完整、各部分协调、良性运转的规范系统,其关键在于把握好规范的边界、规范制定的技术和规范的适用方法三个方面。根据历史经验和法治规律的总结,在制度体系的边界、立法技术、规则的适用方法三方面的统筹下,健全宏观调控监督制度体系的总要求的关键在于完善社会主义市场经济体制并用法治的手段廓清宏观调控的权力边界、调用手段和运行方式。

其次,将特定的价值目标贯穿于整个宏观调控监督制度体系之中。特定时期的宏观调控监督手段承载着特定的价值追求,制度旨在创设一个兼顾公平与效率的社会秩序。[②] 一个社会治理制度要恰当地完成其职能,就不仅要求实现效率,还必须致力于创造公平。一般情况下,公平与效率之间

① 参见梁迎修:《方法论视野中的法律体系与体系思维》,载《政法论坛》2008 年第 1 期。

② 参见张勇:《作为社会主义市场经济重要制度安排的宏观调控:一个学理分析》,载《黑龙江社会科学》2016 年第 5 期。

会发生冲突，任何人为制度都不可能兼顾二者。但在一个以法律建构起来的社会治理制度中，公平与效率通常不会发生冲突，他们必须在一个更高的层面上紧密联系，这就是法律制度体系。只有通过制度的体系化，才能使公平在法律规范内得以贯彻。贯彻了法律基本价值的宏观调控监督制度，通过法律的运行活动，在效率实现过程中兼顾公平的价值目标。而一个表现出一贯性和统一性的宏观调控监督制度，远比依赖于无法综览、互不相属的，甚至互相矛盾、杂乱无章的零散制度群更能够保障监督宏观调控的确定性和可预测性。

最后，追求体系内各宏观调控监督手段之间的协调。体系化的宏观调控监督制度有一个统一的目标，这一目标贯穿于整个宏观调控监督制度体系，体系内的宏观调控监督手段有清晰的位阶关系。体系涵盖宏观调控监督手段之全部，监督手段之间无矛盾冲突。马克思·韦伯指出，点状的制度不知体系化为何物。按照我们今天的思维习惯，体系化意味着建立所有由分析所获得的社会治理手段的联系，使它们之间组成一个逻辑上清楚和原则上没有缺漏的制度体系。也就是说，这种体系要求一切可以想象的社会治理手段在逻辑上都必须能够归纳到它的准则之一的名下，否则，它们的秩序就失去了制度保障。① 处于一个体系之内的宏观调控监督制度，必须贯彻体系所存在的价值。体系内的各手段之间不得违背形式逻辑法则，必须保持逻辑上的统一。制度体系必须涵盖特定时期的所有监督宏观调控的手段，或者说，所遇到的宏观调控监督手段都能够得到体系性的解释。

二、国家治理能力现代化对宏观调控监督制度内容的科学化要求

现代化是一个社会由传统向现代转化的整体过程，其中以经济发展作为前提和主要驱动力，并推动社会各个领域的全面发展，以达到现代性总体要求为终极目标。② 国家治理能力的现代化主要是指以法治的方法实现国家治理，这是因为相较于对政治家个人能力的严重依赖和决策者肆意妄为

---

① 参见[德]马克斯·韦伯：《经济与社会》（下卷），林荣远译，商务印书馆1997年版，第16页。

② 参见杜飞进：《中国的治理：国家治理现代化研究》，商务印书馆2017年版，第18页。

带来的不确定的人治而言，法治能够为国家治理注入良法的基本价值，并为国家治理提供善治的创新机制。[①] 宏观调控权可以界定为一国的政权机构综合运用各种引导、促进方式，对社会经济结构和运行进行调控，以解决市场调节的被动性和滞后性的一种国家经济调节权，是区别于立法权、行政权、司法权的一种新型公权力。[②] 在推进国家治理能力现代化的过程中，还需着力实现宏观调控监督制度的科学化，使监督主体设置、权力配置合理，监督有效。

（一）国家治理能力现代化的理论基础

治理是当前国际社会科学的前沿理论之一。自1989年世界银行关于非洲的报告中首次使用“治理危机”一词后，治理逐渐为一些政治发展研究机构及政治学者所关注并使用，在经济学、政治学、政策科学、管理学等领域，全球治理、乡村治理、政府治理等成为世界各国政府改革与构建国际政治新秩序的一种新机制。英语中的“治理”（governance）一词源于古希腊语中的“掌舵”（steering），原意为控制或操纵（govern）。西方学术界曾经长期将“治理”（governance）限于与国家公共事务相关的宪法议题或法律执行活动，或者管理利害关系不同的多种特定机构或行业。[③] 与“统治”不同，治理强调主体、手段、方法的多元，其作用范围也更为宽广。治理理论是一种蕴含了全新的、与传统统治方式有着根本区别的社会管理思想，建构了一种政府、市场、社会公众多方参与社会公共事务的管理体系，其价值评价目标是善治。

在不同时期，不同的国家和政权为了确保国家政策的有效实施、国家意志的有效转化、更好地实现国家对社会整合目标，在行使国家权力时应当尽可能保持与社会良性互动，提高国家能力行使的效度与水平，提升国家治理能力。从这个意义上看，国家治理能力可以界定为在国家能力与国家能力行使中国家与社会合作治理的能力。正如习近平总书记所言：“国家治理能力就是运用国家制度管理社会各方面事务的能力，包括改革发展稳定、内

---

① 参见张文显：《法治与国家治理现代化》，载《中国法学》2014年第4期。
② 参见陈云良：《国家调节权：第四种权力形态》，载《现代法学》2007年第6期。
③ 参见俞可平：《治理与善治》，社会科学文献出版社2000年版，第55页。

政外交国防、治党治国治军等各个方面。”①国家治理能力现代化是治理体系现代化的目标和结果,指的是国家治理者善于运用法治思维和法律制度治理国家,从而把我国的制度优势转化为治理国家的效能。因而可以说,国家治理能力现代化就是通过国家制度体系的构建、完善和运作,使制度理性、多元共治、公平正义、协商民主等理念渗透到经济、政治、文化、社会、生态等领域并引起整个社会思想观念、组织方式、行为方式等各个方面的深刻变化,进而实现传统国家管理向现代国家治理转变的过程。它是对国家治理困境和危机的主动回应,是国家治理功能的自我矫正。

国家治理能力现代化主要表现为以下5个方面:②(1)制度化。要维护国家政治秩序的稳定性,必须加强制度建设以保证各种力量参与国家治理的规范化、有序性。(2)民主化。通过民主治理可以为资源的合理配置、利益冲突的有效解决提供规则,使各治理主体能够平等、公正地参与国家治理并发挥各自潜能。(3)法治化。法治化强调法律作为一种国家治理工具在国家治理中的至上地位,一切权力、秩序都来自法律,权威的产生、权力的行使形式都必须约束在法律的范围内。(4)协同化。现代国家治理要求在国家治理能力现代化建设中整体规划统筹安排,注重治理的协同性,通过调整机构、明确职能、整合资源、协调利益、凝聚力量,最终形成整体效应、取得整体效果。(5)高效化。通过决策科学化和执行高效化,最大限度地改善民生、维护民权,最大限度地增大社会经济效益,这是国家治理能力现代化建设的目标。

(二)作为科学执政能力体现的宏观调控监督制度

现代国家治理能力是一种强有力、负责任、受约束的国家治理,科学化是其重要的衡量标准。质言之,多元治理主体都将拥有较强的自主性,他们在各自的专业领域和职业划分中各司其职,执政党和政府统领全局,协调社会治理主体进行治理战略、政策规划和治理能力的不断提高,形塑多元治理

---

① 习近平:《完善和发展中国特色社会主义制度 推进国家治理体系和治理能力现代化》,载《人民日报》2014年2月18日,第1版。

② 参见权丽华:《国家治理能力现代化背景下的乡村治理研究》,光明日报出版社2016年版,第24~25页。

主体纵向、横向互动的行为规则，增强国家治理的程序性。[①] 也就是说，国家治理能力现代化虽然有多重向度、多个层面，但从宏观层面来说，主要体现为执政党协调全社会各类治理主体参与到国家治理这项事业中来，因而科学执政是政党治理国家模式在国家治理能力现代化的视域下最重要的体现。

科学执政是我们党在国家治理阶段加强执政能力建设的重要目标，这要求党必须正确认识并把握人类社会发展规律、社会主义建设规律和共产党的执政规律，以科学的思想理念和科学的制度体系治国理政。2014 年，党的十八届四中全会通过的《中共中央关于推进全面依法治国若干重大问题的决定》，明确指出依法治国是坚持和发展中国特色社会主义的本质要求和重要保障，是实现国家治理体系和治理能力现代化的必然要求。可见，国家治理法治化是实现国家治理现代化的基本路径和根本保证。国家治理法治化包括治理体系法制化和治理能力法治化两个基本方面，治理体系法制化指的是把国家治理制度的“分子结构”精细化为“原子结构”，从而增强其执行力和运行力，再通过法制化予以定型化、体系化。而治理能力法治化主要指运用法治的思维和方式，改善国家治理动力不足、能力不够的问题，提高国家治理能力的科学性和各主体对国家治理策略的执行力。[②]

国家治理能力是评价一国治理水平和治理效能的主要指征，它涵盖了执政党的执政能力、参政党的参政议政能力、立法机关的立法能力、行政机关的执法能力、司法机关的司法能力、军队的国防军事能力等诸多方面。其中，尤其以执政党的执政能力最为关键，因为执政党在国家治理过程中发挥着总揽全局、协调各方的核心作用。提高执政党的执政能力和水平是实现国家治理能力现代化的重要保障。在我国，党的执政能力科学化是国家治理能力现代化的当然拓展和延伸。虽然国家治理能力与党的执政能力分属不同范畴，但二者内在机理相通。国家治理能力现代化内含党的执政能力科学化，党的执政能力科学化直接关系着全面深化改革总目标的实现。[③]

---

① 参见何增科：《理解国家治理及其现代化》，载《马克思主义与现实》2014 年第 1 期。

② 参见张文显：《法治与国家治理现代化》，载《中国法学》2014 年第 4 期。

③ 参见江胜尧：《国家治理能力现代化视阈下党的执政能力科学化》，载《广西社会科学》2014 年第 12 期。

党的执政能力科学化要求宏观调控监督制度科学化,因为只有科学的宏观调控监督制度才能有效发挥宏观调控的经济调节功能,保障宏观调控制度的正常运转。

建设社会主义市场经济需要坚持和强化党的领导,反过来党的执政能力科学化攸关社会主义市场经济的成败。当前,我国正在推进国家治理体系和治理能力现代化。在全面依法治国的逻辑下,治国理政的各项制度都需在形式上法制化,在实质上法治化。具体到宏观调控监督制度,要求各种监督手段在逻辑体系上做到目的、功能的有机整合,制度前后关照、衔接;在实质内容上,实现调控目标设定合理、可及,调控手段有效、可行,使科学化的宏观调控监督方式内嵌于体系化的宏观调控监督制度,使之成为浑然的有机整体。

(三)宏观调控监督制度的科学化路径

监督制度内容对应的是监督实体制度的内容、监督程序制度的内容和监督反馈制度的内容。虽然它们的规范路径、方法和目的殊异,评价各自内容科学化的标准也不同,但是,在推进宏观调控监督制度内容的科学化进程中,这三个部分的制度内容须进行协调完善。经过四十余年的探索,我国形成了以财政政策、货币政策为主要手段,就业、产业、投资、消费、区域政策协同发力的宏观调控方式。相关政策由中国人民银行、财政部、国家发改委、商务部、国家税务总局等国务院主管的各部委具体制定和实施。因此,国务院是宏观调控最直接、最有力的监督主体。此外,通过司法机关建立正式的宏观调控外部监督机制,将有助于打破宏观调控行为“全链条”在行政机关内部运行而缺乏外部监督的困境。要实现这个目标,需要在理论上廓清宏观调控可诉性问题,在实践中建立相应的诉讼程序。宏观调控行为是否可诉是经济法学界争论已久的问题,否定派学者一般以宏观调控行为属于国家行为为由排除其可诉性。① 然而,肯定派学者则认为,当前实现宏观调控的可诉固然存在许多障碍,但障碍并不能成为否定其可诉性的理由,反而应当通过司法体制改革,建立公益诉讼制度,辅之“法院之友”手段推进

① 参见邢会强:《宏观调控行为的不可诉性探析》,载《法商研究》2002 年第 5 期。

实现宏观调控的司法监督。①

当前,在我国不算成熟的宏观调控监督制度中存在一些问题。首先,宏观调控监督制度的规范依据尚需完善。少量的规章与制度为监督宏观调控提供了规范依据,但目前这些规章效力位阶较低,而且缺乏配套措施对相关监督原则予以阐明和具体化,进而造成目前的宏观调控监督制度操作性不强。其次,宏观调控监督制度架构不尽如人意。因为宏观调控从决策到实施涉及多层次、多方面的机构和部门,监督宏观调控的职能也在多层级的诸多部门中"流转",多头监督主体职责界限不清,权利义务不明造成重复监督和监督真空并存。再次,宏观调控监督主体的监督能动性不足。这主要表现在监督主体的监督意识薄弱和监督能力不足。因为没有设置监督宏观调控的专门性机构,缺乏提升监督意识和监督能力的动力。最后,宏观调控监督制度还存在整体运行不畅,功能不完整的问题。

针对上述问题,在推进国家治理能力现代化的过程中,须着力实现宏观调控监督制度的科学化。具体而言,首先要在科学论证宏观调控制度的基础上,适时制定专门的《宏观调控法》并以专门章节规定宏观调控监督制度,为其提供高位阶的法律规范支持;其次,明确各监督部门监督宏观调控的职责、权力和义务,努力克服监督冗余,消除监督真空;再次,在明确宏观调控监督职权、责任的基础上强化监督失职的问责制度,在行政法规和规章中完善相关行政责任,在刑法中保留渎职罪的适用空间;最后,在宏观调控监督制度的具体运行过程中,对各监督部门配合失调、信息传递不畅等问题进行修补和完善。通过从法律规范制定到机构部门职权划分及问责制度完善等一整套的"组合拳"发力,着力推进宏观调控监督制度的现代化。

第二节　国家治理现代化视域下健全宏观调控监督实体制度

宏观调控监督实体制度主要包括监督主体制度和监督内容制度两个方

① 参见胡光志:《论宏观调控行为的可诉性》,载《现代法学》2008年第2期。

面。由于宏观调控从动议到实施历经决策、评估、执行等多个阶段，相关主体涉及全国人大及其常委会、国务院及其各部委、地方政府及其相关部门，在不同阶段针对宏观调控的不同事项需由不同部门以不同方式进行监督。多元的监督主体和丰富的监督内容均囊括在宏观调控监督实体制度之中。完善宏观调控监督实体制度，需遵循国家治理体系和治理能力现代化对宏观调控监督制度的两大要求——体系化要求和法治化要求。不仅要在逻辑体系上做到目的、功能的有机整合，制度前后关照、衔接，还应在内容设计上实现调控目标设定合理、可及，调控手段有效、可行，从而使法治化的宏观调控监督方式内嵌于体系化的宏观调控监督制度，最终形成一个浑然天成的有机整体。

一、宏观调控监督主体的制度安排

全国人大及其常委会对国务院的监督主要是通过立法授权及政府工作报告进行监督，这是一种事后监督；国务院对国家发展改革委、财政部、中国人民银行、外汇管理局等宏观调控职能部门的监督主要是通过职能部门的报告制度实现；监察委和司法机关虽然都是“体制外”监督，但鉴于其职能定位不同，监察委的监督更多体现出主动性和间接性，而司法机关的监督则相对被动，且多属于事后监督。在完善宏观调控监督主体制度方面，需要完善以下五类主体的监督制度。

（一）全国人大及其常委会对宏观调控的监督

人民代表大会监督制度对于发展中国特色社会主义民主、维护人民根本利益、实现国家治理体系和治理能力现代化具有重要意义。[①] 全国人大及其常委会作为我国最高权力机关，不仅是政府宏观调控职权的直接权力来源，也是监督宏观调控的第一主体。从宪法视角出发，全国人大及其常委会拥有监督宏观调控的职权，是监督宏观调控的最高权力机关，原因在于我国《宪法》第 62 条第 1 款第 10 项、第 11 项分别规定了全国人大行使审查和批准国民经济和社会发展计划和计划执行情况报告、审查和批准国家预算

---

① 参见简小文：《习近平关于人大监督的重要论述研究——兼论我国宪法法律监督权与人大监督制度的完善》，载《经济社会体制比较》2020 年第 1 期。

和预算执行情况报告两项职权。《宪法》第 67 条第 1 款第 6 项规定了全国人大常委会监督国务院、中央军事委员会、国家监察委员会、最高人民法院和最高人民检察院的工作的职权。从监督权力性质来说,全国人大审查和批准国民经济和社会发展计划、国家预算和执行情况,其监督职权主要通过立法授权和国务院的政府工作报告进行,这本质上是一种对国务院行使宏观调控执行权的事后监督。[①] 宏观调控使现代国家的职能呈现出较强的专业性和技术性。无论是国家计划的拟定还是财政政策、货币政策的出台,都必须符合经济发展的一般规律。出于对时间和技术的考量,实践中我国一般将宏观调控具体事项授权给国务院及其组成部门,由它们具体履行宏观调控职责。由政府部门具体实施宏观调控,虽然能够克服时间迟滞与技术困难,但也带来了政府与市场的利益冲突和政府部门多头调控权责不清等问题。鉴于此,对政府的宏观调控不仅要规范授权,更要加强对宏观调控权力行使的监督。

(二)国务院对宏观调控的监督

国务院作为宏观调控的执行主体,在接受全国人大及其常委会的监督的同时,也享有监督其内设部委、地方政府对宏观调控政策的落实与执行的权力。国务院对宏观调控的监督主要是指宏观调控主体的内部系统实行的层级监督,即上级政府对下级政府、政府对所属各部门的监督,其主要内容是检查制定的规范性文件是否有悖于宏观调控基本法律制度,并依法改变或者撤销下级政府及行政管理部门的辅助政府宏观调控的行政行为以及提供公众服务行为等。《宪法》第 89 条规定了国务院"编制和执行国民经济和社会发展计划和国家预算""规定各部和各委员会的任务和职责,统一领导各部和各委员会的工作,并且领导不属于各部和各委员会的全国性的行政工作""统一领导全国地方各级国家行政机关的工作"等职权。据此,国务院作为宏观调控的执行主体,在接受全国人大及其常委会的监督的同时,也要监督其内设部委、地方政府对宏观调控政策的落实与执行。在监督形式上,国务院对国家发展改革委、财政部、中国人民银行、外汇管理局等宏观调控职能部门的监督主要通过职能部门的报告制度实现。

---

① 参见张辉:《宏观调控权法律控制研究》,法律出版社 2010 年版,第 208 页。

实际上,经过四十余年的探索,我国业已形成了以财政政策、货币政策为主要手段,就业、产业、投资、消费、区域政策协同发力的宏观调控方式。各种宏观调控政策由国务院下属的财政部、中国人民银行、国家发展改革委等部委具体制定和实施。现代国家契约理论指出,政府是全体社会公众利益的代表,它行使宪法所赋予的权力时必须以维护与促进社会公众利益为其根本。但是,大量国有企业与国务院各部委存在隶属关系,这就导致国务院各部委在行使公权力时可能出现偏离社会公众利益的现象,在宏观调控的过程中也时有发生。例如,为支持本部门所属国有企业发展,调控部门可能在产业政策、税收、汇率、利率等方面对它们给予特别优惠,为它们制造特殊优待的宏观经济环境。因此,国务院概括接受全国人大的宏观调控授权的同时,还应加强对其下属各职能机关的监督。

(三)监察委及司法机关对宏观调控的监督

宏观调控权可以界定为一国的政权机构综合运用各种引导、促进方式,对社会经济结构和运行进行调控,以解决市场调节的被动性和滞后性的一种国家经济调节权,是区别于立法权、行政权、司法权的一种新型公权力。[①]传统上由全国人大及其常委会、国务院及所属部门行使宏观调控监督权存在"既做运动员又做裁判员"的嫌疑,有必要适时建立一套适合中国国情的宏观调控监察、司法监督制度。2018 年制定通过的《中华人民共和国监察法》规定,各级监察委员会依法对所有行使公权力的公职人员进行监察。因此,监察委也是监督宏观调控的适格主体。

司法机关对政府宏观调控的监督一般通过行政诉讼来实现。《中华人民共和国行政诉讼法》(以下简称《行政诉讼法》)第 6 条规定:"人民法院审理行政案件,对行政行为是否合法进行审查。"据此,人民法院对于政府的辅助宏观调控行为与提供公众服务行为享有司法监督权。在当前的法制体系下,法院所进行的司法审查,包括对具体宏观调控行为(涉及辅助政府宏观调控的行政行为、政府提供与宏观调控有关的公共服务行为等)与部分抽象宏观调控行为(涉及宏观调控的立法与决策行为等)的审查与复核。但是,尽管法院在审查具体行政行为时可以附带审查规范性文件,但由于审

① 参见陈云良:《国家调节权:第四种权力形态》,载《现代法学》2007 年第 6 期。

查范围和权力的局限，对于抽象性的宏观调控政府立法与宏观调控决策，法院的监督权能还相对薄弱。监察委和司法机关虽然都是“体制外”监督，但鉴于其职能定位不同，监察委的监督体现出主动性和间接性，而司法机关的监督则相对被动，而且多属于事后监督。

（四）社会公众对宏观调控的监督

建立健全社会公众对宏观调控的监督制度不仅是完善我国宏观调控监督制度的重要环节和民主政治下公权力运作的基本特征，也是宏观调控权得以正确行使的基本保证。[①] 从理论依据角度出发，国家权力源于人民，因此民众对国家权力使用的监督实际是对其自身权利的维护。“政府对公众的责任是由公众的力量来实施的，这样就可以转变那些不需要的或不适当的政府行为。”[②]从法律依据维度来看，社会公众行使监督权存在法律依据。《宪法》第 27 条第 2 款明确规定，一切国家机关和国家工作人员必须依靠人民的支持，经常保持同人民的密切联系，倾听人民的意见和建议，接受人民的监督，努力为人民服务。第 41 条同时规定，中华人民共和国公民对于任何国家机关和国家工作人员，有提出批评和建议的权利；对于任何国家机关和国家工作人员的违法失职行为，有向有关国家机关提出申诉、控告或者检举的权利。上述两条规定以根本法的形式确认了社会公众的监督权，是宏观调控社会公众监督制度的法律渊源。

当前，由于我国的社会公众监督尚不具备具体的法律形式，也没有明确的监督程序，更不具有强制性的法律后果，因而社会公众只能通过对政府宏观调控行为的异议，触发政府机构的自我审查或者引起立法机关、司法机关的注意，以达到监督宏观调控的目的，因而效力最弱。但是，社会公众的监督是社会民主发展的重要方向，是任何监督体系不可或缺的组成部分，并将随着我国法治建设的逐渐完善与民主政治的不断发展得以强化。

（五）域外监督主体

除前面四类来自国内的监督主体，我们也不能忽视来自国际层面的监

---

① 参见杨三正：《宏观调控权论》，厦门大学出版社 2007 年版，第 167 页。

② ［美］查尔斯·沃尔夫：《市场或政府——权衡两种不完善的选择》，谢旭译，中国发展出版社 1994 年版，第 137 页。

督主体,既包括相关国家、政府间国际组织,也包括广大的非政府间国际组织(INGOs)。比如,通过《中国入世议定书》,中国接受了 WTO 对中国贸易政策的定期审查制度,密切关注环保、劳工、人权等问题。INGOs 对相关宏观调控行为的反应非常及时直接。在解决国际经贸冲突的谈判安排中,不同国家互派工作人员监督对方对合作协议的履行也成为一种共同接受的方式。例如,在 2020 年 1 月达成的《中美第一阶段经贸协议》中,中美双方拟通过互相派驻特派员,通过汇报、沟通渠道,对协议的履行进行监督。无疑,第五类来自域外的新监督主体,尽管它们的监督权力来源多元,监督方式多样,但都能起到一定程度的监督效果。

WTO 具有完备的组织机构,为监督职能的履行提供了良好的组织基础。这些组织机构主要有部长会议、总理事会、贸易政策审议机构(Trade Policy Review Body,TPRB)、争端解决机构(Dispute Settlement Bode,DSB)、各部门理事会及各委员会。其中,TPRB 是专门的监督机构,它负责管理贸易政策审议机制,按照国别对各成员的贸易政策和做法定期进行全面审议。独立于行政机构,使得 TPRB 在监督活动中处于一种独特的地位,它也是最重要的监督机构。由于该独立监督机构的设置,使 WTO 成员方的区域内宏观调控行为受到了国际主体的监督。

2013 年,中国国家主席习近平提出建设“新丝绸之路经济带”和“21 世纪海上丝绸之路”(简称“一带一路”)的合作倡议,期待高举和平发展的旗帜,依靠中国与有关国家既有的双多边机制,借助既有的、行之有效的区域合作平台,积极发展与沿线国家的经济合作伙伴关系,共同打造政治互信、经济融合、文化包容的利益共同体、命运共同体和责任共同体。针对“一带一路”的协议履行监督与国际商事争端解决,我国作为该倡议的发起国,在 2018 年出台了《关于建立“一带一路”国际商事争端解决机制和机构的意见》,提出由最高人民法院设立国际商事法庭,牵头组建国际商事专家委员会,支持“一带一路”国际商事纠纷通过调解、仲裁等方式解决,推动建立诉讼与调解、仲裁有效衔接的多元化纠纷解决机制,形成便利、快捷、低成本的“一站式”争端解决中心,为“一带一路”建设参与国当事人提供优质高效的法律服务,借此监督协议履行,妥善解决贸易争端,保障作为国际商贸协议的“一带一路”协议不因一国的国内宏观调控政策、行为受到剧烈影响。

由东盟十国于2012年发起，中国、日本、韩国、澳大利亚、新西兰参与共同制定的《区域全面经济伙伴关系协定》(Regional Comprehensive Economic Partnership，RCEP)经历了艰苦的谈判，终于从2022年1月1日起正式生效，构建起了全球人口最多、经贸规模最多、最具发展潜力的自由贸易区。RCEP在第18章专门制定了机构条款，规定RCEP的机构设置包括部长会议、联合委员会及其附属机构、联络点。其中，联合委员会将监督和指导协定的实施，包括根据协定监督和协调新设或未来设立的附属机构的工作。可见，RCEP的联合委员会也可以对协定缔约国家涉及协定实施的宏观调控行为进行监督。

除此之外，域外监督主体还包括了国际货币基金组织(International Monetary Fund，IMF)、世界银行等国际组织及其成员方对有关国际条约履行情况或依据国际条约所赋予的权力而进行的监督，也构成了对我国国内宏观调控行为域外监督的重要力量。例如，IMF《基金协定》的汇率安排、汇兑措施、资金支持、国际储备等方面的规则都对成员方运用货币政策手段的宏观调控行为进行监督，而贷款的“条件性”甚至对贷款方的整个宏观调控政策提供指导和监督。事实上，在20世纪80年代许多发展中国家爆发债务危机与90年代中期的亚洲金融危机后，IMF的贷款条件有收紧的趋势，对贷款方宏观调控行为的监督力度不断增大并呈现如下特点：(1)从以往单纯注重采取紧缩货币和财政政策转而增加对结构性调整及金融体制改革的重视；(2)更加突出市场导向；(3)从以往侧重宏观经济变量，转向宏观经济变量和微观经济变量的并用。① 域外监督不仅仅是一种监督方式，其对国内宏观调控的其他监督方式也产生了积极的影响，因此我国必须建立符合这种“国际义务”的健全的宏观调控监督体系。

二、宏观调控监督内容的制度安排

18世纪末期发源于《德国警察法》的比例原则，如今正在全球不同法系的不同法律部门中广泛传播与蔓延。其影响不仅逐步扩张至欧盟国家，而

① 参见徐崇利：《国际货币基金组织贷款条件的利益分析和法律性质》，载《中国法学》1999年第5期。

且传播至欧洲之外包括中国在内的很多国家,就连美国也出现了引进比例原则的呼声。比例原则的本质在于调整手段与目的的关系,要求有助于正当目的的实现的手段具有适当性、必要性与均衡性。毫无疑问,被视为正义化身的比例原则,对于规范与控制公权力,起了不可估量的积极作用。① 作为特殊行政权力的宏观调控监督权,权力运行显然也需贯彻比例原则。在完善宏观调控监督内容制度方面,也可以从比例原则的四个方面进行监督。

(一)宏观调控目的正当性监督

宏观调控的目的正当性监督是监督宏观调控行为的首要内容。目的正当性包含两个层次:第一,即主观的"恶意"(bad faith),它与善意(good faith)相对应,涉及对调控行为的道德评价,并且带有强烈的道德否定色彩。一般仅限于调控机关在违背调控目的的前提下恣意妄为行使宏观调控权力并且性质恶劣的情形。例如,任性专横、徇私枉法、反复无常、打击报复等。第二,目的不恰当(improper purpose)。与调控机关恶意使用行政权力招致的主观层面道德谴责不同,目的不恰当是以"立法授权目的为参照物进行对比之后得出的结论",②亦即调控机关试图追求一项超越,甚至违背法律授权目标之外的目的,从而造成宏观调控目的正当性的瑕疵。

一般而言,对于一项政府宏观调控措施,其目标可以区分为纵向和横向两个维度。纵向维度可以分为宏观调控的整体目标、领域性目标和具体目标三个层次。横向维度则涉及多重目标并联情况下的区分与协调问题。对于监督宏观调控行为而言,调控目的的监督更多地涉及横向维度上的多重目标。③ 但无论何种宏观调控目标,只有目的正当,才可能产生正当的行为;如果作为调控行为出发点的目的不正当,追求该目的而设置的行政手段和行政权力的行使自然也不具有正当性。对宏观调控目的正当性的监督,应从以下三个层次展开:首先,要查明宏观调控主体行使宏观调控权的真实目的。这种目的应当是调控主体做出宏观调控行为所欲追求的目的。查明目的的具体方法为综合考察多种因素,根据宏观调控主体"宣称的目的"、

① 参见陈景辉:《比例原则的普遍化与基本权利的性质》,载《中国法学》2017年第5期。

② 余凌云:《行政自由裁量论》,中国人民大学出版社2005年版,第96页。

③ 参见蒋红珍:《目的正当性审查在比例原则中的定位》,载《浙江工商大学学报》2019年第2期。

做出宏观调控决策的文件、调控时机、调控行为等内容,综合判断真实的调控目的。其次,评判宏观调控行为的目的正当性。对于宏观调控行为目的正当性判断,并没有统一的判断标准,但也并不是完全无章可循。现实生活中,有的宏观调控行为由于天生的不正当目的,普通人仅凭经验和直觉就可判断。最后,监督主体还可以结合宪法、法律的规定和相关案例综合评判宏观调控主体调控行为目的的正当性。

(二)宏观调控手段适当性监督

行政机关进行宏观调控应当符合法律目的,排除不相关因素的干扰,与此同时,所采取的调控措施和手段必须有助于调控目的的达成。适当性原则(principle suitability)是政府部门选择宏观调控手段时应当遵循的重要原则之一。宏观调控固然是应对市场失灵、以公共利益的维护与社会福利增进为其必要,但不应忽视对这一手段进行"以最小代价取得最大成果"的适当性检验,因为目的正当性监督只是解决了宏观调控"师出有名"的问题,宏观调控行为目的正当并不意味着宏观调控的手段就适当。日常生活中常出现"好心办坏事"的现象,国家的宏观调控行为也不例外。而一旦国家的宏观调控行为"好心办坏事",势必给直接利害关系人和整体的社会经济运行带来严重的负面影响,甚至造成不可挽回的损失。因此,对宏观调控行为手段适当性的监督也是监督宏观调控的重要内容之一。手段适当性是宏观调控行为科学性的体现,要求宏观调控所使用的手段与目的之间具有实质关联性。一般而言,一方面,不能苛求宏观调控手段一定能完全实现宏观调控的目的,但是,调控主体所采取的手段应当有助于调控目的的实现。另一方面,当行政机关实现宏观调控目的可以采取多种实现手段时,应当采取对市场经济机制损害最小、对当事人权益损害最小的适当方式。其在裁量过程中采取的各项措施,均须符合法律目的,手段裁量应适当,不得违背法律授权的目的。① 适当意味着手段必须有助于目的达成。这要求行政主体在行使行政权力时,只能够使用那些适用于实现特定目的的手段,而且必须根据客观标准,而不是按照行政主体的主观意愿来决定某种措施的适当性。②

① 参见张成福:《责任政府论》,载《中国人民大学学报》2000年第2期。

② 参见胡建淼:《行政法学》(第3版),法律出版社2010年版,第53~54页。

因此,宏观调控监督主体应当注意监督宏观调控手段适当性的目标达致问题,即根据适当性原则监督宏观调控机关调控是手段与目的的关系,并根据生活经验、其他国家经验或者经济学、社会学的逻辑推演和理论论证综合判断宏观调控手段是否具有适当性。

(三)宏观调控手段必要性监督

在适当性原则也获得保证的情况下,需要进一步监督宏观调控手段的必要性。必要性原则(Erfordlichkeit)源自德国的警察法理论,著名行政法学者弗莱纳(Fleiner)的一句名言——“警察不可用大炮打麻雀”[①]——形象地说明了这一问题。必要性原则又称为最小侵害原则,该原则要求在以不违反或减弱该法律追求之目的的前提下,行政机关应在可达成目的的不同方式中,选择对人民权利侵犯最轻的手段。这一原则的前提是有达成该目的的数个不同的手段,在数个相同适合的措施中,对相对人基本权利侵害最小,即属必要,否则为不必要。所以,该原则考虑的问题集中在对各个手段间的比较与取舍之上。所谓“必要”,指的是对不可避免的侵害,行政部门只能选择最小、为达成目的以无可避免的侵害手段及实施最温和的手段。从本质来看,该原则是要求采取最温和的手段来达成目的,严厉手段只有在成为最后的手段时才能使用。这是一种结果导向的思维方式,要监督客观损害结果的可接受程度。[②]

对宏观调控手段的监督除考察其适当性以外,调控手段的必要性也是监督宏观调控行为的重要内容。金融市场发达国家更多采用中央银行存款准备金率、再贴现利率、发行证券或回笼货币等公开市场手段来调控经济和金融运行。这一相对柔性的调控手段大大降低了宏观调控对市场经济机制的负面作用,改变了宏观调控的环境,增强了宏观调控的效果,增加了宏观调控的弹性。[③] 因此,宏观调控主体应尽可能采取对直接利害关系人权益损害最小、对市场在资源配置中的基础性作用影响最低的手段。手段的必要性是一种相对的最小损害性,即在相同有效性的前提下,比较不同手段的

---

① 参见[瑞士]托马斯·弗莱纳:《人权是什么?》,谢鹏程译,中国社会科学出版社2000年版,第37页。

② 参见于文豪:《基本权利》,江苏人民出版社2016年版,第143页。

③ 参见贺强主编:《金融市场学教程》,中国财政经济出版社2005年版,第13~14页。

损害大小,然后选择损害最小的手段。因此,监督主体对于宏观调控手段的必要性监督,应结合手段对目的的实现程度来判断。

(四)宏观调控目的—损害均衡性监督

宏观调控具有"相机抉择"的特性,在调控过程中具有多变性,这势必破坏受控主体对市场机制和宏观调控手段的信赖利益。[①] 因而宏观调控所达到的效果和损害之间的均衡性也是监督的重要内容之一。成本收益分析(cost-benefit analysis)是通过比较项目的全部成本和收益来评估项目价值的一种方法,其作为一种经济决策方法,将成本费用分析法运用于政府部门的计划决策之中,以寻求在投资决策上如何以最小的成本获得最大的收益。目前这种方法被广泛地应用于评价政府规制的有效性之中。科斯在其法经济学奠基之作《社会成本问题》中指出,外部性的存在并不是政府干预的适当基础,交易成本的高低才是制度选择的标准。"所有解决问题的方法都是有成本的,因此不能轻易地假定市场或者企业不能很好地解决问题,从而归政府规制就是有必要的。"[②]也就是说科斯并不一味反对政府干预,他反对的是不计成本的政府干预,也就是无效的政府干预。在这里,科斯恰当地指出了对政府干预进行成本收益分析的必要性。[③]

宏观调控的目的在于弥补市场失灵,即市场机制负外部性之矫治与市场信息不对称的缓解。如果宏观调控的手段不能达到这一目标,显然就不应该被采用。但是,如果宏观调控的手段成本耗费巨大,甚至远远高于市场缺陷所造成的无效,那么即便能够达到以上目标,这样的宏观调控手段也并不可取。由此可见,是否采取某种宏观调控手段,在理论上还需要对宏观调控的手段进行成本与收益的分析。因此,对宏观调控行为的监督,一方面,需要监督宏观调控目的与受控主体利益损害之间的均衡性,亦即既要保证宏观调控目标的实现,又要兼顾保护受控主体的权益,实现社会公共利益促进与受控主体权利保障之间的均衡。另一方面,监督宏观调控的目的—损

① 参见王新红:《论宏观调控法之信赖保护原则》,载《南京社会科学》2016年第9期。

② R. H. Cose, *The Problem of Social Cost*, Journal of Law and Economics, Vol. 3, p. 18 (1960).

③ 参见高景芳:《职业许可论:一个法经济学的视角》,知识产权出版社2015年版,第89页。

害均衡性应贯彻一种权衡思维：宏观调控作为对社会经济的非常规直接干预，其追求公共利益的实现常常以受控主体利益的减损为代价。这就要求监督主体在监督宏观调控行为时考察减损的受控主体利益与可能增长的公共利益是否成比例。

第三节 国家治理现代化视域下健全宏观调控监督程序制度

正如美国法官道格拉斯所言，“正是程序决定了法治与恣意的人治之间的基本区别”①。所以，程序的完善和规范成为对政府宏观调控有效监督的最重要保障。完善宏观调控监督制度不仅需要在静态层面对实体制度进行完善，还应当完善动态化的宏观调控监督程序制度，发挥程序制度规范宏观调控监督行为的价值。此外，还需要借助国家审计在宏观经济调控中的保障监督作用，完善监督宏观调控的方法和手段。对宏观调控的监督，既涉及全国人大及其常委会、国务院及其部委等宏观调控权力运行的内部机构，也涉及监察委、司法机关、社会公众等外部主体。由于监督主体多头，法律赋予的监督权力各异，因而其监督宏观调控行为的程序也不尽相同。按照国家治理体系和治理能力现代化对宏观调控监督制度体系的基本要求，宏观调控监督程序制度也必须遵循形式体系化和内容科学化的指引从而予以完善。具体而言，宏观调控监督程序制度的完善可以从推进监督程序的规范化、提高监督主体的参与度、加强多元监督主体之间的协调与衔接三个方面展开和完善。

一、推进监督程序的规范化

目前，我国宏观调控监督程序的立法供给相对不完善，散见于宪法、全国人大议事规则、国务院组织法等法规中。全国人大及其常委会对国务院的宏观调控监督主要通过颁布法律和审议政府工作报告两种方式进行。国务院主要通过随时的工作报告和文件抄送对财政部、中国人民银行、国家税务总

---

① 参见季卫东：《法治秩序的建构》，中国政法大学出版社1999年版，第3页。

局等机关的宏观调控行为予以监督。这种监督目前尚未形成体系，通过立法将监督程序进行固定和明确是建立健全宏观调控监督制度的努力方向。当涉及国际监督时，相关国际组织或国际协会将做出特别安排。例如，WTO的贸易审查制度对成员方政府立法和政策制定活动规定详细的监督程序。

(一) 完善全国人大及其常委会监督国务院的程序

立法机关对政府各种宏观调控行为享有广泛的监督权，这是民主法治制度赋予立法机关的权责，具体包括：(1) 对政府宏观调控中的立法行为的监督。在国外该种监督主要是议会通过备案与审查两种方式，对行政机关在议会授权下制定的法规、条件、法令等进行监督，审查其是否合法有效。① 我国目前也存在着备案和审查方式，但政府对宏观调控立法的备案和批准制度未深入实际，因而当前我国立法机关不仅要健全政府宏观调控立法行为的备案和审查制度，而且要从审查的内容是否符合上位法的规定，扩展到是否符合IMF、WTO等有关国际宏观调控方面的各项协定。(2) 对政府提供公众服务行为的监督。在政府提供与宏观调控有关的公众服务的职责以及实施程序被法律明确化后，立法机关对政府提供这种公众服务的行为就有了监督的依据。具体内容包括：对政府不予理会社会公众咨询、异议、反馈的行为，立法机关有权要求政府予以答复；对政府不提供或不及时提供各类宏观经济信息的行为，立法机关可要求政府予以纠正；对于政府已制定的法规、规章、命令等，立法机关可按照“透明度”原则，要求其立即对内、对外公布。(3) 对辅助政府宏观调控的行政行为和宏观调控经济决策行为的监督。由于这两类行为专业性、技术性较强，立法机关一般无法直接也没有能力去一一干预，可采用个案方式，对政府质询、调查以及“不信任案”等形式进行监督。

就我国而言，当前颁布法律和审议政府工作报告是全国人大及其常委会监督国务院宏观调控行为的两种主要方式。财税政策、金融政策和产业政策是国家引导资源流向、弥补市场缺陷、保障经济健康运行的主要手段。全国人大及其常委会作为最高权力机关、立法机关，通过制定《预算法》《税

---

① 参见王春光：《论西方国家的授权立法》，载《烟台大学学报（哲学社会科学版）》1999年第4期。

收征收管理法》等财税类法律法规,中央银行法、政策性银行法、货币法等[①]金融类法律法规,《中小企业促进法》《科技进步法》等产业类法律法规,行使其对国务院宏观调控国家经济运行的监督权。此外,《宪法》第71条规定,全国人大及其常委会认为必要的时候,可以组织关于特定问题的调查委员会,并且根据调查委员会的报告,做出相应的决议。《全国人民代表大会议事规则》第47条规定,全国人大各代表团全体会议审议政府工作报告和审查关于国民经济和社会发展计划及计划执行情况的报告、关于国家预算及预算执行情况。全国人大及其常委会通过上述程序和方式对国务院的宏观调控行为进行监督。完善全国人大及其常委会对政府机关宏观调控的监督,还应从事前审批、备案和事后反馈两个层面予以完善。对于政府制定的宏观调控行政法规和关系到整个国民经济发展的战略决策,在实施前必须由立法机关批准;而对于政府在宏观调控中做出的具体行政规定、指令,则可在公布后报送立法机关备案和审查。反馈程序是宏观调控决策制定应有的程序,因为宏观调控涉及社会成员的根本利益,无论是为了及时纠正政府宏观调控行为的偏差,还是为了继续更好地实施宏观调控,都需要及时、准确的反馈机制。

(二)完善国务院监督宏观调控机关的程序

国务院对宏观调控机关的监督,具体是指国务院对中国人民银行、财政部、国家发展改革委、商务部、国家税务总局等宏观调控职能机关的监督。从组织构造上来看,系宏观调控主体的内部系统实行的层级监督,即上级政府对下级政府、政府对所属各部门的监督,其主要内容是检查制定的规范性文件是否有悖于宏观调控基本法律制度和我国已参加的IMF、WTO等国际条约内容,并依法改变或者撤销下级政府及行政管理部门的辅助政府宏观调控的行政行为以及提供公众服务行为等。我国实际上已经建立行政机关内部的层级监督制度,只不过需要将其进一步规范化、体系化。这一类程序中最主要的部分即采取宏观调控行为的具体程序,一般应当经过7道程序:计划、起草、审查、听证、通过(批准)和发布、备案、反馈程序。其中,备案和批准制度由于涉及立法监督的力度和宏观调控的效率,对于政府制定的宏观调控的行政法规和关系整个国民经济发展的战略决策,在实施前必须由

---

① 参见张辉:《我国转型期的宏观调控失范行为》,载《华东政法大学学报》2009年第4期。

立法机关批准;而对于政府在宏观调控中做出的具体行政规定、指令,则可在公布后报立法机关备案和审查。

政府的监管体系是国家治理体系的重要组成部分,政府对所属部门职责效能的监督构成了国家治理能力现代化的重要元素。[①] 国务院对宏观调控职能部门的监督是宏观调控监督制度的重要环节。为了统一领导各部门的工作,国务院曾制定《国务院关于所属各部门工作报告制度的规定》,要求其下属部门以"工作简报""年度工作报告""专题报告"的形式定期报告工作,对之予以监督。随着国务院管理体制改进,该定期、强制性的工作报告制度被取消,但仍规定国务院所属各部门应当根据实际工作情况将本部门认为需要向国务院报告的工作总结、工作部署和重要事件,随时报告国务院。各部门自行发布的或者和其他部门联合发布的重要决议、命令、指示、通报,也都应当在发布的同时抄送国务院。此外,《宪法》第 89 条还赋予了国务院改变、撤销各部、各委员会发布的不适当的命令、指示和规章的职权。据此,国务院主要通过随时的工作报告和文件抄送对财政部、中国人民银行、国家税务总局等机关的宏观调控行为予以监督。

与立法机关监督不同的是,国务院对下属职能部门宏观调控行为的监督除监督宏观调控决策形成的程序之外,还需要监督、协调宏观调控主体和利害关系人的外部关系与矛盾解决。这是因为监督行为中常常存在着三方主体(宏观调控主体、利害关系人、监督机构),他们之间可能发生关系交叉,包括宏观调控主体与监督机构之间、利害关系人与宏观调控主体之间以及监督机构与利害关系人之间的关系。而宏观调控法治化必然要把每个关系都纳入其监督、处理范围,因而对各方面关系的处理都应有一个固定的程序模式,使得程序监督不仅是宏观调控监督主体行使监督权所依赖的一系列前后相连的工作步骤,又使得对政府宏观调控进行监督和对社会公众民主权益保障具有可操作性。

二、提高监督主体的参与度

一般认为,对宏观调控的监督主要通过权力机关对执行机关实施,通过

---

① 参见王俊豪、李阳:《中国特色政府监管机构理论体系及其改革思路》,载《中国行政管理》2020 年第 10 期。

上级部门对下级部门的监管实现。这便是全国人大及其常委会监督国务院、国务院监督具体宏观调控机关这种传统监督思路与体制的理论来源。事实上,对宏观调控的监督可以调动更多的监督主体与社会资源,宏观调控的外部监督是法治原则的具体运用,是监督力度最大、监督效果最明显的监督途径。同时,有效的外部监督也是促使政府内部监督制度公正的最大推动力。例如,2018年《宪法》修改后新成立的监察部门专司国家监察权,监察机关可以通过主动调查、监督宏观调控机关公职人员廉洁行使宏观调控权来实现对宏观调控行为的监督。

(一)完善监察机关监督宏观调控的程序

2016年11月,国家监察体制改革大幕正式拉开。以北京、山西、浙江三省市为首批试点,改革方案确定整合中华人民共和国监察部、国家预防腐败局、最高人民检察院反贪污贿赂局、最高人民检察院反渎职侵权局等机关,组建国家监察机关,负责对所有行使公权力的工作人员进行监察,调查职务违法和职务犯罪,开展廉政建设和反腐败工作,依法治理公权腐败,其方案为全国其他地区提供了可复制、可推广的经验。经过长期酝酿和充分准备,2018年2月25日,全国范围内的省、市、县三级监察委全部成立,最高检反贪部门人员转隶全部完成,查处贪污贿赂、失职渎职以及预防职务犯罪等反腐败相关职责整合至监察委员会,国家监察体制改革迈过关键性节点。① 2018年3月23日,中华人民共和国国家监察委员会正式揭牌成立。

国家监察机关是国家监察体制改革新设立的国家机构,是实现党和国家自我监督的政治机关。② 从监督职能看,监察委员会依法履行监督、调查、处置职责。监察法对监察委员会职能的规定,与国务院组织法的相关规定相匹配,避免宏观调控实际工作中的混乱和职责发散等问题。③ 一是监督职责。监督是监察委员会的首要职责,主要是指对公职人员开展廉政教育,对其依法履职、秉公用权、廉洁从政从业以及道德操守情况进行监督检

① 参见鲁敏主编:《当代中国政府概论》,天津人民出版社2019年版,第69~70页。

② 参见马怀德:《再论国家监察立法的主要问题》,载《行政法学研究》2018年第1期。

③ 参见赵旭升、王世龙编著:《健全党和国家监督体系》,中国方正出版社2018年版,第201~202页。

查。监察委员会监督所有公职人员行使公权力的行为是否正确,确保权力不被滥用、确保权力在阳光下运行,把权力关进制度的笼子。二是调查职责。调查公职人员涉嫌职务违法和职务犯罪,是监察委员会的一项经常性工作。调查的主要内容,包括涉嫌贪污贿赂、滥用职权、玩忽职守、权力寻租、利益输送、徇私舞弊以及浪费国家资财等职务违法和职务犯罪行为,基本涵盖了公职人员的全部腐败行为类型。三是处置职责。主要包括四个方面:对违法的公职人员依法做出政务处分决定;对履行职责不力、失职失责的领导人员进行问责;对涉嫌职务犯罪的,将调查结果移送人民检察院依法审查、提起公诉;向监察对象所在单位提出监察建议。

2018 年两会期间通过的《中华人民共和国宪法修正案》将国家监察体制改革实践成果确认入宪,规定了监察委员会,为监察法的制定提供了宪法依据,为构建集中统一、全面覆盖、权威高效的监察体系做好科学合理的顶层设计,推进治理体系和治理能力的现代化。《监察法》第 3 条规定,各级监察委员会是行使国家监察职能的专责机关,依法对所有行使公权力的公职人员进行监察,调查职务违法和职务犯罪,开展廉政建设和反腐败工作,维护宪法和法律的尊严。建立健全宏观调控监督制度,亦需要监察机关与行政机关、司法机关的通力配合和有效协作。相较于宏观调控权力运行内部的监督,监察机关对宏观调控的监督相对具有间接性和主动性。监察机关主要通过对宏观调控机关中行使公权力的公职人员的监察,防范宏观调控权被利害关系主体俘获,间接实现对宏观调控行为的监督。此外,《监察法》第 18 条还规定,监察机关行使监督、调查职权,有权依法向有关单位和个人了解情况,收集、调取证据。据此,监察机关通过主动调查、监督宏观调控机关公职人员廉洁行使宏观调控权来实现对宏观调控行为的监督。

(二)完善司法机关监督宏观调控的程序

司法机关监督是指行使司法权的国家机关通过运用独立的检察权和审判权对国家机关及其工作人员在行使宏观调控权力过程中存在的违法行为实施监督。在我国履行司法监督职责的主体是人民检察院和人民法院。其中,人民检察院是专门的法律监督机关,依法对国家机关及其工作人员是否遵守宪法和法律进行监督。国家监察体制改革后,检察机关的行政属性将明显淡化甚至消失,司法属性和监督属性将更加凸显。

人民法院对政府宏观调控行为的监督往往不是直接的,一般通过审判活动加以体现。人民法院通过审理刑事案件,发现或者追查国家机关及其工作人员违法行使宏观调控权力的行为;通过审理民事案件,追究国家机关及工作人员在宏观调控活动中的违法、失职、犯罪、侵权责任;通过审理行政纠纷案件,审查国家行政机关及其工作人员在行使宏观调控权力中是否合法、失职和侵犯公民权利。目前,对于政府的辅助宏观调控行为与提供公众服务行为,法院享有司法监督权。对于抽象性的宏观调控政府立法与宏观调控决策,法院审查权有限,即使法院在审理过程中,通过参照适用行政规章,从而对规章享有不完全的司法审查权,但由于范围与权力的局限,监督效果不佳。但WTO协定确立的广泛的司法审查内容,使得我国法院对政府宏观调控立法与决策的监督权限获得较大突破,今后我国法院所进行的国内司法审查,将包括对具体的宏观调控行为(涉及辅助政府宏观调控的行政行为、政府提供与宏观调控有关的公众服务行为等)与部分抽象的宏观调控行为(涉及宏观调控的立法与决策行为等)的复审与审查。

宏观调控行为是否可诉是经济法学界论争已久的问题,否定派学者一般以宏观调控行为属于国家行为为由排除其可诉性。[①] 然而,肯定派学者认为,当前实现宏观调控的可诉固然存在许多障碍,但障碍并不能成为否定其可诉性的理由,反而应当通过司法体制改革,建立公益诉讼制度,辅之"法院之友"手段推进实现宏观调控的司法监督。[②] 有学者认为,我国当前应以党的十八届四中全会"完善确保依法独立公正行使审判权和检察权的制度"的司法改革思想为指引,适时建立宪法法院以确保宏观调控决策行为的合法性审查、设立宏观调控法庭以确保对宏观调控执行行为的合法性审查、建立检察机关公益诉讼制度以发挥检察院的司法监督职能,进一步淡化司法机关宏观调控执行者的角色而强化其司法监督功能。[③] 据此,完善

① 参见邢会强:《宏观调控行为的不可诉性探析》,载《法商研究》2002年第5期;邢会强:《宏观调控行为的不可诉性再探》,载《法商研究》2012年第5期;肖顺武:《质疑宏观调控行为的可诉性》,载李昌麒主编:《经济法论坛》,群众出版社2008年版,第283~298页。

② 参见胡光志:《论宏观调控行为的可诉性》,载《现代法学》2008年第2期。

③ 参见吴伟达:《我国宏观调控司法监督的困境与出路》,载《宏观经济研究》2015年第4期。

宏观调控的司法监督程序还需要在司法改革的过程中逐步推进。

三、加强多元监督主体之间的协调与衔接

源自国际层面的监督主体的特殊安排之外，全国人大及其常委会、国务院、监察委、司法机关与社会公众都是监督宏观调控的适格主体，多元监督主体对宏观调控"全覆盖、无死角"的监督对保障宏观调控权力在法治轨道内运行有重大意义，但多元的监督主体统一会带来监督的重叠与监督真空。因此，对宏观调控的监督应是一种"分工不分家"的监督。具体方法来说，可考虑建立一种即时的信息沟通机制或一个信息交换平台，寻求对宏观调控权力运行的全天候监督。

（一）完善人民群众监督宏观调控的程序

我国的宏观调控决策常常是通过政府召开各种会议形成，政府会议公开可以大大加强人民群众对宏观调控的监督。从世界的情况来看，各国也都是尽可能把会议，最主要的是行政会议纳入法律管辖的范畴。例如，美国《阳光中的政府法》第 2 款就规定了会议公开的要求。① 因而除了涉及有关国家重大机密或经济情报的会议外，其他会议均应公开、透明，并允许有关机关和法人代表或其他利害关系人列席。此外，建立国内贸易政策透明机构，也是为实现政策透明所采取的一种有代表性的方式，其本质是一种以公共咨询的方式对政府贸易政策进行监督的机制。它在独立研究的基础上为政府和公众提供全面、客观的经济信息，使公众在政府决策程序中的影响力大大加强，便于推动和支持政府的自由化，遏制政府的保护主义倾向。同时，政府能够更为理性地决策，避免盲目地支持保护政策。②

在民主社会里，人民监督通常是由人民选举代议机关代表人民行使监督权，前面论述的人大及其常委会对宏观调控的监督即是如此。而这里谈及的"人民监督"，指的是人民以具象的个体身份或者团体身份，不通过代议机构对各种形式的宏观调控行为进行直接监督。当前，我国《宪法》虽然

---

① 参见王名扬：《美国行政法》，中国法制出版社 1995 年版，第 1031 页。

② 参见张军旗：《WTO 监督机制的法律与实践》，人民法院出版社 2002 年版，第 87 ~ 88 页。

规定了各级国家权力机关要接受人民群众的监督，但由于法律规定的原则性和抽象化，可操作性不强，加之缺乏相应的法律责任，人民群众对国家权力的监督往往"徒有虚名"。因此，有学者指出，为了强化对宏观调控权的人民监督，维护社会公共利益，有必要设置人民监督的专门机构。具体来说就是在人大常委会下增设公民申诉控告委员会，专门负责受理人民群众针对各种宏观调控行为等重大问题的申诉、控告等，满足人民监督宏观调控权的诉求，①以人民群众"全覆盖"的力量确保宏观调控权力在法治轨道内运行。此外，前述国务院宏观调控职能向全国人大的反馈程序也可以充分调动社会公众的参与，但这需要宏观调控主体的积极引导，譬如召开咨询会议、进行调查、允许复议等。

（二）完善行业组织与社会舆论监督宏观调控的程序

现代法团主义强调利益团体的中介协调作用，即"获批准的功能团体对有关的公共事务有建议、咨询责任"②，"授权经济、社会利益组织去行使部分传统的国家职能，从而在经济层面维持适当管理与调控的前提下，简化并减轻国家的决策和负担"。这实际上奠定了社会团体在现代国家政治、经济制度上的重要作用，其中就包括了由行业自律性组织对宏观调控的建议、监督功能。在英美国家中，行业组织日益呈现被整合到政府规划和决策过程之中的趋势。③ 事实上，在"简政放权"的改革方向下，随着我国宏观调控体制的进一步发展，政府承担的部分管理和服务职能必须逐渐下放给各种行业协会组织。例如，在德国，联邦和州越来越多地利用这些组织去完成经济行政管理任务，其所追求的目标是结构政策、繁荣政策、竞争政策、发展经济、指导经济和获取利润。④ 由此可见，这种监督本质上是市场机制对政府宏观调控行为的参与、反馈和抗衡。

宏观调控的社会舆论监督主要是新闻舆论的监督，它是人民群众监督宏观调控行为的自然延伸，具体而言就是通过电视、广播、报刊等传统媒体

---

① 参见杨三正：《宏观调控权论》，厦门大学出版社 2007 年版，第 170 页。

② 参见张静：《法团主义》，中国社会科学出版社 1998 年版，第 24 页。

③ 参见黎军：《行业组织的行政法问题研究》，北京大学出版社 2002 年版，第 52 页。

④ [德]罗尔夫・斯特博：《德国经济行政法》，苏颖霞、陈少康译，中国政法大学出版社 1999 年版，第 286 页。

和微博、微信等社交媒体对调控主体的宏观调控行为进行监督。社会舆论监督通过调查和了解,将宏观调控决策和执行过程中出现的违法失职行为和不合理、不公正现象公之于众,督促宏观调控机关对之予以纠正。在社会经济制度尚处于转型时期的当下中国,越权行使宏观调控权、滥用宏观调控权的现象并不鲜见,仅依靠"体制内"的监督方式难以发挥对宏观调控的全面监督。因此,通过新闻媒体公开揭露、报道滥用宏观调控权等不法行为,在全社会形成对调控主体的舆论压力,促使其采取措施,纠正不法行为,改进调控手段,以达到监督、制约宏观调控权力的目的,使调控主体能够尊重经济规律、遵守法律规定,在法定权限内科学地、审慎地行使各种宏观调控权。

(三)完善国际社会监督宏观调控的程序

宏观调控可分为国内宏观调控和国际宏观调控两种。前者是指由国内政府自主决定和实施的宏观调控,后者则是经各国之间协调或者由国际组织实施的宏观调控行为,WTO 所实施的宏观调控属于后者。由于国际宏观调控需要在国内得到落实和保证,且国内宏观调控效果的好坏也会影响国际宏观调控的实施,因此国际宏观调控也必然要对国内宏观调控进行监督。因此,WTO 自身就建立了包括监督的目标和对象、监督的主体和机构、监督的程序及其结构等在内的监督与救济机制。① 归纳起来,其对宏观调控权的监督与救济要求分为两个方面:一是实体方面,WTO 实体性规则的制定以及后续的谈判发展,迫使不符合市场经济规则运作的国内政府进行相应变革,包括遵守 WTO 明文规定的实体性内容以及相应地转变政府宏观调控权行使方式。一旦成员方违反,将激活具有强制性的 WTO 争端解决机制。二是程序方面,WTO 通过透明度、司法审查程序、贸易政策审议机制、"非违约之诉"等程序性的规定保障实体性规定的实现,并且对其在国内的落实提出了一些直接要求。

除此之外,IMF、世界银行等国际组织及其成员方对有关国际条约履行情况或依据国际条约所赋予的权力而进行的监督,也构成了对我国国内宏

① 参见张军旗:《WTO 监督机制的法律与实践》,人民法院出版社 2002 年版,第 50 ~ 67 页。

观调控行为国际监督的重要力量。例如,IMF 的《基金协定》的汇率安排、汇兑措施、资金支持、国际储备等方面的规则都对成员方运用货币政策手段的宏观调控行为进行监督,而贷款的“条件性”甚至对贷款方的整个宏观调控政策提供指导和监督。① 国际监督不仅仅是一种监督方式,其还会对国内宏观调控的其他监督方式进行监督以及产生积极的影响,因此我国必须建立符合这种“国际义务”的健全的宏观调控监督体系。值得注意的是,尽管宏观调控权是一国经济主权的重要组成部分,但国际社会对宏观调控权及其监督和救济的种种限制要求,并不构成对国家主权的侵犯,因为遵守国际条约对本国宏观调控权的限制是我国自愿的行为,其目的是更快、更好地促进我国经济的发展,因此这种限制反而更是“有约必守”和维护国家主权的表现、权力制衡和外部监督重要性的表现。

第四节 国家治理现代化视域下健全宏观调控监督反馈制度

完善宏观调控监督制度体系,还需要完善对宏观调控监督的反馈制度,向监督的主体反馈监督结果,对宏观调控职能部门的调控行为进行改进,如存在重大失职现象还需要对相关人员进行问责。反馈程序是宏观调控监督制度中应具备的特有程序,因为宏观调控涉及社会成员的根本利益,不论是为了及时纠正政府宏观调控行为的偏差,还是为了继续更好地实施宏观调控,都需要及时且准确地反馈。宏观调控反馈程序主要应由各级政府机关进行,对宏观调控决策的反馈将成为各级政府职能的一部分。反馈程序除了必定的履行主体外,还可以通过社会公众的参与进行,但这需要宏观调控主体积极的引导,如召开咨询会议、进行调查、允许复议等。完善宏观调控监督反馈制度也是健全宏观调控监督制度的重要环节。国际监督规则对此规定得十分详细,例如 WTO 的贸易审查制度,其会准时公布审查结果,一旦发现问题,即会要求被审查成员方及时整改和反馈整改结果。相比之下,

① 参见徐崇利:《国际货币基金组织贷款条件的利益分析和法律性质》,载《中国法学》1999 年第 5 期。

国内宏观调控监督的反馈制度尚待构建。

一、宏观调控权力运行内部构建复议制度

通过监督改进宏观调控效能，可以在宏观调控权力运行内部尝试建立宏观调控复议制度，这是一种类似于行政复议，但又不同于行政复议的新型制度。受控主体认为宏观调控机关的宏观调控决策行为违法或不当时，可以请求调控决策机关再行决策。宏观调控复议机关可以根据情势，对具有明显重大瑕疵或具备法定无效情形的调控行为宣布无效；对欠缺合法要件的宏观调控行为进行事后补救；对违法的宏观调控行为予以撤销；对合法的宏观调控行为，因事后情势变迁做出调整等。此外，在宏观调控机关与监察机关、司法机关之间还可以建立监察建议和司法建议制度，对宏观调控监督事宜积极进行沟通与反馈。在宏观调控机关与社会公众之间可以尝试建立社会申诉机制，对因社会监督而做出了调整或改变的宏观调控行为进行公示；对于那些因社会公众信息了解不周全对宏观调控做出的片面解读的"监督"进行阐释与说明。

在政府做出宏观调控决策后，需要某种机制既能及时反馈又能有效保障利害关系人的权利，复议制度、诉讼制度则能充当该机制。在国外，如果不是有高度政治敏感性的问题，一般不排除复议审查。如美国联邦程序法规定，各行政机关应给予有利害关系的人申请发布、修改或废除某项规章的权利；法国根据最高行政法院的判例，利害关系人对行政机关的条例不服，可以申请复议。① 此外，英国的"上诉"和行政裁判所制度、日本的行政不服审查制度、韩国的诉愿制度、德国的行政申诉制度以及美国的行政法官制度等都是各国行之有效的复议审查机制。②

我国也可以考虑建立宏观调控复议制度，即利害关系人认为宏观调控复议机关（包括最高权力机关、国务院、中国人民银行、财政部、国家发展和改革委员会、国家税务总局、商务部等）的宏观调控决策违法或不当时，可

---

① 参见马怀德：《将抽象行政行为纳入行政复议的范围——规范和监督政府行为的重要途径》，载《中国法学》1998 年第 2 期。

② 参见沈开举：《WTO 与我国行政裁决制度公正性研究》，载《中国法学》2002 年第 5 期。

以请求做出该宏观调控决策的机关再行决策。而宏观调控复议机关可以根据情势,对具有明显重大瑕疵或具备法定无效情形的宏观调控行为宣布无效;对欠缺合法要件的宏观调控行为进行事后补救,从而使违法的宏观调控行为因补足要求而成为合法的宏观调控行为,继续维持其效力;对违法的宏观调控行为予以撤销,使其不发生效力,或消灭已发生的法律效力;对合法的宏观调控行为,因事后形势的变迁,而调整、改变宏观调控行为的内容或者消灭其效力。①

当然,这种复议仅仅属于初步反馈,因其与法院相比独立性往往有限,且审查程序也不够规范严格,公正性往往不够理想。为此,各国救济制度确立了司法最终救济的基本原则。例如,在德国,利害关系人对行政计划制订行为不服的,可以依据《行政法院法》第40条的规定提起撤销之诉。② 这种复议和诉讼制度在WTO协议中也得到了确立。WTO明确规定了政府宏观调控实施中的许多情形,如信息披露义务的不履行、经济立法的内容、程序违法等应纳入复议和诉讼的范围。此外,WTO协议中包含着的司法审查要求,也为当事人提供了申请复议和提起诉讼的机会。但我国目前只有行政复议,且主要是针对具体行政行为,而宏观调控行为大多数属于抽象行政行为,因而难以进行复议。即使能提出复议申请,仍缺乏最后的司法反馈。因为宏观调控的诉讼在我国缺少专门的规定,只能借用与其最接近的行政诉讼行使司法救济权,宏观调控的许多方面仍然不能纳入司法管辖的范畴。这种现状尚不能满足对宏观调控行为进行充分监督的需要以及适应WTO强有力的外部监督的需要。为此我国必须扩大复议范围,普遍为政府宏观调控决策和行为设定专门的司法救济程序。③

不仅如此,我国还应考虑宪法诉讼制度的建立问题,即公众可以就某个宏观调控决策或行为侵犯公民宪法权利的现象向法院提起诉讼,进一步扩大政府宏观调控行为的公开性和透明度。由于宏观调控措施往往是针对市场而非特定社会个体成员,因此传统的救济方式难以奏效,而采用公益诉讼

---

① 参见邢会强:《宏观调控行为的不可诉性探析》,载《法商研究》2002年第5期。

② 参见应松年:《比较行政程序法》,中国法制出版社1999年版,第293页。

③ 当司法机关无权对违反宪法的宏观调控立法活动进行审查的情况下,只能依赖于立法机关的自我监督与救济,其监督与救济的强度和实效的软弱性自不言而喻。

的方式，社会个体成员可以社会整体利益代表的身份与资格提起诉讼、追究宏观调控主体的法律责任。例如，在美国，很早就有相关人诉讼、市民提起的职务履行令请求诉讼和纳税人提起的禁令请求诉讼等类似公益诉讼的形式。① 可见公益诉讼融合了社会公众监督和司法监督的特点，应成为宏观调控的一种新型监督和救济方式。

另外，由于我国政府正处于职能转变阶段，宏观调控制度化正在形成。在这一过渡阶段，我国常常可能因法律与 WTO 协议、外国的法律无法接轨或无法实际运作而增加世界贸易组织成员对我国的投诉。比如，目前我国的审批和许可规定，尽管较入世前更简便、数量更少，但外国投资者、外国贸易方仍可能认为中国政府违反市场准入原则而提起诉讼。面对强大的国际压力，我国亟须制定一些对应 WTO 协议要求的诉讼程序和法律救济方案。当然，我国企业也可针对其他成员方政府不当的宏观调控行为，通过对等原则得到相应的救济。另外，对于 WTO 协议规定的严格、详尽的透明度制度，我国政府的宏观调控行为如若违反了这种程序性的规定，能否也纳入复议、诉讼的范围等问题，当前仍旧存在不确定性。监督反馈机制应当借鉴 WTO 的精神，违反程序性规定也是一种违法，应给予利益关系人救济的权利，并迫使违反者承担补救的义务，故我国公民、其他成员方公民应有权对程序性规定的违反提起复议、诉讼，甚至外国投资者、贸易者也应有权就有关国际贸易的国内宏观调控行为违反 WTO 透明度规定和国内相关规定，在我国提起复议申请和诉讼请求。目前，我国正在制定《政府信息公开法》，一旦通过，这将是我国首部监督政府行为的程序法。当政府行为违反这部程序法时，当事方只要有足够的证据证明其权利受损，不论其国籍，均应有在我国提出异议和提起诉讼的机会。

二、构建宏观调控权力主体的综合问责制

任何政府都需要建立一套责任机制。责任机制是政府的行政部门与政治体系之间的重要联系，责任机制将政府的行政部分与政治部分结合在一起。“责任机制从根本上说是民主制度。说到底，政府的任何行动都被看

① 参见王太高：《论行政公益诉讼》，载《法学研究》2002 年第 5 期。

作公民自身通过他们的代表所进行的行动。"①对任何主张民主的社会来讲,责任机制都是基本因素。要成为民主社会,就需要有一套适宜的责任机制。政府组织由公众创立,为公众服务,就需要对公众负责。公民与政府的关系可以看作一种委托代理关系。在这种关系中,代理人代表委托人的利益执行任务并向委托人汇报他们的完成情况。一般来说,在等级制关系中或在委托代理关系中必须建立一种类型的责任机制,以确保被授权人的行为最终符合所有者的期望。由此,政府和公民之间的关系形成责任机制。

建立责任机制的关键是要通过问责来落实政府责任。问责指追究责任和承担责任。问责制的核心在于要求政府和官员对其行为负责。问责分三类:第一类是惩戒性问责,是指所有政府官员都必须对其违法行为承担不利后果,轻则承担行政责任,重则承担刑事责任。第二类是补救性问责,是指对因政府和政府官员的行为,尤其是违法行为,给民众造成的损失,由国家给予民众赔偿和补偿。第三类是政治性问责制,行政首长或与之共进退的政务类官员在政府工作出现无能、重大违法、失职、滥用职权乃至腐败等情形时应承担领导责任。政府问责要解决三个重要问题,即政府为什么要负责、对谁负责、负责机制三个问题。美国著名公共管理学者珍妮特·V. 登哈特(Janet V. Denhart)、罗伯特·B. 登哈特(Robert B. Denhart)认为,政府责任的三个重要问题是:公共行政官员为了什么负责?他们对谁负责?实现责任的手段是什么?②

罗伯特·佩尔(Robert Pyper)回答了为什么负责(Account for what?)、向谁负责(Account for whom?)、通过什么机制负责(Accountable through which mechanism?)等问题。③ (1)为什么负责?他将责任(accountability)概念与角色责任(role responsibility)和管理(stewardship)联系起来。角色责任是与职位联系起来的。例如,在英国,政府部长的基本角色责任是作为部

① 参见[澳]欧文·E. 休斯:《公共管理导论》,彭和平译,中国人民大学出版社 2001 年版,第 264 页。

② 参见[美]珍妮特·V. 登哈特、罗伯特·B. 登哈特:《新公共服务:服务,而不是掌舵》,丁煌译,中国人民大学出版社 2004 年版,第 115 页。

③ See Robert Pyper, *Aspects of Accountability in the British System of Government*, Tudor, 1996, p. 2 – 11.

门的政策领导，管理部门，通过成功的议会程序引导立法，在内阁代表部门、压力集团和部门顾客的利益。公务员的基础角色责任是给部长提供政策建议，政策管理与执行，部门与执行机构管理。总之，理解政治官员与行政官员的角色责任和个人责任是理解英国政府系统的责任的关键。(2)对谁负责？政府部长要向三类主体负责，如其部长同僚，特别是首相。国内、国外广泛的团体，通过议会向人民负责。(3)通过什么机制负责？包括绩效评估系统和审查、授权预算系统、选举、议会监察专员、外部财政审计等。总之，政府问责制是一系列问责制度的总和。它是一套完整的责任体系与责任链条。政府责任分为政治责任、管理责任、法律责任、绩效责任、伦理责任说明。与之相对应的政府问责机制也分为政治问责机制、管理问责机制、法律问责机制、绩效问责机制、伦理问责机制、说明问责机制等方面。

通过监督强化宏观调控主体责任，对宏观调控主体的问责应是综合性的问责，即构建法律责任、政治责任、道德责任和绩效责任的综合“责任集合体”。宏观调控主体的法律责任是指调控主体因损害法律上的义务关系所产生的对于调控受体所应当承担的不利后果。宏观调控政治责任要求调控主体决策和执行宏观调控政策时必须符合保护、促进社会公共利益和人民的整体福利的基本原则，如果调控主体的决策和执行行为有损社会公共利益，虽然不受法律明文规定的否定性后果，却要承担来自选出机构、专门监察机构、调控主体自身等多方的问责。宏观调控的道德责任要求调控主体制定和执行调控决策必须符合社会公众所要求的道德标准与规范。道德责任有利于防范调控主体做出调控承诺之后出现的道德风险。对于宏观调控职能机关而言，权力就是责任，责任就要担当，失责必须追究。把宏观调控的权力和监督的责任对应起来，是全面推进经济体制改革的重大实践和理论创新。

我国目前的监督机制对宏观调控法律责任规定得尚不完善。宏观调控法律责任的规定应包括以下三个方面：首先是对责任主体范围的规定，除政府机构外，还包括了负有直接责任的机关工作人员。在错误和不适当的宏观调控中，调控直接负责人的责任并不一样。错误的宏观调控常常是因为调控直接负责人自身的违法，因而需要追究其法律责任；而不适当的宏观调控则可不追究调控直接负责人的责任，因为调控直接负责人在行使宏观调控权的时候已经恪守尽职,自身并没有过错。其次是法律责任类型和承担责任形式。宏观调控领域的法律责任通常表现为两类情况:一类是滥施宏观调控权而应承担的法律责任,如因独断专行、玩忽职守等造成宏观调控失误而应承担的法律责任;另一类是违反宏观调控的法律,如违反预算法、税法、国有资产管理法、资源环境法等所应承担的法律责任。[①] 至于宏观调控的责任承担形式,可包括撤销决策、修改决策、返还权益、恢复原状、国家赔偿,乃至西方责任政府下的政治责任如辞职、弹劾等。最后是明确责任发生事由,其目的在于追究宏观调控主体责任,因为我国对许多领域的监督都存在着有原则规定而可操作性不强的情形。譬如,宏观调控决策会议的责任,就应从以下两个方面具体落实:一是会议要实行严格的责任制,通过会议解决什么问题都应由行政首长或其他领导人员确立目标的问题。会议召开时要有专人主持,明确该会议的宗旨、程序、表决方法、会议的结论要由专人负责记录并且入档。若要签发文件,需要确定由谁负责签发等,使会议从一开始到结束,都有对应的责任人员。二是会议的经费也要体现责任原则,如要实行经费包干,怎样包干都要明确[②]。

三、构建宏观调控主体的绩效责任制

政府责任(Accountability in Government)一词可以溯源至公共财政支出必须可核实、可控制,[③]亦即公共财政支出的绩效评估是政府责任的原初含义。随着西方公共管理理论与实践的发展,对政府的绩效评估逐步走向责任化,也就是通过问责机制强化对政府绩效的评估与管理,将绩效固化为政府的责任。在西方绩效管理理论中,也开始逐步出现"绩效责任"(Accountability for Performance)这一重要概念。美国行政学者 W. 费斯勒(W. Fesler)和 F. 凯特尔(F. Kettl)认为,对行政机构的控制目标可分为财政责任、程序责任和项目责任。其中,财政责任是控制者通过审查财务往

---

① 参见沈刚毅:《试论加强我国宏观调控法制建设》,载《现代法学》2000 年第 6 期。

② 参见关保英:《行政法模式转换研究》,法律出版社、中央文献出版社 2000 年版,第 203 页。

③ See Uhr John, *Redesigning Accountability: From Muddles to Maps*, The Australian Quarterly, Vol. 65:2, p. 1 – 16(1993).

来情况的记录，确定哪些支出是合法的和确保立法机构维护其财权，可以发现常见的腐败现象，是最传统的政府责任；程序责任涉及政府部门如何履行他们的职责；项目责任也就是绩效责任，这种责任集中在结果上，即项目是否实现了法定的目标。① 哈佛大学肯尼迪政府学院的罗伯特·D. 贝恩教授（Robert D. Behn）根据绩效评估的"360 度反馈理论"（360 Degree Feedback）提出了"360 度绩效责任理论"。② 罗伯特·D. 贝恩教授指出，作为履行公共管理职能的政府部门不仅要向其上级负责，还要对其他利害关系人负责。

在西方的绩效责任理论中，绩效的责任化有三个在逻辑上层层递进的环节：指标化、义务化和问责化。其中，指标化指的是通过一系列的指标，将政府工作的绩效变为可以测量与可以比较的结果；义务化是将绩效转化为政府部门及其公职人员应该承担的一种法律义务，这种法定义务要么需要向立法机关汇报，要么需要在绩效合同中予以事先设定。绩效未完成、不达标都将被视为没有承担或者没有履行法定义务。特别是在宏观调控这类公共服务的供给中，绩效是一种重要的法律义务。问责化指的便是绩效责任的实现。由于绩效成为政府部门及其公职人员的法定义务，那么，职责的履行情况、绩效的达成与否都相应地成了对政府部门及其公职人员进行问责的重要考评标准。英国的富尔顿报告（the Fulton Report）③指出，责任管理就是要"使个人和单位对已得到尽可能客观评价的绩效负责"。它的实现依赖于"在政府部门内部确认或建立绩效责任，当履职单位的行为被尽可能客观地加以考核，那么，这些单位及其工作人员应当对工作的绩效负责"④。正是通过上述三个环节，绩效责任通过一系列的指标，具有了极强

---

① 参见［美］费斯勒、凯特尔：《公共行政学新论：行政过程的政治》，陈振明、朱芳芳译，中国人民大学出版社 2013 年版，第 23～33 页。

② See Robert D. Behn, *Rethinking Democratic Accountability*, Brookings Institution Press, 2001, p. 196－217.

③ 富尔顿报告是英国现代文官制度史上，继《诺斯科特—威廉报告》之后的又一份重要报告。1966 年，英国政府任命以富尔顿为首的委员会，对文官的录用、培训和管理等问题展开调查。委员会提交报告，建议设立统一的文官制度等、创设管理文官的文官事务部、成立实行专业化培训的文官学院等。这些建议不同程度地为英国政府所采纳。

④ See Kearns K. P., *Managing for Accountability: Preserving the Public Trust in Public and Nonprofit Organization*, Jossey-Bass, 1966, p. 36－37.

的可操作性和实用性。

绩效责任机制实行“结果导向型管理”(Outcome-oriented Management)或“基于绩效的管理”(Performance-based Management),是建立宏观调控职能部门对调控结果负责的机制。宏观调控职能部门履行的职责和从事的活动十分庞杂,所追求的目标多样且富有弹性,这使得对其目标设定和管理绩效的评价十分困难,因而导致责任机制不完善。在这种情况下,明确绩效目标并在此基础上强化责任机制是当代宏观调控职能部门绩效管理的一个重要趋势。宏观调控职能部门必须承担绩效责任,要就自己工作的成效承担结果责任,绩效责任包括绩效合同制度、绩效报告制度、绩效审计制度等。在西方国家的政府绩效管理实践中,绩效问责机制的主要代表有两种类型。一类是美国的基于立法监督的绩效责任机制。随着立法机关日益关注行政项目结果,美国国会在1993年通过《联邦政府绩效和结果法案》,要求政府机构定期向有关国会委员会提交履职结果报告。另一类是英国的基于决策与执行分立的绩效责任机制。英国设立执行机构,承担执行政策和提供公共服务的职能,通过明确的目标管理强化结果责任机制。执行机构履行职责的依据是主管部门制定的“政策和资源框架文件”,其主要内容包括履职的政策、应该达到的目标和工作结果、管理者履行职责被赋予的自主权限、执行政策所需的资源、敏感政治问题出现时处理的方式和程序等。在这样的绩效考核机制下,政府部门如果未能完成既定目标,或者履职效果不理想,部门负责人就难以继任领导职务。如果出现负面效果,相关责任人还需承担相应的行政处分和法律责任。①

绩效责任有利于督促宏观调控主体降低调控“成本/收益”比率,从而提高调控效率。传统的宏观调控往往更注重调控行为本身和调控“投入”,对调控效果与“投入”之间的关系不太重视,这种情况容易出现浪费和官僚主义。对调控进行绩效管理,让调控主体承担绩效责任,是国家进行有效资源配置、实现经济总量和结构平衡的重要方式。绩效责任在宏观调控职能部门绩效管理中居于十分重要的地位。甚至可以说,绩效责任是政府履行宏观调控职能的基础、运行的保障、成功的关键。首先,绩效责任建立在宏

① 参见李军鹏:《论政府绩效责任机制创新》,载《行政管理改革》2010年第2期。

观调控职能部门绩效评估的基础之上，对政府部门及其工作人员进行责任追究，这对职能部门既具有激励作用，也有很强的约束力。其次，通过绩效的责任化，宏观调控职能部门的绩效目标就成了其基本法律义务，以便更好地敦促相关部门及其工作人员积极工作、认真履职。再次，绩效责任通过宏观调控职能部门绩效评估与问责的结合，不仅考察了职能部门的工作效果，还依据评估结果对相关部门及其公职人员进行问责，进而给政府部门提高绩效施加一种法定、持续的压力，借此保障政府绩效管理能够长期、持续地运转。最后，绩效责任依据绩效指标对宏观调控职能部门进行监督，可以很好地防止职能部门的“懒政”现象，这是一种更高层次的监督。

完善我国政府部门宏观调控的绩效管理制度，关键在于建立绩效责任机制。首先，要实现职能部门绩效的指标化。绩效指标是评估宏观调控职能部门绩效的前提，要从责任化和可问责的角度科学地设定其绩效评估指标。设定宏观调控职能部门绩效评估的指标，应当集中在该部门的主要职能和重点工作上，包括本部门职责、向社会承诺的重点工作、部门工作目标、年度计划以及上级专项任务完成情况等方面的指标。一般以 5 个左右的核心绩效指标为宜，这既便于考核，也便于问责。其他的“边缘性”指标作为履职情况的参考指标即可。其次，要实现职能部门绩效的义务化。履职绩效成为宏观调控职能部门的法定义务是绩效管理成功的关键。这需要从以下三个方面予以完善：一是要完善宏观调控职能部门绩效管理与评估的法规体系；二是要实行宏观调控职能部门的绩效报告制度；三是在宏观调控职能部门中推广战略规划、绩效计划与绩效合同。最后，要实现职能部门绩效的问责化。要建立宏观调控职能部门绩效报告的定期发布制度，以便于社会公众及时获知宏观调控职能部门的履职绩效信息。同时，要将职能部门的绩效水平作为启动问责程序的考察因素，要建立以履职绩效为基础的预算制度，实行宏观调控职能部门的绩效与财政拨款联动，以强化立法机关和社会公众对宏观调控职能部门的绩效监督。

第五节　宏观调控监督制度的现代化保障

国家治理体系和治理能力现代化,要求宏观调控监督制度实现现代化转型。随着全面深化改革向纵深推进,健全宏观调控监督体系,已由前期的夯基垒台、立柱架梁,中期的全面推进、积厚成势,进入系统集成、协同高效的新阶段。在推进全面依法治国的时代背景下,实现宏观调控监督制度的现代化,就是要实现宏观调控监督制度的法治化。现代化的宏观调控监督制度,各领域各环节监督的关联性、互动性明显增强,每一种监督都会对其他监督产生重要影响,也都需要其他监督协同配合,必须上下统筹、联动推进。首先,要紧紧围绕构建党的统一领导、全面覆盖、合理高效的监督体系,着力消除对宏观调控权行使的监督空白和盲区,把所有宏观调控职能部门及所有行使公权力的公职人员置于多元宏观调控监督机关和人民群众监督之下。其次,着力健全协作配合机制,形成配置科学、权责协同、运行高效的监督网。要推进监督主体机构之间的信息互通、监督互动,汇聚监督合力。最后,要健全人大监督、国务院的行政监督、监察监督、司法监督、民主监督、群众监督、舆论监督制度,发挥审计监督、统计监督职能作用,健全信息沟通、线索移送、措施配合、成果共享等工作机制,推动各类监督有机贯通、相互协调、形成合力。

一、全方位监督的互动关系

党的十八届三中全会对于全面深化改革做了总体性部署,提出了在推进国家治理体系和治理能力现代化的过程中要实现从社会管理到社会治理的观念性转变与制度性变革,并通过创新社会治理体制实现多元社会主体的良性互动。这一改革目标的提出是对社会主义现代化建设过程中尤其是在市场经济条件下社会治理、发展的经验总结,也为我们对未来宏观调控监督制度进行新的思考和构建提供了理论依据和政策方向,并将为面向21世纪的中国社会转型奠定坚实的基础。[①] 会议通过的《中共中央关于全面深化改革若干重大问题的决定》提出要创新社会治理体制,改进社会治理方式,“坚持系统治理,加强党委领导,发挥政府主导作用,鼓励和支持社会各方面参与,实现政府治理和社会自我调节、居民自治良性互动”[②]。基于这一指导理论,全方位监督实际上是将宏观调控监督制度的结构性调整作为出发点和基本路径,在市场经济环境中消除宏观调控监督制度中的对抗性因素,在深化改革中协调多元监督主体的行动逻辑,在推进国家治理体系和治理能力现代化的进程中构建全方位监督良性互动的关系模式。

构建宏观调控全方位监督互动关系的核心是要加强党的领导,也就是说要坚持中国共产党在实现宏观调控全方位监督良性互动关系中的领导核心作用。中国共产党是中国特色社会主义事业的领导核心,党的领导是中国特色社会主义最本质的特征。之所以要发挥领导核心的作用,是因为中国共产党能够以开放性的治理姿态推动国家现代化建设,容纳各社会阶层的诉求并进行整合。中国现代化的发展无论是国家综合国力的提升还是社会活力的增强都是在党的领导下开展的。“国家制度的建设与运行、国家事务的管理,都直接与党的组织、党的领导相连接、相适应;社会改造与重构直接以党的组织力量和组织网络为资源,从而构建起以党的组织为网络的新的社会组织体系。”[③]在全面深化改革的进程中,实现宏观调控全方位监督良性互动要更好地发挥党“总揽全局、协调各方”的领导核心作用。

构建宏观调控全方位监督互动关系的关键是发挥政府的主导作用,提升政府的监督能力和水平。一直以来,我们对于市场经济下政府部门的规模大小、能力强弱、行动边界等都存在着不同的理解。基于对传统宏观调控监督制度的批判性反思和对西方发达国家20世纪70年代以来掀起的以政

---

① 参见桂家友:《迈向新时代与社会现代性加速成长》,上海人民出版社2018年版,第257页。

② 《中共中央关于全面深化改革若干重大问题的决定》,载《人民日报》2013年11月16日,第1~3版。

③ 参见林尚立:《领导与执政:党、国家与社会关系转型的政治学分析》,载《毛泽东邓小平理论研究》2001年第6期。

府再造为目标的“新公共管理运动”的理论借鉴，一部分学者呼吁推行“小政府、大社会”的市场化改革目标，也就是说，政府要尽可能地退出社会领域，经济的发展应完全交给市场调节而政府只需要维护基本的社会秩序，这实际上忽视了中国近代以来历史发展的基本逻辑。中国的发展特点决定了中国的现代性因素往往不是内在生成的，而是在受到外在刺激的基础上通过不断地吸收和借鉴，并与中国具体国情发生排斥和融合的情况下形成的，这一过程更多的是依靠政府的主导。中国改革开放目标的确立，改革的具体步骤、途径和方式都是由政府部门加以明确并通过一系列政策措施加以推行的。因此，在创新宏观调控监督体制，实现宏观调控全方位监督良性互动关系的过程中，政府仍要发挥积极的主导作用，这也是推进国家治理体系和治理能力现代化的题中应有之义。当然，这种主导作用依赖的不是传统高强度的专制权力，而是能够真正渗透和集中协调社会，并在其领土范围内有效贯彻其政治决策的能力。① 政府职能的无限扩大和控制的高度强化只会带来政府治理效率的低下。

构建宏观调控全方位监督互动关系的重点需要系统性治理。这说明我们认识到通过创新社会治理体制实现全方位监督的良性互动是一项系统性、整体性和均衡性的任务。全方位监督实际上就是由各级党委、政府部门和包括所有社会成员和各类社会组织在内的社会主体在日常实践生活的互动中得以展现并赋予其意义的。各级党委、政府部门、社会成员和社会组织都是实现良性互动的宏观调控监督制度的行动者，具有各自的不同的功能作用和角色地位。根据帕森斯（T. Parsons）结构功能主义的观点，“地位—角色是社会体系中，最重要的互动过程所包含的个体之间的关系的结构……也是行动模式化的互动关系中的参与，是重要的社会体系单位”②。宏观调控监督中的全方位良性互动应是相对稳定并持续发展，同时具有灵活性能够进行相应的调整。这一目标的实现依赖的是党组织、政府部门、社会成员和社会组织明确各自的结构地位和行动角色，划分各自的行为边界

---

① 参见［英］迈克尔·曼：《社会权力的来源》（第2卷）（上），陈海宏译，上海世纪出版集团2007年版，第69页。

② See T. Parsons, *The Social System*, Free Press, 1991, p. 25.

和规范各自的行为模式。

构建宏观调控全方位监督互动关系的基础是社会各方面的积极参与。社会发展的主体是社会中的每一名成员以及由这些成员所组成的具有各种功能作用的社会组织,实现宏观调控全方位监督互动关系只依靠政府作用的发挥是远远不够的,还应该调动社会主体的积极性。在传统宏观调控监督制度中国家保持着对社会的高压态势,但社会主体仍然能够以各种方式和途径影响着国家的行动甚至消解国家行动的意义,只是这种方式和途径已经不符合现代社会的发展要求。在市场经济嵌入宏观调控监督制度后,社会成员和社会组织通过与国家的互动进行利益的诉求和资源的获取,但是缺乏合理的途径和有效的渠道,要么导致社会主体的参与演化是无序的、激烈化的和蔓延式的集体行动,使得宏观调控监督中的全方位互动呈现紧张的状态;要么导致社会主体普遍性的参与冷漠,宏观调控全方位监督的互动失去着力点。因此,鼓励和支持社会各方面的参与,需要社会主体提升自我管理的能力,发挥主动性和创造性,通过多种渠道以合法的方式表达利益诉求,保持相对独立的地位以实现对国家权力的有效监督,积极参与到国家治理过程中来。

二、多主体监督的协调关系

在传统观念下,人们习惯于把监督宏观调控的职责归于政府工作。但实际上,仅依靠政府的力量很难做到监督宏观调控的高效、快速、灵活和协调。目前我国正逐渐形成以政府为主导,社会组织和公众共同参与的宏观调控监督格局。每一个宏观调控监督主体都有着自身的特定角色,并且与其他主体之间存在利益共同体的关系。在社会科学中,监督理论最初是指涉及国家公共事务的监督活动及相关问题。随着人类社会的不断发展,监督理论的内涵不断延伸,主要表现在五个方面:第一,监督理论的前提是一个开放的、复杂的社会系统,其间存在着多元化的行为主体,既包括政府组织,也包括非政府组织;第二,在社会系统中,各个行为主体之间以竞争或合作的方式存在着交互关系,而且这种交互是建立在信任与共利的基础之上;第三,在社会系统的竞争与合作过程中,会产生与国家相对独立的自组织网络,这种自组织网络是一种新的系统模式或者结构,而且自组织是社会治理过程中的协调模式之一;第四,存在于监督过程中的系统协作不仅仅是一种资源分配过程,更是一种分配规则(或游戏规则)的建立过程,因此也可以说监督是关于游戏规则的活动;第五,监督与秩序之间存在紧密的联系,监督的直接目标是形成某种稳定的秩序(平衡的结构),而且其根本目标是实现公共利益的最大化(系统功效的最优化)。①

在宏观调控监督中,监督主体是宏观调控监督成败得失的关键之一。虽然作为宏观调控的实施者,政府在监督宏观调控中起着主导作用,但若政府想包揽监督宏观调控的一切权能,既做运动员又做裁判员,就很难做到宏观调控的有效监督。行业组织的发展壮大、独立性不断增强,企业社会影响力不断扩大,公众参与意识不断觉醒,使宏观调控多元主体协调监督的格局势不可当。当下我国正逐渐形成以政府为主导,非政府组织、企业和公众共同参与的宏观调控监督格局。融合协调与监督的内涵,协调监督理论包含这样一些特征:监督主体的多元化,即监督的主体不仅是政府,还包括其他非营利性社会组织、企业以及社会公众等,每个主体都掌握了部分资源,有着自身的价值选择和利益诉求;子系统之间的系统性,即不同监督主体之间应保持平等对话与协作的关系;共同规则的制定,即各主体之间制定统一的规则。宏观调控的多元主体协调监督即宏观调控监督主体(包括政府部门、社会组织、企业以及公民个人)通过自觉的组织活动,并在一个行为目标和规范相对统一的网络结构中,将宏观调控系统中各种相互之间无规则、无秩序的要素有机地组合起来,使其由无序状态转变为具有一定规则和秩序的、相互协同的自组织状态。②

在宏观调控的多元主体协同监督格局下,每一个监督主体都有着自身的特定角色,并且与其他主体之间存在利益共同体关系。

首先,政府在宏观调控监督中的主导力量。政府作为宏观调控的决策、执行机关,依法对宏观调控进行监督拥有得天独厚的优势,因而承担着重要的监督职责。政府在宏观调控监督中是领导者、组织者和协调者,是信息公

① 参见李汉卿:《协调治理理论探析》,载《理论月刊》2014 年第 1 期。

② 参见张立荣、冷向明:《协同治理与我国公共危机管理模式创新——基于协同理论的视角》,载《华中师范大学学报(人文社会科学版)》2008 年第 2 期。

开的主体。从理论上讲,宏观调控监督是政府以宏观调控事件为目标指向,对事件本身及其关联的所有事物进行监督的活动,旨在通过提高政府对宏观调控的监督能力,发挥政府的经济调节作用,使社会经济良好运转。从实践来看,政府作为宏观调控的决策者,有义务和责任去承担宏观调控所引起的一系列连锁反应,而且在经济秩序遭到破坏而使得社会处于失衡和混乱状况时,也只有政府才具备监管宏观调控的合法性与统筹力。①

其次,企业是宏观调控监督的坚实后盾。在社会转型期,我国宏观调控频频出招,企业参与宏观调控监督的意识越来越强。企业在某些宏观调控策略中本身就是受调控主体,因此企业自身对其进行监督,可以降低宏观调控破坏市场机制的风险,减少调控的负面作用。在监督宏观调控的过程中,企业可以通过多种方式帮助政府矫正调控手段。例如,企业可以在市场失灵时,通过建言献策为政府提供应对市场失灵的智力支持。龙头型企业在政府的调控过程中可以保障行业内部对政策的遵从性,其带头作用有利于宏观调控政策的顺利推行。在紧急情况下,企业在协调政府与社会组织关系中的表现也极其重要。而由于企业通常具备一定的专业优势,因此可以帮助政府更快、更好地施予调控政策,使经济尽快地恢复到政策轨道。实践证明,受调控企业因为利益关切具有高度的组织性和协调性,这样庞大的群体能够在调控手段过激或不足的情况下成为监督政府宏观调控的重要力量。

再次,社会组织对宏观调控监督的重要支持。由于政府自身在资源配置、人员结构、组织体系等方面存在一定的局限性,社会组织凭借其独立性、公益性等优势,在监督宏观调控中扮演着重要的角色。社会组织是失当宏观调控策略的发现者和预防者。这是因为这一类组织往往具有较强的专业性,且植根于基层,具备敏锐的洞察力。社会组织是应对失职宏观调控的资源筹集者和监督者。面对失职宏观调控可能对市场经济机制造成破坏,社会组织能以其灵活广泛的行动方式,面向广泛的公众、企业筹集资源,弥补政府在此方面的不足。

最后,社会公众是监督宏观调控的中坚力量。随着市场经济理念的深

---

① 参见崔凯:《政府在公共管理中的角色与定位分析》,载《行政管理》2009年第5期。

入与公众社会管理意识的觉醒,公众开始主动参与到宏观调控的监督中,成为监督宏观调控的中坚力量。虽然在互联网信息传播发展下,公众取得了一定的话语权,但是在多元主体利益关系面前,公众的声音仍然十分微弱,在许多情况下都是不当宏观调控最终的受害者。公众可以参与到政府与非政府组织的宏观调控决策,提高决策的合法性并有利于决策的顺利实施,原因在于公众的利益应该是监督宏观调控的核心目标,因此公众的角色转变有着重要意义。

总之,在宏观调控的多元主体协调监督格局中,政府、企业、社会组织与社会公众各司其职,分别构成了利益关系的重要节点。其中,政府是监督宏观调控的主导者,统筹和协调了其他主体的资源和信息,并受到其他主体的协作和监督。企业和社会组织是监督宏观调控的重要保障与坚实后盾,既要协助和监督政府的监督宏观调控的工作,提供经济、人力、科技等多方面的支持,也要对公众负责并接受来自其他主体的监督。而公众是监督宏观调控的中坚力量,在监督宏观调控的过程中配合政府、企业与社会组织的工作。宏观调控多元主体的协调监督格局涵盖了多元主体之间分工与合作的不可分割的利益共同体关系。

三、多元化监督手段的相互促进关系

现代社会强调专业分工,强调不同社会主体应尽的职责或其分内之事,这是符合现代社会管理逻辑的。与此同时,不同社会主体之间,不同行业、不同专业领域之间,更应加强彼此之间的联系、往来、交流、协调,形成一种相互协作、相互配合、相互支持、相互促进的关系。我们既要做“加法”,更要做“乘法”。事实上,社会运行和建设的各方面各领域之间都要相互支持、相互促进,宏观调控的多元监督手段也不例外。无论是作为自然人的社会成员(公民或者居民),还是作为团体的各种社会组织,抑或通常被视为拥有巨大权力、力量之象征的国家(政府通常被视为国家权力和力量的代表),他们当中的任何一方,单方面的力量、作用、影响等往往都较为有限。当前,伴随着我国市场经济的长足发展和宏观调控法治化的进步,对宏观调控监督机制的设计和实施也步入了新时期。其中,尤其需要关注宏观调控监督多元化监督手段之间的相互关系。宏观调控监督手段本身存在的法律

界定、价值目标、实现机制等方面的差异性问题，这是对宏观调控监督制度科学构建的基础，也是宏观调控监督主体在实践中灵活调用多元化宏观调控监督手段的重要依据。

结构与功能是相对应的，我们在考察作为一个整体系统的宏观调控监督手段时，应当根据其内部结构来判断其监督功能的实现情况，也可以根据其监督功能的实现情况来推知其内部结构。在此基础上，追求和建立多元监督手段的优化结构，使系统发挥出最佳的社会功能。多元监督手段的相互促进，既表现在优化结构能促进功能提升，又体现于提升功能可促使结构优化，这是结构与功能相适规律的本质要求。事实上，增强监督力量与提升监督功能存在着互为表里的关系，增大宏观调控监督力度，说到底就是要提升这股力量所具有的社会功能。

外部的宏观调控监督机制主要包括听证制度、举报制度、信访制度、新闻媒体监督等。作为监督宏观调控的一种制度，听证是指在宏观调控决策制定出台前，宏观调控主体听取有关利益者包括各部门、社会团体、企业组织、个人以及无利益关系的社会成员，对该决策所持的观点、愿望、偏好、利益、理由以及相互之间进行辩论、质证、咨询的制度，其基本目的在于尊重利害关系当事人的法律人格，保证宏观调控的合法性与公正性，事前防范侵犯利害关系当事人合法权益的行为发生。由于宏观调控中如何分配权利义务的弹性较大，具体操作中又存在极强的灵活性，加上政府可能信息不全，如果缺少有效的监督程序和足够的监督制衡力量，宏观调控决策可能会偏离既定的方向，影响众多成员的利益，因而当前亟须建立健全宏观调控的听证制度，特别是要尽快明确听证的范围、有权参加听证的当事人、听证的方式、效力、法律责任等实体方面问题，并确立起通知、回避、辩护、委托、调查、决议、公布、申述等一系列听证程序。此外，听证制度中还应引进无利益关系的第三方介入措施。在我国目前的听证程序中，可以发现利害关系人介入的情形，而对无利害关系的第三方介入听证程序是罕见的。事实上，利害关系人介入听证制度的目的在于保护其合法权益，但无利害关系的第三方介入是为了保障程序的公正性、公开性，因为他们在行政机关与相对方的关系中处于“局外人”的地位，让他们来判断行政行为的公正性与否更具客观性。[①] 因而今后宏观调控听证制度中若采用无利害关系人介入措施,将更有利于宏观调控决策形成的正确性。

举报是一个很有特色的制度,它对于调动各种积极力量参与政治生活和行政管理意义重大,目前世界各国在司法领域、行政管理领域内都广泛采用。我国实践中也存在举报措施。但由于宏观调控法律制度尚未健全,举报一直没能形成一种专门的制度,因而宏观调控中难以通过公众的力量及时发现宏观调控的违法或不当之处。要及时纠正宏观调控的偏差,就应当在一定的行政管理区内建立专门的举报站,设立专门的举报电话。此外,在制定、施行宏观调控政策的机关及其上级机关或者对其承担法制监督职能的机关中也要设立举报机构。

信访制度是各级政府和国家机关同社会公众保持联系的重要手段,是社会公众进行监督和获得救济的一种制度。目前我国的信访制度主要还局限于行政领域,今后应当扩大到整个政府宏观调控的各领域中,使得受到宏观调控决策影响的个人、组织及其他利益受损的行业团体等能够有途径反映情况、提出意见、建议和要求。同时,由于长期信访机构工作过程中公众已形成一种对其投诉的倾向和习惯,故而如果有恰当的立法,如借鉴消费者协会处理投诉的规定,信访制度将会焕发新的活力,[②]宏观调控也将会有一个能让社会公众实际发挥监督作用的途径。

至于新闻媒体的曝光,实际上也是一种社会公众监督。它包含着新闻行业自身对宏观调控的监督以及唤起社会公众集结成团体进行宏观调控监督两方面的作用,因而对宏观调控决策和行为保持正确性具有重要的意义。在当代西方社会,这种舆论监督被称为继立法权、司法权、行政权之后的“第四种权力”。美国早期最杰出的民主派人物托马斯·杰弗逊曾深刻地指出:“我深信……预防此类对人民之不正当的干预的方法,就是通过公共报刊的渠道,向人民提供关于他们自己事务的全部情况,并且力争做到使这些报纸深入到全体人民群众之中。民意是我国政府存在的基础,所以我们

① 参见关保英:《行政法模式转换研究》,法律出版社、中央文献出版社2000年版,第211页。

② 参见林莉红:《行政救济基本理论研究》,载《中国法学》1999年第1期。

先于一切的目标就是保持这一权利。"①这一思想在西方社会颇有影响,进而被人们广泛接受并受到法律的保护。正因为如此,媒体在西方社会中的监督作用特别突出,甚至到了无孔不入的地步。我国传媒监督的作用还没受到应有的重视和充分发挥,也没能足够制度化和规范化,新闻媒体的监督容易受多方因素影响,因而增强新闻监督的法律效力,保证新闻媒介对政府宏观调控信息的报道权以及宏观调控利害关系人对政府宏观调控信息的评论权,也是完善我国宏观调控监督的必然要求。

总之,我国宏观调控的监督机制需要从监督范围、监督途径、监督差异性、有效监督的制度保障等方面重新定位。健全的宏观调控监督机制不仅应包含实体权利和权力,也包括具体、细致的程序保障,甚至应明确监督所要达到的目标和价值。只有这样,我国宏观调控的监督才能得以有效进行,进而使得宏观调控不偏离市场和公平的方向。

本章小结

立足于党和国家事业的长远发展和全局规划,党的十九届四中全会总结了新中国成立70周年以来的经验与教训,提出了坚持和完善中国特色社会主义制度,并推进国家治理体系和治理能力现代化。这为完善我国的宏观调控制度体系指明了方向,提供了根本遵循。宏观调控权作为一种重要的公权力,对社会经济的运行影响重大而深远,对之进行监督的重要性不言而喻。国家治理体系和治理能力现代化,要求宏观调控监督制度实现现代化转型。在推进全面依法治国的时代背景下,实现宏观调控监督制度的现代化,就是要实现宏观调控监督制度的法治化。具体而言,就是宏观调控监督制度形式上的法制化和内容上的法治化,这是国家治理体系和治理能力现代化对宏观调控监督制度体系现代化的两大基本要求。要实现宏观调控监督制度的法制化,需从实体制度、程序制度两个方面予以完善;要实现宏

① [美]埃默里:《美国新闻史:报业与政治、经济和社会潮流的关系》,苏金琥译,新华出版社1982年版,第123页。

观调控监督制度的法治化,在内容上要求监督主体对宏观调控的目的正当性、手段适当性、手段必要性、目的与损害均衡性进行监督,在形式上要求宏观调控权力运行内部、监察与司法机关、社会公众通过适当的程序对宏观调控进行多角度、全方位的监督。当前,宏观调控的监察、司法监督与社会公众监督尚无明确的法律制度,这是未来学术研究和立法工作重要的努力方向。

第五章　国家治理现代化视域下健全宏观调控救济制度

在以法治、人权作为基本标准判定社会现代性的新时代，法的基本价值在于保障、实现和救济权利。所谓“有权利必有救济”“无救济则无权利”，权利救济自始即法律制度正当性与合法性最核心的来源。在宏观调控法治化进程中，没有救济的制度必然流于形式，不仅滥权、不作为等现象难以得到控制，同时受控主体的合法权益也无法得到切实的保障。因此，健全宏观调控救济制度，在宏观调控制度的体系化建设中意义重大。

第一节　国家治理现代化对宏观调控救济制度的基本要求

国家治理体系现代化与治理能力现代化是一物两面，二者在创生之初即包含着“治理手段法治化”的意涵。立足于国际、国内新环境、新情势，作为新时期的顶层设计，国家治理体系现代化与治理能力现代化也对宏观调控救济制度建设提出了新要求。

一、国家治理体系现代化对宏观调控救济制度的体系化要求

推进国家治理体系现代化要求“把制度建设摆在突出位置”。习近平总书记指出，国家治理体系和治理能力是一个国家制度和制度执行能力的集中体现。① 制度体系与治理体系、价值体系之间紧密相连，相互支撑、协调推进，共同构成全面深化改革的总框架。以此为基础，党的十九届四中全会通过的《中共中央关于坚持和完善中国特色社会主义制度　推进国家治理体系和治理能力现代化若干重大问题的决定》，再次重申了构建科学的制度体系的重大意义。

在顶层设计的指导与引领下，构建科学、有效的制度体系成为宏观调控法治化建设的题中应有之义。相应地，对宏观调控救济制度的完善也应当遵循体系化的思维和路径。在这一过程中，救济实体制度、救济程序制度、救济的审查制度是宏观调控救济领域的三种基本制度，共同构筑出宏观调控救济制度体系的科学性。三者皆脱胎于受控主体权利的救济机制，既各有分工、互不冲突，又相互联系、协调配合，缺少任何一部分都会造成制度体系整体结构、功能的失调和功效的缺失。如图 5－1 所示，救济实体制度为受控主体建立了受损权利救济的实体法依据；救济程序为救济权利的实现提供具体的流程和路径。在救济的审查机制的激励下，最终形成完整、科学的救济框架。

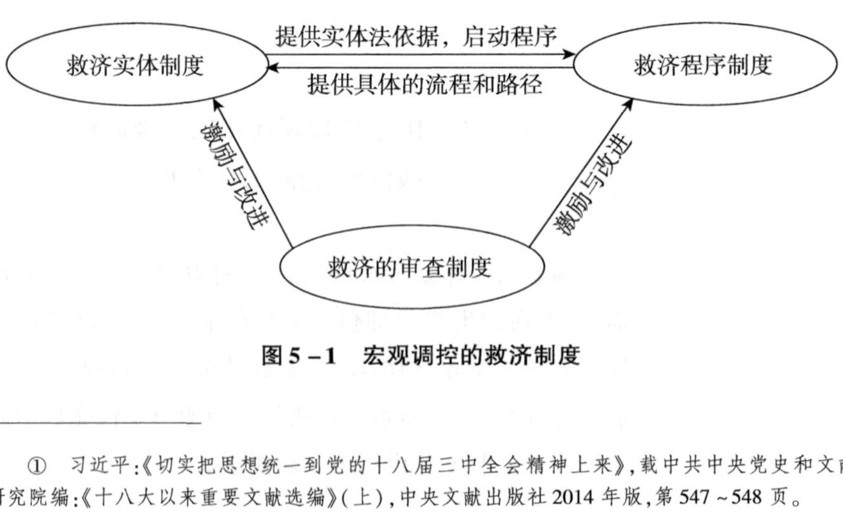

图 5－1　宏观调控的救济制度

① 习近平：《切实把思想统一到党的十八届三中全会精神上来》，载中共中央党史和文献研究院编：《十八大以来重要文献选编》（上），中央文献出版社 2014 年版，第 547～548 页。

具言之，清晰界定救济的主体范围，明确救济条件与救济方式，为救济程序的启动提供现实基础与直接动因，而救济程序的进一步细化与完善，又为受控主体救济权的行使提供了明确的程序指导。同时，通过完善案件管辖机制与重构归责原则，救济权的实质化也会获得有力保障；救济的审查机制构成救济制度体系的重要激励，在动态推进中保证救济程序合法运行，使受损权利得以有效修复。总之，完善宏观调控救济制度的体系化建设，符合我国对中国特色社会主义制度建设的顶层设计，是推进国家治理体系现代化在宏观调控制度领域的直接体现。

二、国家治理能力现代化对宏观调控救济制度内容的科学化要求

推进国家治理能力现代化是引领包括宏观调控在内的各领域建设的战略目标，其前提是推进现代化的治理体系与制度内容建设。因此，在新时期下，推进国家治理能力现代化的战略目标也对各领域制度内容完善提出了新的要求。具体到宏观调控救济制度，对其完善应当遵循以下要求。

第一，宏观调控救济制度应当体现尊重市场规律的理念。制度优势源于理论优势、显于治理效能。[①] 国家治理能力现代化的提出，是习近平新时代中国特色社会主义思想在治理实践中的最新成果，符合当今中国国情，是完善宏观调控救济制度内容的最优指导理论。只有符合最优指导理论的精髓与要义，宏观调控救济制度才能发挥效能转换优势，保障良好的宏观调控效果，实现宏观调控能力现代化。

具体而言，国家治理能力现代化要求创新治理模式，处理好政府与市场之间的关系，理顺二者之间的作用机制，厘清各自的作用边界，使其在合理的范围内发挥各自的最大效能。[②] 换言之，政府治理并非对市场效用的挤兑与完全替代，经济发展应当充分尊重市场的自我规律，政府于其中仅仅扮

---

① 参见马振江：《新时代国家治理现代化的制度供给与人民民主的实践指向》，载《江西财经大学学报》2019 年第 4 期。

② 参见周雯雯、寇清杰：《中国特色社会主义制度”与“国家治理现代化”的缘起、内涵及关系》，载《广西社会科学》2021 年第 2 期。

演催化与服务的角色。[①] 我国已经先后加入了国际货币基金组织(IMF)、世界贸易组织(WTO)、亚太经济合作组织(APEC)等各类国际组织,并积极对外订立双边贸易协议、多边贸易协议以及其他自由贸易协议。纵观这些国际组织及其规则、贸易协议,其建立不仅仅是基于利益驱动,更是市场经济体制深化发展到一定阶段的必然产物。自我国入世以来,WTO规则所架构的、以市场为导向的政府与市场关系,实际上为政府行为提供了一种系统性的最低限制标准。例如,非歧视性原则,赋予了各类经济成员以平等公正的法律地位;互利互惠贸易原则,则是尽可能充分尊重每一个经济成员的自主决策与自我选择权利;而市场准入与促进公平竞争原则,则是对市场自由、贸易自由精神的充分体现。因此,在这一国际大环境下,结合我国自身发展的实际需求,在调控中理顺政府与市场关系,充分尊重市场能动作用,应当成为推动实现国家治理能力现代化的题中应有之义。

回顾宏观调控制度化的全过程,市场理念必须贯穿其中。例如,调控主体在做出宏观调控行为时应当尊重市场规律,包括尊重市场运行的通行规则和市场主体之间交往的基本行为模式,而不能采用脱离实际及与市场规律不符的强制性干预措施。其原因在于宏观调控的功能价值定位是弥补市场运行的固有缺陷,防止并有效化解"市场失灵",即宏观调控的基本价值在于维护市场主体在遵从市场规律之下彼此交往互动的有效性,也可以称为市场机制的有效性。[②] 诚如学者所言,"宏观调控的目的不是取代市场,而是要消除市场失灵,从而为市场机制的有效运转提供保障"[③]。因此,从宏观调控的功能和效用可以看出,宏观调控旨在维护和修复市场机制的有效性,尊重市场规律的理念尽显其中,相应地,宏观调控救济也应当体现尊重市场规律的基本理念。此外,宏观调控救济制度应当体现尊重市场规律的理念,还出于宏观调控行为的利益调节性和侵益性。由于宏观调控行为

---

① 参见甄志宏:《国家治理体系和治理能力现代化的新视角——政府与市场关系的再探索》,载《上海对外经贸大学学报》2020年第1期。

② See Zhang D. ,*Seizing Opportunities and Building a New Development Paradigm to Make Steady Progress*,China Economic Transition,2021,Vol. 4:1,p. 44 –51.

③ 参见王立勇:《财政货币政策非线性效应与宏观调控有效性研究》,中国人民大学出版社2012年版,第135页。

必然涉及不同利益群体之间的利益调整，这是宏观调控的必然结果之一，因此法治化的宏观调控行为就必须避免由于宏观调控行为脱法化运行而给受控主体带来的额外利益损失。① 在实践中，对受控主体的权益造成不法侵害的主要原因就是宏观调控行为没有尊重市场规律，而采用了不合理、不科学的背离市场机制的调控行为。而宏观调控救济制度的目的便是对上述调控行为的偏离进行矫正，通过追责不当调控行为，给予受控主体合理的救济，使尊重市场规律理念重回宏观调控法治化进程的指导位置。

第二，宏观调控救济制度应当符合社会现实需求。制度从实践中来，为实践而生，最终目的也是指导实践。国家治理能力现代化的最核心要求就是制度的创设与完善应当符合社会经济的现实需求。② 对于宏观调控救济制度而言，这种社会经济的现实需求有来自政府与社会的期待，也有来自宏观调控本身的发展需求。具体而言：

首先，宏观调控救济的制度化是建立法治政府和责任政府的需要。“公共权力的行使必须直接或间接地对人们负责，这是民主的内在要求”③。目前，我国推进全面依法治国，构建法治政府和责任政府，其中针对政府行为致损开展追责与救济是重点和难点，当然，政府的宏观调控行为自然也不能游离于法治和责任之外。以抽象调控政策为例，如果抽象调控政策致损不具有可救济性，那么利益受损主体只能通过起诉依据抽象调控政策所作出的具体调控行为，附带对作为依据的抽象宏观调控政策加以审查。由此一来，所有遭受某一抽象宏观调控政策侵害的相对人都将对具体调控行为提起救济诉讼，不仅会造成司法低效后果，也会使得法治政府与法治社会的内涵流于形式，甚至脱离法治的基本规则④。

其次，宏观调控救济的制度化是避免宏观调控侵犯受控主体合法利益的现实需要。宏观调控的效果表现为对不同社会群体之间进行利益调整以

---

① 参见高海波：《新中国70年来社会主义经济制度转换的内在逻辑辨析——兼论中国经济发展困境以及“市场经济主导下的政府宏观调控”误区》，载《学术探索》2019年第3期。

② 参见张一鸣：《公共政策制度应与国家治理现代化相适应》，载《中国经济时报》2019年11月12日，第01版。

③ 参见张永萍：《金融宏观调控法律制度完善》，载《人民论坛》2015年第23期。

④ 参见徐澜波：《宏观调控的可诉性之辨》，载《法学》2012年第5期。

及对经济秩序的重构,这个过程必然会使得一部分社会群体的利益受到减损。因此,对于宏观调控职责部门来说,对经济形势的研判以及宏观调控政策的研究制定必须慎之又慎,这不仅要求宏观调控主体要自我遵循职业操守、提高自律要求,还要以客观的制度保障对宏观调控主体形成制度压力,使其提高决策的审慎程度,降低决策的随意性和盲目性。① 此外,政府公职人员也是理性经济人,存在客观上滥用宏观调控权的可能性,②建立并完善宏观调控救济制度,就是对宏观调控主体行使宏观调控权滥用的事后补救,避免宏观调控沦为公职人员谋取个人利益的工具。

最后,宏观调控救济的制度化客观上是宏观调控效果提升的助推器。一方面,构建与完善宏观调控救济制度,是完备宏观调控法治化体系的必要条件,可以有效提高社会公众对政府宏观调控体制和政策的认同感与信任感,使社会公众更加自觉地遵从政府的宏观调控政策导向,从而提升宏观调控的政策效果。另一方面,可以减少政府及其工作人员调控不作为或乱作为的风险。由于经济发展情势不断变化,加之经济变量的复杂性与多样性,宏观调控行为很难由具体的规则予以完全限定,因而实践中经常出现因调控主体滥用自由裁量权而致损的情形,③以制度化形式为权益受损的主体提供救济保障,有助于对调控主体形成威慑力,规范其合理合法行使宏观调控权。

第三,宏观调控救济制度应当具备开放性。建设与完善现代化的宏观调控救济制度,需要始终坚持传统继承、经验借鉴与时代创新的辩证统一,实现兼容并包、与时俱进。虽然宏观调控是基于我国政治经济体制和经济管理实践的特有概念,国外尤其是发达的资本主义国家只有"宏观经济管理""政府干预经济"等词汇,但是,概念称谓的不同不能掩盖其概念内涵的共通性,即不管使用哪个词汇表达,其都是在揭示政府以公权力干预并管理

---

① 参见岳彩申、马建霞:《宏观调控法律制度的施行及其绩效》,载《重庆社会科学》2009 年第 5 期。

② 参见赵娜:《政府作用与市场作用结合的中国经验:比较、批判与超越》,载《经济学家》2021 年第 5 期。

③ 参见徐澜波:《论宏观调控法的调整方法——从经济法的调整方法切入》,载《法学》2020 年第 7 期。

经济的实质。[1] 因此,研究总结发达资本主义国家宏观调控立法做法和经验,也可为我国宏观调控救济制度的建构与完善提供镜鉴。譬如,以宏观调控救济制度中的国家赔偿为例,法国行政法院在"小花牛奶公司案件"判决中首次提出国家对立法行为应负赔偿责任,德国在《国家赔偿法》中也设立了立法侵权的赔偿责任,这些都可以作为扩大我国宏观调控国家赔偿范围的有力依据;再如,美国的集团诉讼制度在程序启动、主体资格确认以及诉讼代表人选择等方面,也可以为我国宏观调控救济程序制度的完善提供十分有益的经验借鉴。

不仅如此,我国作为世界上的最大贸易国,经过多年的努力,目前已加入多个主要的国际经济组织,并积极对外建立双边、多边贸易协定,直接使得我国与其他贸易大国在经济领域有了平等对话的资格,进一步加速推动了我国深度融入经济全球化进程。与此同时,这些国际组织及其国际规则越来越成为约束我国政府宏观调控行为的一股外在力量,从而在一定程度上对我国宏观调控法治改革、外部保障机制与发展内驱力等方面的不足和弱点加以弥补。上述各方面综合因素结合起来,使我国宏观调控救济制度改革建设获得了更强的内驱动力与更坚实的外部保障。因此,建设与完善现代化的宏观调控救济制度,离不开对这些国际组织的规则进行借鉴、内化与吸收。无论是 WTO、IMF、APEC,抑或我国参与的其他双边、多边贸易体制,每一成员均应当保证其法律、法规和宏观调控措施与其承诺或文本规定的义务相一致,既要保护本国投资者的合法利益,也要警惕各类贸易保护主义形式对其他成员方投资者造成侵害,这也是契约精神的集中体现。[2] 这种外在力量的约束,其性质是一种国际约束,也构成了完善宏观调控救济制度的重要渊源。

---

① 参见邱波、朱一鸿:《政府干预与市场边界:澳大利亚农业保险制度实践及其启示》,载《金融理论与实践》2019 年第 3 期。

② 参见马勇:《中国的货币财政政策组合范式及其稳定效应研究》,载《经济学》(季刊)2016 年第 1 期。

第二节 国家治理现代化视域下健全宏观调控救济实体制度

国家治理体系现代化要求维护法治建设“以人为本”的初心不变。作为法治建设的高阶理念指导，揭示了“用法治保障人民权益，增进人民福祉”[①]的重要使命，深刻影响着宏观调控法治化进程。从维护市场基础的角度出发，宏观调控是以市场机制为基础，要求保护受控主体利益，同时维护宏观调控制度体系的和谐统一，理由是充分的。而救济制度作为宏观调控制度体系的最后环节，对维护市场主体利益、保障宏观调控运行的最终实效具有重大意义。因而，有必要将“受控主体权益保护原则”确立为健全宏观调控救济实体制度的基本原则。

需要明确的是，“受控主体权益保护原则”作为宏观调控救济实体制度的基本原则，与体现“社会本位”“保护社会公共利益原则”的经济法并不矛盾。在宏观调控法律关系中，社会公共利益与市场主体权益之间更多的是互相促进的关系。[②] 通过制度设置为受控主体提供救济途径，维护受控主体的市场基础地位，有助于促进和推动社会公共利益宏观调控目标的实现。在“受控主体权益保护原则”的指引下，有必要从以下几个方面完善宏观调控救济实体制度。

一、“以人为本”理念下受控主体基本权利的法律确认

受控主体基本权利的法律确认，是宏观调控救济制度化建设中首要解决的问题，也是法治建设“以人为本”的基本要求之一。受控主体除积极执行或配合宏观调控决策之外，还依法享有一定的经济自由权和选择权，但实践中违法的宏观调控行为往往会对上述权利产生不利影响，因此赋予受控主体得到救济的权利显得十分必要。例如，在“谢某三诉财政部国债回购

① 参见隋建利、李玥蓉、李悦欣：《宏观调控政策与经济结构变迁》，载《经济评论》2020年第3期。

② 参见宋瑞礼：《新形势下中国宏观调控取向与对策研究》，载《宏观经济研究》2019年第11期。

案”中,财政部不仅限制国债利率的下限为4.25%,更以便函通知的形式取消了涉案国债的回购功能,其行为涉嫌违反《中华人民共和国国库券条例》和《价格法》,致使涉案国债价格受到压制,严重影响投资人的收益。然而,在当事人据此提起诉讼时,法院迟迟未能受理。[①] 究其根源,受控主体获得救济的权利并没有明确的实体法依据。因此,作为宏观调控行为的主要影响对象,受控主体在积极配合与执行宏观调控决策之余,还应享有对调控致损申请救济的权利。然而,当前我国还没有一部专门的宏观调控法律规范,无论是《行政复议法》还是《行政诉讼法》等法律文件,均未规定宏观调控受控主体的救济权等基本权利,这也直接导致政府的宏观调控行为往往缺乏明确的制衡机制。而纵观国际立法趋势,以法律形式确认宏观调控受控主体的基本权利已是大势所趋。例如,《德国行政程序法》第75条规定,经济计划的实施对他人权利产生不利影响时,利害关系人可以请求行政机关设置必要的隔离措施,防止其权利遭受损失,同时,对于已经造成的损失,利害关系人有权主张适当的赔偿。[②] 另外,2020年1月,中美双方历经多轮谈判后,共同达成《中美第一阶段经济贸易协议》,在双边评估与争端解决部分,当一国国内的宏观调控措施或政策机制减少了另一方经济成员的贸易机会,或者使其处于不公平境遇时,受到利益损害的利害关系人有申请救济的权利。是故,为了增强宏观调控的有效性,我国应当尽快以法律、行政法规的形式清晰确认受控主体的救济权。

当然,除了救济权利外,与之相关的程序性权利也应当在法律中予以明确,包括:(1)必要的知情权。这种权利是救济机制发生作用的前提条件。例如,除涉及国家安全、经济运行稳定以及商业机密、个人隐私等方面的内容外,受控主体有权要求了解并获得有关经济运行情况、法律文件以及其他数据。对于受控主体而言,必要的知情权是监督宏观调控行为的重要途径,也是受控主体获得救济的前提条件。在宏观调控法律关系中,相较于宏观调控主体,受控主体受限于经济实力、制度保障力度等条件,往往在调控行

① 参见吴伟达:《我国宏观调控司法监督的困境与出路》,载《宏观经济研究》2015年第4期。

② See Administrative Procedure Act,75.

为违法信息获取等层面处于弱势地位，难以与调控主体形成真正的抗衡局面。因而国际社会中通常会设置必要的情报公开制度，以保障宏观调控救济程序开展，如美国《阳光中的政府法》第 2 条即规定了政府经济决议等会议的公开要求，瑞典、加拿大、澳大利亚等国还建立了国内贸易政策透明机构，这些机构以提供公共咨询服务的方式，为社会大众提供全面、客观的经济信息，在有效防范政府保护主义倾向的同时，也为受控主体在宏观调控救济程序中的信息获取提供了很大的便利。[①] 除此之外，由于我国是 WTO 成员，因此对受控主体知情权的保护还受到 WTO 规则的调整与影响。例如，GATT 第 10 条第 1 款规定，除了可能妨碍执法或违背公共利益或损害特定公司企业合法商业利益的机密信息外，任何成员有关于关税与经济贸易相关的法律、政策、判决以及其他行政裁决应当迅速公布，同时以合理的方式使得各成员以及相关的贸易商知晓。[②] 再如，TRIPs 第 63 条不仅对与知识产权相关的法律政策以及其他行政文件的及时公布做了规定，还赋予相关权利主体申请公开的权利，即当权利主体认为一项司法裁决、行政命令或者其他协定影响了自身的商业利益，可以书面请求成员方有关部门提供与裁决、命令以及协定相关的足够细节。[③] 当然，类似的透明度规定还见于 WTO 的其他规则，如 GATS 第 3 条等。根据上述国际规则，我国应当及时公布贸易政策以及与之相关的投资措施与运行机制，这不仅有助于为受控主体提供充实的知情权保障，增强受控主体在宏观调控救济程序中的主观能动性，减少申请救济的阻力因素，也有助于增强受控主体对我国政治经济形势的可预期性与预期稳定性。

(2)适当的抗衡权。这里指的抗衡权，包括对管理机关不合理的宏观调控行为提出批评、建议、申诉的权利。以产业调控实践为例，2015 年中央经济工作会议提出，加强以"三去一降一补"（去产能、去库存、去杠杆、降成

① 参见程琥：《新条例实施后政府信息公开行政诉讼若干问题探讨》，载《行政法学研究》2019 年第 4 期。

② See The General Agreement on Tariffs and Trade (GATT 1947), 10. 1.

③ See Intellectual Property Rights (TRIPs), 63.

本、补短板)①为核心的供给侧结构性改革。“去产能”主要针对煤炭、钢铁等传统重化工业过剩领域,包括行政去产能和环保常态化下的各种停产限产措施。此次行政去产能有助于优化产业结构升级,提高产业发展能力,但某些领域执行力度过大,容易导致短时间内上游原材料价格暴涨、制造业产业链失衡等一系列的问题。一些处于中下游的民营企业在此次去产能调控中遭受重创,就彼时的企业数量减少幅度结果来看,民营企业远高于国有企业。② 由于民营企业在环保规范和地方政府资源等方面均劣于国企,因此民营企业受到了较大冲击。③ 工业企业利润的分化表现也大致如此。此次产能调控政策给民营企业的发展带来了一定影响,若不及时调整不合理的调控措施,各类制造业中的中小企业在之后的几年内可能陷入艰难发展的境地,从而阻碍我国实体经济的健康快速发展进程。④ 因此,明确受控主体对不合理的调控行为提出建议、批评、申诉等权利,有助于及时矫正违法、不合理调控行为,避免上述行为带来的不良后果。

二、宏观调控救济制度中的主体范围调整与受控主体权益保护

“一切有权力的人都容易滥用权力,这是万古不移的经验,有权力的人们使用权力一直到遇到界限的地方才休止”⑤。当宏观调控主体滥用调控权限对受控主体的权益造成损害时,救济程序的启动首先面临的问题即为“谁该负责,为谁负责”。

(一)宏观调控救济制度中的责任主体的确定

宏观调控救济中的责任主体是特殊的法律责任主体,不仅要具备权利能力和行为能力,还要具有宏观调控职能。此外,不同于其他法律责任主

① 参见新华社:《中央经济工作会议举行:习近平李克强作重要讲话》,载中国政府网,http://www.gov.cn/xinwen/2015-12/21/content_5026332.htm。

② 参见张勇:《中国特色社会主义的宏观调控理论范式研究》,人民出版社2020年版,第119~120页。

③ 参见任超:《协调发展理念下宏观调控法治化的重构》,载《经济法研究》2018年第2期。

④ 参见肖明月:《去产能政策是否也去掉了中国的资本回报率——基于资本存量与研发投入的视角》,载《浙江金融》2021年第1期。

⑤ 参见曾晓虹:《论国家审计在宏观调控中的保障监督作用》,载《江苏社会科学》2011年第6期。

体,宏观调控救济中的责任主体既包括承担宏观调控职能的机关和部门,也包括在这些部门内依法履行公务的工作人员,既具有法律拟制的法人主体,又有作为自然人的一般主体。① 在宏观调控实践中,如何科学合理地界定作为自然人主体的个人责任以及作为法人主体的机关责任,是完善宏观调控救济制度的重要组成部分,也是目前制度的缺陷和短板。我们认为,宏观调控救济中的责任主体确定,应遵循"机关责任为主,个人责任为辅"的原则。

以机关责任为主是出于宏观调控的公共政策性和行政机关的集体决策性。宏观调控具有强烈的公共属性,政策制定与出台的拟制法律主体为一国的行政机关,自然人的行为无法起到公共政策的影响效果。② 尤其是我国的政治体制坚持民主集中制,通过对少数服从多数、个人服从集体行为原则的落实,把个人意志转化为组织意志。③ 在集体决策失误产生法律责任的时候,当然首先由集体作为责任承担主体。与此同时,关于机关责任中的"机关"范围认定,目前理论与实务界均存在一定的争议。有观点认为,宏观调控是立足于经济社会全局下调控与干预,能够符合的主体只有中央一级的政府部门,地方政府部门只起配合辅助作用。④ 然而,自我国加入WTO以来,在WTO规则下,为了加速融入世界经济一体化的潮流,实现更好更快地发展,过去仅依赖中央政府对宏观经济调整的局面已不再适应当前形势,实践中,中央政府需要授权地方政府执行宏观调控任务以及对区域经济发展进行立章建制的权利。不仅如此,我国加入WTO时签署的《中国加入世界贸易组织议定书》第2条A3款规定:"中国地方各级政府的地方性法规、规章及其他措施应符合在《WTO协定》和议定书中所承担的义务。"该条款规定的地方性法规、规章以及其他措施,当然包括地方政府为了实现区域经济目标所制定的各类法规政策,也包括地方政府执行来自中央政府的宏观调控任务。可见,地方政府部门也应当构成宏观调控的机关

---

① 参见黄硕:《宏观调控主体法律责任之型构》,载《法学论坛》2014年第6期。
② 参见余斌、吴振宇:《中国经济新常态与宏观调控政策取向》,载《改革》2014年第11期。
③ 参见周长才:《宏观调控以来的中国经济分析》,中国时代经济出版社2004年版,第82页。
④ 参见黄硕:《宏观调控主体法律责任之型构》,载《法学论坛》2014年第6期。

责任主体。

另外,以个人责任为辅的目的在于如果宏观调控存在严重的个人违法行为,就不能让组织和部门不分条件地为个人的违法性"买单"。我国的政府机关实行首长负责制,即部门负责人在决策过程中具有最终的决策权。[①]如果是部门首长的意志或者足以影响宏观调控决策的个人意志导致了宏观调控的失误和违法,并且这种个人的因素是显而易见的,那么其个人就应当承担宏观调控责任。个人作为宏观调控救济中的责任主体,已经在发达国家的立法中被确定下来。例如,英国《数字经济法案》规定,在对有关数字经济的公共政策进行起草与审议时,应当以会议纪要形式记录政策制定部门以及与会人员的发言内容、意见,并在会后及时公布。[②] 这种记录并公布制度成为对宏观调控决策与执行失误进行追责与开展救济工作的重要依据。

(二)宏观调控救济对象的范围调整

根据《行政诉讼法》和《行政复议法》,当前我国宏观调控的救济对象范围仅限于行政救济上的"管理相对人"。然而,由于宏观调控是对不同社会群体之间的利益进行调整和对经济秩序的重构,所涉及的主体范围十分广泛,仅将救济对象限定为"管理相对人"是远远不够的。在国际层面,确立救济对象的范围是一个普遍性的难题,并且呈现出不断扩大的明显趋势。当前,各类国际规则大多对一国行政行为引致的投资者受损进行了救济规定,其目的一方面是保护国际贸易中的当事人的合法权益,另一方面是督促一国调控主体遵守国际规则,并保障国际规则在本国内的顺利实施。例如,WTO 的《海关估价协议》第 11 条规定,成员方在制定与海关价值相关的政策时,应当确保进口企业或者其他缴纳关税的投资者享有不受处罚的上诉权利。[③] WTO 的《补贴与反补贴措施协议》第 5 条规定,若成员方政府的补贴行为对其他成员方产业造成不利影响,应当给予其申诉的机会,以保障其

① 参见陈国强:《宏观调控主体法律责任之原因初探》,载《哈尔滨师范大学社会科学学报》2013 年第 4 期。

② 参见王元:《宏观调控目标和政策手段机制化》,经济科学出版社 2016 年版,第 107 页。

③ See Agreement on Customs Valuation,11. 2.

他成员方产业的直接或间接利益不受到的取消或者减损。① GATS 第 6 条第 2 款(a)项规定,每一个成员方都应当及时建立与服务贸易相关的司法、仲裁或行政裁决程序,以便于对本国有争议的服务贸易行政行为进行审查,保障服务贸易提供者的合法权益。同时,该成员方应当确保此类审查程序的独立性。② 由上述国际规则也可以看出,如果当事人认为一国宏观调控行为对其利益造成不利影响,均可申请启动救济程序。无论“不利影响”的“利”是法定利益还是反射利益、是直接的还是间接的,以及“不利影响”的程度是足够严重还是显著轻微,③只要当事人认为其遭受“不利影响”就可提起救济申请。

另外,在 WTO 争端解决实践中,对原告资格的认定也是相当宽泛的。在厄瓜多尔、危地马拉、洪都拉斯、墨西哥和美国诉欧共体(今欧盟)“香蕉案”中,由于美国彼时并没有与欧共体存在香蕉贸易往来,因而欧共体就此提出美国并无诉权的质疑。欧共体(欧盟)认为,以当时的情况以及美国国内的自然生态环境,其并非香蕉的出口国,而且,纵观国际法的其他规定,参与申诉的任何主体都应当与案件具有法律上的利益关联。④ 针对欧共体的质疑,WTO 专家组认为,《关于争端解决规则及程序的谅解》并没有要求申诉方必须对案件有法律上的利益,而且,根据 GATT 第 23 条的规定,向 WTO 争端解决机构申诉的种类包括三种情况,每一种情况都不要求申诉方在申诉时必须证明其存在关联利益,只要申诉方认为东道国的某一项政策或者行为阻碍了其贸易目的的达成,为了调整失衡的利益,均可以向东道国有关机构提出交涉。与此同时,整个 WTO 争端解决机制的设立目的,就是为国际贸易领域的成员提供可救济的法律机制框架,以保护每个成员对国际贸易的稳定性和可预期性。⑤ 因此,专家组提出,美国尽管彼时并非香蕉

---

① See Agreement on Subsidies and Countervailing Measures,5(a).

② See The General Agreement on Trade in Services (GATS),6. 2(a).

③ 参见马怀德、葛波蔚:《WTO 与中国行政诉讼制度的发展——兼论对现行行政诉讼法的修改》,载《政法论坛》2002 年第 2 期。

④ See Brewster R., *WTO Dispute Settlement: Can We Go Back Again*, American Journal of International Law, Vol. 113:6, p. 61 – 66(2019).

⑤ See Jaime De Melo, Bananas, *The GATT, the WTO and US and EU Domestic Politics*, Journal of Economic Studies, Vol. 42:3, p. 377 – 399(2015).

的出口大国，但是不能排除其未来作为香蕉出口国的可能，亦即美国与欧共体香蕉案具有潜在的利益关联性，而且在经济全球化不断发展的背景下，一国宏观调控政策与措施影响内、外成员的利益是普遍存在的，世界各国和各地区之间的利益攸关性越发紧密。[①] 由此可见，在 WTO 争端解决机制的框架下，对于一国调控行为的救济对象范围也是十分广泛的。

三、明确申请救济的具体条件

衡量宏观调控救济制度是否成熟，是否满足赫尔维茨意指的“可实施性”，[②]是否能够成为威慑相关义务主体的机会主义行为取向的制度化装置，明确申请救济的条件是一个核心指标。无论采取何种救济途径，只有明确了申请条件，为救济启动与实施配备了“操作指南”，才能以归责原则为轴心，公平、公正、有效率地在各方之间重新配置权利义务，将既定的权利救济从应然转变为实然，从“纸面法”转变为埃利希式的“活法”[③]。具体而言，当宏观调控决策或执行行为满足以下条件时，受有损害的受控主体方可申请救济。

（一）宏观调控行为违法

WTO 规则的产生是世界贸易深化发展的自然要求，也是对全球经济一体化与贸易自由化的深刻体现。在 WTO 规则下，政府对经济社会的宏观调控行为本应当受到约束，既要符合市场利益规则适度干预，也要遵循国际规则以及国内法规合法、合理调控。这也是对违法调控行为寻求救济的根据所在。在宏观调控决策的行为链条上，其违法性的发生点存在于不同的环节，具体表现为：

第一，宏观调控不作为。宏观调控不作为是指负有宏观调控职责的调控主体违反相关法律规定，面对特定的急需调控的经济形势，不行使或者怠

---

① See Gill K., Baldia P., *Going Bananas: A Glimpse into WTO's Dispute Settlement Mechanism*, Journal of International Business, Vol. 5:1, p. 107－125(2018).

② See Blomkamp E., *The Promise of Co-design for Public Policy*, Australian Journal of Public Administration, Vol. 77:4, p. 729－743(2018).

③ See Zhu X., Gong X., Tsang D. H. K., *The Optimal Macro Control Strategies of Service Providers and Micro Service Selection of Users: Quantification Model Based on Synergistics*, Springer Wireless Networks, Vol. 24:6, p. 1991－2004(2018).

于行使宏观调控职能。关于宏观调控不作为认定的难点在于作为的必要性，即在何种情况下应作为但是实际上并无作为。从法治角度来看，这种作为的必要性一是源于相关法律法规的规定，二是来自对社会经济发展情势的预判与分析，如果面对经济运行的波动，政府应当采取宏观调控行为对某一领域进行干预治理，但相关部门却没有做出，宏观调控主体的行为状态与社会经济发展需求之间就会出现不一致。[①]

以互联网平台经济治理为例，近年来，中国互联网平台经济快速发展，由于商业模式创新的技术门槛较低，产品同质化严重，最终能够胜出的公司往往依靠资本投入而不是技术升级，即“烧钱模式”。其通常的发展路径可以这样描绘：新商业模式→创业企业出现→天使投资介入→创业企业蜂起→风险投资介入→资本补贴大战→少量头部企业存活→BAT 投资→头部企业厮杀→头部企业合并→企业上市。[②] 在这种逻辑下，企业之间的竞争无法呈现因产品差异化而产生的“百花齐放”局面，只能是产品趋同后的“胜者为王”“一家独大”。

然而，遗憾的是，这种以创新为名的互联网平台经济自始受到政府的良好保护，一度成为自由放任的经济形态。互联网企业在其发展过程中，尤其是形成垄断的过程中，不断突破监管底线，突破工业时代已经形成并被普遍遵循的、作为市场经济法治基础的重要市场规范和制度，甚至是法律底线，比如《反垄断法》《反不正当竞争法》《消费者权益保护法》《广告法》《知识产权法》《产品质量法》等。政府的纵容和放任一方面帮助互联网平台垄断企业迅速崛起，也为产业创新、产业竞争和产业发展埋下了隐患。垄断平台既让消费者失去了选择权，也让制造商与服务从业人员失去了选择权。[③]

以网约车行业为例，自 2010 年开始，由于方便快捷，加之平台实施大量的补贴，易到打车软件推出后深受市场欢迎，大量的打车软件也随之盛行。

---

① 参见俞宪忠：《繁荣时期政府不作为的政策命题——关于宏观调控政策的一个理论假说》，载《文史哲》2004 年第 6 期。

② 参见陈兵、林思宇：《互联网平台垄断治理机制——基于平台双轮垄断发生机理的考察》，载《中国流通经济》2021 年第 6 期。

③ 参见刘大洪：《经济发展中的法治与效益研究（2015—2016）》，湖北人民出版社 2018 年版，第 152 页。

在迅速完成多轮软件升级探索后,网约车平台逐步开启了拉拢巨头投资、抢占市场份额之路。2013 年,腾讯公司注资滴滴 1000 万美元,通过微信支付加持,触发了 2014 年网约车平台的补贴大战。同年,阿里巴巴公司入主快的软件投资。在资本力量的强大支持下,双方疯狂抢占市场份额,仅在一年内,滴滴补贴支出 14 亿元,快的补贴支出 11 亿元。① 2014 年上半年,滴滴从中信产业基金、腾讯公司和中投公司等机构再次融资 8 亿美元,快的则从阿里资本、老虎基金、阿里巴巴公司等机构融资 8.7 亿美元。2014 年 5 月,两家平台的市场份额累计高达 98% 以上,形成了滴滴、快的双寡头的垄断格局。2015 年 2 月,滴滴与快的宣布合并。《2016 年 Q1 中国专车市场研究报告》显示,合并后的滴滴平台市场订单以 85.3% 的份额而稳居行业龙头地位,不仅如此,在 2016 年 8 月,滴滴平台收购 Uber 中国,市值高达 350 亿美元,占据我国网约车 90% 以上的市场份额。② 据统计,在滴滴迅速扩张的 2014—2016 年,有近 46% 的网约车平台被挤出市场,资本支持下疯狂的价格战、补贴战使得一些小平台无力招架,被远远地屏蔽与封锁在市场之外。③ 尽管我国对新型产业的发展初期采取"包容审慎"的监管态度,但是"包容审慎"不代表一味放纵,更不能成为监管套利的"口头禅",平台经济始终不能突破市场规范与法律底线发展。然而,2014 年网约车平台推出私家车的运营服务,对传统的出租车行业形成了巨大的冲击,而根据《道路交通安全法》的规定,私家车不得从事经营性活动,网约车平台的上述服务是违法的,但此时我国政府并没有采取严格管制措施,在"包容审慎"理念中予以了"默许"。一时间,各大平台在此基础上争先推出专车、快车、拼车、顺风车等未授权经营性质的网约车服务,社会网约车与"黑车""非法运营车""私家车"等同。2014—2015 年,沈阳、长春、济南、成都和南昌等省会城

---

① 参见金枫梁:《滴滴系列集中案反垄断申报的适用困境——兼论〈国务院关于经营者集中申报标准规定〉第 4 条的修订》,载《经济法学评论》2019 年第 1 期。

② 参见蔡红君、方燕:《技术动态性、市场多边性与互联网反垄断认识误区》,载《财经问题研究》2020 年第 5 期。

③ See Zongwen G. ,*Anti-Monopoly Regulation of Internet Enterprise Merger-Under the View of Rule of Law*, Academic Journal of Humanities & Social Sciences, Vol. 2:1, p. 135 – 182(2020).

市均出现出租车罢运事件。[①] 同时,据国际组织的统计显示,相较于2013年,2015年、2016年我国互联网相关的腐败案件涉案金额同比增长35.2%、49.1%,呈现上升态势,大型平台经济体动用各种资源和手段俘获监管者,使监管的设计与展开朝着有利于被监管者的方向进行。[②] 还有学者就此认为,互联网平台经济已经突破了传统的斯蒂格勒的"监管俘获"阶段,正试图上升到"公共俘获"的更高层次。[③] 从上述可以看出,尽管2016年以前网约车平台经济作为新型经济体,应当予以鼓励和保护,但"包容"之后亦有"审慎",适当的监管措施仍然是必要的,这种适当的监管并不等同于严管严治,而是需要明确平台经济的基本运行规范,如对运营资质的授权、对从业人员的资质要求以及对疯狂补贴和价格战的限制等,以此促进其更加健康、可持续发展。

第二,宏观调控违反程序性规则。违反程序性规则是宏观调控行为违法性的外在化直观体现。宏观调控主体未按照程序性规则做出宏观调控行为,包括法定的程序未完成、顺序性的程序步骤颠倒等。应当注意的是,宏观调控主体因违反程序规则而追责,这里的程序应当是法定性程序要求,即法律法规明确规定的程序规则,而不包括行政机关内部的运转流程。

当前,各级主体履行宏观调控职能的程序大多在单行法律法规中予以规定。典型的例子如《中华人民共和国中国人民银行法》(以下简称《中国人民银行法》)第2条第2款、第5条、第7条以及《中国人民银行货币政策委员会条例》对货币政策的制定过程和调控程序进行了相关设定。[④] 这些

---

① 参见苏治、荆文君、孙宝文:《分层式垄断竞争:互联网行业市场结构特征研究——基于互联网平台类企业的分析》,载《管理世界》2018年第4期。

② See *Transparency International*: *Corruption Perceptions Index* 2016, Transparency International (Jan. 25, 2017), https://www.transparency.org/en/publications/corruption-perceptions-index-2016.

③ See You C., *Law and Policy of Platform Economy in China*, Computer Law & Security Review, Vol. 39, p. 115 – 169 (2020).

④ 《中国人民银行法》第2条第2款规定:"中国人民银行在国务院领导下,制定和实施货币政策。"第5条规定:"中国人民银行就年度货币供应量、利率、汇率和国务院规定的其他重要事项作出的决定,报国务院批准后执行。中国人民银行就前款规定以外的其他有关货币政策事项作出决定后,即予执行,并报国务院备案。"第7条规定:"中国人民银行在国务院领导下依法独立执行货币政策,履行职责,开展业务,不受地方政府、各级政府部门、社会团体和个人的干涉。"

规定勾勒了一个货币政策制定程序的大致框架，即中国人民银行具有一般性货币政策的决定权，而重大货币政策的决策权——年度货币供应量、利率、汇率的决策权则属于国务院。而在重大货币政策报请国务院决策之前的研究制定程序，同样属于人民银行内部的行政程序。以利率政策的调整为例，首先是中国人民银行的货币政策司提出利率调整的方案和建议，通过行长办公会议讨论后，需提交货币政策委员会讨论。如果货币政策委员会表决通过，再上报国务院，由国务院常务会议最终决定，其中关于货币委员会的职责、构成、工作程序的规定见于《中国人民银行法》第12条第1款①和《中国人民银行货币政策委员会条例》。② 其工作程序主要是规定了例会、临时会议，会议的最低法定人数以及议案通过所需的最低赞成人数等。虽然中国人民银行是在国务院的领导下工作，但是由于货币政策的技术性、专业性强，中国人民银行报请国务院审议的货币政策调整建议基本上都能被采纳，所以中国人民银行实质上不仅仅具有货币政策的制定权和执行权，还具有货币政策的决策权。

在财政政策领域，《预算法》对于预算编制和执行的程序做了比较详尽的规定，这也是宏观调控领域中程序性规定最为健全的一部部门法。同时，2014年修订后的《预算法》还对地方性债务的发行条件和程序做了原则性规定。而在税收政策领域，《税收征收管理法》对于税务登记、税务申报、税务征收以及监督检查等税收全过程进行了规定，但这只是对税收的征收过程进行的程序性规定，并非税种、税率的调整过程。在价格调控领域，《中华人民共和国价格法》专门设立一章对价格总水平的调控做出规定，主要包括对物价进行调控的时机、物价调控的权限和手段等内容，也大致可以理解为对价格调控的程序进行了原则性规定。

虽然目前各领域的宏观调控行为皆有相关的程序法规定，但是由于规则的不成熟性和宏观调控行为的专业性、复杂性，实践中仍然存在调控主体违反程序规定开展调控的情形，典型的如违反窗口提示规则开展调控。依

---

① 参见《中国人民银行法》第12条第1款规定："中国人民银行设立货币政策委员会。货币政策委员会的职责、组成和工作程序，由国务院规定，报全国人民代表大会常务委员会备案。"

② 参见《中国人民银行货币政策委员会条例》第3条、第4条、第5条、第6条、第7条、第14条、第20条。

据《中国人民银行法》《证券法》《保险法》《税法》等法律的规定，经济领域调控政策或举措的出台在时机上应当做到及时准确，还要连贯性地符合社会预期。相关宏观调控职能部门要密切跟踪经济运行状况，做好监测和预警。当经济运行中某一方面潜在的风险逐渐增大或者从趋势上判断可能出现某一方面的问题时，宏观调控部门要向社会公众进行风险预警和提示。然而，这种窗口提示规则可能被调控主体忽略，导致受控主体利益受损。遵守宏观调控的窗口提示规则，直接影响社会公众对政府政策的信赖和宏观调控的实际效果。事实上，遵守并用好窗口期提示规则并非难事，政府在出台调控措施时应当尊重并考虑社会已有的政策预期，积极披露一些基本属于成熟的政策情况。

第三，越权调控和重大失误。在程序性违法行为之外，某些宏观调控行为虽然符合程序性规则，但是宏观调控主体主观上明显存在违法的故意和重大失误，对此也应成为受控主体申请救济的情形之一。需要说明的是，越权调控并非无权调控，政府部门没有宏观调控权而做出宏观调控行为，属于宏观调控主体不适格的范畴，并非行为违法。越权调控是指宏观调控主体超越了宏观调控权限出台明显超出现实需要的宏观调控政策，即行使的权力和做出的行为均超出了限度。宏观调控主体越权调控多是因为维护部门和特定群体利益的需要，其社会危害性在于超出了调控的现实需要而使被调控主体的利益受到额外减损。[①] 重大失误是在政策效果上对宏观调控行为做出评价，由于宏观调控主体明显存在主观上的轻视或懈怠，对宏观经济形势和政策的针对性产生误判，从而使用了明显不符合实际情况的政策工具，以至于对经济社会造成的负面效果在短时间内就得以显现，[②]在这种情况下就需要追究宏观调控主体重大失误的法律责任。

第四，宏观调控行为明显缺乏正当性基础。不同调控博弈参与者的效用函数与偏好不同，同一事实对各自的意义亦不同，甚至极有可能出现“甲之熊掌，乙之砒霜”的格局。[③] 加之宏观调控的公共政策性与极强的专业技

---

① 参见顾阳：《筑牢宏观调控的法治基石》，载《经济日报》2014 年 12 月 10 日，第 05 版。

② 参见蒋学杰：《宏观调控失误诊断》，载《经济研究》1990 年第 5 期。

③ 参见王晓琼：《利益平衡论与司法的艺术——立足于中国法治文化本土化的思考》，载《法学论坛》2005 年第 5 期。

术性,导致其目的的多元化与效果的滞后性。通常而言,很难简单地依据某一因素判断宏观调控行为是否合理。因此,必须具备较为客观、统一的基准,从不同调控博弈参与者对信赖利益损害的判断中抽象出共性要素,以此对宏观调控行为是否具备正当性基础形成共同认知。① 社会主导性的公平观念、整体福利观念以及效率观念是使得不同博弈参与者对宏观调控行为认知交集的核心因素,可以作为认定宏观调控行为是否具备正当性基础的标准。

与此同时,随着国际贸易深入发展,一国宏观调控行为应当具备正当性也成为题中应有之义。无论是对待外国投资者还是对待本国投资者,东道国均应当以社会主导性的公平观念、整体福利观念以及效率观念作为重要的处遇原则,这也被载入了多项双边与多边贸易协定当中。2020 年,我国与土耳其签订了《中华人民共和国政府和土耳其共和国政府关于相互促进和保护投资协定》,其中第 2 条规定,缔约一方投资者在缔约另一方领土应一直得到国家法原则一致的公平和公正待遇,并应享有充分保护与保障。缔约方不得通过任何不合理或歧视性的措施损害对上述投资对管理、维护、使用、享有或处置。2019 年,我国与刚果民主共和国签订《中华人民共和国政府和刚果民主共和国政府关于促进和保护投资的协定》,并于第 3 条规定,缔约一方应该确保给予缔约另一方的投资者及在其境内的投资以公正与公平待遇,提供充分保护与保障,但在任何情况下都不意味着缔约一方应当给予投资者比该缔约国国民更优的待遇。2018 年,我国与孟加拉国签订《中华人民共和国政府和孟加拉人民共和国政府关于鼓励和相互保护投资协定》,其中,第 3 条规定,缔约任何一方的投资者在缔约另一方领土内的投资和与投资有关的活动应受到公平和公正的待遇和保护。而在多边贸易领域,GATT 为多边贸易体制的公平高效发展奠定了重要基础。典型的如确立最惠国待遇以实现非歧视性待遇;减少关税、进口禁令或配额限制以消除贸易壁垒;不鼓励出口贴补及价格倾销以促进公平竞争;提高投资可预见性以提升缔约国社会福利水平;等等。由此可见,在国际贸易深化发展的大

① 参见胡吉亚:《高房价背后的市场主体博弈分析及调控路径选择——我国主要城市高房价诱因实证解析》,载《经济社会体制比较》2019 年第 2 期。

背景下,我国政府的宏观调控行为应当顺应大势,在遵循国际法基本原则与尊重国际交易习惯的基础上,增强调控行为实施与政策出台的正当性基础。

近年来,美国一改多年来的自由贸易主张,以频频挑起贸易争端的形式要求建立更加公平的国际贸易新格局。自特朗普上任后,这种趋势越发明显。美国曾先后推出跨太平洋伙伴关系协定(TPP),并与加拿大、墨西哥重新议定北美自由贸易协定,借以"保护国家安全、促进公平竞争"为由,对各国对美的钢铁进口产品开展"232 调查",同时对我国启动"301 调查",针对我国工业原材料、农产品以及科技产品加征关税。虽然这些行为背后的矛盾点直指一国的产业政策与关税贸易政策的公平性,但值得注意的是,美国所谓的"贸易公平"实质上是霸权主义下的全球利益重新分配,这种"贸易公平"理念并不具备社会主导性,更不符合一般价值观念。① 具体而言,以美国为首的发达国家自始即主导着国际经济利益的分配格局,"贸易公平"的天平也在国际利益博弈中不断向其倾斜。尽管 WTO 一直致力于给予发展中国家、最不发达国家各项优惠条件,但这些努力仅能为其带来很少的经济实惠,并不能保障发展中国家与发达国家具有均等化的利益。② 而从 WTO 的发展历史观之,在 GATT 条款实行的初期,尽管大部分的农产品贸易均在 GATT 条款的调控之下,但由于美国等发达国家利用出口配额和出口贴补等非关税措施,频繁挑动贸易摩擦,农产品贸易市场一度向着扭曲化发展。这种非理性的出口贴补策略在严重扰乱农产品市场的正常秩序的同时,使得农产品贸易在一定时间内退出了 GATT 协定范围,直至"乌拉圭回合"谈判才重新回归。而纺织品与服装贸易同样经历了类似的脱钩进程,在"狄龙回合"与第七轮"东京回合"谈判后,各国签订《多种纤维协议》,纺织品与服装贸易正式脱离 GATT 条款的管辖范围。此后的一段时间内,美国等发达国家不断设置各项贸易壁垒,限制来自发展中国家的纺织品与服装进口。不仅在国际贸易领域,再以金融领域为例,当前,国际货币基金组

---

① See De Janvry A., McIntosh C. & Sadoulet E., *Fair Trade and Free Entry: Can a Disequilibrium Market Serve as a Development Tool?*, Review of Economics and Statistics, Vol. 97:3, p. 567 – 573(2015).

② See Broude T., *Social in/Equality and International Trade Reformisms of Fear*, U. Ill. L. Rev. Online, Vol. 77, p. 77 – 112(2019).

织(IMF)的投票权份额分配在发达国家与发展中国家之间具有明显的不对等性,欧盟成员国与英国的投票权份额合计29.6%,美国为16.5%,日本为6.2%,加拿大为2.2%,而中国和印度的投票权目前仅占6.1%与2.6%,这一比例与各经济体的相对权重比严重失衡。[①] 以美国为首的发达国家依然主导着世界金融体系。由此也可以看出,对公平理念、社会福利理念等的认知应当从历史的、现实的角度综合考量。

另外,回归到国内层面,在社会一般观念和普通认知的观念框架下,一些对于个体而言损失惨重的实施并非调控显失正当性所致,也不足以支撑个体的权利救济请求。以公平观念为例,2009年,中国人民银行依据中央经济工作会议的部署,实行适度宽松的货币政策,以此增加货币供应量,加快货币流通速度,拉动内需,刺激消费,促进经济稳定增长。某股票投资者据此信息推断,由于银根放松,流入股市的资金将有可能大为增加,股价因之上涨,于是将全部资金投入股市。此后不久,央行又宣布为防止经济过热,实施适度从紧的货币政策。因流入股市资金骤减,股价下跌,该投资者的股票收益减少。[②] 对于这一预期收益减少的事实是否属于宏观调控行为不当所致?其实并非如此,一方面,在一般社会公平正义观看来,证券市场属于极其不确定的高风险领域,除非出现欺诈、内幕交易、信息披露严重不实等重大情形,否则投资者应当风险自担——频频见诸各类媒体的"股市有风险,投资须谨慎"之告诫,生动体现了社会主导公平观念对于证券投资损失的基本态度,其并非合法利益受到外部不当调控行为的影响。另一方面,为了适应经济发展中的新情势,中国人民银行依照法定程序变更货币政策,该行为具备正当性与公平性,即使投资者的利益损失与变更行为存在时间上的连续性,也不能推翻宏观调控行为的正当性基础。

第五,宏观调控部门与层级之间不协调。宏观调控是一个涉及多部门、多层级政府的系统性制度安排和管理实践。不同部门、各级政府在宏观调

---

① See Liu L. J., Creutzig F. & Yao Y. F., *Environmental and Economic Impacts of Trade Barriers: The example of China - US Trade Friction*, Resource and Energy Economics, Vol. 59, p. 101 - 142(2020).

② 参见刘金全、王国志:《经济政策不确定视角下中国货币政策时变反应与调控模式选择》,载《现代经济探讨》2021年第4期。

控决策和执行过程中的相互关系直接决定了宏观调控的效果，同时关乎宏观调控的合法性与合理性。法治的权威性、稳定性和高执行性正好契合了政府宏观调控的要求和需求，是宏观调控政策得以执行和落实的基本要素之一，①所以各部门及各层级政府之间的协调一致性是宏观调控合法性与合理性的重要评价标准之一。宏观调控实施过程中的顺畅和有序，“是衡量宏观调控是否高效、科学、规范的首要标准，是法律对宏观调控实施行为发生作用的着力点，也构成了宏观调控实施法治化的基本内容”②。各部门及各层级之间在宏观调控过程中的协调配合是从主体角度出发对宏观调控合理合法进行的评价。由于在我国宏观调控的实践中相关的单项宏观调控法律法规相对较多，很少出现没有宏观调控权的部门做出宏观调控行为的情况，但是也存在作为合法主体的不同部门、各级政府之间需要相互配合、协调的情况。

一方面，各宏观调控职权部门之间出于部门利益的考虑而在宏观调控的时机和方式上容易发生分歧。例如，国家出台了一系列政策刺激经济发展以应对2008年的国际金融危机，如采取宽松的财政政策、货币政策，在相关产业政策上也放松了管制。但是由于物价持续上涨，国务院从2010年开始进行了政策调整，转向采取积极的财政政策和稳健的货币政策。这使得很多领域银根收紧，之前宽松的产业政策失去了资金的支持，在一定程度上影响了宏观调控稳定性。③

另一方面，中央政府和地方政府之间的宏观调控步调也容易出现不协调的现象。具体表现为某些地方政府为了维护自身利益最大化而丢失大局观念，对中央政府的宏观调控决策不能充分执行，导致中央政令不畅通，使得宏观调控的效果大打折扣。比如，某些行业的产能过剩问题，就是地方政府为了保住自身GDP和政绩，对中央的淘汰落后产能政策执行不到位，观望甚至想方设法规避调控政策，导致中央的政策不能有效落实、

---

① 参见张霞：《新发展格局下宏观调控政策体系的构建》，载《改革与战略》2021年第4期。

② 参见宋瑞礼：《新形势下中国宏观调控取向与对策研究》，载《社会科学文摘》2020年第2期。

③ 参见张志伟：《货币政策正从数量调控向价格调控渐变》，载《证券日报》2019年10月19日，第A03版。

屡禁不止。①

第六,宏观调控行为违反有关国际规则。在经济全球化发展的大背景下,为了加强对外经济交流与合作,提升我国经济发展实力,为推进改革开放和现代化发展创造良好的国际环境,我国已经加入包括 WTO、IMF、APEC 等多个政府间的国际组织。面对日益开放的经济环境,以及不断变幻的国际新形势,各类国际组织的规则越来越成为约束我国政府宏观调控行为的一种外在力量,如 WTO 与 IMF 的基本制度,中外双边投资协议、中外自由贸易协议、中外税收协议等,以及广泛涉及关税与非关税壁垒的设置与调整、产业补贴措施与保护政策,等等。

1994 年,APEC 在印度尼西亚茂物召开第二次工作会议,并通过了《茂物宣言》,根据宣言内容,加强各成员方之间在人力资源开发、基础设施建设、科学技术、中小企业等领域的合作交流,同时,所有发展中国家应当在 2020 年之前实现区域贸易和投资自由化的目标,减少关税等贸易壁垒的限制。2001 年,第九次 APEC 会议在中国上海召开,各成员方领导人共同达成《上海共识》,进一步要求各成员方加快改革开放步伐,推进面向新经济的合理贸易政策的制定与实施,提高服务业开放程度,并且在考虑各成员方发展实际的条件下,坚决执行已经达成共识的透明度要求。当然,除了 APEC,2013 年开始,我国政府借助既有的双边、多边贸易合作机制,主导建立了“一带一路”区域合作机制。截至 2021 年,我国借助“一带一路”平台与 138 个国家、31 个国际组织共同签署了近 200 份合作文件,在统筹与整合经济资源、推动亚洲基础设施投资银行建立与完备、强化中国—欧亚经济合作基金投资功能、开展跨境支付业务以及促进贸易自由化、便利化等方面设定了多项规则。无疑,这些规则在有利于在加快各国经济发展的同时,也为每个国家在产业投资、资源开发、生态保护等方面的内部调整设置了各种标准与限制,与 WTO 组织的各项规则有着共同的目标和宗旨,一道形成了各国宏观调控开展的外在约束力量。因此,我们在考量宏观调控救济制度这一议题时,不仅要立足于国内经济情势与基本法理,还要考虑国际经济形

① 参见王新红:《宏观调控法治化:价值、难题与实现》,载《北京工业大学学报(社会科学版)》2015 年第 4 期。

势和各类国际组织的宏观经济政策等外在因素。

事实也证明,这些国际情势与相关规则已然对我国政府开展宏观调控产生了重要的影响。以"2012 年稀土案"为例,为了减少稀土开采中产生的废水废气对生态环境的污染,以及保护稀缺资源的健康与可持续发展,2011 年,我国环境保护部出台了《稀土工业污染物排放标准》,对稀土出口采取了一系列的限制措施。对此,2012 年 3 月,美国、日本、欧盟等国家和地区将我国诉至 WTO 争端解决机构,要求我国政府取消针对稀土、钨、钼等资源采取的关税、配额、出口数量以及企业资质等的限制措施。① 在本案中,尽管我国政府已经向争端解决机构提交了稀有资源有限性以及开采、冶炼造成的环境污染证据,且相应的出口限制措施符合 GATT 1944 第 20 条一般例外条款的豁免情形,但是,WTO 争端解决机构专家组并没有支持与认可我国的抗辩理由,原因在于我国曾在加入 WTO 时提交《中国加入世界贸易组织议定书》,其中承诺免除附件 6 以外的所有出口产品关税。然而,在稀土案中,除钨矿及其精矿外,其余产品均不在附件六之列。此外,专家组认为 GATT 1994 第 20 条规定的一般例外条款,并非免除中国入世承诺的正当依据,而且,在中国对稀土等稀有资源采取出口限制后,并没有对国内的消费采取合理限制措施,由此可以认定中国稀土出口限制的主要目的并非保护生态环境与促进资源的可持续发展,而是控制国际市场以达到垄断目的。另外,根据 GATT 1944 第 8 条的规定,每个成员方对出口产品的征税,应当控制在与服务成本相当的合理范围内,不得出于贸易间接保护或者其他财政目的而为之。② 这也成为我国在本次案件中败诉的另一个重要依据。

显然,在全球化的浪潮下,一国贸易保护主义无论是以产业政策调整或者关税壁垒还是以环境保护政策等形式表现,均已不符合贸易自由化的大

① See Dang D. H. ,Thompson K. A. & Ma L. ,*Toward the Circular Economy of Rare Earth Elements: A Review of Abundance, Extraction, Applications and Environmental Impacts*, Archives of Environmental Contamination and Toxicology, Vol. 81:4, p. 521 – 530(2021).

② See Pothen F. & Fink K. ,*A Political Economy of China's Export Restrictions on Rare Earth Elements*, ZEW-Centre for European Economic Research Discussion Paper, Vol. 25:15, p. 15 – 39 (2015).

势所趋。[①] 因此,将违反国际规则作为判定调控行为违法的标准之一,是宏观调控救济制度开放性的重要表现,这也是加强宏观调控制度体系与国际层面相关制度、政策互动协调的必然结果。

(二)调控主体违反诚实信用的法定义务

在民事博弈互动中,诚实信用是稳定当事人预期、保证交易安全、维护交易秩序的基准性法定义务,[②]更遑论在双方力量对比极为悬殊的调控主体与受控主体之间。在公权力的支撑下,加之宏观经济走势内生的波动性,前者往往享有宽泛的自由裁量权,以此对调控措施做出种种相机型安排;后者一般只能对调控措施采取遵从或不遵从的对策。[③] 如果受控主体基于信赖而遵从调控措施,一旦调控主体滥用自由裁量权使调控措施发生非正当性变更,受控主体的信赖利益将受到损害。[④] 因此,在力量对比极为不均衡的互动中,注重强势一方的社会公信力将诚实信用确立为法定义务殊为必要和紧迫。由此出发,当受控主体基于公信力、确定力的认知而对调控主体的调控承诺产生信赖,并据此安排、调整其生产、生活之时,主体肆意违背调控承诺、违反诚实信用就要承担相应的责任。[⑤]

1. 宏观调控主体的忠实义务

借用卢梭的社会契约理论考察之,宏观调控主体与受控主体之间博弈互动的根本问题就是“要寻找出一种结合形式,亦即那种能以整体的共同力量来保护和捍卫每个结合者的财富的结合形式,而且在这结合体中,每个人在与所有其他的人相结合的时候仍服从他自己的意志,而且仍像以往一样自由”[⑥]。在这种个体正当利益必须获得保护的结合形式下,受控主体在隐喻的意义上等同于把维护自身经济利益的自然权利通过缔结广义的社会

---

① See Osabouhien E., Efobi U. R. & Beecroft I., *Beggar-Thy-Poor-Neighbour: Crisis-Era Protectionism and Developing Countries*, *Chapter* 2, CEPR Press, 2014, p. 13 – 24.

② 参见崔建远:《论民法原则与民法规则之间的关系》,载《江汉论坛》2014 年第 2 期。

③ 参见徐寅:《论大数据时代背景下宏观调控决策的法治化》,载《学术探索》2014 年第 11 期。

④ 参见王新红:《论宏观调控法之信赖保护原则》,载《南京社会科学》2016 年第 9 期。

⑤ 参见岳红强:《法治思维下房地产市场宏观调控的路径选择》,载《河南师范大学学报(哲学社会科学版)》2014 年第 1 期。

⑥ See Jeurissen R. & Nijhof A., *Transition Redesigned: A Practical Philosophy Perspective*, Praxiology, Vol. 20 (1st ed.), Routledge Press, 2013, p. 65 – 78.

契约让渡给了整个社会，以获得自身的经济、财产安全。[①] 循此，作为政府组成部分的宏观调控主体与受控主体建立起“权利让渡——利益保护”的公共信托关系。作为受托一方，宏观调控主体行使调控权力必须以受控主体的利益保护为终极追求，调控主体不得将自身的部门利益置于受控主体利益之上，或者用狭隘的部门利益置换受控主体的合法利益，抑或被利益游说集团“俘获”而为此侵害受控主体的合法利益[②]。

以后者为例，利益集团的游说活动在一定程度上影响了调控措施在时间序列上的一致性。常见的有当宏观调控主体鼓励发展的产业恰好与某利益集团进入的产业形成竞争关系之时，为维护自身的产业垄断优势，该利益集团很可能会以提供资金支持、政治支持等作为回报，影响宏观调控主体改变政策，从而借助政府支持力度将对手驱逐于竞争劣势境地。[③] 如果宏观调控主体禁止或限制发展的产业与利益集团进入的产业处于同一生产链，特别是前者属于后者的上游产业——比如原材料、燃料供应产业，为了降低生产要素的投入成本，该利益集团则可能说服宏观调控主体改变禁止或限制承诺，以便获得价格低廉的生产要素供应。[④] 因此，受到公共信托关系下的忠实义务的约束，宏观调控主体应当时刻以维护受控主体的整体利益为目标，警惕与避免监管俘获或利益游说下的调控权力寻租，以此保障广大受控主体的信赖预期。[⑤]

2. 宏观调控主体的谨慎义务

在调控过程中，调控主体的注意程度、谨慎程度会在相当程度上影响其对宏观经济走势的正确判断，进而影响调控措施能否保持时间序列上的一致性。[⑥] 与普通民事主体资格的获得不同，宏观调控主体的人格化

---

① 参见陈兆德：《权力下放和加强宏观调控》，载《中共中央党校学报》1997 年第 2 期。

② 参见赵俐：《政府宏观调控法治化的经济法分析》，载《新疆财经大学学报》2013 年第 2 期。

③ See Fan G., He L. & Wei X., *China's Growth Adjustment: Moderation and Structural Changes*, Economic Change and Restructuring, Vol. 46:1, p. 9 – 24 (2013).

④ 参见王守渝、弓孟谦：《宏观经济调控法律制度》，中国经济出版社 1995 年版，第 265 页。

⑤ 参见吴伟达：《中国宏观调控概念法律属性之探讨》，载《宏观经济研究》2018 年第 3 期。

⑥ 参见郭其友：《经济主体行为变迁与宏观经济调控》，厦门大学出版社 2003 年版，第 210 页。

体现并非与生俱来，而是必须经由严格的专业知识或技能训练和组织程序甄别、筛选，方可获得。由其制度角色和专业比较优势所决定，宏观调控主体已经从一般民事“理性人”的行列被分离出来，作为一个社会整体经济利益守护者应当具有的高层面的谨慎义务。[①] 易言之，宏观调控主体应当在自身的职能分工和知识优势的基础上谨慎地判定调控承诺是否需要变更，如需要变更，必须能够以足够的职业谨慎确证在当时的经济情势下承诺改变最有利于保护受控主体的整体利益。

从其职能出发，调控主体必须以公众期望的职业审慎或注意程度保证宏观调控的必要稳定性，只有如此才能被视为尽到了宏观调控领域内的合理注意义务，这里运用的是职业客观标准。在这一专业视角下，调控主体的角色是具有公共性、公益性的，而不是微观民事活动中的一般主体，只需尽到“理性人”的注意或谨慎义务。[②] 由于调控主体的博弈相对方是为数众多的受控主体，其调控措施则是一种以专业技能和国家能力方可提供的公共物品，这一物品必须服务于全体受控主体。[③] 因此，当宏观调控主体在履行职能的过程中未能尽到专业谨慎义务，由此错误地变更了调控决策时，其行为就会被认定为因专业谨慎程度之不达或阙如而导致违反诚信义务，并因此成为启动宏观调控救济制度的条件之一。

（三）宏观调控行为与受控主体利益损失具备因果关联

当宏观调控行为导致受控主体利益受损时，申请救济应当以二者具备因果关联为前提之一。虽然与调控行为的违法性和调控主体过错的认定相比，因果关系的认定没有过多的制度特殊性和认定困难性，但鉴于宏观调控实践的复杂性，仍需注意以下两个层面。

一是鉴于宏观调控的高度专业性，对于因果关系的认定应当采取盖然性标准。盖然性标准是指很有可能又不是必然的性质，是根据事物的高概

---

① 参见黄硕：《宏观调控主体法律责任之型构》，载《法学论坛》2014 年第 6 期。

② See Glushkova S. ,Lomakina O. & Sakulyeva T. ,*The Economy of Developing Countries in the Context of Globalization*: *Global Supply Chain Management*, International Journal of Supply Chain Management, Vol. 8:1, p. 876 – 884(2019).

③ 参见梁佳：《土地政策参与宏观调控的机制分析——基于主体功能区调控视角》，载《经济与管理》2013 年第 3 期。

率发展态势做出结论的认识方法。[①] 对于经济、金融等高度专业性的业务领域,如果违法的调控行为与现实损害结果之间具有高度盖然性,即可认定存在因果关系,而无须严格地加以论证和说明。简单的逻辑性认定和盖然性认定彼此之间并不矛盾,前者是站在维护宏观调控主体正当权益的基础上,对因果联系的内容做出精简,只留客观的和直接的结果;后者是站在维护受控主体正当权益的角度上,对因果关系的证据链进行缩减,以减小救济申请前置程序的难度和阻力。[②]

近年来,这种盖然性标准也不断被国际规则所接收与吸纳,成为解决国际贸易争端的重要依据。20 世纪 90 年代,日本是美国胶卷和相纸的进口大国,1996 年,美国将日本诉至 WTO 争端解决机构。美国认为,日本通过立法对进口的胶卷以及相纸采取分销与促销的限制措施,并且设立大型零售商场,促使来自美国的产品被排除在传统的分销渠道之外,这些措施严重损害了美国胶卷与相纸产业的利益。[③] 在本案中,WTO 专家组对因果关系的认定即采取了盖然性标准。专家组表示,申诉方只需证明被诉措施是导致利益的抵消或减损的原因即可,不论该措施是否是利益抵消或减损的唯一原因;对于措施来源的中立性标准,专家组报告认为,被诉措施即使并未在法律上歧视进口产品,仍有可能在进口产品和国内产品之间有所区分,并因此实质上对进口产品构成歧视;对于因果关系故意的相关性标准,专家组表示,只需证明措施带来了利益抵消或减损的后果,不要求证明措施的实施带有利益抵消或减损的故意;对于多项措施的综合考察标准,专家组认为累积影响有可能产生,即综合分析一系列措施可能强化因果关系。[④] 不仅如此,这种高度盖然性的证明标准也曾为"TRIPs 能否适用非违约之诉"指明

---

① 参见席月民:《依法调控经济的程序与责任保障》,载《中国法律评论》2015 年第 3 期。

② 参见周昌发:《基于人性认识的金融调控法律责任机制拓补》,载《西部法学评论》2013 年第 4 期。

③ See Brutger R. & Morse J. C., *Balancing Law and Politics: Judicial Incentives in WTO Dispute Settlement*, The Review of International Organizations, Vol. 10:2, p. 179 – 205(2015).

④ See Payosova T., Hufbauer G. C. & Schott J. J., *The Dispute Settlement Crisis in the World Trade Organization: Causes and Cures*, 18 – 5 Peterson Institute for International Economics Policy Brief 1(Mar, 2018), Available at: https://piie.com/system/files/documents/pb18-5.pdf, 2022 – 11 – 10, p. 190 – 241.

了方向。过去,由于 TRIPs 仅明确了知识产权保护的最低标准,有学者因此否定将非违反之诉适用于 TRIPs,因为无法量化成员方在 TRIPs 下利益抵消或减损的具体数字,也就难以证明上述证明标准中的"利益抵消或减损的后果"。① 应当承认,量化成员方在 TRIPs 下利益抵消与减损的具体数字确实存在困难,但是这更多的是与作为救济方式的补偿的数额大小挂钩,而非证明利益受到抵消或减损的必要条件。从 GATT 和 WTO 在非违反之诉方面的实践来看,证明措施和利益的抵消与减损之间存在因果关系,完全可以采取盖然性证明标准,并不需要证明具体贸易流量数字的减少。早在 GATT 时期的"德国沙丁鱼案"中,专家组在报告中认为,"对贸易统计数字的分析不能证明被诉方的措施与申诉方出口量减少之间存在因果关系",即对贸易统计数字的分析并非利益受到抵消或减损的充分条件。② 同样,在"欧共体罐装水果案"中,专家组在其报告中称,"即使没有统计数据显示贸易受损,成员方依然可就利益的抵消或减损提起申诉"。③ 亦即只要申诉方能够证明其所指控的被诉方的特定措施剥夺了其本应当享有的平等竞争机会,则该申诉方就有权以提起"非违反之诉"的方式,诉诸 GATT/WTO 争端解决机制,获得救济。

二是关注关联链条的长度限制。法律对因果关系的认定总会受到社会各类因素的制约。因此,在一方利益减损的事实上可能出现直接原因与间接原因共存导致的"一果多因"现象。若将与受损事实有任何程度勾连的决策、行动均纳入考察范围,那么,其将与受损事实形成相当长的关联链条。各类相关元素在链条中与作为端点的受损事实的间距不一,对损害结果的发生具有权重不同的影响。而各元素的所处位置、权重并非先验给

---

① See Bown C. P. & Reynolds K. M. , *Trade Agreements and Enforcement*: *Evidence from WTO Dispute Settlement*, American Economic Journal: Economic Policy, Vol. 9:4, p. 64 – 100 (2017).

② See Lamp N. , *At the Vanishing Point of Law*: *Rebalancing*, *Non-violation Claims*, *and the Role of the Multilateral Trade Regime in the Trade Wars*, Journal of International Economic Law, Oxford University Press, Vol. 22:4, p. 721 – 742(2019).

③ See Ghodsi M. G. & Michałek J. J. , *Technical Barriers to Trade Notifications and Dispute Settlement Within the WTO*, *Equilibrium*, Quarterly Journal of Economics and Economic Policy, Vol. 11:2, p. 219 – 249(2016).

定,毋宁说是情境决定,即受损事实的特征、相关行为所属类别,以及行为实施时的社会、经济形势等都决定了受损事实与相关行为间能否建立必然联系。①

由此,在宏观调控领域,仅以受控主体受损的事实与宏观调控行为在时间上的存在继承关系来证成二者之间的因果关系并不充分。宏观调控行为往往依据的经济情势各有不一,导致调控行为与受控主体的损害事实在因果关联链条中的距离迥异,甚至相去甚远,所以救济程序中因果关系的确定不能简单处理。比如,20 世纪 90 年代后期,韩国财政部为了刺激经济需求实施了积极的财政政策,支持社会经济发展,但有公民就此起诉财政部,诉由为财政政策的变动导致其财产损失严重。法院对此案进行了公开审理,最后以财政政策与公民个人财产损失不具因果关系为由驳回该公民的起诉。虽然该公民的财产损失与财政调控政策在时间段上吻合,但期间介入了亚洲金融危机这一特殊因素,导致调控政策与该公民的财产损失在因果关联链条中产生了事实层面上的断裂。② "复旦大学教授谢百三诉财政部一案"则与此不同。在该案中,财政部对于国债回购政策的改变并不具备正当性基础,且依据当时的经济情势,不存在不可抗力等因素,因而无法将该政策调整行为在因果链条中推后。换言之,财政部不当的政策调整行为直接导致了谢百三的国债损失。

此外,宏观调控所涉及的领域极其复杂,通常引起受控主体权利损失的因素十分繁杂,在多因一果的链条清理中,需要充分发挥法官的专业性,剔除非归因性因素。对于这一点的理解,我们可以借助"危地马拉钢材倾销案"进行进一步理解。2001 年,Hylsa 公司向墨西哥反倾销机构提出申请,认为来自危地马拉 Tubac 的进口钢材存在倾销行为。2002 年 3 月,墨西哥反倾销机构在历经一年的调查后,对危地马拉 Tubac 的钢材征收临时 25.87% 的反倾销税。此后,危地马拉与墨西哥进行多轮磋商,但均以失败

---

① 参见张辉:《从权力设定、行使到违法责任追究——宏观调控权法律控制主要方式之实现》,载《经济法论丛》2011 年第 2 期。

② 参见张德峰:《宏观调控法律责任竞合探析》,载《政治与法律》2010 年第 8 期。

告终。2006年2月,双方向WTO争端解决机制提出调查申请。[①] 在本案中,专家组认为,就因果关系的认定而言,其实质是排除非归因性因素,以免其干预对损害结果影响的判断。首先,在成本方面,运营费用与运营成本在概念解析上并不一致,严格意义上,运营费用是运营成本的重要组成部分,运营成本还包括销售和行政支出等的费用。墨西哥提交的相关证据,仅仅可以表明国内钢材生产的运营费用增长,并不能表明整体的运营成本也随之增长,因而运营费用增长不一定就是影响国内钢材产业发展的主要因素,应当予以排除考量。此外,针对出口问题,墨西哥提交的证据主要表明其国内钢材产业的销售量出现严重下降现象,其认为主要原因是危地马拉的倾销产品价格低廉、进口量增加。但是,经过调查后专家组发现,墨西哥国内市场对于钢材的需求量远远超过来自危地马拉的钢材进口量。因而,专家组认为,在同质市场中,当需求量远大于进口量时,后者的影响可以被其他因素所替代,如国内生产企业的生产质量等,是故,墨西哥反倾销当局此一归因并不合规,违反了ADA的裁决规则。[②]

综上而言,在宏观调控救济程序的审查阶段,对因果关系的解读与考量应当细致研判调控行为所依据的情势,通过排除非归因性因素,并缩减关联链条的长度,找出距离最近、权重最高的因素作为认定依据,以此提升宏观调控救济审查的效率与效果。

四、明确对受控主体的救济方式

救济能否产生损害填补的实际效果,往往取决于救济的具体方式是否切实可用。我国目前尚未针对宏观调控领域的救济制度立法,导致宏观调控致损的补救问题仍然停留在理论探讨层面。因而应当加快宏观调控救济的立法进程,明确对受控主体的救济方式,增强宏观调控实效性。鉴于宏观调控行为致损的不同形态,我们将对受控主体的救济方式分为直接救济和间接救济两种。直接救济是基于调控行为的违法状态做出针对性的回应与

---

① See Bown C. P., *Trade Policy Flexibilities and Turkey: Tariffs, Anti-dumping, Safeguards and WTO Dispute Settlement*, The World Economy, Vol. 37:2, p. 193 – 218 (2014).

② See Hansen J. D., Meinen P. & Nielsen J. U. M., *Elasticity of Substitution and Anti-dumping Decisions*, Review of World Economics, Vol. 150:4, p. 787 – 816 (2014).

补足,包括要求调控主体实际履行调控职能、恢复原状以及给予受控主体直接的经济赔偿与补偿。而间接救济主要侧重于受控主体的精神层面,通过对宏观调控决策中的责任人进行行为限制,平衡受控主体的心理状态,恢复其对国家调制的信念与信心。具体而言:

第一,实际履行调控职能。实际履行调控职能是针对宏观调控不作为而设立的救济方式。宏观调控不仅仅是一种行政职权,更重要的是一种职责和法定义务,宏观调控主体行使宏观调控权既是其享有的权利,也是其对国家和社会承担的义务。[①] 因此,当经济发展面临新情势,宏观调控主体却没有或者怠于调控时,首先应强制其积极作为,尽可能减少或弥补受控主体因此遭受的损失。[②] 但应当指出的是,不是任何情况下的宏观调控不作为都可以强制宏观调控主体实际履行,即宏观调控实际履行有其适用的条件。这个条件就是宏观调控主体没有做出或者怠于做出宏观调控行为,而且尚未造成严重的危害后果。这是因为,要求宏观调控主体及时做出宏观调控行为,其前提是还有及时做出调控行为的必要,即危害将要发生而尚未发生,或者已经发生并且还有进一步恶化的可能。如果宏观调控不作为已经发生了严重后果,使得经济运行和社会利益陷入重大不利,此时再去强调宏观调控主体通过实际履行予以补救实无必要。

第二,存续保护。存续保护要求修复和弥补宏观调控的违法性带来的社会危害性。在开展宏观调控的过程中,如果不是遭遇重大的国际、国内情势变更,抑或发生重大不可抗力事件,经济计划、产业政策等宏观调控行为在执行阶段应当与其决策阶段相一致,不得随意对调控措施作出不利于受控主体的撤销、废止或变更。如果这些缺乏正当性的变动已然发生,只要当下的宏观经济情势仍然适应原初的调控措施安排,那么,对变更后的调控措施应当恢复原状,同时调控主体的撤销、废止、变更行为应当确认为无效,以此保护受控主体基于宏观调控的公信力、确定力而生成的合理信赖。

对此,我们可以通过“美国 201 钢铁保障措施案”,对重大情势变更或

---

① 参见胡光志、靳文辉:《金融危机背景下对宏观调控法治化的再思考》,载《西南民族大学学报(人文社会科学版)》2011 年第 3 期。

② 参见王乃学:《宏观调控失效与微观基础建设》,经济科学出版社 2001 年版,第 121 页。

不可抗力以及调控措施在执行与决策阶段的一致性作进一步的理解。美国贸易代表根据 GATT 1994 第 19 条(a)项[①]的规定,向 WTO 提出了“未预见发展”的抗辩事由,包括亚洲金融危机对国内钢铁消费市场的需求降温、苏联解体引致的钢铁国际出口量激增以及美元持续升值使国内市场成为国际最具吸引力的钢材市场。在本案中,专家组采用了较为宽松的标准对“未预见发展”进行了认定,亚洲金融危机与美元升值在美国最初的钢铁产业政策制定时是不可预见的,在当时具有明显的不稳定性和不客观性,而针对苏联解体引发的国际钢铁出口量激增,已经存在的事实也可能发展为早先预见不到的情况,因此专家组认定美国提出的三项“未预见发展”事实成立。但另一方面,专家组也认为,根据现有的调查报告,并无确切且直接的数据和事实证明,上述“未预见发展”改变了美国钢铁产业政策的执行情势基础,美国没有提供充分且合理的解释以说明国内钢铁市场遭受了“未预见发展”的重大冲击,显然美国对钢铁产业政策的突发性变更措施违反了 WTO《保障措施协定》第 12.1 条[②]的规定。[③]

由此可见,在缺乏重大事变、情势变更的情境下,宏观调控措施的随意撤销、废止、变更缺乏公共利益作为其正当化基础。同时,有别于行政法上基于形式合法性的存续保护,宏观调控领域的存续保护考量的是形式合法性与实质合法性和谐共生的过程,是如何凭借个体利益保护以达到众多受控主体预期稳定、实现调控目标的公共利益实现问题。

与行政法上的存续保护不同,宏观调控领域的存续保护并不是一个形式合法性与实质合法性权衡斟酌的竞争性过程。对于前者,行政行为的发生不利于行政相对方之变化的前置条件通常是行政行为存在瑕疵,而相对方又对之已经产生合理信赖并据此安排个人事务。[④] 行政行为的瑕疵存在可能影响公共利益,由此产生了形式合法性的要求,该要求可以支持撤销、

---

① See General Agreement on Tariffs and Trade (GATT 1994), 19. (a).

② See Agreement on Safeguards, 12.1.

③ See Pöhland J., Free Trade vs. Protectionism: What Impact did Section 201 Steel Safeguard Measures have on the US & Global Steel Markets, and What Lessons can be Learned, Legal Issues of Economic Integration, Vol. 32:3, p. 235 –247(2005).

④ See Liu W., Current Situation, *Management Policy and Effects of Cross-Border Capital Flow in China*, Open Journal of Business and Management, Vol. 8:3, p. 110 –157(2020).

废止、变更行为生效。同时,源出“法治国”理念的实质合法性又要求不得因此对并无过错的相对方造成不利益状态,这里就是一个竞争的过程,即撤销、废止、变更行为意欲保护的公共利益与否定上述行为、恢复原初行政行为之效力所意欲保护的个体信赖利益的相互竞争。[①] 当前者大于后者时,撤销、废止、变更等行为生效,反之则反是。

对于后者,由其现代经济管理职能决定,以调控措施形式体现出来的调控承诺并不完全是传统意义上的行政行为。在缺乏重大事变、情势变更的情境下,其随意变动往往与利益集团寻租、部门权限之争纠缠胶结在一起,而非常见的行政瑕疵所致。[②] 由于变更的诱致性因素不同,调控承诺非有法定事由地随意撤销、废止、变更并不关涉公共利益,即缺乏公共利益作为其正当化之基础,[③]所以,在恢复原初调控承诺的存续保护过程中,考量的不是附着于公共利益的形式合法性与附着于个体信赖利益的实质合法性之争,而是如何凭借个体利益保护以达致众多受控主体预期稳定、实现调控目标的公共利益实现问题,是如何通过形式合法性的维护实现实质合法性的问题,双方在此共冶一炉,和谐共处,不存在两种均具备正当性基础的合法利益如何取舍的计算筹划。

第三,经济赔偿与补偿。经济赔偿与补偿是对违法调控措施下的利益受损对象给予的财产或其他利益的赔偿与补偿。有观点认为,由于经济来源的财政补偿性,调控主体并非赔偿责任的最终承担者,纳税人缴纳的税收才是赔偿资金的最终来源。[④] 循此逻辑,对于国家机关而言,赔偿责任似乎无法适用,否则将会遭遇赔偿资金来源的正当性追问。但是,法治国家普遍实施的国家赔偿、国家补偿却有力地证明:赔偿资金的财政来源性并不妨碍赔偿责任在公权力行使过程中的适用。[⑤] 在这里,国家赔偿、国家补偿等以

---

① 参见刘定华、肖海军等:《宏观调控法律制度研究》,人民法院出版社2002年版,第74~77页。

② 参见王新红:《转型时期宏观调控法治化的障碍及其实现路径》,载《中南大学学报(社会科学版)》2012年第1期。

③ 参见周达、李健美、刘瑞:《中国宏观调控利益关系探究》,载《经济学家》2008年第6期。

④ 参见江勇:《国家赔偿工作的定位和改革路径选择》,载《法律适用》2020年第19期。

⑤ 参见徐超:《面向新时代的国家责任和国家赔偿制度——国家责任研究基地(中国人民大学)2019年年会综述》,载《人民司法》2020年第16期。

财政收入作为最终财源的责任承担之所以能够确立自身的正当性，关键就在于为法治国家所普遍认可的“公共负担平等”理论。[①] 所谓“公共负担平等”理论，即政府活动是为了公共利益而实施，是一种“公共物品”，其影响范围内的所有个体均为受益者。[②] 由于公权力主体作为公众利益代理人并没有独立财产，因此，按照“谁受益，谁负担”的一般性公平法理，应由社会全体成员平等地分担费用。[③] 这是受益—负担相平衡的合理制度安排，并非转嫁责任的“羊毛出在羊身上”。既然国家赔偿、国家补偿等在“公共负担平等”的公平理念支撑下可以在法治实践中普遍推行，那么，同为公权力行为的宏观调控就没有理由因为资金的财政来源而不得适用赔偿责任。

尽管当前我国《国家赔偿法》将赔偿对象限定在由具体行政行为、司法行为引起的侵权损失，但在国际范围内，引起国家赔偿的法定行为的范围在不断拓展却是不争的事实。在欧陆、英美两大法系，国家赔偿已由原来的行政赔偿逐步扩大到司法赔偿、立法赔偿乃至军事赔偿等领域。[④] 国家赔偿领域的扩大，从侵权主体来看，意味着由行政机关及其工作人员扩大到司法机关、立法机关、军事机关及其工作人员等；从侵权行为来看，意味着国家不仅要对行政侵权行为承担赔偿，还要对司法侵权、某些立法侵权和军事侵权行为承担赔偿。[⑤] 以立法赔偿为例，过去由于立法以及其他制定规范性文件的抽象行政行为指向的对象是不特定的多数个体，国家赔偿往往以损失难以计量为由，将之排除在外。然而，从法律实践来看，国家赔偿范围是一个动态的概念而非静态的概念，它处于不断的发展流变之中。法国行政法院在“小花牛奶公司案件”判决中首次提出国家应对立法行为负赔偿责任，德国的《国家赔偿法》则规定在法律明文规定的情况下，国家对包括立法在内的公权力侵权行为承担赔偿责任。1990 年，美国还曾专门制定法

---

① 参见蒋成旭：《国家赔偿的制度逻辑与本土构造》，载《法制与社会发展》2019 年第 1 期。

② 参见高培勇：《复杂多变经济形势背景下的宏观政策抉择》，载《财贸经济》2013 年第 2 期。

③ 参见马俊军、刘元：《行政不作为国家赔偿制度的完善——以“辱母杀人案”为视角》，载《行政与法》2017 年第 12 期。

④ 参见秦祖伟、刘唐：《论国家赔偿范围狭窄性与拓展的可行性》，载《人民论坛》2013 年第 35 期。

⑤ 参见袁治杰：《国家赔偿责任的民法基础》，载《政法论丛》2020 年第 1 期。

律,对第二次世界大战爆发后制定的强制集中日裔美国人的法律所造成的损失予以赔偿。[①]

即使是在法律层面尚未明确规定立法及其他抽象行政行为赔偿的我国,为了解决因赔偿范围过于狭窄而导致的个体权利保护不周的问题,无论是理论界还是实务界,适时拓宽国家赔偿的边界、稳妥渐进地将不特定的多数个体纳入国家赔偿范围的呼声和建议不绝于耳。[②] 2005 年 11 月 5 日,中日国家赔偿法修改研讨会提出的《国家赔偿法(修改建议稿)》第 6 条第 1 款提出:"行政机关制定、发布的具有普遍约束力的决定、命令等违法,造成公民、法人和其他组织合法权益损害的,受害人有取得国家赔偿的权利",即"红头文件"违法将会导致国家赔偿。作为实务界代表的北京市第二中级人民法院集体建议,行政机关制定的具有普遍约束力的规定、决定等规范性文件侵犯当事人合法权益的抽象行政行为,应纳入行政赔偿范围,为我国将不特定的多数个体纳入国家赔偿范围"打开了一道口子"。[③] 尽管《国家赔偿法(修改建议稿)》第 6 条在后续的修订中被删除,但上述两个例子从侧面也表明了对扩大国家赔偿范围的呼声正在增加,当宏观调控政策致使不特定多数的受控主体利益不当受损时,应当获得经济上的救济。

值得注意的是,赔偿金额的计算亦是影响损害赔偿这一救济方式之适用的重要因素。在宏观调控赔偿程序中,为了避免国家赔偿责任的无限泛化以及提高司法效率,应当采用"直接成本法",将受控主体因信赖调控措施而付出的直接行动成本以及违法调控行为导致的直接损失纳入赔偿范围。比如,违背国债发行承诺的赔偿对象应当是受控主体支付的购买价格,违背产业优惠政策的赔偿对象应当是厂商在优惠期内进入相关行业,通过投资、设厂、购买设备及原材料等生产要素而支付的成本,这类成本可以根据厂商的会计账簿计算出来。赔偿人数的计算和确定则可以依据各类登记文件。例如,违背国债发行承诺的赔偿人数可以查询国债交易记录予以确定,违背产业优惠政策的赔偿人数可以查询企业登记管理机关,确定厂商所

---

① 参见汤鸿沛:《美国国家赔偿制度之印象》,载《人民司法》2006 年第 9 期。

② 参见肖登辉、黄聪:《国家赔偿制度的演进:从"分离"到"回归"》,载《理论月刊》2020 年第 4 期。

③ 参见张红主:《国家赔偿法学》,北京师范大学出版社 2017 年版,第 133 页。

属行业和进入日期，然后将优惠期内进入优惠产业的厂商予以加总，即可确定赔偿人数。特别需要指出的是，除直接成本法等基本方法之外，损害赔偿金额的计算方式应当在立法中处于一种开放状态，需要通过实践探索、借鉴发达国家立法经验不断持续完善。例如，美国的集团诉讼常常依据“经验准则”来确定涉案赔偿标准。就汽车事故案件而言，每位集团成员通常会得到其医疗费、工作损失或其他有据可查的损失总和二至三倍的赔偿额，且不会因个体差异而有太大不同。① 其他类似案件也可以按照“经验准则”来确定赔偿标准。而在美国证券集团诉讼中，对于赔偿金的确定法官享有积极能动性。不仅双方当事人可以聘请相关经济学家和统计专家提出关于涉案赔偿的计算标准和金额，法院也可以聘请相关专家进行计算，并在听取双方主张的基础上做出自己的主观判断。② 鉴于此，对于赔偿金额的确定，有必要保持积极开放的态度，在实践中探索与积累经验的同时，赋予法官必要的自由裁量权，以此满足日益增多的损害赔偿的技术需求。

第四，对有关公务人员进行行为限制。实际履行、行为补救以及经济补偿都是针对宏观调控职能部门即法人机构如何对受控主体开展救济。由于宏观调控救济过程中采取机构责任为主、个人责任为辅的归责原则，对于参与宏观调控决策和执行的国家公务人员来说确定合理的责任形态亦非常重要。而且，对于受到损害的受控主体而言，参与调控决策与执行的公务人员受到惩戒有助于调和其心理状态，恢复其对国家调制的信心，属于间接救济的范畴。从现行法律法规来看，国家公务人员的责任形态主要是行政责任。在《公务员法》和部分宏观调控单行法律法规如《中国人民银行法》中，对滥用职权、玩忽职守或者其他重大失误的行政机关责任人规定了暂停职务、记过、降级、撤职等责任形式，使得相关主体在一定期限内或永久不能够涉及宏观调控领域。之所以将针对公务人员的责任形态称为行为限制责任，是因为这种责任是以公务人员参与宏观调控的行为或资格受到一定限制为责任承担的形式，相关责任人被限制甚至剥夺了宏观调控资格。因此，未来应

---

① 参见杨严炎、章武生：《外国环境公益诉讼和集团诉讼案例评析》，法律出版社 2014 年版，第 102 ~ 103 页。

② 参见马怀德、孔祥稳：《我国国家赔偿制度的发展历程、现状与未来》，载《北京行政学院学报》2018 年第 6 期。

当继续完善《公务员法》《中国人民银行法》《证券法》《保险法》等各领域法中关于公务人员行为限制的规定，提升主要责任人在宏观调控决策中的谨慎意识、为民意识。但应当注意的是，对责任人行为的限制都既包括对其宏观调控或经济管理资格的限制和剥夺，也包括对其宏观调控下行为的纠正和调整。同时，如果公务人员的违法行为严重，还可能触犯刑法的相关职务犯罪责任，此时相关责任人除了应承担宏观调控法律责任，还应承担刑事责任。

五、加强司法解释对宏观调控救济纠纷解决机制的制度供给

当前，经济社会变革与转型需要司法扩张自己的力量边界。对于宏观调控救济纠纷解决这一可能影响中国法治进程的重要实践而言，立法由于其时滞性以及繁复的议事日程等约束，可以提供的制度资源远远不够，①而能动性司法将是其可以依存的制度供给渊源。

1981 年 6 月，全国人民代表大会常务委员会出台了《关于加强法律解释工作的决议》，其中规定"凡关于法律、法令条文本身需要进一步明确界限或作补充规定的，由全国人民代表大会常务委员会进行解释或用法令加以规定。凡属于法院审判工作中具体应用法律、法令的问题，由最高人民法院进行解释"。② 基于此，最高人民法院于 1997 年发布《关于司法解释工作的若干规定》，其中第 2 条规定："人民法院在审判工作中具体应用法律的问题，由最高人民法院作司法解释"；第 9 条规定"司法解释的形式分为'解释''规定''批复'三种，对于如何应用某一法律或者对某一类案件、某一类问题如何适用法律所作的规定，采用'解释'的形式。根据审判工作需要，对于审判工作提出的规范、意见，采用'规定'的形式。对于高级人民法院、解放军军事法院就审判工作中具体应用法律问题的请示所作的答复，采用'批复'的形式。"按照司法解释的两分模式，可以分为法律内的解释和超越法律的解释。前者多半用在成文法律规定含义模糊，易引起歧义，或者规定

---

① 参见刘定华、肖海军等：《宏观调控法律制度研究》，人民法院出版社 2002 年版，第 118 页。

② 参见《全国人民代表大会常务委员会关于加强法律解释工作的决议》。

不周延，存在语义漏洞之时，法院依据字义、成文规范的意义脉络、立法者的规定意向以及基本社会价值标准进行解释。后者多半用在出现新型社会问题之时，现有的成文规范资源存在欠缺，法院以司法解释的形式进行“超越法律的法的续造”，在宪法原则或法律原则之下，建构出规范性法律文件所未曾包含的法律制度。①

循此，《关于司法解释工作的若干规定》第9条规定的“对于如何应用某一法律或者对某一类案件、某一类问题如何适用法律所作的解释”的司法解释可以进行以下划分：首先是对规范性法律文件的解释。这种解释主要在于澄清成文规范的模糊、不确定、有歧义之处，必须以既有的规范性法律文件作为解释依据，属于两分法中的“法律内解释”。② 其次是对某一类型的问题如何适用法律的解释。这种解释没有成文规范作为解释基础，法官诉诸法律原则对社会纠纷进行“法的续造”，为当事人提供诉讼请求的法律依据，在相当意义上已经改变了布莱克斯通所说的“法律的发现者”的传统形象。③ 这种两分法在我国最高人民法院的司法解释实践中也得到了体现与认可，以前者为例，最高人民法院《关于适用〈中华人民共和国担保法〉若干问题的解释》即属于解释规范性法律文件的“法律内解释”；以后者为例，1990年11月12日最高人民法院发布《关于审理联营合同纠纷案件若干问题的解答》，其中第4条规定“企业法人、事业法人作为联营一方向联营体投资，但不参加共同经营，也不承担联营的风险责任，不论盈亏均按期收回本息，或者按期收取固定利润的，是名为联营，实为借贷，违反了有关金融法规，应当确认合同无效”。该条规定在发布后很长一段时间内作为各级法院判决企业相互借贷合同无效的实体法依据。然而，该条规定的内容在当时的其他法律中处于规定空白的状态。1995年，中国人民银行发布《贷款通则》，其中第61条规定：“各级行政部门和企事业单位、供销合作社

① 参见郑智航：《论最高人民法院裁判规则的形成功能——以最高院民事司法解释为分析对象》，载《法学》2013年第11期。

② 参见彭中礼：《最高人民法院司法解释性质文件的法律地位探究》，载《法律科学（西北政法大学学报）》2018年第3期。

③ 参见齐玎：《最高人民法院司法解释权：释法抑或造法》，载《厦门大学法律评论》2016年第1期。

等合作经济组织依村合作基金会和其他基金会,不得经营存贷款等金融业务。企业之间不得违反国家规定办理借贷或者变相借贷融资业务。"①由此可见,《关于审理联营合同纠纷案件若干问题的解答》第4条的法律效力不是来自"对法律、法令的有权解释",而是来自"法的续造"式司法解释的能动创造。

由于我国尚未出台作为宏观调控法律体系核心的《宏观调控法》,对于宏观调控权行使的基本原则、调控主体的法律责任、受控主体的救济权利等内容缺乏统摄性与涵盖力的集中规定,散见于单行的《财政法》《税法》《国库券条例》等规范性法律文件中的相关规定,且在司法操作的层面上看来"可实施性"较弱,无法满足受控主体保护自身合法权益的要求。因此,当复旦大学教授谢百三就财政部随意改变国债可回购的承诺而提起诉讼时,不可避免地遭遇了"到底是行政诉讼还是民事诉讼"的质疑与困顿,其权利救济请求也难以获得司法支持。但法国法学家惹尼认为,法官不得因为缺乏法律规定而拒绝向当事人提供救济。② 当类似于谢百三诉财政部一案的纠纷面临实体法依据缺失的困境时,最高人民法院完全可以依据《关于司法解释工作的若干规定》《关于加强法律解释工作的决议》中有关司法解释的职能规定和既有实践,以抽象式的司法解释为调控主体的行为合法性提供判断标准,也为受控主体的权利救济请求提供法律依据。这一"规则创设"方式可以说是一种为解决实践新问题创立法律依据、影响公共经济政策的政治职能的发挥的解释工作。当然,司法解释效力与《宏观调控法》等基本法确立的规范并不能处于同一效力层面,但可以肯定的是,最高人民法院以司法解释界定了司法能动主义的边界,并没有超越宪法确定的权力范围,避免了司法触角过分伸入生活,导致泛立法化的危险。

---

① 参见《贷款通则》第61条。

② See Jung C., Hirschl R. & Rosevear E., *Economic and Social Rights in National Constitutions*, The American Journal of Comparative Law, Vol. 62:4, p. 143 – 191(2014).

第三节　国家治理现代化视域下健全宏观调控救济程序制度

习近平总书记在十三届全国人大一次会议上指出,要以更大的力度、更实的措施发展社会主义民主,坚持党的领导、人民当家作主、依法治国有机统一,建设社会主义法治国家,推进国家治理体系和治理能力现代化,巩固和发展最广泛的爱国统一战线,确保公民享有更加广泛、更加充分、更加真实的民主权利,让社会主义民主的优越性更加充分地展示出来。① “四个更加”表达了新时期对民主法治建设的新需求。转换到宏观调控领域,国家对市场经济要依法实行调控指导,在调控决策、调控执行阶段要注重对受控主体基本权利的保护,一切调控行为都应严格遵循法治精神,这也是新时期宏观调控规范化的应有之义。此后,党的十八大提出:“要坚持以人民为中心的法治理念。”这是习近平总书记“人民是创造历史的动力”“坚持以人民为中心的发展思想”在法治建设中的具体体现,是对马克思关于“实现人的自由平等”这一历史唯物主义思想的时代升华。② 这一理念对宏观调控制度建设影响深远,其所昭示的人文关怀是完善宏观调控救济程序制度的核心要义,即通过建立受控主体权利保障制度法治化,健全受控主体权利救济渠道和方式,并最终实现宏观调控“体现人民利益、反映人民愿望、维护人民权益、增进人民福祉”的伟大目标。由此,在宏观调控救济程序制度的完善过程中,在深刻贯彻“以人民为中心的法治理念”精髓的基础上,必须坚持以下原则。

一是程序法定、公正、公开原则。程序法定原则要求宏观调控救济程序的启动、运行要依法进行。我国正处于经济体制转型的关键时期,为最大限度保障受控主体的合法权益,完善法定的救济程序成为我国宏观调控救济制度法治化建设的题中应有之义。需要注意的是,法定程序原则并非僵化

---

① 参见习近平:《习近平总书记在十三届人大一次会议中的讲话》,载求是网,http://www.gov.cn/xinwen/2018-03/20/content_5275963.htm。

② 参见周尚君:《坚持以人民为中心的法治思想》,载《法学杂志》2021年第1期。

的程序工具主义,而是力图最大限度地发挥程序的内在价值,以期建构一种回应式的宏观调控救济制度。程序公正原则要求调控主体与受控主体、各受控主体之间在救济程序中处于平等的地位,所适用的程序和所享有的程序权利和承担的义务相当。[①] 应当看到,在宏观调控制度运行过程中,尽管调控主体与受控主体之间从实体地位上看处于不平等状态,但此种实体不平等状态并不必然导向程序上的不平等,恰恰相反,程序平等的价值正是体现在对实体不平等的矫正。而实际上,程序公正原则所赋予的程序平等权利是防止调控主体利用自身优势地位,对权利受损害的受控主体造成二次伤害,程序公开原则要求宏观调控主体要在国家安全范围内最大限度实施信息公开,这是受控主体权利救济实现的基本保障。[②] 因为如果受控主体权利受损,往往需要更多的信息、证据来支持自己的救济请求,但受制于能力与地位,其发挥主观能动性获得相关信息的可能性较小,急需来自调控主体的信息支持。

二是信赖保护原则。法的安定性理论、公共负担均等化理论、基本权利理论及法的公平与效率价值理论等构成了公法上信赖保护的法理基础,亦为宏观调控中的信赖保护奠定了坚实的法理基石。[③] 在宏观调控中,信赖保护是受控主体基于宏观调控政策的信赖所做出的行为规划,宏观调控机关在规划期间或规划实施期间重新做出调控政策,致使受控主体的信赖利益大大受损而申请获得救济的权利。法律的安定性和确定性将受控主体行为约束在明确且固定的规则框架中,受控主体凭借对既有规范的信任调适其经济决策。[④] 然而,宏观调控作为一种资源配置的调整方式,在增进社会整体福祉的过程中,无可避免地会牺牲少数受控主体利益。鉴于此,为该部分受控主体恢复原有利益提供救济途径、赋予其信赖保护的权利和方式,符合法治对公平正义之价值追求。此外,在宏观调控救济中确立信赖保护原则,能够有效控制权力的滥用,加强对权力的问责,真正实现在对权力监督

---

① 参见杨三正:《宏观调控权配置原则论》,载《现代法学》2006 年第 2 期。

② 参见颜运秋、贺运生:《宏观调控程序法治化分析》,载《求索》2005 年第 8 期。

③ 参见胡光志、田杨:《宏观调控法基本原则新探——从金融危机中“救市”需要法治化谈起》,载《重庆大学学报(社会科学版)》2011 年第 1 期。

④ 参见王新红:《论宏观调控法之信赖保护原则》,载《南京社会科学》2016 年第 9 期。

的基础上切实保障权利。

不仅如此,从宏观调控的外部约束层面而言,国际组织及其规则的建立也是以诚信与信用为基础的。可以说,在宏观调控救济领域确立信赖保护原则,是我国政府适应各类国际组织及其规则的需要。例如,无论是GATT条款、TRIPs,还是《反倾销协议》等,均体现了浓烈的国际经济诚信与信用要求。再以IMF为例,其前任总裁曾对此有过一段经典的论述:“44个国家在布雷顿森林集会,决定以相互信任与合作为基础,本着追求和平和繁荣的合作精神,以广泛的全球利益高于狭隘的自私自利为信念,开辟出一条新的道路。”①通过国际信用联合,IMF成了世界金融体系中的信用基石。当前,我国已经加入了这些组织并在全球化的趋势下与其密切关联,必须全力打造信用政府,既要转变政府职能,切实保护投资者的信赖利益,也要积极履行入世谈判承诺,并严格遵守中外双边协议、多边协议以及自由贸易协议,保护外资企业的合法利益,加强中外投资者对宏观调控行为的后果的可预见性,创造健康良好的投资环境,从而维护我国的负责任大国形象。

上述两大原则是实现宏观调控救济程序科学化、民主化、法治化的重要保证,其对宏观调控救济程序制度的完善起着统率与引领的作用。因此,在两大原则的指导下,对我国宏观调控救济程序制度的完善思路包括但不限于以下几方面。

一、救济程序的设计与完善应当便利受控主体

习近平总书记指出:“不管建立和完善什么制度,都要本着于法周延、于事简便的原则,注重实体性规范和保障性规范的结合和配套,确保针对性、操作性、指导性强。”②在宏观调控法律关系中,受控主体相对于调控主体总是处于弱者和较为被动的地位,当其权利遭受损害时,救济程序的复杂性和专业性往往导致受控主体寻求救济失败。因此,有必要在设计与完善救济程序时遵循“于事简便”的精神,使救济程序更加便利于受控主体权益

---

① See Dix-Carneiro R. & Kovak B. K., *Trade Liberalization and Regional Dynamics*, American Economic Review, Vol. 107:10, p. 2908 – 2946(2017).

② 参见习近平:《在党的群众路线教育实践活动工作会议上的讲话》,载环球网2014年10月9日,https://china.huanqiu.com/article/9CaKrnJFEgr。

保护。这种便利化可以通过以下内容的完善来实现。

一是情报公开与信息、证据的收集。宏观调控救济机制大多以宏观调控监督机制为前提,譬如受控主体进行复议、诉讼、获得赔偿或补偿,就需要通过健全的情报公开制度以获取足够的信息、证据来实现公民知情权。信息公开是现代社会治理方式的重要内容,也是公共行政决策的基本原则,而宏观调控作为社会治理和公共行政决策的重要体现,也应当践行信息公开制度。在以权力为主导的宏观调控制度实践中,调控主体习惯于按照国家的意志和偏好确定调控目标、调控手段和调控工具,过分强调国家意志而表现出对其他市场主体诉求的忽视,过分重视国家所认同的市场规律而缺少与市场主体的真实互动,从而导致缺乏视域上的开放和融合,调控的结果与公众之间的理解和共识程度不高,甚至与目标产生偏离,进而出现损害受控主体利益的情形。可以说,信息公开既是宏观调控合法性的来源,也是宏观调控救济实践开展的重要支撑。

同时,由于我国已经加入了 WTO 等国际经济组织,情报信息公开是其中的重要原则与制度,构成了国际贸易中最惠国待遇与国民待遇原则得以有效实现的基本保障。在实践中,各国信息公开滞后,导致对外国企业造成歧视待遇以及由此为外国企业寻求救济带来的实质障碍比较多见,贸易政策审议机制就此提出,各国政府确保及时准确的信息公开,对于本国经济与多边贸易都具有内在价值。①

在 2020 年 1 月达成的《中美第一阶段经济贸易协议》中,中美双方对彼此宏观调控行为的透明度进行了规范。根据第 5. 3 条,双方应当保证宏观金融调控领域的透明度,定期公开外汇储备和远期头寸数据,以及国际收支金融账户的子项数据,包括直接投资、证券投资与贷款、应收账款等内容,同时,针对金融领域外的货物与服务贸易的进出口情况,也应当于每季度结束后的 90 日内公布。如果双方违反上述透明度协议,可以由中国人民银行行长或美国财政部部长向双边评估和争端解决办公室申请监督,防止信息不透明为另一国企业或产业带来利益损失。

---

① See Siddiqui K. , *Trade Liberalization and Economic Development*: *A Critical Review*, International Journal of Political Economy, Vol. 44 :3 , p. 228 – 247(2015).

在WTO规则中,各成员方政府也需要定期将本方涉及经济政策与制度的变化及时向WTO以及其他成员公开,有关各方均有权利对经济政策与制度的变化提出修改建议。不仅如此,WTO总理事会以及其他相关部门有权经常性审议各成员方政策与制度及其执行情况,避免损害WTO规则的权威性以及其他成员的合法经济利益。我国在2001年加入WTO时曾提交《中国加入世界贸易组织议定书》,第2条第(C)节在法律政策与文书公开、调控措施实施前的通知义务、公开方式与时间以及信息咨询与期限等方面,对信息公开做了细致承诺。其中,最后一项与外国企业因权益受损而申请救济密切相关,中国应当设立专门的咨询机构,当外国企业对本国实施的经济政策或者调控行为产生异议时,有权利向该机构提出问询或质疑;相关咨询机构应当在收到请求后的20日内做出答复,若有特殊情况需要延长的,可以在收到请求后45日内回复,并且将延迟的原因以书面形式向外国企业提供。自入世以后,我国已经连续采取了多项措施,尽可能使经济政策与相关措施符合WTO的各项规则和我国入世议定书的承诺。例如,根据TRIPs第42条要求,经济诉讼的程序应当及时向当事人披露,允许当事人的诉讼代理人独立出庭。[①] 而我国《民事诉讼法》、最高人民法院司法解释《关于民事诉讼证据的若干规定》以及《关于行政诉讼证据若干问题的规定》已经基本解决了这一问题,实现了与TRIPs第42条的衔接。再如,TRIPs第10条和第63条均要求,各成员方应当及时公开与经济贸易等相关的司法及行政裁决文书,[②]我国在入世议定书中也对此做出了承诺。近年来,我国已经通过各级法院与政府机构的官方网站以及裁判文书网等渠道,基本实现了裁判文书公开的承诺。无疑,上述的这些努力对于完善宏观调控救济制度,促进宏观调控制度与国际化接轨具有重要的现实意义。但是,目前仍然存在一些尚需改进之处,典型的如法律政策文本的多且杂,以及清理不及时的问题。由于我国当前一些立法的可操作性有待加强,司法解释逐渐成为解决纠纷的重要依据。虽然司法解释是WTO规则所要求的统一执法制度所必需的,且司法解释的"规则创设"功能有助于更高效地保

① See Intellectual Property Rights (TRIPs), 42.

② See Intellectual Property Rights (TRIPs), 10 &63.

障受控主体的合法权利,但是,我国司法解释十分繁杂,零散而不系统,有的甚至相互矛盾,导致司法救济实践中的查找艰难,这种问题自我国加入WTO以后更加明显,因此有必要设立专门的机构及时清理、整编司法解释,为受控主体的权利救济提供便利。

总而言之,在宏观调控过程中构建信息公开机制并非易事,远不是相关部门在其网站上发布一些公告那样简单,而是需要其根据社会经济发展以及各项国际规则要求,真正践行信息公开机制的理念。再以信息公开的方式为例,目前实践中的政府信息公开大多分为依职责主动公开和依申请公开,其方式也只是在政府网站上设立信息公开栏,通过互联网查阅的方式公开。这种公开方式的受众范围非常有限,通常只能满足相关领域某对该行业感兴趣或利益受其影响的一些具体人群的公开需求。而宏观调控是针对大范围不特定的社会公众的政策调整,必须以更加主动、积极的姿态和方式进行互动和公开,比如利用互联网、移动通信、广播电视等媒体渠道持续地向社会公众进行调控政策的说明。

二是举证协助。经济运行往往表现出灵活性和复杂性,这决定了法律不可能对经济形势和政策细节进行预设,即宏观调控的基本规则是相机抉择而非遵从固定规则。宏观调控是固定规则还是相机抉择的基本判断方法是“如果决策者事前宣布如何对各种情况做出反应,并承诺完全遵循这种宣布,那么政策就是按规则进行的。如果决策者在事件发生时任意判断并选择当时看来合适的政策,政策就是按相机抉择进行的”①。宏观调控规则尤其是法律规则的缺失,使得在认定宏观调控行为是否合法时无章可循,直接导致了宏观调控救济程序中法律依据查找与举证困难。即使在某些特定的宏观调控领域存在法律法规和程序性规则,这种规则也是原则性的。

不仅如此,在宏观调控行为的运行过程中,调控主体和受控主体之间也存在信息不对称,受控主体对于宏观调控行为是如何做出以及宏观调控主体是否具有权限等制度要素并不掌握或知之甚少。如果说普通的行政诉讼

① 参见李西臣:《宏观调控主体可问责制度构建》,载《海南大学学报(人文社会科学版)》2011年第4期。

在举证中存在困难,那么对宏观调控行为提起救济诉讼就是难上加难。[①] 具言之,从宏观调控结果来看,宏观调控在经济上的合法性取决于经济上的合理性,实际上就是经济上的合规律性。也就是说,宏观调控的合理性和正当性证明仅仅依靠法规对照是不行的,还要考察宏观调控在经济上的效果。但是,对于宏观调控经济上的效果认定也并非普通受控主体所能胜任的,这取决于两方面的原因,一是宏观调控具有很强的专业性,其政策效果的得失成败必须由具备较高专业素质和水平的群体来评价,普通的受控主体大多无法企及,对宏观调控行为合法性举证也就成了一大难题。[②] 二是宏观调控的效果往往具有滞后性,也就是说,政府出台一项宏观调控政策,其效果并非马上显现,而必须经过一个较长的周期和实践检验才能观察到调控效果,因此受控主体想要证明宏观调控的效果以及是否符合法治规范十分艰难。[③]

基于此,在启动宏观调控救济程序后,由于受控主体对各类信息、证据的获取度不高且难度巨大,此时有必要建立一定的举证协助机制,帮助受控主体开展举证工作。例如,可以由宏观调控外部监督机构为受控主体提供相关的证据协助。

二、构建宏观调控集团诉讼机制

受控主体的权利救济往往需要通过诉讼程序予以实现。综合考量宏观调控利益保护的多元目标,以及调控主体与受控主体之间的力量对比,集团诉讼的优越性在于有助于提高宏观调控救济效率,降低救济成本,由此成为受控主体救济受损权利的不二之选。由于宏观调控行为关涉大量宏观经济学专业知识、宏观经济走势信息,加之调控主体立基于宏观经济内生性波动的强大调控权力,受控主体通过诉讼救济权利时,提起诉讼、参加诉讼将是一个费时耗力的艰巨过程。当个别的诉请集结为集团诉讼时,除了诉讼代

---

① 参见周昌发:《金融调控中受控主体权利问题研究》,载《云南大学学报(法学版)》2013年第2期。

② 参见向宇、杨松:《改革开放与货币政策宏观调控变革》,四川大学出版社2018年版,第131页。

③ 参见牛静敏:《我国房地产宏观调控政策效果研究》,九州出版社2020年版,第36页。

表人之外,其余当事人并不直接参加诉讼,其在诉讼过程中权利的行使、义务的履行皆无须亲力而为,由此可以节省大量的救济成本。在构建宏观调控集团诉讼机制时,应当重点关注以下几方面。

(一)明确宏观调控集团诉讼的前置性要件,提高司法资源的利用效率

由于宏观调控行为往往涉及经济社会的方方面面,所波及的利益主体数量众多,因而宏观调控集团诉讼对司法资源的耗费也是巨大的,因此有必要设置一定的前置性要件,提高司法资源的利用效率。

一是要设置宏观调控集团诉讼的最低成员数量,支撑这一群体性诉讼。宏观调控是一种公共物品,按照公共物品的内在规定性,在其影响范围之内,消费具有非竞争性和非排他性,因此,"消费"宏观调控这一公共物品、从而安排自身的生产生活的受控主体自然不会是单一个体,而是为数众多的微观主体。① 当然,尽管受控主体可以采取遵从或不遵从的策略来回应各项调控举措,但从整体范围来看,即使对于选择性的宏观调控措施,经由自我选择"遵从"策略而进入调控措施的效力范围之内的受控主体往往也不会是单数。② 基于此,应当明确宏观调控集团诉讼参与的最低人数要求,使宏观调控行为波及规模与司法救济范围相匹配,提高司法救济的有效性。

二是集团成员之间不仅应当存有共同利益关系,也面临着同样的事实与法律问题。成员之间具有共同的利益关系,是群体性诉讼得以成立的必要条件之一,是基本的群体诉讼法理。③ 只有成员的利益相同或属于同一种类,才能以此为核心,将原本可能单独提起的诸多诉讼请求聚合起来,拟制成一个集团诉讼,进行集团化的司法运作,实现诉讼经济和相关的公共经济政策目标。而且,成员之间的利益趋同便于其中的某一成员代为行使诉讼权利,代为履行诉讼义务,便于正当化诉讼代表人的资格。依据小岛武司的观点,诉讼代表人"之所以能够为全体成员进行诉讼活动,并不是基于单

---

① See Chirwa T. G. & Odhiambo N. M., *Macroeconomic Policy Reform and Economic Growth in Zambia*, Euroeconomica, Vol. 35:2, p. 36 – 79(2017).

② 参见赵永升、黄燕芬:《房地产市场宏观调控的长效机制研究》,载《现代管理科学》2017年第12期。

③ 参见章武生:《我国证券集团诉讼的模式选择与制度重构》,载《中国法学》2017年第2期。

个的授权行为，而是其间利害关系一致、紧密的缘故，即能够确定他们之间具有充分的代表关系”①。因此，在宏观调控集团诉讼中，作为受控主体的成员所关涉的利益必须是相同的，即由于宏观调控主体的不作为或乱作为，使得受控主体无法获得预期利益或已有利益受损，各自的诉讼请求指向的目标均为因信赖而导致的损失赔偿。

另外，共同的事实或法律问题同样是将众多个别之诉拟制为集团诉讼的构成性要件之一。例如，宏观调控主体进行了调控措施安排，并且承诺该调控政策必定会得到执行，非有法定的重大事由，不予改变，或者承诺非依法定的公示、公告等程序，不予变更。由于调控行为的公信力、确定力和执行力，受控主体信赖调控措施在时间序列上的一致性，并据此以“遵从”作为回应，安排自身的生产活动。但是，在没有出现法定的、足以改变调控政策的重大情势出现时，宏观调控主体肆意变更调控举措，致使受控主体的信赖利益落空。基于此，宏观调控主体违反了调控诚信义务，具有共同遭遇的受控主体即可提起集团诉讼以救济受损利益。

（二）构建宏观调控集团诉讼的代表人机制

宏观调控集团诉讼的重要特征之一在于集团成员并不需要直接参与诉讼，其诉讼权利、诉讼义务均由适格的诉讼代表人代为行使，由此实现诉讼救济的经济性和规模效应。作为集团诉讼的核心，诉讼成败在相当程度上取决于代表人的诉讼绩效，因此，如何建立科学合理的代表人机制，应当是在构设宏观调控集团诉讼的程序要件中必须认真对待的问题。

一是要明确适格诉讼代表人的基本条件。与公益诉讼中代表人可以与案件并无直接利害关联、纯粹为了维护公共利益而提起诉讼有所不同，对于宏观调控这一特殊的公共物品，由于其事关国民经济安全与社会整体稳定，具有“牵一发而动全身”的强大联动效应，因此，为了防止“滥讼”“缠讼”给宏观调控主体造成不必要的行动干扰，宏观调控集团诉讼的代表人必须被限定为遭受利益损失的受控主体，即直接利害关系人，范围不宜扩大。如此一来，可以有效地将意图通过担任集团诉讼代表人而获致社会知名度的兴

---

① See Shandurskiy D. I., *Institute of Organizational (Representative) Class Action Abroad*, Herald of Civil Procedure, Vol. 2017:1, p. 198 – 219(2017).

讼者排除在外，防止不良诉讼。另外，由于宏观调控集团诉讼的复杂性与专业性，代表人应当具备足够的能力，在知识、信息上适应案件的要求，谙熟计划、财政、税收、产业政策等宏观经济学机理，以对待自己事务的合理注意标准行使集团成员授予的诉讼实施权，善意维护其合法权益。

二是要明确代表人资格的确立程序。依据我国《民事诉讼法》关于诉讼代表人制度的规定，代表人资格主要通过集团成员明示授权的方式确立。在起诉时当事人一方人数众多不确定的，由当事人推选代表人，当事人推选不出的，人民法院可以与当事人商定代表人。① 明示授权的方式有一定的优越性，它可以避免代表人在未经授权的情况下强行行使他人诉讼权利带来的侵权之虞，保证了与当事人处分权理论的融贯一致。在当事人处分权理论看来，无论是诉讼权等程序性权利，还是当事人诉请的各类实体性权利，其最终处置、处分应当取决于当事人本身，如果没有当事人的明确授权，他人不得代为行使，以保证当事人的合法权益不会在不知情的情况下被侵犯。② 但明示授权的基础性前提是诉讼群体的成员数量不宜过多，成员通过积极参与权利登记程序表明自己加入群体诉讼的选择，在法院公告期满后未进行权利登记的，则将因其并未表达"加入选择"的意愿而不被列入群体诉讼成员的范围。这样的操作在沟通成本、交流成本、推选成本等方面都控制在可以接受的范围内。③ 然而，在宏观调控集团诉讼中，以明示授权的方式确立代表人资格将会遭遇制度成本过高的困境。与"选择加入"的运作模式相反，宏观调控集团诉讼的成员范围适宜以"选择退出"的方式确定，即利益受损的受控主体只要在法院公告期内没有以书面申请表明退出诉讼的，皆视为集团成员。"选择加入"的方式需要积极作为才能获得成员资格，"选择退出"的方式只需要消极的不作为即可获得成员资格，两相比较，后者所确定集团成员的数量自然要远远大于前者。④ 如果不顾集团成

① 参见《中华人民共和国民事诉讼法》第 52 条、第 53 条、第 54 条。

② 参见薛永慧：《论英美衡平法上的息诉状——集团诉讼的前身》，载《中国政法大学学报》2012 年第 3 期。

③ 参见李响、陆文婷：《美国集团诉讼制度与文化》，武汉大学出版社 2005 年版，第 185 ~ 186 页。

④ 参见李响、陆文婷：《美国集团诉讼制度与文化》，武汉大学出版社 2005 年版，第 262 页。

员众多的现实,采用明示授权的代表人选定方式,那么,其中涉及的交流、沟通、推选成本将十分高昂,甚至会出现因意见分歧过大,无法推选出合适代表人的情形。因此,宏观调控集团诉讼中的代表人资格应以默示授权的方式确立。只要法院审查认定提起集团诉讼的代表人符合前述法定要件,集团其余成员在公告期满前并未对代表人资格的正当性以书面形式向法院提出异议,则视为默示授权,由该代表人代为行使诉讼权利。

三是明确代表人的法律地位及其行为效力。诉讼代表人经由集团成员的默示授权确立代表资格,但是其并不仅仅是作为集团成员的代理人存在。代表人与其余集团成员都是因为宏观调控行为致损联系在一起,彼此之间具有共同的利益,个中的事实问题、法律问题相同,属于相同类型的受控主体,代表人提起诉讼的最根本动因是为自身的利益请求司法救济,之所以采取集团诉讼的形式,主要是出于尽可能提高诉讼获胜概率的策略考量。①由此可见,代表人在宏观调控集团诉讼中具有双重身份。当然,作为集团其他成员的代表,尽管具备利益的同质化,但代表人仍有可能为了一己私利滥用裁量权,侵害被代表人的合法权益。因此,为了更周全地保护不直接参与诉讼的其余成员的合法权益,除管辖法院在诉讼过程中依职权主义强化监管之外,在程序设计上应当赋予其他成员在不同意代表人承认对方请求、变更或放弃己方请求、与对方和解等事项时的诉讼退出权利。这一权利需要行使者以明示的书面方式、在立法规定的期限内通知法院。如此一来,既保护了其余成员实体上的受偿权和最终处分权,又便利了集团诉讼,使之能够以合理的成本得以展开,真正达到作为群体性诉讼应有的诉讼经济效果。

(三)建立与完善宏观调控集团诉讼的公告流程

除代表人之外,其余集团成员并不直接参与诉讼。如果其他利益受损的受控主体未能及时、有效地掌握诉讼进程中的相关信息,其合法权益将有可能得不到有效救济。为平衡宏观调控集团诉讼的规模效应与维护其余成员间的关系,必须设置相应的诉讼公告流程与之匹配。在案件受理阶段,提起宏观调控集团诉讼的一个或若干受控主体应该在其起诉书提交给法院后

---

① See Freeman K. A., *Conflicts of Interest in Class Action Representation Visa-Vis Class Representative and Class Counsel*, Wayne L. Rev., Vol. 33:1, p. 141 – 158(1986).

的若干天内，由法院在全国性的出版物上公告。公告的内容至少应当包括以下内容：诉讼的未决性；诉讼请求（如请求赔偿损失还是请求恢复原状）；集团成员的确定期间。在公告发布后的法定期限内，因同一调控行为致损的受控主体均可对其代表人资格向法院以书面形式提出异议。在确认宏观调控诉讼能够以集团诉讼形式提起时，法院应做出确认集团诉讼的决定后予以公告。公告内容至少包括：宏观调控集团诉讼的实质性内容；对方当事人；集团代表人和集团律师等。在和解阶段，公告内容应当至少包括以下内容：和解协议草案的核心条款、和解协议赋予集团代表人的某些特殊利益、集团律师费用的信息、针对和解协议开展听证的时间及地点、其余集团成员对和解协议提出异议的方法、和解协议金额的分配程序和方式等。①

三、构建宏观调控救济纠纷的“专案专管”机制

宏观调控救济纠纷在“调控主体—受控主体”形成的公私二元博弈结构中展开，按照惯常的分类方式，很容易被划入行政诉讼范围；同时，其多关涉财产性损益的重新分配，且对于以授权性规范为外观表现的调控措施而言，受控主体可以凭借自愿性地遵从对之回应，故而在救济实践中容易被视为调控主体与受控主体之间的宽泛意义上的民事契约，也有相当可能被划入传统民事诉讼范围。② 然而，无论是着眼于所涉当事人的特殊性，还是侧重于“调控—遵从”之间的合意性，似乎都忽视了行业特性与司法专业化之间的关系问题，即裁判主体的知识储备与实践经验能否适应类似的纠纷解决。在宏观调控救济纠纷的法律关系中，违法行为认定、因果关系判定、举证责任分配以及降低纠纷解决成本等问题，均需要精细化的专业知识与实践能力相支撑。

尽管宏观调控救济纠纷解决机制与传统的民事诉讼以及行政诉讼具有很多相似之处，且纠纷解决中的部分要素有着一一对应关系，但宏观调控本

---

① 参见戴敏：《宏观调控行为法律责任的认定与归结初探》，载《湘潭大学学报（哲学社会科学版）》2005 年第 S1 期。

② 参见徐丽红：《价格宏观调控法律问题研究》，中国社会科学出版社 2013 年版，第 127 页。

身的复杂性与知识资源的广泛性使得宏观调控救济纠纷又具有很强的独立性。[①] 调控主体在做出一项宏观调控决策时，往往依据社会经济政治等不同面向的情势变化做出不同的决策内容，决策的内容通常涉及财政、货币、股票、保险等各个领域，而传统的民事诉讼或行政诉讼裁判组织严重缺乏解码上述领域的知识存量和知识结构，这是由于传统诉讼中的裁判者是基于特定场域与常规案件的，以此完成专业化的知识资产积累。[②] 然而，这种积累具有局限性，一旦进入陌生领域就会出现失灵或低效的情形。因此，从纠纷裁判的专业化角度来看，如果将宏观调控救济纠纷的裁断归置于行政诉讼或民事诉讼，具有专业化优势的调控主体将利用其信息资本，对裁判者建立起一种技术垄断模式下的"意识支配"局面，[③]而基于对纠纷事由的了解不多、专业性不强，裁判者容易陷入被动境地，自觉或不自觉地支持调控主体的观点，使得受控主体的利益难以得到有效救济。[④]

因而，专业化的纠纷解决主体需要具备知识积累与实践经验的双重要素。尽管学理研究在宏观经济学的支持下可以积累一般化的知识，但是，知识本身并不等同于知识的运作，诸如赔偿数额计算、赔偿费用在受控主体之间的分配，[⑤]特别是合法调控行为与违法调控行为的正确判分，更多侧重纠纷解决主体对经济情势变化与主体之间的利益博弈的把控与洞悉，这是纠纷解决主导者在不断地将规则化的专业知识适用于无数个当下情境的过程中渐渐累积起来的实践技艺，而非仅仅是一般框架性的、可以"学"得的纠纷解决原则。[⑥]

同时，专门化纠纷解决机制亦是不可逆转的趋势，美国包括税务法院、专利法院、破产法院、反托拉斯法院、社会保障法院在内的并且仍在不断细

---

① 参见杨三正：《宏观调控决策法律责任探析》，载《政法论坛》2008 年第 3 期。

② 参见张辉：《宏观调控权法律控制研究》，法律出版社 2010 年版，第 61 页。

③ 参见窦衍瑞、王建文：《行政法治与政府绩效评估法治化研究》，中国政法大学出版社 2016 年版，第 146 页。

④ 参见窦衍瑞、王建文：《行政法治与政府绩效评估法治化研究》，中国政法大学出版社 2016 年版，第 147 页。

⑤ See Pogge T. W., *Moral Universalism and Global Economic Justice*, Politics, Philosophy & Economics, Vol. 2:1, p. 29 - 58(2002).

⑥ 参见洪波：《房地产宏观调控下房屋买卖纠纷审判实务研究——以情势变更原则的适用为视角》，载《人民司法》2010 年第 21 期。

化的联邦专门法院体系，以及我国不断涌现的知识产权法院、海事法院、军事法院以及金融法院等，对传统民事、行政、刑事审判三分格局形成的知识挑战都有力证实了这一点。① 除此之外，为了更加专业、高效地处理一国政府的宏观调控行为与海外企业、投资者在关税与非关税壁垒的设置与调整、产业补贴措施与保护政策、外商投资的市场准入与营商环境、金融与贸易便利化、外汇管制与税收饶让等方面的纠纷问题，各类国际组织也对此要求各国尽快建立与完善专业化的纠纷解决机制。例如，根据 GATT 第 10 条第 3 款(b)项，各成员应当维持或设立专门化的司法、仲裁或行政庭等纠纷解决机构，以便迅速审查和纠正与海关有关的行政调控措施；②《反倾销协议》第 13 条规定，每一成员均应当建立专门的司法审查机制，其目的是对政府反倾销行政措施以及其他涉及倾销相关的行为进行审查。③ 类似的规定还存在于 TRIPs、《海关估价协议》、《原产地规则协议》以及《技术型贸易壁垒协议》中。而且，我国在入世议定书第 2 条(D)项④中也对此做出了承诺。

综上而言，宏观调控救济纠纷的解决必须实现专业化与专门化。如果能够打破宏观调控救济纠纷解决机制与传统民事、行政诉讼的模糊界限，提取其专业化因素，并与传统纠纷解决机制相隔离，那么宏观调控救济纠纷解决机制的总体效率与社会效果将更加令人满意。从目前的情形来看，可以专门设立宏观调控法庭，或者考虑到改革的渐进性，也可以在高级以上的法院内，以经济庭专司市场规制、宏观调控案件的模式进行渐进式过渡。

四、为宏观调控国家赔偿与补偿程序设置合理的归责原则

在宏观调控国家赔偿与补偿程序中，由于受控主体能力有限，加之宏观调控行为往往涉及经济发展的各个方面，调控对象的不确定性、周期性、易变

---

① 参见杨建广、郭天武：《深化司法体制改革的理论与探索》，华中科技大学出版社 2017 年版，第 79 页。

② See The General Agreement on Tariffs and Trade (GATT 1947), 10. 3(b).

③ See Agreement on Anti-dumping, 13.

④ 《中国加入世贸组织议定书》第 2 条(D)项规定："中国应设立或指定并维持审查庭、联络点和程序，以便迅速审查所有与《1994 年关税与贸易总协定》('GATT1994')第 10 条第 1 款、GATS 第 6 条和 TRIPs 相关规定所指的法律、法规、普遍适用的司法决定和行政决定的实施有关的所有行政行为。"

性以及各经济变量和参数相互作用的复杂性，导致受控主体将无法或者很难收集到证据支持自己的赔偿请求。而如果受控主体不能举证证明自己的赔偿诉求时，由其承担赔偿不能的后果是有失公允的。因而，考虑保护受控主体的利益，宏观调控国家赔偿与补偿程序中应采取大陆法系的过错推定原则作为归责原则。当调控主体违法调控导致受控主体利益发生损害事实时，受控主体在申请国家赔偿与补偿时，无须证明调控主体的承诺改变是否具有主观过错，仅从损害事实本身出发，如无重大情势变更或不可抗力，即可推定主体对调控行为致损具有主观过错，或者损害事实本身证明了主体违背了诚实信用的法定义务，因而受控主体可以就此获得国家赔偿与补偿。①

需要注意的是，宏观调控国家赔偿与补偿程序中实行过错推定原则，并不意味着无过错下的百分百赔付。宏观调控国家赔偿与补偿程序的目的并不是分散调控行为所引发的风险，也没有提供强有力的保障性支撑，其宗旨主要在于弥补受损利益、稳定受控主体的信赖预期。② 所以，归责的过程并不能置主体的真实意志完全不理会，相反还需要对过错推定原则设置一定的约束条件，防止出现过度苛责下的道德风险与效率损失风险。③

从功能主义视角出发，归责原则的目的很大程度在于教育、预防非正当行为，行为的可责性是追责目标实现的基础，如果调控主体在实施调控行为时主观状态彻底不具备可责性，从而国家赔偿与补偿也不会获得行为矫正的效果，也很难实现对调控行为的持续调整与激励目标。④ 同样，由于宏观经济走势的不确定性，调控主体为了实现调控总体目的，往往需要调整既定对策，以契合宏观经济走势的变化，因而不可避免地出现调控政策有所偏离甚至非正常改变。⑤ 在这种情况下，倘若调控主体以充分的忠诚、谨慎、细

---

① 参见张辉：《宏观调控权法律控制研究》，法律出版社 2010 年版，第 105 页。

② 参见陈东琪：《全面认识近期经济形势和宏观调控——对几个有争议问题的分析》，载《中国物价》2006 年第 9 期。

③ 参见孟强：《公平责任归责原则的终结——〈民法典〉第 1186 条的解释论》，载《广东社会科学》2021 年第 1 期。

④ 参见王新红：《转型时期宏观调控中的政府信用及其法治保障研究》，人民出版社 2011 年版，第 169 页。

⑤ See Fagiolo G. & Roventini A. , *Macroeconomic Policy in DSGE and Agent-based Models Redux: New Developments and Challenges Ahead*, Journal of Artificial Societies and Social Simulation, Vol. 20:1, p. 327 – 369(2017).

心完成了"善意管理人"或"忠实代理人"的注意义务,并无可非难之处,对其苛责并由此启动救济程序相当于为调控主体设置了过高的调控行动成本,这一过高的行动成本对调控主体的行为取向具有逆向负面引导效应,①导致其容易选择风险较低的消极对策,不积极主动及时地依据调控总体目标对经济波动做出回应,刻意规避自己的作为义务,最终引致更大范围内社会效率的损失。

因此,在确定宏观调控国家赔偿与补偿程序的归责原则时,应赋予调控主体抗辩权利。而对于抗辩理由是否成立的认定可以采用西方国家在商业领域的"商业判断规则"。依据《德国民法典》,"商业判断规则"又称"经营判断规则",具体含义为公司的管理者或者董事在处理公司日常经营事务或者做出经营决策时,如果其行为在公司权力和管理者权限范围之内,并且存在合理的依据表明该行为是以善意的方式做出,则管理者的公司业务方面的责任可以豁免。② 商业判断是公司董事和管理者的一种权限,商业判断规则是法律对董事及管理者注意与忠实义务的一种疏缓,③以鼓励董事和管理者在公司运作时充分发挥积极性和主观能动性勇于决断,避免股东借违背注意与忠实义务对董事有意攻击,致董事和管理者裹足不前而错失公司商机。④ 从这个意义上说,商业判断规则是对董事和管理者注意与忠实义务的一种限制,是对其利益的一种保护机制。在宏观调控国家赔偿与补偿程序中,也可以借鉴商业判断规则对宏观调控主体的抗辩事由进行判断,具体而言,宏观调控主体必须在其职责范围内对其专司的业务全面负责,但是如果"其对于自身做出的某项行为不存在利益冲突,而且做出的决策或者判断有充分可靠的依据,如存在不可抗力或重大情势,以使外界有理由相信其在特定的情况或者条件下做出此项决策和判断没有违反其职责要

---

① 参见张明皓:《论科学发展观与宏观调控的法治化》,载《江南大学学报(人文社会科学版)》2006 年第 2 期。

② 参见肖立晟、杨晓:《货币政策的一个动态判断机制:从央行和商业银行角度》,载《国际金融》2019 年第 3 期。

③ See Fischel D. R. *The Business Judgment Rule and the Trans Union Case*, The Business Lawyer, Vol. 40:4, p. 1437 – 1455(1985).

④ 参见曾卫明、杨欢、杨秀江、付春明:《经营判断规则及其对我国的启示》,载《江西农业大学学报(社会科学版)》2005 年第 4 期。

求,那么就可以认为其适当地履行了职责,国家赔偿与补偿责任也不复存在"①。

简单来说,在宏观调控国家赔偿与补偿程序中,责任的归属应当采取这样一种规则,即在通常情况下假定宏观调控主体对受控主体的利益损失负有责任,如果外界对其主观状态是否存在过错产生了质疑,则由宏观调控主体证明其遵循了"业务判断规则",②由此豁免赔偿。当然,除证明其自身与宏观调控行为无利益牵涉之外,还需证明其所做出的宏观调控行为符合法治化的基本原则,即充分考虑且保护了社会公众的信赖利益,其行为的出发点是基于维护社会整体利益,以及行为方式尊重了市场规律。如此一来,在强化宏观调控主体责任意识的同时,尽可能保护其主观能动性和积极性,以促进灵活高效的宏观调控政策能够及时出台实施。

值得注意的是,当前我国某些地方政府已经将其业务判断规则转化为实践。2013 年,上海市人大常委会批准了《关于促进改革创新的决定》,对于政府在推动经济发展和社会进步方面的改革举措,容忍失败,"改革创新未能实现预期目标,但有关单位和个人依照国家和本市有关规定决策、实施,且勤勉尽责、未谋取私利的,不作负面评价,依法免除相关责任"。③ 随着经济社会的发展,经济和社会管理面临的新问题、新矛盾必然越来越多,对政府管理举措的专业性、及时性以及灵活应变性也提出了更高要求。在这种情况下,宏观调控国家赔偿与补偿程序应当树立起正确合理的价值引领,率先贯彻起政府调控决策的容错试错理念,为改革起到推进与促动作用。④

---

① See Leavell R. N., *Corporate Social-Reform, The Business Judgment Rule and Other Considerations*, Ga. L. Rev., Vol. 20, p. 56 – 119(1985).

② 参见丁国民、王慧玲:《谁对宏观调控说"不"——探究经济法的可诉性问题》,载《三峡大学学报》2008 年第 1 期。

③ 参见《上海市人民代表大会常务委员会关于促进改革创新的决定》第 11 条第 3 款。

④ 参见李西臣:《宏观调控主体可问责制度构建》,载《海南大学学报(人文社会科学版)》2011 年第 4 期。

第四节 国家治理现代化视域下健全宏观调控救济审查制度

在推进国家治理体系现代化的总目标下,宏观调控救济体系面临内容扩充的现实需求,宏观调控救济的审查制度构成宏观调控救济制度体系现代化的重要部分。尽管宏观调控救济制度的目的是保护受控主体的权利,然而除救济的对象、方式、程序等规定会影响受控主体权利外,对救济行为的审查与监督也影响受控主体权利保障的程度。鉴于当下我国尚未形成完整的救济审查机制,仅有的检察监督也存在专业性不强、流于形式的问题,有必要从事实和法律层面对已经做出的救济行为是否合法和有效进行再判断。在具体的制度完善过程中,应当重点关注以下几方面:

一、救济行为的合法性审查的具体内容

宏观调控救济程序能否切实补救受控主体的受损权利,是救济的审查制度重点关切对象。其中,明确对救济行为合法性审查的具体内容是首要解决的问题,这也是面对来自国际组织及其规则的外源压力下,我国政府不断提高调控水平与质量的必然选择。根据《关于国际争端解决规则与程序的谅解》第 23 条第 1 款的规定,当任何成员对有关协议下的权利受到侵犯或者丧失寻求救济措施,或者对有关协议的任何目标实现受阻时,它应当求助和遵循本谅解协定的规则与程序。第 24 条对此做出进一步的解释,也就是说,如果一成员内部的贸易争端解决机制不能让其他成员信服,如体制不独立或程序不公正等,利害关系人可以通过本国政府请求 WTO 争端解决机制予以介入,将本属于一国内部的贸易争端演变为国际争端,而国内的司法裁判或者行政裁决就可以成为 WTO 争端解决机构处理争端时适用的事实证据。① 1995 年,亚太经济合作组织在贸易和投资委员会下设立了争端调查专家组(DMEG)。根据《大阪行动议程》的规定,DMEG 的设立主要是解决成员方之间、政府与外国企业之间以及内外企业之间的贸易争端,如果

① See Understanding on Rules and Procedures Governing the Settlement of Disputes,23 &24.

成员方对贸易争端的处理违反了其签署的双边或者多边协定,任何利害关系人均有权向 DMEG 提起再次审查的请求。另外,根据《中美第一阶段经济贸易协议》第 7.2 条的规定,中美双方均应当设立双边评估和争端解决办公室,以解决问题为导向,提高中美贸易摩擦的处置效率。如果一方认为另一方的经济调控行为违反了本协议规定的内容,可以向被申诉方的双边评估与争端解决办公室提出申诉。该协议第 7.4 条具体细化了申诉范围,包括协议生效后出现的所有贸易问题,如对倾销与补贴的审查结果不公正、不客观,对来自申诉方的企业采取歧视待遇措施以及相关经济性处罚不合法不合理,等等。同时,对于该协议生效前即存在的调控政策,如果在协议生效后被保留或持续存在影响,由此导致的贸易摩擦也可以由申诉方提请双边评估和争端解决办公室解决。

可以看出,上述这些国际争端解决机制为一国政府与外国企业的贸易纠纷提供了外部救济的二次审查机会,实质上也是一种宏观调控救济的审查机制。根据这些国际争端解决机制的工作章程,我们可以将其对各国宏观调控内部救济程序的审查内容大致概括为以下几点:(1)救济程序的独立性和中立性。如果一国内部的司法或行政机构不具独立性,就很难做到对争端处理的公正审理和裁判。而且,在此种情况下,国际争端解决机制要求该成员的裁决性结果必须获得来自其他成员不持异议的评价。① (2)救济程序必须具有客观性和公正性。对利害关系人的诉求应当给予同情的考虑,并切实保护利害关系人的申诉权利,不能因为当事人提起申诉而使其受到不利影响;救济程序应当尽可能快捷,成本应当尽可能地低。② (3)经由救济程序做出的裁决结果,必须符合 WTO 规则以及其他签署的双边、多边协定的内容和精神,确保这些国际规则在国内得到统一实施。同时,裁决结果不仅要具有形式上的合法性,而且要具有实质上的客观性和正当性。③可见,国际争端解决机制对国内调控救济的审查主要集中于程序的独立性、

---

① See Hegde V., Wouters J. & Raina A., *The Demise of the Rules-Based International Economic Order?*, Leuven Centre for Global Governance Studies (Nov, 2020), Available at: https://ghum.kuleuven.be/ggs/wp224-hegde-raina-wouters-vh-eds.pdf, 2022-11-10, p. 1-25.

② Ibid.

③ Ibid.

合法性以及实体合法性等三个层面，加之宏观调控救济对象往往具有不特定性，涉及案件的社会影响较大，因而，我国在对宏观调控救济行为的合法性审查时，也应当遵循全面审查的原则，具体如下。

一是对救济程序受理阶段的合法性审查。案件受理是启动救济程序的第一道环节，也是救济机关自由裁量权的重要部分。鉴于宏观调控行为主体与受控主体之间的力量悬殊性，加之各种救济机制的独立性欠佳，调控主体往往容易干涉宏观调控救济程序的启动，以实现规避责任承担的目的。因此，有必要着重审查应当受理却未受理，以及调控主体阻挠受理的情形，破除救济程序启动难的问题。

二是对救济程序审理阶段的合法性审查。一方面，加强对程序合法性的审查，包括对有利害关系的审理人员是否回避、审查期限是否超时、证据形式以及查封、冻结等措施是否符合程序性规定进行审查；另一方面，增加对涉案事实问题、法律适用问题以及对受损权利补救措施合理性的实体性审查。有学者认为，鉴于宏观调控行政救济与司法救济的专业性、技术性，以及为确保救济程序运行所需的独立性，对救济行为审查应当限定于形式审查，但宏观调控案件所涉利益甚广，如果对救济实体内容一律不做审查，很难保证救济行为的真实效果。

三是对救济程序执行阶段的合法性审查。在救济程序开展过程中，如果有权主体认定宏观调控主体存在应当作为而不作为或者调控行为本身存在违法违规等情形时，在救济程序的执行阶段要对受控主体的受损权利以合法合理的方式予以弥补。因此，这一阶段的合法性审查应当重点关注对恢复受控主体受损权利的履行情况，如应当实际履行的是否依法依规完成，是否对有责任的主体进行问责追究以及国家赔偿与补偿的金额是否合理、能否较好地填补受损利益，等等。

二、救济行为的有效性审查与模型建构

在对宏观调控救济行为的审查中，仅有合法性审查尚不足矣，需要同时符合有效性审查才能满足救济的审查制度的科学化要求，保障实现宏观调控救济能力的有效性、现代性。所谓宏观调控救济行为的有效性，就是救济手段在救济过程中发挥作用的结果，它反映了救济行为的作用结果与救济

所要达到的法律规定的目标之间的对比关系。依循成本效益分析方法的思路,宏观调控救济的有效性就是救济行为的投入成本与其产生的经济效益之比。但笔者认为,宏观调控救济的效益属于宏观调控救济的效果,却并不等同于宏观调控救济的效果。宏观调控救济目标具有多重性,决定了宏观调控救济有效性的判断标准是多种多样的。通过救济程序对受控主体的利益予以弥补,除提高狭义上个人经济效益外,还包括促进经济秩序良好回归、规范调控主体行为、维护社会公平等。相应地,宏观调控救济的效果也不同于宏观调控救济的效率。后者通常是指实现同一宏观调控救济目标时不同救济手段的成本比较。一般而言,在宏观调控救济目标既定的情况下,救济手段投入的成本越低,该救济手段的效率越高。或者说,同样成本的救济手段,哪一种救济手段实现的效果越好,其救济的效率越高。

在对救济行为进行有效性审查的过程中,只有通过效果评价,才能揭示救济手段在恢复受控主体受损权利中发挥作用的程度,才能揭示法律系统、法律手段在满足社会公众需要中的利弊得失,并揭示法律的实现过程以及立法本身的缺陷,从而有针对性地采取完善立法和法律实现机制的措施。法律手段多数属于秩序性管理手段,大部分法律手段的效果难以进行准确的定量分析。① 不过,宏观调控救济的效果具有可观察、可测量、可验证性。这一特征是可采用科学、经验的方法研究法律效果的基础。具体而言:一是效果预测,又称事前评价,即在正式启动宏观调控救济程序之前,对可能产生的救济效果进行预测。它是选择救济手段的主要依据。它所要回答的问题是:当救济程序中的变量发生变化时,宏观调控救济目标会出现怎样的变化,或者如果要使宏观调控救济目标变量发生既定变化,法律救济手段应该如何进行相应的调整。二是效果评价,又称事后评价。宏观调控救济程序结束后,评价某项救济手段发挥作用的实际效果。常用的方法是将预定的救济目标与现实的救济手段产生的作用进行对比,主要是回答救济目标的完成程度。三是定性分析。对救济手段效果的性质、作用范围、作用特征等进行非数量化的分析评价。它所能回答的是某种救济手段的作用方向和利

---

① 参见窦衍瑞、王建文:《行政法治与政府绩效评估法治化研究》,中国政法大学出版社2016年版,第96页。

弊。常用的定性分析方法有特征判断法、规范研究法、运筹博弈法、决策数法、德尔菲法等。

鉴于传统中采取定性分析方法来评判救济行为，难以全面、客观、科学地反映其实效性，而效果预测又属于事前程序，不属于我们这里所要讨论的范围，因此我们将使用计量法学分析方法构建救济有效性审查模型，作为评价开展的重要工具，具体如下：

首先将救济行为效用性分为 m 项构成要素，例如救济措施是否合理、有无违反实体法或程序法情形、能否满足受控主体预期、能否对调控主体的行为产生规范效应、是否符合成本收益平衡理念、是否产生良好的社会效果，等等，并以每一项作为一个审查因素，所有的 m 项审查因素构成审查模型的审查因素集 $U = (u_1, u_2 \cdots, u_m)$，被审查的救济行为效用性就由 m 个评价因素组成；其次，选取 n 位审查人员对 m 项构成要素进行单因素审查，审查的备择集记作：$V = (v_1, v_2 \cdots, v_n)$，将审查的判断向量记作：$R_i = (r_{i1}, r_{i2}, \cdots, r_{in})^T (i = 1, 2, \cdots, m)$；再次，将 m 项单因素评价向量综合起来，从而得到由评价集 U 和备择集 V 构成的救济行为效用性单因素审查矩阵。

$$R: R = (r_{ij}) m \times n \begin{pmatrix} r_{11} & r_{12} & \cdots & r_{1n} \\ r_{21} & r_{22} & \cdots & r_{21} \\ \vdots & \vdots & \vdots & \cdots \\ r_{m1} & r_{m2} & \cdots & r_{mn} \end{pmatrix}$$

并由嫡值法确定构成要素相对救济行为效用性总值的重要程度：

$$w_i = \frac{(1 - ei)}{\sum_{i=1}^{m} (1 - ei)} (i = 1, 2, \cdots, m)$$

做归一化处理后，令

$$W'i = W_i / \sum_{i=1}^{m} W_i (i = 1, 2, \cdots, m)$$

最后，将隶属度矩阵 R 和审查因素集的权重向量代入运算：

$$b_j = \max(w'j \cdot r_{ij}) = \vee (w'j \cdot \wedge r_{ij})$$

求出综合审查向量

$$B = (b_1, b_2, \cdots, b_n) (j = 1, 2, \cdots, n)$$

式中 B 即为综合审查结果。

三、宏观调控救济的审查结果的反馈

审查结果的反馈机制是制度科学化的最重要体现，有助于将救济的审查结果落实到位，为救济主体工作效能的提升提供重要激励。因此，在对救济行为的合法性、有效性进行审查后，应当将审查结果反馈至相应机关，包括：

(1)检察机关。在司法实践中，检察机关作为专门性的法律监督机关，发挥着对行政救济与司法救济的监督作用，但其并非全能，难以真正透析宏观调控案件的方方面面。因此，可以由专业的机构对宏观调控救济行为进行审查，并将审查结果向检察机关做出反馈，而检察机关则根据反馈结果，依法对行政、司法救济机关行使检察监督权。

(2)行政救济机关和司法救济机关。由于审查内容直指救济行为的合法性与有效性，对其反馈无疑为上述主体今后的救济工作提供了改进的方向，从而保证宏观调控救济的有效性，推动宏观调控救济能力的现代化发展。

第五节　宏观调控救济制度的现代化保障

在宏观调控救济制度体系中，救济实体制度、救济程序制度与救济的审查制度并不完全独立与切割，三者在协调与互动中共同构筑了现代化的宏观调控救济制度体系。

具体而言，宏观调控救济实体制度与程序制度是辩证统一的，代表了实体正义与程序正义的统一。一方面，救济实体制度依托于救济程序制度，按照救济实体制度的要求安排其程序以实现救济实体制度，并且保障着救济实体制度的内涵补充；另一方面，救济程序制度中的程序价值又需要在与实体制度的互动中不断发展与精进，二者之间势必会产生系统性问题。

所谓系统，一般来说，是指由具有相互联系、相互制约的若干组成部分结合在一起并且具有特定功能的有机整体。① 恩格斯指出："一个伟大的基本思想，即认为世界不是既成事物的集合体，而是过程的集合体。"②钱学森

---

① 参见郭文涛：《〈政务处分法〉双轨惩戒制度之间的衔接协调》，载《法学》2020 年第 12 期。

② ［德］恩格斯、马克思：《马克思恩格斯选集》（第 4 卷），人民出版社 2012 年版，第 239 页。

认为这里的“集合体”就是系统,“过程”就是系统中各个组织部分的相互作用和整体的发展变化。系统具有全局性、关联性、择优性、综合性和实践性的特点。它要求从整体出发,从内部子系统的联系出发来思考和解决问题,由此实现问题的最优解这一系统目的。① 显然,救济程序制度与救济实体制度的相辅相成与制约关系符合系统的基本特点,使二者构成了一个系统,这就是整个宏观调控救济制度的价值调整系统,这一系统的目的即实现宏观调控过程中的权益配置最优化。它要求两种制度在相互作用或互动中达到系统目的。这种要求在二法的关系上就产生了救济实体制度与救济程序制度相互靠近与相互渗透的问题。从救济程序制度的角度出发,应在宏观调控救济程序设计和运行上充分体现宏观调控救济实体制度的要求,尤其是将宏观调控救济中的实体公正、程序公正及程序效益之间的平衡协调关系处理好,以期在不损害宏观调控救济程序价值的同时实现宏观调控救济的实体制度,这是救济程序制度向救济实体制度的靠拢。从救济实体制度方面来看,实体制度应在其制度的创制与运行上充分考虑救济程序运行的真实情形,尽可能地减少实体制度与程序制度的不协调,使宏观调控救济实体制度规定能够与受控主体权益保护的程序机制与要求相互契合,从而便于程序法对实体法实现“运行耦合”,就此产生了救济实体制度向救济程序制度的靠近与渗透问题。②

宏观调控救济实体制度向救济程序制度的靠近与渗透具体有两个原因:一是救济程序制度具有实现实体制度之外的自身独立价值,故而实体制度需要从自我调整的角度尽可能地降低程序制度协调其实体公正价值、程序自身公正与效益价值的难度,由此达到较好实现或者实现自我的特定价值要求。③ 二是救济程序制度与救济实体制度各有其特点,因而存在必然的差异,特别是救济程序制度在实现救济实体制度上有其特定机制,因此救济实体制度应当考虑和满足程序制度的实现需要,这一点可以从工具对于

---

① 参见谢地、刘佳丽:《垄断行业监管机制的法经济学研究:监管机制、体制与制度协调论》,经济科学出版社 2014 年版,第 42 页。

② 参见单国君:《民事诉讼法与民事实体法关系之研究》,载《诉讼法论丛》2000 年第 1 期。

③ 参见邓强:《论程序法与实体法的关系——兼从程序法角度审视刑法的修订与完善》,载《西华师范大学学报(哲学社会科学版)》2004 年第 4 期。

目的的反要求来理解。以上两个原因都具有一般合理性。

从内容上来看,救济实体制度与救济程序制度的相互靠近与相互渗透集中表现在以下两个方面:一是在具体层次上,宏观调控救济纠纷的解决需要遵循特定程序规定,并适用救济实体制度做出裁决。其中通过遵循特别程序确定案件事实,从而消除具体法律关系中的不确定因素及其他可能。简言之,这一层次是通过个案实现二者的融合与渗透。一般来看,救济程序制度是通过对两个相互联系的环节的保障来实现救济实体制度,即查明案件事实与正确适用法律。在救济受损权利的过程中,以"以事实为根据,以法律为准绳"作为基本原则,这是由法律规范的逻辑结构所决定的。与其他领域的法律规范一样,救济法律规范在逻辑结构上也是由三部分组成,即假定、处理和制裁。假定即宏观调控行为的侵权事实,是救济制度的适用情形;处理即宏观调控的行为规则,是具体权利义务的安排;制裁即罚则,是对违反调控行为规则的处罚以及对受控主体的权利救济。而具体纠纷从法律的角度评价,无非是对上述要素的争议,或其一或其二或其三而已。由此,要依据救济实体制度解决纠纷,查明纠纷中有争议的案件事实和正确适用法律自然是关键的两点,其中前者自然又是后者的前提,在此基础上即能做出正确的裁决,确定相关主体的权利和义务,并制裁违法行为和救济受损权益。二是在一般层次上,通过救济程序制度本身在实体公正面向上的合理性,尤其是通过发挥正确审理具体救济纠纷案件的教育和示范效应,从而在经济社会中树立起救济程序制度作为救济实体制度实现的坚强后盾的权威,进而赋予救济实体制度一定的"威慑力",使救济实体制度能够被宏观调控主体自觉遵守。换言之,通过救济程序制度及其运作,可以充分发挥其预测和指引功能,使调控主体预见到救济实体制度可能为其带来的后果,从而尽其注意,自觉、谨慎地依法调控、合理调控,由此也在广泛的经济社会范围内树立受控主体对宏观调控进程的信心。这是救济程序制度与救济实体制度靠近与渗透的重要方面。

当然,救济实体制度与程序制度之间的辩证统一,仅仅是宏观调控救济制度系统内协调与互动的一个方面,二者在功能的结合部,即救济结果的有效性方面还需要救济的审查制度予以补充和稳固。可以说,宏观调控救济的实体制度、程序制度与审查制度分别代表着实体公正、程序公正和结果有效。尽管三者具备各自的功能和目的,但实属同源,皆脱胎于法律正义下的受控主体的权利救济,形式上的独立难以隔断三者之间的联系,自成体系不能阻碍其在内在精神上的一致性。建立在程序公正基础上的实体公正才具有正当性和权威性,没有程序公正就没有实体公正。建立在结果有效基础上的实体公正、程序公正才具有实用价值,没有结果有效,实体与程序公正就背离了宏观调控救济的初衷。例如,在国家治理现代化的总目标下,救济程序制度需要与实体制度表现出明显的对应性,为受控主体救济申请权的行使提供必要的程序指导,并通过案件管辖机制的完善与归责原则的重构,为受控主体的权利行使提供有力的保障。但案件的裁决以及由此做出的补救只是事实上的结果,与法律目标意义上的效果和社会大众一般情感意义上的效果可能存在很大的差距,因此,救济的审查要在保障救济过程合法的基础上,把关事实上的结果与法律正义和道德正义下的效果的一致性与协调性,由此做好最后的利益调节。

综上所述,救济实体制度、救济程序制度与救济的审查制度三者之间互联互通,逻辑地演绎出现代化的宏观调控救济制度体系,即受控主体的实体权利启动了救济程序,并随着救济程序的流动向前推进,在救济的审查机制的激励下,共同构成了完整、科学的救济框架。三者在体系内相互关照、相互依赖、相辅相成,合力实现对受控主体权益的有力保护目标。

本章小结

在宏观调控法治化进程中,没有救济的制度必然流于形式,滥权、不作为等现象难以得到控制。当受控主体的合法权益没有得到切实保障时,对宏观调控法治化的探讨也就毫无意义。我国已经先后加入了 WTO、APEC 等各类国际经济组织,并积极对外订立贸易投资协议。一定程度上,这些国际组织及其规则也为我国宏观调控法治化提供了一种系统性的最低限制标准,成为约束我国政府宏观调控行为的外在力量。因此,健全宏观调控救济制度,不仅要立足于我国的基本情势,还要考量各类国际组织规则的借鉴与约束意义。因此,基于国内外新环境、新情势,国家治理体系现代化与治理能力现代化对宏观调控救济制度建设提出了新的要求。

一是救济制度的体系化要求。救济实体制度、救济程序制度、救济的审查制度是宏观调控救济领域的三种基本制度,共同构筑出宏观调控救济制度体系的科学性。二是救济制度内容的科学化要求。推进国家治理能力现代化是引领包括宏观调控在内的各领域建设的战略目标,其前提是推进现代化的治理体系与制度内容建设。因此,新时期宏观调控救济制度首先应当体现尊重市场规律的理念。在坚持落实 WTO 等国际组织的非歧视、互利互惠、公平竞争等基本原则的前提下,理顺调控活动中的政府与市场关系,通过矫正脱离市场规律的调控行为,避免不合理、不科学的调控措施损害受控主体的合法权益。其次,宏观调控救济制度应当符合社会现实需求。对于宏观调控救济制度而言,这种社会经济的现实需求有来自政府与社会的期待,也有来自宏观调控本身的发展需求。最后,宏观调控救济制度应当具备开放性,对其完善,既要积极借鉴发达资本主义国家宏观调控立法的做法和经验,也要研究和总结国际组织及其规则对我国调控法治化的新要求、新期待。

由于救济制度作为宏观调控制度体系的最后环节,对维护市场主体利益、保障宏观调控运行最终实效具有重大意义,因而,有必要将"受控主体权益保护原则"确立为健全宏观调控救济实体制度的基本原则。基于此,应当从以下几个方面完善宏观调控救济实体制度:一是对受控主体的基本权利予以法律确认,包括受控主体申请救济的权利、适当的抗衡权以及必要的知情权等。二是明确宏观调控救济中的主体范围。对于责任主体而言,其范围确定应当遵循"机关责任为主,个人责任为辅"的原则,而对于救济对象而言,考虑与国际规则接轨,以及在更大范围内保护受控主体利益,有必要将宏观调控的救济对象扩大为"有利害关系的受控主体"。三是明确申请救济的具体条件,包括宏观调控行为违法、调控主体违反诚实信用的法定义务以及调控行为与受控主体利益损失具备相应的因果关联。只有明确了申请条件,为救济启动与实施配备"操作指南",才能以归责原则为轴心,公平、公正、有效率地在各方之间重新配置权利义务,将既定的权利救济从"应然"转变为"实然"。四是明确对受控主体的救济方式,包括实际履行、行为补救、经济补偿以及对有关公务人员进行行为限制,其中,前三者都是针对宏观调控职能部门即法人机构如何对受控主体开展救济的一种直接救济方式。而对相关公务人员进行行为限制则是调平受控主体心态、恢复其对国家调制的信心的一种间接救济方式。五是加强司法解释对宏观调控救济纠纷解决机制的制度供给。对于宏观调控救济纠纷解决这一可能影响中国法治进程的重要实践而言,立法由于其时滞性、利益集团博弈的复杂性以及繁复的议事日程约束,可以提供的制度资源远远不够,而霍姆斯意义上的实用主义式的能动性司法将会是其可以依存的制度供给渊源,有助于及时地为宏观调控救济纠纷解决机制提供更多的实体法依据。

程序法定、公开、公正原则以及信赖保护原则是实现宏观调控救济程序科学化、民主化、法治化的重要保证,其对宏观调控救济程序制度的完善起着统率与引领作用。在两大原则的指导下,我国宏观调控救济程序制度的完善思路包括以下几个方面:一是救济程序的设计与完善应当便利受控主体,这种便利化可以通过完善情报公开与证据收集制度,以及建立监督提示与举证协助规则等来实现。二是构建宏观调控集团诉讼机制,综合考量宏观调控利益保护的多元目标,以及调控主体与受控主体之间的力量对比,集团诉讼是受控主体救济受损权利的不二之选,有助于提高宏观调控救济效率,降低救济成本。具体而言,首先,要明确宏观调控集团诉讼的前置性要件,通过设置诉讼参与的最低成员数量限制,以及要求成员之间应当具有共同的利益关系,以提高司法资源的利用效率;其次,要构建集团诉讼的代表人机制,回答诉讼代表人应当具备什么资格、怎样确立诉讼代表人以及诉讼代表人如何行使权力的问题;最后,针对集团诉讼的不同阶段,建立相对应的公告流程,以此平衡集团诉讼的规模效应与维护成员之间的关系。三是构建宏观调控救济纠纷的"专案专管"机制,从分工的知识维度来看,虽然分享了传统行政诉讼、民事违约诉讼的形式要素,但宏观调控救济纠纷赖以有效展开、运转的知识资源却具有很强的独立性与复杂性,有必要设立专门的宏观调控法庭或者更加专业的裁决组织主导纠纷解决,增强救济纠纷解决机制的专业性与有效性。四是为宏观调控国家赔偿与补偿程序设置合理的归责原则,考虑到受控主体的利益保护,宏观调控国家赔偿与补偿程序中应采取大陆法系的过错推定原则作为归责原则,即在调控主体违法调控导致受控主体利益发生损害事实的前提条件下,受控主体在申请国家赔偿与补偿时,无须证明调控主体的承诺改变是否具有主观过错,仅从损害事实本身出发,如无重大情势变更或不可抗力,即可推定主体对调控行为致损具有主观过错。但值得注意的是,过错推定并不意味着无过错下的百分百赔付,还应对主体过错推定附加相应的约束条件,避免可能的道德风险。五是加强司法审查程序的独立性,增强司法救济的有效性。由于宏观调控的司法审查在本质上也是通过法院来裁断各调控主体的调控行为是否合法,这就难免让人担心其程序独立性问题。因而,除了设立必要的"专案专管"机制,还应当健全司法制度,加强法官队伍能力建设,同时需要完善法官惩戒委员会制度,以"组合拳"的形式保障宏观调控司法审查程序的独立性。

在推进国家治理体系现代化的总目标下,宏观调控救济体系面临内容扩充的现实需求,宏观调控救济的审查制度构成了宏观调控救济制度体系现代化的重要部分。尽管宏观调控救济制度的目的是保护受控主体的权利,然而除救济的对象、方式、程序等规定会影响受控主体权利,对救济行为的审查与监督也影响受控主体权利保障的程度。具体而言,对救济行为的审查应当包括合法性审查与有效性审查两个方面。对于前者而言,合法性审查应当贯彻全面审查的原则,针对救济程序的受理、审理、执行等不同阶段分别开展;对于后者而言,救济行为的有效性审查应当注重救济程序事实上的结果与法律正义及道德正义下效果之间的对比关系。此外,在对救济行为的合法性、有效性进行审查后,还应当将审查结果反馈至审查机关、行政救济机关以及司法救济机关,有助于将救济的审查结果落实到位,为救济主体工作效能的提升提供重要激励。

综上所述,宏观调控救济实体制度、救济程序制度与救济的审查制度三者之间属于辩证统一的关系,逻辑地演绎出宏观调控救济制度现代化体系,即受控主体的实体权利启动了救济程序,并随着救济程序的流动向前推进,在救济的审查机制的激励下,共同构成了完整、科学的救济框架。

主要参考文献

一、著作类

[1][美]保罗·萨缪尔森、威廉·诺德豪斯:《宏观经济学》,萧琛等译,华夏出版社1999年版。

[2][美]查尔斯·沃尔夫:《市场或政府——权衡两种不完善的选择》,谢旭译,中国发展出版社1994年版。

[3][美]费斯勒、凯特尔:《公共行政学新论:行政过程的政治》,中国人民大学出版社2013年版。

[4][美]卡尔·瓦什:《货币理论与政策》(第4版),彭兴韵、郑黎黎、曾刚译,格致出版社2019年版。

[5]窦衍瑞、王建文:《行政法治与政府绩效评估法治化研究》,中国政法大学出版社2016年版。

[6]杜飞进:《中国的治理:国家治理现代化研究》,商务印书馆2017年版。

[7]郭其友:《经济主体行为变迁与宏观经济调控》,厦门大学出版社2003年版。

[8]韩保江主编:《中国经济体制改革发展史》,河北人民出版社2018年版。

[9]贺小勇等:《中国产业政策与WTO规则协调研

究》,北京大学出版社 2014 年版。

[10]黎军:《行业组织的行政法问题研究》,北京大学出版社 2002 年版。

[11]李力:《宏观调控法律制度研究》,南京师范大学出版社 1998 年版。

[12]李响、陆文婷:《美国集团诉讼制度与文化》,武汉大学出版社 2005 年版。

[13]刘大洪:《经济发展中的法治与效益研究(2015—2016)》,湖北人民出版社 2018 年版。

[14]刘定华、肖海军等:《宏观调控法律制度研究》,人民法院出版社 2002 年版。

[15]漆多俊:《经济法基础理论》,法律出版社 2008 年版。

[16]邱本:《宏观调控法论》,中国工商出版社 2002 年版。

[17]王立勇:《财政货币政策非线性效应与宏观调控有效性研究》,中国人民大学出版社 2012 年版。

[18]王新红:《转型时期宏观调控中的政府信用及其法治保障研究》,人民出版社 2011 年版。

[19]王元:《宏观调控目标和政策手段机制化》,经济科学出版社 2016 年版。

[20]吴越:《经济宪法学导论——转型中国经济权利与权力之博弈》,法律出版社 2007 年版。

[21]向宇、杨松:《改革开放与货币政策宏观调控变革》,四川大学出版社 2018 年版。

[22]肖明辉:《和谐经济宏观调控论》,中国社会科学出版社 2012 年版。

[23]谢地、刘佳丽:《垄断行业监管机制的法经济学研究:监管机制、体制与制度协调论》,经济科学出版社 2014 年版。

[24]杨紫烜:《国家协调论》,北京大学出版社 2009 年版。

[25]余凌云:《行政自由裁量论》,中国人民大学出版社 2005 年版。

[26]贠杰主编:《中国地方政府绩效评估报告》,社会科学文献出版社

2017 年版。

[27]张辉:《宏观调控权法律控制研究》,法律出版社 2010 年版。

[28]张勇:《中国特色社会主义的宏观调控理论范式研究》,人民出版社 2020 年版。

[29] Langdana F. K., *Demand-Side Stabilization: Overheating, Hard Landing and SAP Bubbles*, in Business and Economics in: Macroeconomic Policy, edition 4, Springer, 2016.

[30] Evenett S. J. (Ed.), *Beggar-Thy-Poor-Neighbour: Crisis-Era Protectionism and Developing Countries*, CEPR Press, 2014.

[31] Behn R. D., *Rethinking Democratic Accountability*, Brookings Institution Press, 2001.

[32] Pyper R., *Aspects of Accountability in the British System of Government*, Liverpool Academic Press, 1996.

二、论文类

[1]何大安、杨益均:《大数据时代政府宏观调控的思维模式》,载《学术月刊》2018 年第 5 期。

[2]胡光志:《论宏观调控行为的可诉性》,载《现代法学》2008 年第 2 期。

[3]任超:《协调发展理念下宏观调控法治化的重构》,载《经济法研究》2018 年第 2 期。

[4]尚虎平、孙静:《失灵与矫治:我国政府绩效"第三方"评估的效能评估》,载《学术研究》2020 年第 7 期。

[5]沈伟:《WTO 框架下的产业政策:规则约束和政策优化——基于对"301 报告"及〈中国制造 2025〉的分析》,载《上海对外经贸大学学报》2019 年第 4 期。

[6]史际春、肖竹:《论分权、法治的宏观调控》,载《中国法学》2006 年第 4 期。

[7]宋瑞礼:《新形势下中国宏观调控取向与对策研究》,载《宏观经济研究》2020 年第 2 期。

[8]王新红:《论宏观调控法之信赖保护原则》,载《南京社会科学》2016 年第 9 期。

[9]王学军:《我国政府绩效管理的治理转型》,载《理论探索》2020 年第 6 期。

[10]吴伟达:《中国宏观调控概念法律属性之探讨》,载《宏观经济研究》2018 年第 3 期。

[11]席月民:《依法调控经济的程序与责任保障》,载《中国法律评论》2015 年第 3 期。

[12]邢会强:《宏观调控行为的不可诉性再探》,载《法商研究》2012 年第 5 期。

[13]徐澜波:《我国宏观调控程序规范的法律属性》,载《法学》2017 年第 11 期。

[14]岳彩申:《经济发展方式转变中的宏观调控制度转型》,载《法商研究》2012 年第 2 期。

[15]张守文:《经济法的法治理论构建:维度与类型》,载《当代法学》2020 年第 3 期。

[16]张守文:《政府与市场关系的法律调整》,载《中国法学》2014 年第 5 期。

[17]张卫平:《执行救济制度的体系化》,载《中外法学》2019 年第 4 期。

[18] Blomkamp E., *The Promise of Co-design for Public Policy*, Australian Journal of Public Administration, Vol. 77:4, p. 729 – 743(2018).

[19] Bown C. P. & Reynolds K. M., *Trade Agreements and Enforcement: Evidence from WTO Dispute Settlement*, American Economic Journal: Economic Policy, Vol. 9:4, p. 64 – 100(2017).

[20] Brewster R., *WTO Dispute Settlement: Can We Go Back Again?*, American Journal of International Law, Vol. 113, p. 61 – 66(2019).

[21] Broude T., *Social in/Equality and International Trade Reformisms of Fear*, Social Science Electronic Publishing, Vol. 77, p. 19 – 26(2019).

[22] Brutger R. & Morse J. C., *Balancing Law and Politics: Judicial*

Incentives in WTO Dispute Settlement, The Review of International Organizations, Vol. 10:2, p. 179 – 205 (2015).

[23] Chirwa T. G. & Odhiambo N. M., *Macroeconomic Policy Reform and Economic Growth in Zambia*, Euroeconomica, Vol. 35:2 (2016).

[24] Dang D. H., Thompson K. A. & Ma L., *Toward The Circular Economy of Rare Earth Elements: A Review of Abundance, Extraction, Applications and Environmental Impacts*, Archives of Environmental Contamination and Toxicology, Vol. 81:4, p. 521 – 530 (2021).

[25] De Janvry A., McIntosh C. & Sadoulet E., *Fair Trade and Free Entry: Can a Disequilibrium Market Serve as a Development Tool?*, Review of Economics and Statistics, Vol. 97:3, p. 567 – 573 (2015).

[26] Fagiolo G. & Roventini A., *Macroeconomic Policy in DSGE and Agent-based Models Redux: New Developments and Challenges Ahead*, Journal of Artificial Societies and Social Simulation, Vol. 20:1 (2017).

[27] Ghodsi M. & Michałekek J. J., *Technical Barriers to Trade Notifications and Dispute Settlement Within the WTO*, Equilibrium. Quarterly Journal of Economics and Economic Policy, Vol. 11:2, p. 219 – 249 (2016).

[28] Gill K., Baldia P., *Going Bananas: A Glimpse into WTO's Dispute Settlement Mechanism*, Journal of International Business, Vol. 5:1, p. 107 – 125 (2018).